古代ギリシアと社会学
マルクス・ヴェーバー・デュルケム

ジョージ・E・マッカーシー著
樋口辰雄=田上大輔訳

尚学社

The Japanese translation of this book made possible by permission of
the State University of New York Press ©2002 through Japan UNI Agency, Inc., Tokyo
and may be sold only in Japan

目　次

謝辞

序　言　啓蒙主義批判と古典古代への回帰 …………………… 5

第1章　カール・マルクス
　　　　──アテナイ型民主政と経済学批判 ……………………… 27

　デモクリトスとエピクロスにおける学問と自然　　30
　自然・実践・社会的客観性　　39
　古典的欲求と新古典主義美学　　44
　古代の民主制と近代の民主制　　59
　『資本論』におけるギリシア人の社会正義と経済学　　70
　生産の合理化と資本の論理　　78
　ギリシアの自然学とマルクスの弁証法的科学　　85
　古典古代と古代的生産様式　　98

第2章　マックス・ヴェーバー
　　　　──ギリシア悲劇と社会の合理化 ……………………… 105

　古典古代と古代資本主義　　109
　ギリシア・ポリスにおける資本主義と民主政治　　116
　ローマ帝国の衰亡と近代資本主義の興隆　　121
　ニーチェとギリシア悲劇の起源　　126

存在論的ニヒリズムと科学の遠近法主義　　135
　西洋科学の歴史——プラトンから現代まで　　140
　実証主義の預言者たちと科学の政治　　147
　合理化と理性の腐蝕　　158
　古典的ヒューマニズムと歴史学派経済学　　164

第3章　エミール・デュルケム
　　　　——ギリシア・ポリスと集合意識による連帯 ……… 175

　アリストテレス，モンテスキュー，そして社会学の基礎づけ　　178
　社会の起源——ルソーとアリストテレス　　185
　認識論と存在論——カントおよびショーペンハウアー　　190
　プラトン的合理主義とプラグマティズムの詭弁　　195
　社会的認識論としての集合表象　　206
　ギリシア人の連帯と近代のアノミー　　216
　古典教授学と近代政治学　　231
　社会民主主義を告げる古典的正義　　236

第4章　覚醒させる古典的な夢
　　　　——古代の正義と近代の社会科学とのジンテーゼ ………… 247

注　　267

「訳者あとがき」に代えて——『儒教と道教』とニーチェ
樋口辰雄　　297

凡　　例

- 本書は，George E. McCarthy, *Classical horizons: the origins of sociology in ancient Greece*, State University of New York, 2003 の全訳である。
- 底本の原題をそのまま忠実に訳せば，『古典の地平：古代ギリシアにおける社会学の起源』であるが，内容などを勘案しつつ，わが国の読者により直截でより分かりやすいと思われる題名に変えた
- 文中の（　）内は，著者ジョージ・E. マッカーシー自身の語句であるが，〔　〕は訳者による補足である。
- 原文中のラテン語はイタリック体で，それ以外のものは正体で表記してある。但し若干の例外もある。
- 著者が引用した3人の社会学者の各節は，邦訳があるものは，出来るだけそれらと照らし合わせたが，原文の英語をそのまま邦訳することもしばしば行った。
- 各章，各節の表題は原則として変えなかった。
- 著者マッカーシーが誤解していると思われる箇所が数ヶ所見られたので，本文中および「注」の中にコメントを入れた。
- 各章の担当は以下の通りである。

　序言，第1章，第2章，第4章：樋口

　第3章：田上

　注：担当する章に応じて，樋口と田上が分担して訳し，相互にチェックした。

ジョージ・E. マッカーシー 著

古代ギリシアと社会学

マルクス・ヴェーバー・デュルケム

わが娘と子息である，アレックサとデヴィンが，
それぞれ，自分たちの地平をおし広げ，自分たちの
正義の夢に目覚めんことを，
念じつつ。

謝　辞

　失われた記憶と社会正義に関する一冊の本を書き終えたとき，私は，迂闊にも，この仕事を仕上げるに際して力を貸して下さった方々のことを，放念していたように思います。私が感謝せねばならない方々は，多くの個人にわたり，そうした人々に対し，この場で改めて感謝の意を表したいと思います。しかし，遺憾ながら，全ての方々を紹介することができないために，ここでは，2，3の方々に絞らせていただきます。

　まず，ロイヤル・ローズ，ハワード・サックス，ジェイン・ブレイラブ・ラトコフを始めとする私の同僚や友人たちから，多年に渡ってお受けした支援に，心から感謝申し上げます。これらの方々は，当プロジェクトを完成させるに欠かせないインスピレーションや助言を与えて下さった点で，なくてはならない方々でありました。

　また，オハイオ州・ガムビアー（Gambier）にある，ケニヨン（Kenyon）大学に在籍していた学生諸君，とりわけ，ジョン・ウエスト，サラ・ビューイック，カロライン・ウェンドラー，ドーラン・ディノフ，ジェイソン・ラビン，アリシャ・ドーロスト，アレクザンダー・クライン，メアリ・テューエル・スレッド，マイケル・コールといった学生諸君も，特に本書を編集するに際して，特段の協力を示して下さいました。教室の内・外で，私の活動に励ましを与え，私のイマジネーションに推進力を与えているのは，実に彼らによる熱意なのです。

　なお謝辞を締め括るにあたって，エリック・ホウルドナー氏に，改めて感謝申し上げたい。コンピュータ・センターに勤務しておられる同氏の専門技術的な支援がなければ，パソコンをぶち壊しかねない私のラッダイツ〔機械打ち壊し〕の衝動や，ワード・パーフェクト 5.1 をマスターして，さらに前進するなど金輪際ごめんだという私の意固地な態度も，おそらく変わることはなかったであろうし，また同氏の支援がなければ，本書を上梓することさえおぼつかなかったであろう。

「イオニアのくによ，おお神々はなおきみを愛していなさる。神々の魂はまだきみを記憶しておられる。」〔コンスタンディノス・ペトルゥ・カヴァフィス（中井久雄訳）「イオニアの」『カヴァフィス全詩集　第2版』みすず書房，1991年，58頁〕

「それより先となると，私も視野が霞んでいるのだが，はるか遠くに廃墟から立ち上がりかけている新しい世界が見える。動きはまだぎこちないものの，失われた伝説の至宝を捜し求めて希望に満ちあふれている。」〔J. ヒルトン（池央耿訳）『失われた地平線』河出書房新社，2011年，224頁〕

「地平をもたない者は，十分遠くまで見ることができず，それゆえ自分の近くにあるものを過大評価する人間である。……歴史学的理解の領域においても地平という言葉は好んで用いられる。特に，どのような過去についてもそれ固有のあり方を見るにあたっては，現代の基準や先入見からでなく，その過去固有の歴史的地平において見るべきだ，（という歴史意識の要求を念頭におくときは，）そうである。……理解が遂行される際に，（歴史的地平を思い描くと同時に，それを排棄する）本当の地平の融合が起きている。」〔ハンス＝ゲオルク・ガダマー（轡田収＝巻田悦郎訳）『真理と方法Ⅱ』法政大学出版局，2008年，474，480頁〕

「私は，忘れられていた想起の内容は失われたのではという見方の正しさが証明されたと考えました。想起の内容は患者が所有していて，患者がまだ覚えていることと連合して浮かび上がる準備は整っていたのです。しかし何らかの力が，その想起の内容が意識されることを妨げ，意識されないままでいるよう強いていたのです。」〔福田覚訳「精神分析について」『フロイト全集9』岩波書店，2007年，128頁〕

「不確かなことに直面し，気がかりな事を抱えながらも，将来への展望をもち，心配ごとが始まろうとするときに希望を，そして，未来について畏怖心を，それぞれもつとき，そのときにだけ，人間を際立たせるそうしたことが，始まるのである。」〔E. ケストナー「ドッグ・イン・ザ・サン」〕

序　言
啓蒙主義批判と古典古代への回帰

　カール・マルクス，マックス・ヴェーバー，エミール・デュルケムと，これら3人の古典的な社会理論について，数多くの論文や著作が書かれてきた。このいたらぬ作品は，そうした主題を扱った既にある膨大な文献に，ひとつをつけ加えるだけなのかもしれない。本書のめざす目的は，しかし，以下の点に大きな違いが存在する。すなわち，本書においては，これら3者の根本概念のいくつかを取り上げ，それらの起源を，古典期ギリシアの哲学や政治学や芸術や文芸作品の中にまで追い求め，それによって，〔古代ギリシアの〕古典的作品と〔社会学の〕古典的なものとの，そして，古代ギリシア人たちと近代性(モダニティー)の理論家たちとの，優に2千年を超える両者の連続性を解明するという使命である。過去において，大いに人々の関心を引きつけてきた，疎外，合理化，アノミーに関する彼らの着想は，それぞれの土台を，古典古代の中に，また，社会正義に関するその考えの中に，有しているのである。マルクスの博士論文は，エピクロスとデモクリトスの自然と学問に関する，アリストレス以後の哲学をテーマにして書かれたものであり，ヴェーバーの最初の学位論文は，古代ローマ，および中世ドイツや中世イタリアの都市における，商法や商事会社に関するものであったが，第2番目の彼の論文は，ローマ農業社会における経済と，国法および私法に対するその意味を考察したものだった。また，デュルケムの2つの学位論文は，古代と近代の社会組織と分業論を，そして，社会学の基礎づけを，モンテスキューの新アリストテレス的政治理論の中で扱ったものであった。本書では，このような古代の起源が与えたインパクトや，社会学という分野の発展に対して，また，社会学の様々な方法論や理論の各発展に対して与えた〔そうした起源の〕影響などが追究されている。合理性，科学，経済学に関する啓蒙主義的な見方に立脚した，他の社会諸科学とは違って，古典社会学は，全く異なる批判的な時代環境の下で育て上げられたのだった。こうした事情によって，現代におけるこの社会学がもち続けている理論的な潜在力が説明され

るだけでなく，その独特な性格も説明されるのである。

　3人の社会理論家たちの学位論文は，齢を重ね，円熟さを増すに伴って，後に捨てられるような，そのような青年期に特徴的な，元気に溢れ，冒険心に充ちた作品の類のものではなかった。むしろ，それらの論文は吹きあがる泉であって，マルクス，ヴェーバー，デュルケムの各人は，それぞれ，この泉から，経済学や啓蒙主義的学問に対する批判や，資本主義の起源や歴史社会学や，集合意識や社会的連帯の形成など，に関する洞察をくみ出したのである。マルクスの批判学や弁証法による方法から始まって，ヴェーバーの歴史的学問や理解的方法や，デュルケムの道徳的科学や比較に基づく方法論にいたるまで，科学や方法に関する彼らの見方は様々であったが，それでも，彼らの見方は，古典的ヒューマニズムの伝統によって影響されていた。たとえ流儀に違いが見られたとしても，これら3者の誰もが，社会科学の役割とは何よりも道徳的であること，すなわち，自由で民主的な共同社会の中に，人間の尊厳や，自己啓発や，理性的な討議や，市民精神などが育まれ，発展してくるよう手助けをすること，これであった。古代的ギリシア人の倫理学や政治学の理想は，民主的国制における，公民としての徳，および実践的な思慮・叡智（*phronesis* プロネーシス）であった。社会学の論理や方法に織り込まれたとき，それらの徳や叡智は，説明や形式的な因果性で構成された，技術的・功利主義的な学（*techne* テクネー）に依拠した専門研究を拒否するという形をとって現れ出た。それを最も簡潔な形で表現するとすれば，次のように言ってよいかもしれない。すなわち，古典社会学の諸起源は，その著書『ニコマコス倫理学』や『政治学』に見出される，普遍的，配分的，是正的，応報的な正義に関するアリストテレスの理論の中に表現されているような，社会的正義に関する古代的理想の枠組みのいたる処に散在しているのだ[1]，と。

　このような観点から見るとき，社会諸科学の中でも，社会学は，独特なものなのである。というのも，その学問の知的な土台が，記憶として残されているアッティカ〔古代ギリシア〕の風景の中に残っているからである。近代の社会理論や学問や批判は，知識，共同社会，徳，政治的自由，社会正義などの性質〔本質〕に関する古典期ギリシア人の様々な前提を使った，経験的・歴史的な研究方法の総合化（ジンテーゼ）によって形成されてきた。古代的なものと近代的な

もの，これら2つの要素を一つに融合させることによって，19世紀の社会学は，社会諸科学の中でも，きわめて類い稀な学問となったのである。それというのも，それ以後もそれ以前も，他の専門分野では，決して目にすることのないような形で，社会学は，意識的に，経験的研究と哲学との，また，科学と人文的なものとの，総合化の試みを始めたからである。しかしながら，このような独自な要素もすべて失われ，今ではすっかり忘れ去られてしまった。

マルクス，ヴェーバー，デュルケムたちは，古典的伝統の下で教育を受けたのであるが，そうした教育は，工業化や近代化といった重要な問題に対し，どのように彼らが見つめていたかという，その仕方におおきな影響を与えていた。だが，社会学を，説明，予測，社会的統御などで構成される，功利主義的・実証的な学問に変換させようとして，こうした起源を抑圧してしまったのは，アメリカ的な伝統であり，その中でも，とりわけタルコット・パーソンズの著書によるものであった[2]。認識論は，一次元的な科学哲学といったものによって置き換えられ，方法論的な自己省察は，知識や真理の本質についての，偏狭な自己確信といったものと取り替えられてしまった。こうして最終的に，哲学と歴史学の両学問は，何であるかを測定することに長けていても，何であったかとか，将来どんなことが起こりうるか，を理解することもままならない，すなわち，歴史的な過去であるとか，あるいは，社会が有する未来の可能性といったものをも理解することのできない，そうした社会学の中に埋没していったのである。社会学は，〔未来への〕選択肢を概念化する能力も備えずに，ひたすら現状を測定するという，こうした泥沼の中にどっぷりとはまり込んでいったのである。アメリカの社会学者たちが受容していったのは，デカルト的二元論と科学的合理性，因果的決定論と説明的法則からなる方法，所有を重視する個人主義と自由主義的な権利からなる政治哲学，功利主義的な価値や市場における自由や消費者〔による自由な〕選択などを柱とする経済理論，およそこうした啓蒙主義であった。ヨーロッパ的伝統の内に留まっている学者たちは，近代性の論理と構造が出現し展開してゆくということに対し，より批判的で，しかもロマンティックな見方をしていた。彼らの見方からすれば，科学的・技術的な合理性という姿をとる啓蒙主義的理性は，抑圧的な経済力と権威主義的な政治的支配を維持し，これらを正当化することと同義であった。理性は，企業組織や国

家官僚組織で行われる意思決定を，技術的・専門的に操作すると同時に，社会的論点をぼやかし，イデオロギー的にゆがめてしまったのである。批判的な自己意識は，社会学的現象の表層下にまで分け入り，社会における階級的な支配力や特権といった構造にまで達することができなかったのである。

　本書の意図するところは，この書を刊行することによって，社会学の本質と役割がもう一度問い直され，社会的分析にまつわる様々な問題点や方法の範囲が広げられることを期待しながら，古典古代という失われた伝統を回復すること，この点にある。古代に立ち戻ることによって，現時点におけるアプローチの均質性は，驚くほど多様性に満ちた陳列場へと変貌し，その結果，単に一時的に通過するだけの，〔社会学という〕専門分野を学ぶ多くの学生をも興奮させることに繋がるのである。これから行うこの書で叙述しようとしているものは，以下のような内容に関する，ひとつの考古学的探究である。すなわち，アルゴスとテーバイのカタルシス的悲劇という失われた世界，イリウム〔Ilium トロイ〕の戦場における，また，プリアモス王の館での戦いに出陣する前に，アカイア勢〔ギリシア軍〕が示した陽気な遠征と大胆な冒険的行動，アテナイの人民集会で示された集団的期待と政治的野心などに関する探究である。トロイへと出撃するオデュセイウス，メネラオス，総帥アガメムノンらの船軍に同行すること，ソロンやクレイステネスによる民主的改革に思いを巡らすこと，アイスキュロスやソフォクレスの悲劇の演技を見つめること，アクロポリスの陰中でテミトスクレスやペリクレスと一緒になって民衆討論に参加すること，あるいは，アゴラ〔広場〕の中でプロタゴラスやプラトンの哲学的な対話に耳を傾けること，この内のどれをとっても，古代の人々と志を同じくしたいとする，古典社会学者の欲求の一部となったのである。

　古典的伝統という古代ギリシアの理想を取り戻すとき，われわれは，新たな豊かさや繊細さとに出くわすのである。こうしたものは，長きに渡り，窮屈な姿をした科学や合理性に従順であったがために，隠蔽されてきたのだった。ギリシア人に立ち返ることによって，マルクスやヴェーバーやデュルケムたちは，新たな，そして思いもつかぬ形をとりつつ甦ってくるのである。科学や真理，資本主義や工業化に関する彼らの理論は，近代社会に対する彼らの批判と合わせて，より純化され，より感動的な外観を帯びてくるのだ。科学の意味や方法

や論理を探究し，諸概念が形成され，諸理論が発展してくる新たな仕方を探究し，そして，真理要求の検証と正当化のために提示される新たな技法を探究する，そうした新しいアプローチが現れるのである。彼らの人間観や人間本性に関する彼らの哲学，さらに，彼らの底流にある人間的価値や社会的批判が，疎外，合理化，アノミーなどの，彼らの社会学的カテゴリーの土台をなしているのである。市場や階級社会に対するマルクスによる批判の起源が，アリストテレスの政治諸論文に基づいていること，鉄の檻〔iron cage 鉄の殻〕や合理化に関するヴェーバーの理論が，ギリシアの文化やディオニュソス的悲劇に関するフリードリヒ・ニーチェの見解の中に存在すること，さらには，集合意識（conscience collective）という表象やその政治形態に関するデュルケムの考察が，ギリシアのポリスやその民主的国制に対する彼独特の理解の仕方から導き出されていること，もしわれわれが，こうした事実を認めるのであれば，その時には，単に現代社会学の基礎づけ・根拠づけだけでなく，そうした根拠づけにつきまとう含意やその妥当性いかんについても再考すること，これが，われわれには必要なのである。マルクスが，ギリシア芸術のもつ美と素朴さに酔いしれ，アテナイ風の民主主義や自由といった諸理想から感化されたのに対して，ヴェーバーは，ギリシア悲劇の力強さに畏敬の念を覚え，ニーチェの実存的なニヒリズムや科学的合理性に対する批判に〔感動の余り〕感覚を失い，デュルケムはデュルケムで，ギリシア人の共同体的経験が有するバランスある統合と有機的な調和に感嘆の声を上げたのだった。

　これら3人の社会理論家たちは，芸術，哲学，文芸，政治学において，古代の人々が抱いていた夢（Griechensehnsucht ギリシア的憧憬）に心底思いこがれていた。その憧憬に含まれているものが，たとえ，国制に関する古代の人々の共同体的理想を，知識や科学（*episteme* エピステーメー，*phronesis* プロネーシス，*techne* テクネー）に関する古典的な見方を，個人的な意識や感覚を凌駕する集団的精神の力を，あるいは，人間的実存の様々な恐れを前にした文化的理想や美的慰みなどを，ひたすら追想することだけだったとしても，ギリシア人たちは，産業社会の研究に，ひとつの重要な次元をつけ加えたのである。古代の人たちが存在しなければ，近代の社会理論は全く意味をなさず，また，古代ギリシア人の霊感がなければ，近代的政府の多くの公共施設や，物欲を中心とする市場（マー

ケット）は，先験的な倫理諸原則によって規制されることのない物象化された社会，抑圧された社会などを生み出すだけだったであろう。ドイツやフランスの古典的社会学者たちに対し，批判的な準拠枠を提供したのは，なによりもギリシア人のものの見方や視点だったのであり，彼らは，その準拠枠に即しながら，未来における人類の諸可能性を想像するだけでなく，近代産業社会のより深い処に横たわる構造や権力関係を掘り起こすことができたのである。

社会学は，今日，根本からの再検討と厳しい批判にさらされている。そして，社会学の衰退と死が「社会学の脱構築」として宣告され続けているまさにこの時に，社会学の起源について再考することは，社会学的視点の中に，新たな理解や希望の甦りに油を注ぐそうした原動力となるのである。本書「カール・マルクス―アテナイ型民主政と経済学批判」と題された第1章では，マルクスおよびギリシア人へのマルクスの方向転換，という内容から始められている。マルクスは，トリーアのギムナジウムの，次いで，ボンおよびベルリン両大学の，古典的伝統の下で教育を享けた。これらの大学で彼が学んだものは，ローマ法，ホメロス，ギリシアおよびローマの神話学であった。学位論文を書きながら，彼は，預言者イザヤやヘブライの預言者たち，エウリピデスやギリシア人の悲劇などを講じている講義に出席していた。ホメロス，アイスキュロス，ソフォクレスたちの叙事詩や悲劇に，ヘロトドスやツキディデスのギリシア史に，プラトンやアリストテレスの哲学的論議にそれぞれ夢中となり，ヨーハン・ヨアヒム・ヴィンケルマン，フリードリヒ・シラー，ヨーハン・ヴォルフガング・フォン・ゲーテ，フリードリヒ・ヘルダーリン，ハインリヒ・ハイネ，G. W. F. ヘーゲルたちの，18，19世紀を代表する新古典主義ヒューマニズムに傾倒し，ヘンリー・ルイス・モーガン，ジョージ・グロート，ゲオルク・シェーマン，アウグスト・ベック，テオドール・モムゼンたちの，古典的な民族学や歴史書を幅広く読み通したマルクスもまた，素朴さ，完全性，美，正義，幸福などに対し，ロマンティックで，審美的な強い憧れを抱いたのであった。

マルクスは，自己表現と自己決定により仕える世界を追い求めた。その世界は，功利主義的な資本主義の下で見られるそれらとは異なる，政治的・道徳的〔道義的〕な諸理想の上に築かれた世界であった。彼は，「人民の，人民による」という，労働者の自治によって正当化される，そうした道義的社会を探し求め

た。彼は，啓蒙主義や自由主義といった諸制度や諸価値を問い直すために，ギリシア人の蓄積された経験を活用した。彼は，ギリシア人の経験の中に，学問的実証主義，古典派経済学，自由主義的個人主義などを自ら拒否する，その基盤を見出した。アクロポリスの丘に立ち，吸い寄せるような青空とパルテノン神殿のまばゆいばかりの白い大理石に面しつつ，穏やかで気品に充ちたギリシア人たちの世界を見渡しながら，彼は，ロンドン・マーケットで売り買いされている野蛮な行為と，マンチェスター地帯の工場群に特徴的な疎外状態を，拒否したのだった。ギリシア人の精神や夢に只管ひたりながら，彼は，近代性という現実を撥ねつけたのだった。卑しい物質的な欲望ではなしに，むしろ，人間的で社会的な欲求を満足させること，技術的な科学や行政による管理ではなしに，むしろ，人間的な合理性や人間的な自己啓蒙を現実化すること，利己心や功利主義的な快楽を極大化することではなしに，むしろ，政治的・経済的な参加による人々の幸福を，彼はそれぞれ追い求めた。そして，最後に，資本の論理や資本の機械装置が，単調で，しかも，人を押し潰しながら繰り返すだけではない，それをのり越えた人間の生命と活動（*praxis*）との再統合を追求したのであった。このようにして，審美的で精神的な自由や参加型民主政治が市場の専制的で抑圧的な自由と入れ替わり，階級的抑圧からの経済的自由が個人主義的な選択の自由や私的な金儲けと入れ替わったのである。

　マルクスは，それと同時に，パブリック・アリーナ（公的な場）の再生と普及にも努めた。こうしたアリーナは私的領域における偏狭な利己心を克服するに相応しい場であった。強欲，攻撃心，競争などに代わって，市民精神，参加，道義的品格，公徳心などが社会を特徴づける文化的な価値となった。ギリシア人は，マルクスの心の内に，人間解放，普遍的福利，公共善などの諸価値に基づく自由で理性的な社会を築こうとする，新たな希望，新たな夢を目覚めさせたのである。マルクスの，認識論上の，政治学上の，経済学上の基本的カテゴリーは，これまでの経済理論や方法論を根本から変えてしまった。すなわち，実証主義は，批判的・弁証法的な学問のマルクスによる適用によって否定され，功利主義は，マルクスが人民の責任と経済的民主主義を重視したことによって，自由主義的な道徳心は，社会的な倫理によって，物質主義は，精神的成長と美的な実践に対する彼の信念によって，それぞれ廃棄されたからである。古代の

人々のヴィジョンは，自由主義的資本主義の様々な限界をのり越えて，古代の人々の古典的な理想やロマンティックな諸原理の上に立つ，新たな社会へと移行させる，そうしたヒントを彼に与えたのである。

学位論文に向けた初期の文献調査を済ませた後，彼は，1839年，「エピクロス哲学に関するノート」と題する，ギリシア哲学に関する準備梗概と博士論文用ノートを完成させ，1841年，「デモクリトスの自然哲学とエピクロスの自然哲学の差異」を論題とする博士論文を仕上げた。この博士論文は，自然学，科学，唯物論的自然哲学に関する，アリストテレス以後の議論を精査したものであった。この論文では，デモクリトスの機械論的・決定論的な世界観と，エピクロスの非決定論や自然的自由との相互を比較にのせながら，エピクロスの原子運動の理論，宇宙自然学，メテオーレ〔meteor 天体・気象〕の理論が梗概されている。マルクスの好感はエピクロスの方に寄せられた。エピクロスを，マルクスは「ギリシア的啓蒙主義の中で最も偉大な人物」だと評した。彼の関心はエピクロスやデモクリトスの著作に向けられてはいたが，彼は，それと同時に，アリストテレス，ディオゲネス，ラエルティオス，プルタルコス，ルクレティウス，セネカ，エウセビオス，キケロ，ストバイオス，セクストス・エンペイリコスを始めとする，ギリシア人やローマ人の著者たちの広範な文献をも精査していた。伝統的に，これらの人々は，マルクスの最も初期の，しかも未だ円熟していない頃の著作に登場してくる人々として分類されたために，これまでずっと気付かれずに来たのだった。だが，彼らは，マルクス後期の作品，とりわけ，『経済学批判要綱』(1857-58年)，『経済学批判』「序言」(1859年)，『資本論』(1867年) などにおける，数々の神秘や錯綜した状況を解明する際の重要な鍵のひとつとなるのである。

この博士論文には，人間の知識の目的や学問の本質に関する論議が含まれており，それは，後に行われる彼の方法論や社会科学の哲学の中で成就される論議なのである。マルクスは，自由主義的近代社会と対立する一群の価値から，近代性へと接近していった。彼は，自然科学およびギリシア人の唯物論に対するエピクロスの批判から，また，科学と倫理とを統合する彼の手法から，着想を借り享けた。マルクスは，政治学的言説としての，幸福 (eudaimonia エウダイモニアー) についてのアリストテレスの見方に依拠し，さらには，商品交換や市

場経済一般（*chrematistike* クレマチスケー）による破壊作用から家政（*oikonomike* オイコノミケー）や道徳社会（*zōon politikon* ゾーオン・ポリティコン）を守ろうとする彼の立場に，寡頭制や大衆民主政と対照的な民主的国制に関する彼の表現に，使用価値と交換価値に関する彼の分析に，普遍的と個別的な正義の諸形態に関する彼の見方に，政治的思慮（*phronesis* プロネーシス）と技術的知識（*techne* テクネー）とを分ける彼の区別に，それぞれ依拠していたのである。古代のギリシア人と，それよりずっと時代を下った新古典主義と称されたドイツの著述家たちは，マルクスに対し，初期の著作と後期の著作のこの2つの中にその姿を見せる，政治的・社会的な諸価値を提供したのだ[3]。

　マルクスが思考を展開する際のあらゆる局面に，古代ギリシア人の影響が垣間見られるのであるが，その影響は，彼の生涯全般に看取されるのであり，また，政治理論や経済学に関する彼の主要な著書にも浸透しているのである。そうした影響は，弁証法的方法，社会批判，批判的学問に関する彼の認識論的，方法論的論議は勿論のこと，国家，経済的公正，民主政に関する彼の概念の中にも存在しているのである。後期におけるマルクスの政治的諸著作は，アリストテレスの著書である『政治学』を，近代という時代に合わせてマルクスにより書き直された様々な試みなのであると，このように主張する人もいる。『資本論』において彼は，経済学批判に向けた多種多様な方法論的手法を展開させていた。これら様々なアプローチ中の2つのものは，政治学，倫理学，自然学，形而上学などに関するアリストテレスの論考に準拠したものだった。第1のアプローチは，実体（感性的物質と普遍的形相），変化（現実態と可能態），因果性に関するアリストテレス理論およびヘーゲル理論に基づく，資本主義の商業的・産業的諸矛盾（論理）と恐慌に関する内在的・弁証法的な批判である。第2のアプローチは，政治経済学，友愛，社会的正義に関するアリストテレス理論に基づく，交換経済一般が抱えている道徳的・政治的な諸限界についての倫理的批判である。利益と財産を貪欲に追求する中で，資本主義は，共同社会，公民的徳，社会的責任といった諸価値であるとか，公共善といったものに基づいて社会を築き上げるという，そうした諸可能性を掘り崩しているのである。労働者たちは，資本主義的な社会的環境に投げ込まれているために，それぞれの潜在力を実現化したり，生来の個性を表出したり，あるいは，それぞれの社会的欲求を

満足させたりなど，これらのことができないよう強要されているのである。マルクスは，自己の主張を弁護する目的から，商品交換，市場の拡大，財産や富の不自然な蓄積などに加えたアリストテレスの批判に直接言及していた。

社会的正義は，自然権，議会制民主主義，政治的自由主義を超えて，アリストテレス哲学にそれぞれの起源をもつ，新たな姿を呈した経済的民主主義，人間の解放，自由や自己決定についての開かれた見方，へと発展していくことを要求しているのである。『ヘーゲル法哲学批判序説』(1843年)において論じられている，法および国家における政治的民主主義に関するマルクスの最も初期の論述や，『ユダヤ人問題によせて』(1843年)において論じられている国家と市民社会の関係についての彼の再考察が，〔本書〕第1章では，『フランスの内乱』(1871年)で描かれているパリ・コミューンや『ゴータ綱領批判』(1875年)の中で，それぞれ記述されている，労働者による支配や社会主義的民主政に関するより後期の彼の論述と，相互に比較されている。マルクスは，霊感と洞察を求めるべく，古代ギリシアの政治的理想へと立ち戻ることによって，アダム・スミスやデヴィッド・リカードの古典派経済学や，ジェレミー・ベンサムやジェイムズ・ミルの功利主義をものり越えていったのである。

第2章「マックス・ヴェーバー—ギリシア悲劇と社会の合理化」と題されたこの章では，ヴェーバーの様々な著書や，古代ギリシアの人々や古代ローマの人々とヴェーバーとの関係が考察されている。マルクスと同様に，彼もまた，ギムナジウムおよび大学における古典的伝統の教育を享けて成長した。少年期に，彼は，ギリシア語やヘブライ語を読み，テオドール・モムゼン，ハインリヒ・フォン・トライチュケ，レオポルト・フォン・ランケらの歴史書にも親しんでいた。16歳までに，彼は，ホメロス，ヘロドトス，ウェルギリウス，キケロ，リウィウス，サルスティウスらの，ギリシア語やラテン語で書かれた古典的作品の数々を読み通していた[4]。古典的なものに対する自らの関心を続けようとして，1882年，彼は，ハイデルベルク大学に入学し，その当時最も著名な法理論家，歴史家，経済学者たちによる幾つかの講義を聴講した。その2年後，彼は，ベルリン大学に登録し，この大学で法学やドイツ法を集中的に勉強した。モムゼン，フォン・トライチュケ，レヴィン・ゴールトシュミット，アウグス

ト・マイツェン，グスターフ・シュモラーたちの講義に彼が出席したのは，このベルリン大学である。これらの講義では，古代史，経済理論，キリスト教などの各分野における争点から，教会と国家との関係に関する問題に至るまで，幅広く講じられていた。

ヴェーバーは，『中世商事会社の歴史』(1889年) との表題が付された学位請求論文を書き上げた。次いで，古代ローマの経済史家であるカール・ロートベルトゥスの諸著作からつよい影響を受けながら，教授資格論文『ローマ農業史』(1891年) を仕上げた。これら2つの初期の著作は，論説「古代文化没落の社会的諸原因」(1896年)，『古代農業事情』(1897年) とともに，そして，『経済史』(1923年)，『経済と社会』(1922年) の中でなされた古代都市や古代文明に関する晩年の分析とともに，古代の諸文化や諸社会に関するじつに見事な歴史的・経済的な分析をなしているのである。古代史に関する彼の学殖は，百科事典そのものであり，彼は，自らの経済史を，当時の経済理論を踏まえて盛んに戦われていた重要な論争的文脈の中に，位置づけることができた。初期の彼の著作においても，ヴェーバーは，古代の人々と近代の人々との関連性について，また，最古の農業文明に見られる資本主義や合理化の〔進捗〕度合について，関心を向けていた。彼の関心は，奴隷制，私有財産，冒険的資本主義，農業の営利経営化などの分析を通じて，古代資本主義の最も古い形態を発見することだった。ヴェーバーは，紀元前7世紀の重装歩兵都市から，ソロン，クレイステネス，エピアルテス，ペリクレスらの政治的・法律的改革によってアテナイにおける民主政が創造されるまでの，ギリシア都市国家の進化の跡をたどっている。市場経済の興隆と，それによって急増する階級的対立や債務奴隷化に示したアテナイの人々の対応を詳論しながら，彼は，人民統治に基づく制度——民会 (*Ekklesia*)，評議会 (*Boule*)，陪審裁判 (*Dikasteria*) ——に立脚した，新たな政治体制が形成されてくることを概説している。それと同時に，彼は，歴史の流れに沿って，古典的民主政が衰退してゆく様，中世諸都市が勃興してくることや，近代的な商業資本主義と産業資本主義の構造的起源，などを記述している。最後に，彼は，自ら記述してきたものを最終的に集大成するという課題，すなわち，資本家による事業活動を抑圧したり，これを促進させたりする経済的・社会的な諸要因——古代的なものと近代的なものとを合理化すること——を検証

するという課題へと傾斜していった。

　ヴェーバーと同時代に，社会学者でもあり，哲学者でもある3人の重要な人物が活動していた。それは，アロイス・リール，フェルディナント・テンニース，ゲオルク・ジンメルである。彼らは，ニーチェの存在論や「生の哲学」に関する，また，このニーチェの思想的発展に深く影響を及ぼしたアルトゥール・ショーペンハウアーのペシミズムに関する，重要な作品を幾つも著わしている。ヴェーバーの古典的背景が，ギリシア悲劇における人間的生の賛美や悦びという論点や，科学的合理主義の破壊的潜在性という論点を取り込むまでに拡大されるに至ったのは，なによりも，ニーチェを媒介にしてなのである。それのみか，ギリシア人の演劇や芸術や哲学が，ヴェーバーの社会理論に対して，かくも強い影響を及ぼすようになったのは，ニーチェを通じてだったのである。ニーチェおよびギリシア人の影響という長く尾を引く陰翳は，以下のような広い範囲に及ぶ論点にまで浸透している。すなわち，①ヴェーバーの宗教社会学，ルサンティマン論，経済倫理（Wirtschaftsethik），②認識，客観性，因果関係，理念型，実証主義批判などに関する彼の理論（Wissenschaftslehre 学問論），③学問的合理主義，脱呪術化（呪術からの解放），神の死，ニヒリズム，鉄の檻（殻）などといった彼の物の見方（Wissenschaftskritik 学問批判），④道徳的相対主義や歴史主義に関する彼の理論，⑤実践理性，道徳的な自律，個の自己実現，啓蒙的功利主義および「末人」に対する批判など，これらに関する理論を伴った彼の道徳哲学，⑥彼の文化的ペシミズム，政治的正統性に関する社会学，自由主義や自然権的伝統に対する批判，テクノクラートによる決断主義や政治的官僚主義や人民投票的民主制などに関する理論，ざっと挙げてもこのようである。

　近代性に対するヴェーバーの解釈や批判の多くは，ギリシア人の悲劇・自然学・神話に対するニーチェによる洞察に由来していた。ギリシア悲劇に見うけられるアポロン的とディオニュソス的という2つの衝動――理性と様々な本能との弁証的関係――は，ヴェーバーの作品の隅々にまで行き渡っているのだ。西洋的合理性が抱えている様々な限界に対する彼の厳しい批判や，超越的世界や客観的知識をひたすら追究することへの彼の批判，実質的理性が失われ学問の脱呪術化が生じること，機能的合理性が物象化しバラバラに裁断化されてしまうこと，その結果として西洋社会に生の意味喪失という実存的危機が発生す

ること，これらはそのどれもが，ニーチェならびにギリシア人へとその由来を辿ることができるのである。ヴェーバーに対して社会学的方法を提供したのは，古代や近代の歴史家の人たちであり，新カント派に属する哲学たちや初期のドイツの社会学者らであった。そして，こうした社会学的方法で特に重要視されたのは，新古典派経済学者たちや実証主義者といった人たちのアプローチとは根本的に対立する，文化に関する解釈社会学であり，諸制度に関する歴史社会学であった。

　第3章「エミール・デュルケム——ギリシア・ポリスと集合意識による連帯」と題されたこの章では，デュルケムの著作，とりわけ，彼の社会的認識論に関する著作や，市民道徳やその教育に関する理論についての著作，法・宗教・公徳の各分野に現出する集合意識の諸形態に関する著作，などに見られる古典ギリシアの重要性が全体的に論述されている。集合意識(conscience collective)なる概念は，〔英語の〕集合的意識という言葉に相当し，社会内部で共有されている共通した価値や考えや信念などを表している。1879年，パリを象徴する大学，エコール・ノルマル・シュペリュール(高等師範学校)に入学したデュルケムは，古典文献学や古典文学についての研究を続けた。そこで学んでいる間に，彼は，新カント派に属する2人の学者，シャルル・ルヌーヴィエとエミール・ブートルーからつよい影響を受け，この2人からカント派的認識論，道徳哲学，社会連帯といった課題への関心を育むようになっていった。大学で講義していた2人の歴史家，ガブリエル・モノーと，『古代都市』や『古代フランス政治制度史』の著者であるフェステル・ド・クーランジュは，デュルケムが自らの方法論や幅広い歴史的関心をもつ際に，その手助けとなった人々である。モノーが，古代フランスを研究していたのに対して，クーランジュの方は，古代ギリシア・ローマの都市や家父長制的家族や祭祀宗教などを研究していた。

　1885年から86年の学年度にかけ，デュルケムはドイツに留学し，哲学と社会諸科学を学んだ。マールブルグ，ライプチヒ，ベルリンの各大学を訪れた彼は，ヴェーバーと同じように，シュモラー，アドルフ・ワーグナー，アルベルト・シェフレを始めとする社会経済者たちから影響を受けることとなった。デュルケムが特に魅了されたのは，古典派経済学，演繹的な学問方法論，その

抽象的な推論形式，自由主義的個人主義の理論などに対する彼らの批判，であった。ネオ・アリストテレス的な思想の枠内で，学問（サイエンス）［科学］と倫理の統合を図ろうとする彼らの試みは，社会の本質や道徳的相対主義に対する彼らの見方とともに，デュルケムの思想の発展，とりわけ，道徳や倫理学説に関するデュルケム社会学の発展に対して，衝撃を与えたのである。ほぼこの時期に，彼は，新カント派の倫理哲学や，ヴィルヘルム・ヴントの社会的慣習，集団多元主義，実験科学に関する理論からも影響を受けることとなった。理論理性と実践理性とを結合させた，科学的合理主義に関するデュルケムに特有なものの見方を発展させるにあたって，これらの内のどれを取り上げても，ある重要な役割を果しているとと思われる。そもそも科学とは，道徳的ないし実践的な一部門であるべきであった。このような性格を帯びた科学は，社会的実践と倫理的目標の2つを支配・統御し，さらには，共同社会の本質や倫理的連帯性を，また，多様な形態で立ち現れる社会の集合的表象，すなわち，道徳とか，政治とか，宗教とか，法などといった諸領域に現れる集合的表象であるとか，逸脱的な異常行動といった集合的表象などを考察するものとされたのである。これらの客観的で外在的な社会諸形態は，意識と共同社会という，この両者間の弁証法によって構成されていた。

　デュルケムは，イマヌエル・カントの認識論と道徳哲学を，後に自らの学究生活の大半を投入することになる，社会学としての諸問題へと変換させていった。つまり，彼は，共和制的な公徳心に裏打ちされた道徳的共同社会を作り上げるという実践的な目標を内に秘めながら，カントの純粋理性・実践理性批判を，社会的制度や文化的価値——集合的観念や道徳上の至上命令——についての経験的研究へと変化させ，練り上げていったのである。それと同時に彼は，批判的合理主義（ラショナリズム）という自らの方法論上に見られる重要な側面は勿論のこととして，それ以外に，集合表象の理論，抑制されない目的なき意志，終わりなき苦しみと果てしなき不幸という文化的ペシミズムといったものを，ショーペンハウアーのカント的な存在論から借りうけてきたのだった。その方法論からして客観的な物と集合表象の2つが社会的事実なのだとこのように捉えることによって，また，主体と客体を分離するデカルト的二元論や，社会的実在主義という形而上学のいずれも拒否することによって，彼は，『社会分業

論』(1893年),『社会学的方法の規準』(1895年),『自殺論』(1897年) といった代表作において，啓蒙主義的な自然主義観や科学[学問]に関する啓蒙主義的な見方を退けるそのおぜん立てをなしたのである 5)。

　1887年，ボルドー大学文学部に職を得たデュルケムは，この大学で16年間教えることとなった。彼は，社会科学や教授学の分野で，オーギュスト・コント，トマス・ホッブズ，カントに関する講義のほかに，アリストテレスの『政治学』や『ニコマコス倫理学』に関する講義も提供した。プラトン，アリストテレスの両者が社会学に挑戦した最初の人たちである，というのが彼の見方であった 6)。古代ギリシア人の著作によって影響を受けた彼は，その政治哲学を，リベラルな共和主義や社会秩序を保守的に強調する立場から，社会的正義の夢や経済的民主主義を内蔵させた批判的社会主義へと発展させようと考えていた。デュルケムは，古代から19世紀に至るまでの，教育理論，社会学，社会主義の各歴史に関する連続講義を行った。彼の博士主論文である『社会分業論』(1893年)が，『社会科学の興隆に対するモンテスキューの貢献』(1892年) と題された博士副論文の前に置かれていた。ラテン語で書かれたこの副論文は，モンテスキュー男爵の数々の著述，とりわけ『法の精神』という著書が，社会科学や社会学を基礎づける際にはたした重要性を論証したものであった。この作品は，自らの先生でもあり指導者でもある，フェステル・ド・クーランジュに献呈されている。初期のこれら2つの著述を比較することによって，われわれは，共同社会の統合や有機的連帯の崩壊を招来させる，産業社会における病理的な分業やアノミーに関する彼の社会学的分析と，モンテスキューおよび古代ギリシアに関する彼の通読経験の，この2つの間に密接な関連があることに気づくのである。1901年から1902年の学年度において，デュルケムは，ジャン・ジャック・ルソーの『社会契約論』が大々的に取り上げられる，社会学説史に関する講義を行っている。モンテスキューとルソーは，社会学の先駆者であり，社会科学のための多くの諸原則や基礎づけに貢献した人々であると，このように彼は評価していた。ダイナミックで有機的な共同社会が最も重要だとする，鍵となる自分らの思想を築くためには，両者は，アリストテレスとギリシアの政治哲学のこの2つから，学問的恩義を受けていた。彼らのこうした重要な思想を，デュルケムは，自らの認識論や社会理論の中へと吸収していったのである。

デュルケムは，モンテスキューから，古代の共和政体，君主政体，専制政体，民主政体という方法論的にも重要な社会類型論や，比較方法の使用という彼の手法以外に，社会と社会変動，分業，社会的連帯や法に関する理論などに対する見方を借用し，継承したのだった。彼は，人間本性，一般意志，自由，政治的共同社会の集合的福利などに関するルソーの思想に信頼を寄せていた。これらの概念は，集合意識という当の理論を形成するにあたって，デュルケムの心を魅了させた概念であった。それと同時に，彼は，市民精神，平等，政治的責務，公衆としての反省や熟議などに裏打ちされた道徳的制度としての民主政というルソーの見方にも着目していた。モンテスキューやルソーを媒介にして，デュルケムは，プラトンやアリストテレスに代表される古典的倫理学や古代の政治哲学を，社会連帯，システムの分化，システムの統合，逆機能的な社会病理といった自らの社会学的研究の中心的原理へと変換していったのである。社会正義，人間の幸福，社会秩序などに対する彼らの探究が，社会制度や社会規範に関する起源や組織や機能に関する，デュルケムその人の歴史的・経験的研究の基盤となったのである。

　デュルケムの関心は，産業社会の道徳的・心理的なアノミーや規制からの逸脱（déréglement 狂気と懊悩），産業社会のその結果としての社会的不均衡などに向けられていたが，そうした彼の関心は，分業，自殺，家族，法，公徳心などに関する分析や，職業集団・同業組合・近代国家などにおける労働の倫理的基礎に関する分析の中に表されていた。デュルケムの社会理論は何よりも古代の自然法を近代的に再編成したものに他ならない，とこのように評されてきたのである[7]。スティーブン・ルーカスは次のように書いている。「デュルケムのアプローチにおける斬新さは何であったかといえば，それは，倫理学や政治理論や法学の，過去の，見たところ超時間的で，ア・プリオリな諸問題に対して，再度照射したこと，つまりはこの点にあった。……彼が論じた議論の中には，アリストテレスやプラトンから，彼と同じ19世紀の自由主義者である，J. S. ミルやT. H. グリーンに至るまでの，伝統的な社会理論や政治理論の多くを特徴づけている，重要な幾つもの論点が含まれているのである」[8]と。デュルケム晩年の著述や講義，とりわけ，『社会学講義―習俗と法の物理学』〔1950年の死後に編集〕においては，彼の関心はますます，教授学，道徳教育，公徳心，社

会正義などに象徴されるような，アリストテレス風の学問テーマへと絞られていった。近代化のもたらす破壊的作用や，公的諸価値や社会連帯の崩壊などに反応しながら，デュルケムは道徳社会学へと転じていった。この社会学の目的は，政治への参加，同業組合組織，共通善などに関心を払う，新たな人間に癒しを与え，そのような人間へと育て上げることであった。1902年，彼は，パリ大学に奉職すべく，ボルドーを後にした。彼は遂に，このソルボンヌで，教育の科学と社会学を担当する職を得，彼が没する1917年に至るまで，自らの社会諸理論の発展に邁進したのだった。

　第4章「覚醒させる古典的な夢─古代の正義と近代の社会科学とのジンテーゼ」と題するこの章において，われわれは，第1章から第3章にかけて行った，研究成果の意味について考察している。18世紀から19世紀にかけ，古代ギリシアに対するロマン主義的憧憬は，ヴィンケルマン，シラー，ゲーテといった人々の詩作や美学論の中に表され，その後，それは，ヘーゲルやニーチェの社会哲学や批判理論の中に取り入れられ，最終的には，19世紀後半から20世紀初頭にかけ，マルクス，ヴェーバー，デュルケムの社会学へと織り込まれていった。これらの社会学者たちは互いに全く相入れない立場に立っているように思われるが，政治，経済，人間学，認識論，方法論の各分野に残した彼らの諸著作を見ると，彼らは，共通した地盤を，近代性に対する批判的な態度・反応を，共有していた。彼らはいずれも，古典期ギリシア人の政治学を学びながら育っていった。彼らの表現様式の差異であるとか，分析程度の深浅さの違いなどといったものがたとえあったとしても，彼らは，古代の人たちの夢へと立ち戻ることによって，啓蒙主義や古典的自由主義に対する批判を推し進めていった。というのも，彼らは，道徳的社会に対して，また，その社会が文化的価値や社会的目標をもつべきことに対して，ノスタルジックな見方を抱いていたからである。また彼らは，疎外や搾取に関する理論，合理化や鉄の檻（殻）に関する理論，有機的連帯やアノミーに関する理論などを通じて，産業社会によってもたらされる物象化であるとか，社会的病理に対して，批判的だったからである。彼らは，自由放任の経済学や功利主義の道徳的な戒めを拒否し，自分たちの思想を経済学の構造的・機能的な分析の上に据え，素朴な経験主義や

合理主義に代えて，新たな認識の理論を探し求め，そして遂に，実証主義の代替物として，カントやヘーゲルに代表されるドイツ観念論の中に，あるいは，ショーペンハウアーやニーチェに代表される存在論の中に，それぞれの基礎をもつ，錯綜した社会学的・歴史的な方法を編み出したからである[9]。カント革命という共通する思想の多くを共有し合う彼らからすると，実在（リアリティー）（物自体）とは決して直接に観察できぬものである。というのも，実在は，経験的事実へと接近するようにはいかず，むしろ，それに代えて，政治的（マルクス），歴史的（ヴェーバー），集合的（デュルケム）な各意識によって，濾過されているものだからである。

観察することや経験することは，つねに，理論を背負いこまされており，また，実践やイデオロギー，目的合理的な価値や文化的意味，集合表象や社会的分類などによって媒介されているのである。実在は歴史のなかで社会的に構成されるのである。それ故，19世紀に成立した社会学の認識論的・方法論的な基礎づけは，合理性や学問に対する啓蒙主義的な見方と互いに衝突するようになる。古典的社会学は，批判理論，歴史科学，道徳的社会科学という発展を伴いつつ，近代的現象学や近代的解釈学の中で，それぞれのカント的，ヘーゲル的な基礎の上に立っているのである。この様な学問諸形態は，解釈的（理解的）で有意味的な一つの客観性，文化的合理性を考察する。したがって，社会学的予測や目的合理的説明に奉仕する，経験的明証性として，あるいは社会的諸事実として意識内に反映される，客観的実在といった類のものは，およそ存在しないのである。その逆で，実在とは，それ自体が，社会的な相互行為による一つの所産であり，人間の意識やその活動を様々に規定するものなのである。要するに，客観性とは，歴史，意図，隠された構造，抑圧された価値や概念などによって，意味をもつのであり，そして，客観的世界といったものが，いずれにしても何らかの意義をもちうるとすれば，それはもっぱらこうしたコンテキストの中でのみなのである。解釈を行うとは，社会学の諸理論，多様な理念型，価値関係，規範的諸前提を手段にしながら，既に存在している，それ以前の，文化的に解釈されてきたものを理解すること，このことを意味するのである。ある枠の中で，科学者たちが，独立し自律している一つの実在をそのものの中で考察するという，そのような純粋で，孤立した，価値自由な領域など一切存

在していない。まさにその反対が真なのである。すなわち，実在へと接近するためには，価値，観点，政治的志向性などを使用することがどうしても必要なのである。

　古典的社会理論に関するアメリカでもてはやされている正統派による解釈では，社会学とは実証的な学問であると，一般的にこのように力説されてきた。マルクスは，普遍的自然法則，経済的恐慌，資本主義の必然的な没落などを歴史的に予言するという研究方法を発展させた者として，ヴェーバーは，文化的説明，自然的因果性，法則定立的法則などに関する価値自由な社会学を提供した者として，また，デュルケムは，統計的方法，機能主義的分析，システムによる予測などの理論をもたらした者として，それぞれ受け止められている。しかし，そこで忘れられていることがひとつある。それは，彼らが実証主義に対して批判的であったこと，彼らが〔実証主義に〕代わる認識論や方法論を有していたこと，彼らが学問〔科学〕や合理性に対して異なる定義を与えていたこと，彼らが古典期ギリシアへと立ち戻っていったこと，こうした事実についてである。マルクスの弁証法的方法や内在的批判，理解や歴史的構造主義に関するヴェーバーの社会学，集合表象や社会的連帯を始めとするデュルケムのカント派的認識や道徳科学，これらは，アメリカ流の社会科学の見方にとって代わる，われわれを興奮させる方法を提供しているのである。新ヘーゲル的な思想，あるいは，新カント派的な思想に基づいた19世紀の社会学では，学問とは批判的，解釈的，道徳的なものとして定義されたのである。

　アメリカ社会学の正統派において，古代的なものが見失われ，哲学と社会科学との分離がますます激しくなり，数量を重視する統計的方法によって歴史が置き換えられてくると，社会学というこの学問の知性的・精神的なコア――この学問の人文主義的な魂――も，それと抱き合わせられる形で見失われていった。政治的・経済的な諸学問が，ますます自然主義的で実証主義的なものへと変貌していった，知性的な運命の皮肉な巡り合わせの中で，社会学は，マルクス，ヴェーバー，デュルケムたちによって，古代の政治的学問の一形式として受けとめられた。このような学問に課せられた目的は，社会的正義，幸福，徳に準拠した生活などを育むことを意図しながら，様々な近代の社会制度や価値を精査することに置かれたのだった。〔社会正義，幸福，徳に準じた生活といった〕

これらの事柄は，思慮・叡智(*pronesis*)と実践(*praxis*)で構成されるギリシア人の理想である。様々な価値は，もともと共同社会から発展してくるものであって，哲学的エリートであるとか，専門技術を有するエリートなどによって技術的にエンジニアされる類のものではない。近代の社会科学が，政治哲学の古典的遺産そのものを追い払おうと図っていたその時に，社会学は，その遺産を，自らの理論的視座のエネルギー源として摂り込んでいたのである。その結果，新たにプロネーシスをくみ込んだ学というものが形成されたのである。この新たな学は全体論的(ホリスティック)，統合的，古典的であり，そして，経済学，政治学(法律学)，倫理学で構成されるアリストテレス風のジンテーゼ(総合)の上に築かれることになった。古典的社会理論という意味で使われている古典的という言葉は，もはや，19世紀における社会学の創始者たちとだけ関連づけられれば，それでよしという訳にはいかなくなる。というのも，古典的というその言葉は，古典期ギリシアのより遠い昔の起源とも関連しているからである。

　本書に課せられた目的は，古典的なものの中における様々な古典，様々な伝統を探究することにある。これらの古典や伝統は，永続的で不朽なものであり，狭量で直接的なものや手近な現状などから，われわれの思考を解放する際に，活用可能なものだからである。そのような探究の中で，19世紀の社会理論において看過されてきた，古代ギリシア人の伝統を再発見し，生き返らせることが可能となり，そして，社会学と，また，21世紀に対して依然として社会学が重要な役割を担っていること，をより全体的に考え直すその一部として，近代思想の諸起源を根本から考え直すこと，このことが可能となるのである。この目標に向かって，社会学は将来，歴史学，哲学，経済学などの諸領域と，ふたたび統合化されるであろう。そして，社会学の様々な認識論や方法論は，歴史的，解釈的，批判的な研究を取り込むべく，広げられてゆくであろう。その究極的な目的は，経験的で歴史的な研究を批判的な社会理論と結合させることである。社会学は，19世紀の他の社会諸科学とは違って，啓蒙主義の文化やその諸制度に疑問を抱く，そうした哲学的・知性的な環境の下で発展してきた。社会学は，それ自身を，古典古代の中に，人間性や社会に関する近代以前の，啓蒙主義以前の見方の中に，すなわち，社会的正義に関する倫理学や政治学の中にその基礎を置くことによって，初発から，自由主義的資本主義との批判的な対話にか

かわってきたのだ。したがって，社会学は，今日，近代性——これは，高度に発展した資本主義，政治的自由主義，方法論的実証主義で構成される——が内に抱えている様々な限界をのり越えて，われわれの現在の財産であり未来の遺産でもある，社会的諸可能性をより深く分析することへと進んでいく，そうした恵まれた立場に置かれているのである。古代の人々の忘れられた夢や失われた地平を掘り起こすことによって，放置されてきた現代のわれわれの諸可能性の幾分かを，われわれはここで考察するのである。『真理と方法』（1960年）において，ハンス＝ゲオルク・ガダマーが次のように書いているように。

「歴史学的理解の課題には，理解しようとする対象がその真の大きさにおいて現れるように，その都度，その歴史的地平を獲得すべきだという要求が含まれている。……地平を獲得するとは，つねに，身近なものやあまりに近くのものを越えて見ることを学ぶということである。ただし，それは近くのものを無視するのではなく，より大きな全体のなかでより正しい尺度でよりよく見るためである。……そうするときにのみ，伝承は，それ固有の異なる意味で聞くことができるような，声を響かせることであろう。」[10]
（轡田収＝巻田悦郎訳『真理と方法Ⅱ』法政大学出版局，2008年，474，477-478頁）

第 1 章　カール・マルクス
アテナイ型民主政と経済学批判

　　トリーアのフリートリヒ・ギムナジウム，ボン大学，ベルリン大学において，その最も早い頃から，古代ギリシアの歴史，哲学を学びつつ育ってきたカール・マルクスは，古代史，考古学，哲学に対するその愛着を，政治的・経済的な諸問題を論じた諸著作のあちらこちらに配していった。古代のギリシア人たちは，近代生活の特徴と化してしまった疎外，搾取，物質主義，から自由になった解放された社会という，従来の社会にとって代わる諸可能性を夢想する，一つの機会をマルクスに提供した。彼らの集合果とでも称すべき哲学，芸術，政治学の分野において，ギリシア人たちは，魂の調和，官能美，政治的叡智，社会正義などからなる理想化された一世界を，マルクスに与えたのである。ギリシア人の世界は，モラル・エコノミーといった枠内で，気品ある実直さ，個人の自由からなる生活を追い求める，ギリシア人の希望や大志を反映していた。精神を麻痺させる特殊化した労働，ばらばらに解体してしまった共同体，階級へと分裂してしまった社会，浅薄で利己的な物質的富の追求などに代わって，マルクスは，それらとは全く異なる，一群の社会的諸価値や道徳的諸原則によって教導される，新たな人間性を探し求めていた。

　　ホメロス，ヘロドトス，トゥキュディデス，アイスキュロス，ソフォクレス，プラトン，アリストテレスたちの諸作品に熱中し，G. グロート，C. ヘルマン，J. J. バハオーフェン，A. ベック，G. モーラー，T. モムゼン，G. シェーマンたちの古代史や考古学を熟知し，また，J. J. ヴィンケルマン，J. W. v. ゲーテ，J. G. ヘルダー，F. シラー，F. ヘルダーリンたちの諸作品から深い感動を享けたマルクスは，マンチェスターの工場群，合理化された労働，階級的支配力，功利主義や原子化された個人主義といった人間のやる気を奪いとってしまう諸価値など，およそこうしたもので作られた一つの疎外された世界と対決していった。このような世界から抜け出る方法は，古代の人々が抱いた数々の夢を通じてであった。マルクス以前に何年もかけてアリストテレスがしたように，マル

クスは，自由とは一連の市場における多様な選択や消費者の嗜好であるという，ものの見方を拒否した。マルクスにとって，自由とは，他人を気遣いあう友人たちや活動的な市民からなる一つの道徳的共同体の内で，どれだけ自己実現や理性的な討議がなされるか，この観点から定義されるべきものであった。個人は，彼ないし彼女が，どれほどたくさん所有ないし消費するかの観点からではなく，むしろ，人間としての創造力，道徳的な諸選択，政治への参加などの観点から描かれるべきであった。古代の人々がマルクスに提示したものは，美的な輝きと人間的尊厳で成り立つ，限りなく高尚な一つの世界であった。まぶしい程に輝くアクロポリスの丘から俯瞰しつつ，彼は，19世紀を生きた社会理論家のだれよりも，遠くまで見やることができたのだ。

近代性(モダニティー)に対するマルクスによる批判に及ぼした古典古代の影響は，著作活動に従事したそれぞれ5つの異なる時期，の中に現れている。第1章では，ギリシアの自然学や科学を扱った彼の学位論文や彼のノート類や，疎外・類的存在・人間の諸権利や人間の解放などを論じた彼の初期思想に伺われる古典的なヒューマニズムから，人生の後半期に行った資本主義に対する倫理的批判，労働価値論，経済恐慌に関する弁証法的・目的論的分析に至る迄の，これら5つの時期を順次辿っていくことになろう。初期における哲学的な諸著作から後期における科学的・歴史的な諸著作へとマルクスが移るとき，そこで彼の思想が露わにしていることは，彼が依然としてアリストテレスやギリシア哲学の想像力や叡智を信頼しているという事実である。

第1期。ギリシア哲学に関する準備用ノートおよびアリストテレス以後の自然哲学を論じた学位論文において，マルクスは，デモクリトスおよびエピクロスの作品を考察している。そこで特に重視されているのが，原子運動，天体・気象(*meteor* メテオーレ)の動き，自由，平静(*ataraxy* アタラクシア)としての幸福などを論じているエピクロスの理論，である。第2期。1843年から44年にかけて叙述された初期の諸著作，とりわけ，「ヘーゲル法哲学批判 序説」，「ユダヤ人問題によせて」，『経済学・哲学草稿』(1844年)において，マルクスは，社会正義，善く生きること，自己実現，民主制，理性に基づく対話，エウダイモニアー(*eudaimonia*)としての幸福などに関するアリストテレスの理論に，そして，ヴィンケルマン，ゲーテ，シラーの新古典派美学における美，芸術，創造

性などに関する観念に，それぞれ注目している。初期に書かれたこれらの草稿において，彼は，類的存在，自己実現，政治的・人間的な解放などに関する自らの理論を概説している。これらの政治的諸著作には，疎外された労働，偏狭で功利主義的な諸権利，所有偏重型個人主義などに対する彼の批判が添えられていた。

　第3期。経済に関する彼の主著である『資本論』において，マルクスは，社会批判に関する2つの新しい方法的形態を取り入れている。第1の方法は，資本主義の底流にある論理や合理性（普遍性）の発展の跡を探ることである。この方法を，彼は，形相因ならびに目的因に関するアリストテレスの理論から，また，その著書『形而上学』や『自然学』において見出される，自然における運動の理論から，借用しているのである。その際にマルクスは，この方法を，A. スミス，D. リカードの経済恐慌論や労働価値論と融合させているのである。第2の批判形態は直接的に，『ニコマコス倫理学』や『政治学』における，経済学（ポリティカル・エコノミー）に関するアリストテレスの分析から，そして，社会正義・徳・道徳知に関する彼の理論から，由来している。『資本論』においても，マルクスは，交換価値，抽象的労働，剰余価値，本源的蓄積に関する分析を通じて，市場のもたらす破壊作用，階級的不平等，自然に反するやり方で富や利潤を商いによって獲得すること（*chrematistike* 貨殖術）などについて，暴露している。商業的市場での近代的な商品交換と工業生産における社会的諸関係は，モラルを遵守する経済（*oikonomia*），政治的共同体，民主的な徳や市民権などの諸理想に即して構築された社会がもっている，政治的・経済的な潜在力の可能性を排除してしまうのである。第4期。この時期は，実践理性が具体化され，社会的な諸制度へと変換されてゆく時期である。マルクスは，民主的政体やアテナイ型国制に関するアリストテレスの理論を，人間の解放，経済的民主主義の基本的な構造上の諸特徴を概説するときに，また，1871年のパリ・コミューン時に出現した労働者の諸集団（ワーカーズ・コレクティヴズ）を概説するときに，自らを導く一つの道標として役立てているのだ。

　最後の時期〔第5期〕。マルクスは，古代都市国家の経済学（ポリティカル・エコノミー）が，歴史的・構造的にどのような諸発展を辿ってきたのかを研究すべく，古代史と文化人類学に取りかかっている。『経済学批判要綱』（1857-58年），お

よび『人類学ノート』(1880-82年)において，マルクスは，資本主義が成立する以前の社会構成体の研究に役立てようと[1]，古代史に携わった著者たち(B. ニーブール，モムゼンなど)や，文化人類学を専門とする著者たち(H. L. モーガン，H. S. メーン，J. B. フィア，J. ラボックなど)にその関心を振り向けている。『要綱』においては，種族的・遊牧的な社会から古典古代の都市国家へ，また，共同体的・種族的な所有を土台とする社会から私的所有に基づいた社会へと古代共同体〔コミューン〕が進化してゆく様を，マルクスは分析している。これによって始めて，市民社会の創出と古代世界における経済的不平等に関する輪郭づけに，成功するのである。『人類学ノート』においては，私的所有・階級闘争・特殊化した労働などの成長による古代的共同体の変容を通じてと同時に，ソロン，クレイステネス，エピアルテス，ペリクレスたちによる法律的・民主的な諸改革を通じて，ホメロス期の軍事的貴族政からギリシアの国制へどう進化してきたかを，彼は跡づけている。ここで彼は，アリストテレスの著書である『政治学』第1章において初めて提起された問い，すなわち，古代国家や階級社会は，家族・種族・村落などの太古的組織や原初的共同体からどのように進化してきたのかという問いを，探っているのだ[2]。マルクスの作品は，上記の5つの時期にはっきりと区分されるのであるが，これらの時期を貫いている，関心の共通性を見出すことによって，われわれは，古典古代における社会正義の夢によって，どれほどマルクスの社会理論が動機づけられているのかという，その広がりを適切に評価することができるのである。

デモクリトスとエピクロスにおける学問と自然

マルクスの博士論文，『デモクリトスの自然哲学とエピクロスの自然哲学の差異』(1841年)では，エピクロスとデモクリトスのギリシア自然学における学問・真理・自然，に関する異なる2つの見方が比較されている。「エピクロス哲学ノート」(1839年)として〔1976年に〕出版された初期の彼の準備ノートには，アリストテレス以後の自然学と自然哲学を扱った哲学史が概説されている。ディオゲネス・ラエルティオス，セクストス・エンペイリコス，プルタルコス，ルクレティウス，セネカ，キケロたちの著書から抜粋し，それらに注釈を施し

ながら，マルクスは，エピクロスとデモクリトスがどのように古代に論じられてきたかを摘要している。ベルリン大学から父親に宛てた手紙（1837 年 11 月）の中で，マルクスは，現在，法学研究に打ち込んでいること，それと同時に，I. カント，J. フィヒテ，G. W. F. ヘーゲル，F. シェリングたちの作品を熱心に読んでいるとも，書き添えている。彼はさらに，手ずから，アリストテレス『弁論術』の一部を訳出したとも述べている。博士論文の後注の幾つか覗いてみると，そこには，広範に渡って，アリストテレスに言及した文章があることが分かる。この頃にマルクスは，アリストテレスの『デ・アニマ』（『魂について』）のドイツ語訳を作成しており，それを刊行したいと望んでいたようである[3]。

ところで，二次的文献において，マルクスの博士論文を詳しく考察している文献というものは，ほとんど見ることがない。他の多くの博士論文と同じように，マルクスのこの論文は，読み通すには余りにも深遠で，難解な内容なのであるが，にも拘わらず，辛抱強い読者であるなら，その中に表された幾つもの心惹かれる着想に出会うことになるであろう。この論文は，エピクロス哲学，ストア哲学，懐疑主義哲学などを対象とする，より包括的なモノグラフ――彼は決してこれを書くことはなかったが――に行き着く一導入部であると，このようにマルクスは考えていた。キケロ，プルタルコスからライプニッツに至るまでの哲学的な伝統下では，エピクロスは，デモクリトスの自然哲学と対立し，彼の哲学を剽窃した二流の哲学者にすぎない，として見捨てられている。しかし，マルクスは，エピクロスの中に，より創造的でよりオリジナルな何ものかを見つけ出し，こうしてこれが，彼のこの著作の中心的論題となる。彼らの思考の根底に存在する，自然に関する学問と原子および天体・気象の理論とは，同じものである，これがマルクスの抱いている認識である。では，どこにデモクリトスとエピクロスの違いがあるのか。「この学問の真理性，確実性，適用にかんする，思想と現実との関係一般にかんする，すべての点で，正反対な立場をとっている」[4]〔中山元他訳『マルクス・コレクションⅠ』筑摩書房，2005 年〕というここにこそ，その違いがある。彼らの原子論は同じであっても，彼らの認識論や形而上学は全く違うのである。

マルクスによれば，感覚（感覚的知覚）や理性（自己意識），現象的な現れや存在に関する存在論，経験主義や普遍的概念の妥当性，科学的説明や自然の原因の

妥当性，さらには学問（科学）の本質など，これらに対する彼らのアプローチは，総じて，異なる哲学を反映しているという。これらの違いをマルクスが明示したという点に，彼のオリジナリティーがあるのであり，そして，より重要なことは，後年，経済学批判という学問や方法に関する自らの見解を打ちだすその出発点となるような，発展性に富んだアイディアの数々がそこに見られる，という点なのである。彼が，自然と学問に関する古代哲学を提示するとき，デモクリトスとエピクロスとの間での議論は，それぞれ，経験論と観念論との間での論争となる。彼らは双方で問う。すなわち，学問の本質とは何か，学問的探究の過程とは何か，学問が探るところの客観的現実とは何か，と。これらの問いは，認識論，方法，存在論に関する問いである。マルクスの最も初期になされた著述は，ギリシアの自然学や自然に関するそれであり，また，後期における著述は，経済学や社会の自然法則に関するそれであるが，それらの何れもが，自然科学（Naturwissenschaft）に批判的であるという点で，それらの著述は，共通する概念的枠組をもっているのである。最後に，マルクスは次のように主張している。すなわち，デモクリトスは単に，自然と天体に関する自らの理論を述べているだけであるが，エピクロスの方は，人間の幸福，潜在能力，自由，自己意識などの諸論点に焦点を充てながら，自然を超えて，社会的倫理学の領域にまで学問を押し広げているのである，と。それ故，初期のこの論文は，ギリシア人の認識論や学問に関する一つの論議を意味しており，この論議により，われわれは，マルクス後期の思考についての，興味深い幾つもの洞察が与えられるのである。学位論文を通じて，マルクスは，単に，ギリシア人の自然学〔フィジックス〕や古典的唯物論について，それを深く探究する機会を与えられるだけではなしに，質料と形相，現象と本質〔エッセンス〕，存在と本質などの彼らの諸概念を用いて，カント的認識論やヘーゲル的現象学の思想の多くを解明していく，そうした機会に恵まれるのである。ギリシア人たちに対する自らの注釈を装いつつ，マルクスは次第に，ドイツ観念論とヘーゲル左派（L. フォイエルバッハ，B. バウアー）の各内部で，また両者間で交わされていた諸論争へと，関わっていくのである。

　エピクロスの自然哲学の基礎は，その原子論，および，天体・気象論（メテオーレ）の中にある。すべての自然は，絶えず運動している自立的で分割できな

い原子と，原子と原子の間にある空間的空虚〔空虚な空間〕で構成されている。見ることはできないが，これらの物質的な原子は，大きさ，形，重さによって特徴づけられる。というのも，それらの原子は物質的〔物体的〕な物にも拘わらず，基体を形成しているからである。常に運動している原子の世界では，3つの形をした原子の動きが存在する。すなわち，重力による直線的な落下，直線からの逸れないし逸脱，そして，多数の原子の相互的反発〔反跳〕，である。エピクロスの立場からすれば，自然の物体をつくり出すのは，原子の自然的落下からの逸れ，原子の偶然的な斜めへの逸脱，そして，原子の結合である。キケロによれば，デモクリトスが，重さと重さの力〔重力〕によって引き起こされる，直線を描く自然的で等速な動きという，古いアリストテレス流の見方を受容したのに対し，他方のエピクロスは，原子が斜めに動くとする着想を持ち出したのである。原子が互いに反発する時，直線的に落下するという自然の必然性を超える，斜めへの新たな動きが創造されるのである。直線的に動いている個々の物体は，その自由や自立性を重力や自然の法則にゆだね，そのためにその個性や個別性を譲り渡してしまう。もし直線からの逸脱がないとするなら，原子の新たな運動も，これに取って代わる結合も不可能になるであろうと，このようにマルクスは考える。マルクスはそれと同時に，逸脱の外部的で盲目的な原因を，原子の原理の外に求めることに反対している。というのも，マルクスは，アリストテレス流自然学の必然的・決定論的な世界に，反対しているからである。「それゆえ，原子が，その相対的な現存在，つまり直線を捨象し，それから逸れてゆくことによって，それから解放されるように，全エピクロス哲学は，抽象的個別性の概念，つまり自立性と他者へのじっさいの関係の否定とが，その〔原子の〕現存在のなかで表現されるべきいたるところで，制限的定有から逸れてゆくのである」[5]。

このようにして，原子は，他の原子へのいかなる依存性からも，あるいは自分以外の規定性からも解放される。原子が衝突し，他の原子によって反発されるとき，そして，他の多くの諸原子に引き寄せられ，それらと結合するとき，原子は他の原子から離れてゆく。その過程で，原子は，それ自身の原理ないし概念の内から，独自な質料的な実体——自然における個別の客体——として，それ自身を規定する。互いの反跳と自然な運動によって，原子は，それぞれの

具体的な形が与えられ、それによって客体の規定性と特殊性がつくられてゆく。エピクロスは、自然学の探究による、原子の盲目的で必然的な運動を有する、デモクリトスの決定論的な宇宙を拒否する。この段階において、2人の哲学者間に窺われる実質的な違いは何かといえば、それは、デモクリトスの原子論が、原子の質量性に始まって、原子の質量性で終わっているという点である。これに対して、エピクロスの方は、よりヘーゲル的なやり方で、原子は、単に質量的な要素の現れというより、むしろ、主観とか精神といったものの一表現だとする着想——原子の概念——へ導いていく、そうした実体〔基体〕論を展開させるのである。純粋な概念は、個別性と潜在力の2つを明示している原理を、規定的形式を、様々な現れ〔仮象〕で出来ている現象的世界の本質を、それぞれ象徴している。こうした世界の本質は、原子の現実的な逸れ、反跳、結合の中で表現され、そこで実現されるのである。反跳の動きそのものの中で、質量的な客体の特殊性と具体的な規定性が形成されるのである。ギリシア自然学という枠内で、学問の本質、質量的客体の世界における学問の外的関連性、そして学問諸理論の妥当性などについて、マルクスに対して興味を掻き立てる様々な問いを生じさせているのは、原子の純粋概念に関するこうした観念なのである。

　原子の主観的な次元と諸原因に関する説明は、エピクロス的自然理論に見られる際立った特徴である。デモクリトスによって捉えられた機械論的・必然的な世界とは対照的に、エピクロスは、次のように主張する。すなわち、原子や自然の根底にある原理は、もっぱら主観的な想像の力と洞察によって制約される、「抽象的な諸可能性」〔の原理〕の一つであり、現実的な自由である、と。自然における客体に対する説明は、質量的な客体そのものに由来するというよりも、客体の内にある主観的原理に由来する。実際に、エピクロスは、客体の現実的諸原因を探究することに、全く関心を示さない。この意味で、現象的な客体の世界は、想像の所産であり、それゆえ一つの虚構である。というのも、存在は精神の現れであり、精神の創造だからである[6]。存在の世界は、可能な思考〔思考の可能性〕からなる一つの主観的世界である。存在は意識によって規定されるのであって、客観的な現実性であるとか、事物それ自体の本質によって規定されるのではない。というのも、自然の状況・法則・説明などに関する諸理論は、主観に由来し、客体に由来するのではないからである。時間を越えて存

在を現象せしめるもの，それは主観である。「それゆえ，自然は，聴くはたらきのなかで自分自身を聴き，嗅ぐはたらきのなかで自分自身を嗅ぎ，視るはたらきのなかで自分自身を視る」[7]。思考とか理性といった類の主観は，それ自身を，自然の抽象的可能性として措定する。それ自身を自然的世界へ外部化させることによって，客観的現実を可能化させているのは，人間の精神なのである。マルクスは，創造的で理論的なこの活動を，自己意識的な実践の一形式であると，このように捉えている。どのような因果的説明であれ，それが究極的に経験に結びつけられ，感覚と矛盾し得ない限りは，いかなる説明も可能となるのである。自然は，多くの原因と多様な理論的説明によって表現される。堅固で固いもののすべてが，諸可能性へと溶解していく。アリストテレスの実体論は，主観性と自己意識で構成されるエピクロスの理論へと変換されるのである[8]。

　自然においては，諸原因に関する普遍的な説明というものは，ひとつとして存在しないし，自然的で必然的な特殊的原因というものも全く存在しない。経験的なものの客観的で理解し難い現実は，主観というもの偶然性，恣意性，自由によって分解され，これらに置き換えられる。原子は，自然における原子の現れと，空想の中に反映される概念的諸可能性との間にある矛盾，つまり，原子の存在と原子の本質との間にある矛盾，原子の質料と原子の形式との間にある矛盾，に基づいている。自然が創造されるのは，このような矛盾からであり，本質としての概念が質料的な実体へと疎外されること——それは運動，牽引，反跳といった諸形式で表現される——からである。原子はいつも，それ自身と矛盾し合っている。というのも，原子の個別的規定性が，原子の抽象的な諸可能性と矛盾するからである。客体に関する説明が主観に由来し，客体そのものにとって外的〔無関係〕であることから，主観は，客体に関する多様な説明には無関心である。アリストテレスにとってそうであるように，諸形式は，形而上学的な現実であるとか，自然法則といったものの，その現れなのではない。というのも，諸形式は主観的な意識や純粋理性の中に内在している諸可能性だからである。個別的な諸事象に関する正しい説明というものは，ひとえに，諸事象に付随している諸条件や根拠にかかっていると，このようにデモクリトスは主張する。飲用することの原因は喉の渇きにあり，掘り起こすことの原因は埋

もれた宝を探すことにあるからだ，と。だが，デモクリトスの立場とは対照的なエピクロスは，次のように主張する。自然の根底には，論理や必然性で構成される鉄則などというのは存在しないのだ，と。「精神が世界を創造する……この世界は無限のものから切り取られたものとして定義される」9)。自然は意識の中に存在しているから，自然は，自由で観念的なのである。

　この理論に窺われる驚嘆すべき含意は，以下の点にある。すなわち，学問の究極的な目標が倫理的であること，すなわち，心の平静さと恐怖を打ち消すものとしての，自己意識の幸福（*ataraxy* アタラクシア）にあること，これである〔出隆＝岩崎允胤訳『エピクロス――教説と手紙』岩波書店，1959 年〕。エピクロスの方法は「抽象的可能性に準じる説明によって，自立的となってしまった自然の現実性を打ち壊そうとする」10)。このような考え方は，エピクロスの天空・気象の理論においても展開されている。〔天空にある〕これらの物体は原子と同じ特徴を有しており，違いはスケールの壮大さにあるにすぎない。これらの天空・気象の物体は永遠であり，不壊で不変である。これらの物体は直線から逸れて動き，互に反跳し，また牽引し合うからである。このような運動の中では，これらの物体は原子のようでもある。というのも，それらの形式（概念）は，独立した実在的な個別性（個別の物体）として，質料において実現され，具体化されるからである。ギリシア自然学の全体と訣別しながら，エピクロスは，太陽系とは人間精神の一構成物であること，そして，われわれは，前者を認識することにおいて，同時に後者（構成物）をも認識するのであると，このように主張する。理性（Vernunft）の投射したものとしての太陽系とは，精神というカテゴリーの一つの反映である。超越的な神々と不死なる神性で構成された世界を創造する中で，精神は，それ自身を，外部の他のものへと疎外する。ギリシア神話によれば，天空・気象の運行と位置を規定するのは，永遠で不変なこうした自然の秩序なのである。だが，エピクロスにとって，神話や自然学は空虚な迷信であり，疎外された意識の多様な諸形式である。とはいえ，エピクロスがいかに神話に対して批判的であろうとも，エピクロス当人は，自然や学問の必然性や，論理などを受け入れるくらいなら，神々の神話に従う方がまだましだと，こう信じているのである。

　ピュトクレスとヘロドトスに宛てた各手紙の中で，エピクロスは，自然を倫

理と結びつけている。太陽と月の昇りと沈みを，また，昼と夜の長さが変動することを説明するその目的は，天空の不易性や神性に異論を呈することであり，また，自然の超越的で神秘的な諸原因や自然の普遍的法則に直面するとき，人間が抱く恐怖と魂の動揺を追い払うことである。原子が，反跳と牽引に関する主観的な説明に無関心であるように，天空もまた，天空の運行に関する幾通りの説明に対しても無関心である。神々と自然法則を否定すべく，エピクロスは，伝統的な神話を拒否しようと願っているのである。これは，「占星術者たちの奴隷的な手管」によって作られている「天空の統一性」と，マルクスが呼んでいる当のものである。エピクロスの倫理は，見知らぬ諸法則と神秘的な神々へとひたすら隷従することから，自己意識を解放し自由にさせる。というのも，その倫理は，一方で，想像のもつ抽象的な諸可能性と，自然が有する絶対的な恣意性，というこれらの諸価値を再確認すると同時に，他方で，古代ギリシアのヒューマニズムと個人の自由をも再確認しているからである。天空は多数でかつ多様である。また，自然の中には，内在的な目的論であるとか，理性的な目的などといったものは存在しない。あるとすれば，それは，主観的な精神によって自然に投射された，様々な意味と具体的な規定性である。「それゆえ，メテオーレの理論の中には，エピクロスの自然哲学の魂が表されている。個別的な自己意識のアタラクシアと自由を乱すどんなものも，永遠ではないというのである」[11]。

　学問が構成されるのは，事物それ自体の現実を凝視するためではなく，むしろ，自然の様々な出来事に対して説明を与えるためである。こうした説明は，不安や恐怖から個人を守り，神話的構成物に対して，理論的な抵抗力を与えるのである。神的なものが擬人化されるが故に，超越的なものが人間化されるのである。自然の永遠なる秩序，天空の神々しさ，神話上の超越的な神々の存在などを拒否し，主観と個人の自己意識というこれらの重要性を強調している点で，エピクロスは，マルクスによって，「ギリシアの啓蒙を代表する偉大な人物」と評されているのである。理性は，現実が説明される際に，その拠り所となる基準となる。自然には，理性的なものや必然的なものは，一切存在していないから，普遍的に真理であると仮定されるものは，何もない。自然科学（Naturwissenschaft）と経験主義を拒否するマルクスの立場は，まさに，エピクロ

スに由来しているのだ。「エピクロスは実証的な諸学問を軽蔑する。……彼は学問の敵，文法を軽蔑する者と呼ばれる」12)。観察や実験法や経験的諸法則などは，自然に関する知識を与えない。そうした知識は，理性を通してのみ得られるのである。自然に関する学問は，絶対的な真理を探究するために使われるのではない。むしろ，それに代わって，個人の幸福，心境の平静，身体の安全，自然の無限なる諸可能性などを増すために用いられる。自然に関する学問は，ア・プリオリに倫理的・政治的な諸動機をもつ理論的構成物の一つなのである。

　マルクスの学位論文は，後年展開される，彼による経済学批判の多くの活動舞台と，ドイツ観念論ならびに運動と諸原因に関するアリストテレスの理論のこの２つの中に，その方法論的ルーツをもつ啓蒙運動を準備しているのである。この著作全体を通じてマルクスが追い求めているのは，「人間の自己意識を最も高貴な神性として認めようとしないすべての天上と地上の神々に逆らう」13) 批判的な叡智である。エピクロスからマルクスが意欲的に借用しようとしているものは，宗教・学問・実証主義に対するエピクロスのロマンティックな批判であり，また，エピクロスが，独立した実体としての神々（および市場）と決定論的な宇宙のいずれをも拒否したこと，外在的で超越論的な諸法則や事物の自然的秩序〔の存在〕を信じたりすることを拒否したこと，自由・自己意識・行動のもつ重要性を強調したこと，さらには学問と倫理との統合を試みたこと，以上である。マルクスは，理性に基づいて，そして，〔経済の〕根底にある構造的概念（形式的原理）と資本の内的な論理を，理性を用いながら探り出すとの立場から，経済学を説明しようとする。生産における剰余価値の搾取として現れる抽象的労働と，個人の契約上の諸権利との間には，社会の内在的・構造的な諸矛盾が隠されているとの観点から，社会を見据えているマルクスは，市場で取引されている交換は自由で平等であるとする功利主義者たちの諸概念に，異議を申し立てるのである。超越的な宗教的諸原理や諸法則に対する批判，資本主義が抱えている内在的諸矛盾に対する批判，啓蒙主義の学問や功利主義的な諸価値に対する批判，などのマルクスによる批判を含めて，『〔経済学批判〕要綱』，『経済学批判・序説』，『資本論』等々に見出される重要なテーマの多くは，予備的形態とはいえ，マルクスの学位論文の中に既に先取りされているのである〔エピクロスの学については，以下の著作が有益である。フランシーヌ・マルコヴィッツ（小

井戸光彦訳)『エピクロスの園のマルクス』法政大学出版局,2010年〕。

自然・実践・社会的客観性

　自然学を分析するにあたって,ギリシアの哲学が一つの重大な側面を見過ごしてきたことを,学位論文の中でマルクスは意識していた。ギリシア哲学は,歴史の内部で自然と学問が形成される際に,社会的・経済的な規定要素がこれに関係する,ということに気づけなかった。「ここで,エピクロスは,自分自身の哲学と古代哲学全体の弱点,すなわち,意識の中には様々な観念があることは認識されてはいても,それらの限界,それらの原理,それらの必然性は認識されてはいない,という弱点を認めているのである」[14]。エピクロスとともに,また,アリストテレス以後の思想の興隆とともに,質料性と実体性から精神へと向かう運動が生ずるにいたった。後期ギリシア哲学において,自然の根底にある自己意識という主観的原理が,デカルト的・カント的哲学の根拠として,また近代啓蒙思想として,再びその姿を見せるのである。個人や政治に関する啓蒙主義的な見方が,自然状態とその諸法則のもつ必然性や普遍〔妥当〕性といった泥沼にはまり込んで〔身動きが出来なくなって〕しまったために,デモクリトス的自然学の諸前提や自然における客体の優位性に対するマルクスの非難は,所有中心型個人主義,自然権論,功利主義,古典派経済学の自然諸法則,などの形態を取って現れ出る近代性に対して,後年,マルクスが批判を加える際の,その土台を据えるものなのである。これは,「市場という場で彫像された神々」[15] のもつ疎遠な諸力,としてマルクスが呼んでいる当のものである。アリストテレス以後の哲学者たちは,主観が最も重要であると見なしていたが,そのような見方は,自由と個体に関する極めて抽象的な理解の仕方でしかなかった。マルクスは,エピクロスとヘーゲルの,この両者における自己意識の原理と観念論を踏み越え,社会的存在としての主観を考察する作業へとつき進んでいく。その際に,この主観は,その個体の中と,資本主義的生産の内部における(すなわち,〔国民〕経済学の歴史と構造の内部における)その社会的諸関係の中の,これら2つの中に,それ自身を現わすのである。実践としての社会的な主観は,自然に関するマルクスの社会学を明示する特徴的なものとなる。という

のも，人間は，自然に対する働きかけ（ワーク）を通じて自身を表現し，自身を規定するからである。自然の底流にある「限界，原理，必然性」は，近代資本主義の様々な規範や諸制度に立脚した，社会的に構築された一つの現実と化す。自身から自然を作り出すのは，精神ではなく，むしろ，自然を変容させる社会的現実である。エピクロスから，われわれは，自然は主観の一構成物であるとする考えを受容し，他方のマルクスから，われわれは，自然は資本主義内における社会的実践の，別言すれば，労働の，一構成物であるとする唯物論的結論に至りつくのである。古代的と近代的のこの2つのものの見方から，自然を基礎づける根拠は，意識として解釈される主観性にあるのか，それとも，社会として解釈される主観性にあるのかという，この2つに分かれることとなる。エピクロスが，客体から主体へと，ギリシアの学問を移動させるのに対して，他方のマルクスは，学問と自然に関する論議を，近代性にまつわる社会批判へと方向転換させるのである。

　学位論文を完成させてから数年を経て，マルクスは，例の著名なる草稿『経済学・哲学草稿』（1844年）を執筆している。この中で，彼は，国民経済学，近代国家，私有財産，疎外，賃労働，人間的欲求や人間の解放など，青年期に抱いていた着想を論じている。「疎外された労働」や「私有財産とコミューン主義」として，それぞれ〔編者によって〕纏められた分析は，自然科学や自然に関する，一つの予期しない魅力的な分析であったが，それは同時に，人を失望させるほど簡単な分析であった。マルクスが，ギリシア人における抽象的な自然哲学から，啓蒙主義および自然科学に関する社会学的な批判へと方向転換するとき，これらの各断片は，マルクスの思想へと受け継がれてゆくのである。このような重点の置き方の変化は同時に，宗教における疎外された意識への批判から「この世の批判」へ，神学への批判から自然および国民経済学への批判へと，それぞれ移行することを意味している。

　自然と産業は，共同社会のためにその物質的な基盤を提供している。それらは社会を一つに結合させる，身体的なきずなだからである。自然は人間の非有機的な身体である。自然を通じて，社会的な客観性（日常生活で感取される諸対象，身体に欠かせぬ生活手段［衣・食・住／住居］，文化的な芸術作品，社会諸制度など）が創り出される。自然は，市場での交換と産業目当ての生産のために，物質的な

基盤を提供している。マルクスによれば，人間を特徴づける独自なものは何かといえば，それは，類的存在(Gattungswesen)としての人間が，生産的・創造的に働きかけること〔自由な活動〕，つまり実践すること，なのである。社会の物質的・精神的な諸要素を作り出すというこの活動の中で，人間は，自らの直接的な世界を創造するだけでなく，人間それ自身の本質である潜在能力〔ポテンシャル〕をも実現するのである。実践とは，共同的存在としての人間の本質を，世界へと対象化〔客観化〕していく，まさにそうした過程なのである。この世界は，食物として食用に供され，芸術として鑑賞され，科学や学問として概念化され，知覚の諸対象として体験され，文化的・社会的な諸制度としてそこで生活が織りなされる，そうした世界である。人間の普遍的で創造的な諸能力は，美的・政治的・経済的・宗教的な多くの意味をもつ，ひとつの世界を産出するのであり，それらの意味は，その世界の諸制度や文化的諸価値の中で表現されるのである。自然は，自由な活動において，人間がアイデンティティーと自己実現を感得する，その地盤である。人間が自らの潜在的才能や諸能力を発展させるとき，人間は，自然を介して，生産過程の中で自己を実現するのである。このようにして，自由に活動する者たちは，それ自身の自由で自己意識的な活動の顕現であり，それ自身の人間的な欲求の表出となる，そのような世界に生きるのである。社会的な客観性とは，類的存在のこうした主観的側面の表出である。マルクスはこう書いている，「生産的生活は，しかし類生活である。それは生命を創りだす生活である。生命活動のこのような型の中に，類としての全特徴，その類的特徴が存している」[16)]と。カントならびにヘーゲルによる影響を漂わせる言葉を用いながら，マルクスは，実践とは自己意識的で創造的な活動であって，ここにおいては，諸個人は，それ自身が〔手段としてではなく〕目的として，別言すれば，自らの意思に基づいて決定を下す，自律的な道徳的存在として扱われるのだと，このように特徴づけている。

　実践(*praxis*)なる概念は，ギリシア哲学に端を発し，ドイツの観念論および唯物論に至るまでの，長期に及ぶ魅力的な歴史を有している。カントは決して，この用語を使用しなかったが，彼は，自らの認識論と道徳哲学を通じて，彼以後のドイツ哲学においてこの用語が用いられる，そのお膳立てを調えたのである。カントの理性批判では，主観的な意識は経験の諸対象と道徳的知識を構成

しており，ヘーゲルの精神現象学では，人類はそれ自身の歴史と自己意識を作り，また，類的存在に関するマルクスの理論では，人間たちは，自由な活動からなる社会的組織を通じて，それ自身の物質的・精神的な世界を創造してゆく。だが，実践は同時に，もっと遠い昔にあっては，ある伝統とよりふかい関係を保持しているのだ。その実践なる概念は，アリストテレスの確たる信念，すなわち，人間存在の究極的な目的は，ポリスにおける政治的活動(praxis)の中に存し，そこでの活動を通じて，われわれは，有徳的，理性的(phronesis)になり，そして，幸福(eudaimonia)になる，という彼の信念にまで遡ることができるのである。創造的な自由な活動と参加する民主主義によって，人類は，自己実現と自由を追い求めるものだとする，そうした絵を想い描くべく，マルクスは，行為することと制作すること，市民たちと労働者たちという古代的な意味と近代的なそれを，さらには市民と労働者を，ここに混在させているのである。

　資本主義社会にあっては，工場における自由な活動の諸関係や生産の社会的諸関係は，疎外された労働という諸形態に貶められている。というのも，自由に活動する者たちは，労働生産物，生産組織や生産過程，類的存在としての独自な自己，他者との関係等々に対する支配を喪失しているからである。資本主義は，私有財産と経済力の不平等をその地盤としている，ひとつの階級社会であるから，自由に活動する者たちは，生産や生産活動をコントロールしていない。分業と専門化した仕事のために，彼らは，工場内部における作業リズム，作業様式，優先順位などを設けることもないし，社会的存在として，自らの個人的な潜在能力を実現することもない。結局，彼らは，相互的な分かちあい〔シェアリング〕と民主的な公民精神という原則に基づいた，道徳的で生産的な共同諸社会を作ることができないために，経済的支配のヒエラルキーの中で働くことを余儀なくされるのである。人間的な自己実現と個人の全面開花を期待し，これらを促進させると思われている活動が，その意図に反して，搾取と苦しみに満ちた生活へと導いてゆく。人間の労働は，ひたすら自由な活動者たちを疎外と賃金奴隷からなる諸制度へよりしっかりと括りつけるのである。マルクスは以下の分節の中で，こうした考え方を巧みに表現している。「労働者がより多く生産すればするほど，それだけますます彼には消費するものがなくなっていくこと，彼がより多く価値を創り出せば出すほど，それだけますます彼は無

価値な，品位のないものになっていくこと，彼の産物が形のよいものになれば　なるほど，労働者はぶざまなものになっていくということ，彼の対象が文化的なものになればなるほど，労働者は野蛮なものになっていくということ，労働が強力になればなるほど，それだけ労働者は無力になっていくということ，労働が精神のゆたかなものになればなるほど，労働者は精神の抜けた，自然の奴隷になっていく」17)と。近代世界の内部では，自己意識と自由が，いかにシステマティックなやり方をとって，その価値剥奪がなされてしまうかを，マルクスはここで概観しているのである。

疎外された労働という総体的枠組の中では，自然と学問は「それぞれ普遍的法則の下に置かれている，ある特殊な生産諸形態にすぎない」18)と，このようにマルクスは捉えている。宗教や道徳や文化などの場合と同じ様に，それらは，抽象的で非歴史的な観念領域といったものに存する，独立した諸実体なのではなく，むしろ，疎外と，自己の生活に対するコントロールを喪失してしまった，その顕著な表れなのである。資本主義社会にあっては，私有財産とは，疎外された労働の，具体的・物質的な形態であり，そして自然科学とは，疎外された労働の理論的な表れである。学問とは，疎外された意識の理論的な表れであり，このような疎外された意識が，自然とのわれわれの関係を，また，われわれの身体的環境とのわれわれの関係を，それぞれイデオロギー的に隠蔽し，概念的にねじ曲げてしまうのである。このようなことが，国民経済学と自然科学の両分野で起こる。学問と自然は，産業における生産と市場における諸関係の歴史的諸形態である。それらは，社会のより奥底に潜んでいる階級分裂と支配諸関係の発現なのである。マルクスは，以下の文でもってその結論としている。「人間的歴史——人間社会の生成活動——のなかででき上がってくる自然は，人間の現実的な自然であり，それゆえに，たとえ疎外された形態においてであれ，産業によってでき上がってくるような自然は，真の人間学的な自然である」19)と。

デモクリトスとアリストテレスに対するエピクロスによる批判に従いながら，マルクスは，客観性と自然に関する真理を，主観的なものと自己意識の中に据えるのである。もはや抽象的な概念であるとか，人々を手引きする形式的な原則ではなくして，真理とはいまや，国民経済学と階級支配で構成されたひとつ

の社会的枠組の中でつくられる，疎外された労働である。したがって，個人は，単に生産手段からだけではなしに，自然や真理からも切り離されるのである。多くの理論家たちは，今日まで，次のように主張してきた。すなわち，これら『経済学・哲学草稿』の草稿類は，人間主義の諸価値と実証主義の諸価値の両者を，しっかりとつなぎ合わせようとしているのだ，と。だが，このような見方は間違った主張である。なぜなら，真に解放された共同体の内部で，疎外が克服され，意識と自然との間に新たな関係が形成されるとき，その後で始めて，「人間の学〔人間らしい学問〕」とマルクスが称している当のものが，可能となるからである[20]。

古典的欲求と新古典主義美学

　マルクスの経済的・政治的な理論に対して，実質的・倫理的な内容と方向づけを与えているものとして，2つの領域が存在する。第1の領域は，大学卒業後の諸研究にもたらされたマルクス初期の経済学的な立場である。この中で彼は，工場における自己意識的な活動であるとか，実践といった考えを強調している。潜在的に社会的諸個人は，人間的な諸欲求の充足に向けて，また，美と人間的尊厳の諸法則に従って，自らの自然的・制度的・文化的な諸環境を創造することができる。共同的な類としての生活を自ら実現するという着想は，欲求に関するアリストテレスの理論から借用しているのに対して，創造的実践という着想の方は，ヴィンケルマン，ゲーテ，シラーたちの新古典主義美学から取り出されている。他方で，マルクスの初期の政治理論は，政治の市民社会からの分離という形を取りながら，真の民主主義への模索，ヘーゲルの自由主義国家論に対する批判，政治的抽象主義の拒否などに，その焦点が絞られている。欲求および民主主義についてのマルクスの理論は，資本主義に対するマルクスによる初期の批判の，経済的・政治的な隅石となっているのである。これに劣らず重要なことは，欲求と民主主義に関する理論が，『資本論』におけるマルクスの労働価値説および恐慌論に，『〔経済学〕要綱』と「ゴータ綱領批判」における，抽象的な諸権利に関するブルジョワ的，社会主義的な諸理論に対する彼のアプローチに，そしてパリ・コミューンにおける市民権や道徳的共同社会や経済的

民主主義に関する彼の見方に，それぞれ広く浸透している点である。論議する個々のトピックが，たとえ19世紀の経済学やドイツの観念論やフランス社会主義などから発した問題によって突然起こされたものであっても，彼の経済学理論の根底にある倫理的諸価値であるとか，普遍的な諸価値といったものは，彼の著作の隅々にいたるまで，古典古代のテクストに由来しているのである。マルクスの初期哲学と，後期の弁証法的科学の間には，大きな亀裂など全く存在していない。というのも，マルクスの人生を形成してきたこの2つの時期は，徳義に裏打ちされた経済（モラル・エコノミー）と民主的な国制の中で，人間の潜在力を自ら実現するという古代的理想と，人間的な欲求を満足させたいとする強い意欲，のこれら2つで鼓舞されているからである[21]。

　マルクスの社会理論において，自由な活動における人間の創造性を特徴づける最も顕著な点は何かといえば，それは，諸個人は「美の諸法則」に即して世界を造形するという，この点にある。シラーは以前から，人間性に関する自らの美的理想を説明しようとして，芸術と美に関するギリシア人の考え方の中にあるのと同じ言い回しを使っていた。それ故，自己実現および民主的な社会へと導いてゆく，自己意識的な活動としての自由な活動という着想の中には，美・バランス・秩序・シンメトリーなどからなる美学的側面も含まれているのだ。シラーは，古代の人々に立ち戻ることによって，18世紀の生活における社会的・文化的な分裂を克服したい，と念じていた。『人間の教育についての書簡』(1795年)と題された著作の中で，彼は，こうした分裂を，「全体中の取るに足らぬ一断片に永遠に束縛されているもの」として表現している。「人間それ自身が全体中の単なる一断片になってしまったのである」[22]。世界はすでに一つの機械と化しており，その機械の中で生きている人間たちは，その機械的なプロセスの中では，もっぱら生命なきパーツ・部分品でしかなかった。学問と自由な活動におけるこのような「人間存在の分裂状態」は，まさに近代性の悲劇であった。それと同時に，そうした状態は，人間の尊厳と道徳的自律性へ立ち戻ること，自由と善く生きることを合わせもつ社会へと再び活性化させること，そして，功利主義と啓蒙主義的な諸理想を拒否し，より高次な欲求，人間的な創造性，人間理性の潜在力などを育む個性ある人間を発展させること，これらを要求することでもあった。「諦めておのれを世界に放擲するのではなく，人間は

むしろ,自ら進んで,世界の事象のまったき無限と一緒に,それ〔世界〕をおのれの内に引きよせ,おのれの理性の統一下に服させるのである」23)。

シラーは,個人を社会の中に,感受性を理性の中に,美を自由の中に,労働を喜びの中に,義務をやる気〔インクリネイション〕の中に,もう一度,それぞれ統合化することによって,様々なカント的二律背反と近代社会の経済的二重構造を克服したいと願った。人間のもつ道徳的崇高性と自然における創造された形式美を鑑賞することは,物質と形式との,また,感覚と知性との,直接的な調和を作り出すことになろう。その場合には,もっぱら美と道徳的な自由が感知される,そのような新たな世界が出現してくるであろう。彼の目標は,存在と自然との間に和解と調和を創造することであった。ギリシア人たちがシラーに提示したものは,「輝かしい人間性の中にある,理性という雄々しさを備えた,ファンタジーの若々しさ」24)という,これまでになかったビジョンであった。これに対して,ヴィンケルマンは,2人の息子の死をなす術もなく見つめている,ギリシアのラオコーン像を考察していたとき,これと似たような着想を,〔シラーより〕もっと早く,『絵画と彫刻におけるギリシアの作品の模倣について』(1755年)において,述べている。「ギリシア人の傑作の,普遍的で最も卓越した特徴は,結局,ポーズと表情のこの両面に漂う,高貴な簡素さと安らいだ威風である。海面がどれほど荒れ狂っていようとも,海の底では,いつも静寂が保たれているように,ギリシア人の彫像の表情は,たとえ激しい感情のただ中にあっても,偉大で,物事に動じない魂を見せているのだ」25)。

ギリシア人の精神は高潔さと簡素さと美にあるとするこのような見方は,新古典主義のドイツの著述家たちの著作中に浸透し,後に,実践や自己実現に関するマルクスのものの見方にも影響を及ぼしている。マルクスの立場からすると,社会と労働は,意識と感覚的活動として変容され,精神と五感は,創造的な自己活動と美という審美的な理想の中で統合されるのである。自然の審美的な人間化とともに,新たな道徳的・共同体的まとまりの中で疎外の克服が生じ,また,自らと自然との間で人間の全面的な和解が生じてくる。経済的生産はもはや階級的不平等や権力を維持することに奉仕するのではなくて,創造的で競技的な運動の一部となる。そうした運動は,真の人間的欲求と,経済的・政治的動物としてのわれわれの類的存在とを表現しているのである。自由な活動は,

社会的生産諸関係によってもはや制約されない，われわれがもつ肉体的・精神的な諸能力の意識的・自己決定的な発露となるのである。このことに触れて，フィリップ・ケインは，こう書いている。「マルクスの理想は，古代ギリシアに関するヘーゲルの見解に似ている。そこで捉えられた人間は，東洋のように，自然に従属してもいなければ，キリスト教のように，自然から隔たってもいない。彼の理想は同時に，シラーの見解のようでもある。シラーの見解では，人間は，自然を自らの対象に据え，それを形づくる。それ故，自然は，もはや一つの力として人間を支配することはない……。理念的にいえば，シラーと同じく，マルクスの場合にも，人間は，強制から自由なときに，はじめて生産する」[26]。生産においてわれわれは，自然から物質的な世界を創造するが，それと同時に，われわれの個人的諸目標や文化的諸価値や政治的諸理想などに従いながら，われわれの真の自己を実現化する，そうした一世界をも創造するのである。世界はもはや，市場の非人格的な法則に従ってではなく，われわれの集団的な夢に従ってつくられるのである。マルクスにとっての類的存在とは，「〔類的存在が〕構築した世界のうちに，〔類的存在〕それ自身の姿を見てとる」[27]のである。経済学ではなしに，芸術と自己意識が，われわれの生活の景観を決めるのである。精神と肉体，個人と社会は，自由で民主的な共同体の中へと再び統合されるのである。

　人間の存在の中には，自己意識的な実践や美的な創造力，人間的欲求を満足させること，普遍的な諸権利を制度化することや人間を解放すること，真の意味における参加型民主政治を発展させること，などの潜在力が秘められているが，疎外は，このような潜在力を抑圧してしまう。これら初期の草稿類には，マルクスが国民経済学を批判したこと，自由主義や政治的自由がもっている諸限界を彼が事前に見抜いていたこと，さらに，リベラルな個人主義や自己中心的な諸権利を彼が拒否したこと，などの特徴が窺われるが，そうした示唆や洞察は，マルクスがアリストテレスを〔消化し〕自己のものにしたことに基づいている。マルクスと古代ギリシア人との親密な関係については，リチャード・ミラーによっても着目されてきた。「疎外された労働に関するマルクスの理論は，より抽象的なその姿においては，主として〔労働者の〕価値剥奪に関わる描写であるが，そうした価値剥奪は，アリストテレスの見方からすれば，人々が善く

生きんとすること，まさにこのことを否定するようなものなのである。……マルクスは，アリストテレスと同じ様に，人間がつくり出す多様な人間生活の種類によって，諸社会を判断しているのである」[28]。ミラーはこう結論づけている。疎外および資本主義批判に関するマルクス理論を理解する鍵は，幸福，善く生きること，熟議する理性，有徳的行動，友愛，人間的潜在力の自己実現，自然に反する財の獲得（貨殖術）への批判，などからなるアリストテレスの理想の中にある，と。古典古代は，高遠で堅固な高みをマルクスに提供しており，この高みから，マルクスは，近代産業社会に関する解釈や批判を展開することとなる。それと同時に，マルクスとアリストテレスのこの2人に共通するものは，諸価値（徳）と諸制度（国制）との関係，共同体の理想とそれらの理想の実現を抑圧し妨害する社会的諸制度との関係を，彼らが社会学的に力説していること，これである。古代世界において，階級的に緊張した商業社会では徳ある生き方などそもそも実現不可能であるし，また，近代資本主義のように疎外された構造下でも，そうした生き方は実現されえないのである。

　経済学に対する重要な批判を加えた『政治学』の中で，アリストテレスは，家政（*oikos*）における家族愛と献身，都市国家（*polis*）における公民精神などの諸価値を基礎とする，経済（モラル・エコノミー）に関する基本的な諸特徴を提示している。彼は，言葉・伝統・国制，政治制度や政治的理想といった，これら共通の絆で固く結びつけられた自給自足的な共同体を説明している。この共同体は，その目的として人間の欲求を基本的に満足させること，政治への参加と理性的話し合いを通じて，その構成員たちの潜在力を十全に発揮させること，をその使命としている。共同体はひとつの社会であって，その社会中にある市場は相対的に非本質的・周辺的なものであり，個々の家々で生産された財貨をひたすら交換することをその基礎としている。そのような経済は，互酬性，相互的分かちあい（*metadosis*），慈悲心などの伝統に基づいた配分，を伴う家政術によって特徴づけられている。「最初の共同体，すなわち，家においては，交換術は全く必要とされないことは明らかである。それが必要となるのは，共同体がいまやもっと多くの人員を擁するようになったときである。なぜなら家の中の人びとは，すべて同じものを分かちあっていたが，はなればなれの人びとはさらに多くの異なるものを分かちあっていたからである。それらを彼らは，不足に

応じて，交換によってたがいに分配する必要があった」29)。共同体における財貨の分配は，人びとの欲求と〔各家族の〕比例原則に基づいている。経済活動は，法と伝統によって確立された諸制約の下で確立されているが，この活動は，その生存と存続のためにはどうしても共同体にとって欠かせない，物質的な諸財貨を提供するのである。しかし，その共同体の真の目的は，共同体における人間存在の機能と終局的な善であるところの，幸福（*eudaimonia*）と善く生きることを実現するよう，これを確保することである。

幸福とは「徳に基づく魂の活動」30)である，とアリストテレスはこう考えている。幸福の目指す目標は，善良で高潔な市民の中に，徳性を発展させることによって，人間的卓越性を育むこと，ここにある。都市国家は，公的な場で哲学的観想にひたるとか，理性的な熟議を重ねるなどの知性的な諸徳のほかに，中庸・勇気・名誉・社会的正義などの徳義上の諸徳をも奨励するのである。金儲けや利益の獲得（*chrematiske* クレマチスケー）は自然に反した活動であり，かかる活動は，共同体の自然的諸価値や社会的な構成体を破壊してしまうのだと，このようにアリストテレスは明確な危惧を抱いていた。このような反自然的な活動は，共同体的連帯の絆や，相互的な支え合いや集団的な援助などの共同体の豊かな伝統をも破壊してしまうのである。市場および資本主義的な取引への変化とともに，生活は商品化され，私的および公的な諸関係もさらに物象化（レイファイド）されていく。これまで社会を結束させてきた絆は，もはや徳でもなければ公民精神でもなく，我欲と利己心あるのみという，こうした事態へと化していく。不幸にも，マルクスは，アリストテレスの最も恐れていたことが正しかったことを，立証するようになるのだ。

マルクスとアリストテレスの双方を比較している他の二次文献の著者たちは，善く生きるというアリストテレスの理論が，人間的諸能力を現実の中で実現すること，人間の知性や理性を発展させること，集会において理性的な熟議を習得したり，この集会に政治的に参加すること，利益を追求したり富を蓄積することが自然に反することだと認識すること，徳ある活動・友愛・相互に気遣うことなどに基づく社会をつくり出すこと，などの諸要素をその特徴としていることを，同時に強調している 31)。疎外された労働と商品交換では，これらの古典的諸理想が実現される，そうした社会的・経済的な諸条件をつくり出すこ

とはできない。マルクスは，実践という概念の中に，肉体的活動と知性的活動の2つの活動を含ませようとして，美学と政治学の古典的諸理想を解釈し直しているのである。だが，資本主義社会では，自由な活動は創造的な活動，「自由で意識的な活動」になっていない。というのも，その自由な活動は，社会的連帯や共同体の諸価値を強化することにもなっていないし，また民主主義や平等を促進することにもなっていない。また，人間の潜在力や善く生きることを発展させてもいないからである。疎外は，人間的欲求の鈍麻，理性の切り捨て，人間的諸能力の歪曲を次々と産出してゆく。他と区別される人間的なあらゆるものが，市場活動に刺激を与えるための手段，金儲けを保証するための手段へと縮減されてゆく。欲求は，消費者の欲望に転化され，多様な能力や才能は，利潤極大化のための機械装置となり，友愛と公民精神は，市場諸関係や商品の交換へと変容させられ，理性は，効用や快楽を計算することへと縮減される。古代の人々と近代の人々の2つを混ぜ合わせることによって，マルクスは，ギリシアとドイツのそれぞれの政治哲学に見出される，抽象的な自由に関する諸観念を具体的に表しているのである。より善き世界に対するマルクスのあこがれが，たとえギリシア人たちから鼓舞されたものであっても，彼らに依拠しつつマルクスが引き出している有利な点〔は何かと言えば〕，それは，近代社会であり，経済理論なのである。

　社会的な実践を通じて，歴史の中に人間的な本質を対象化するということは，理論的かつ実践的に，諸価値・諸制度・諸関係を備えたわれわれ自身の世界をつくり出すということである。実践とは，それ故，認識論的・倫理的なひとつのカテゴリーなのである。それというのも，われわれの経験は，社会諸制度や文化的諸価値によって媒介され濾過されているからであり，また，資本主義社会にあっては，われわれが見る世界はわれわれから疎外されているからである。われわれが生活し理解しているこの世界は，国民経済学の論理と諸カテゴリーによってつくり出された世界である。つまり，その世界は，様々な対象物・法則・メカニズムからなる，呪物崇拝された世界であり，これらのものは，そこに生きる諸個人を市場における諸商品へ，また，機械装置の中の諸歯車へと縮減してしまう，そうした社会的生産諸関係を映し出しているのである。人間は，生産するというまさにその行為の中で，歴史と社会の双方における労働を媒介

にしながら，経験の諸対象をつくり出していく。しかし，この過程の中で，われわれは，現実に関するイデオロギー的な障壁や歪曲された解釈を媒介にしながら，世界についての感覚を得るのである。そもそも批判的で弁証法的な学問が要求しているものとは何か。それは，隠蔽された権力諸構造や近代性の内的諸矛盾を究明するためには，われわれは，経験的なものの現象的な仮象を突破すること，これである。われわれは，経験的・経済的な諸事実からなる，直接的に所与なる世界を超え，階級的所有と私有財産に依拠した，その本質的な社会的諸関係にまで到達せねばならない。

　マルクスは，効用とか，自然的諸権利，あるいは富の蓄積などではなく，むしろ，人間的な欲求を現実化するという，この目的の上に築かれた新たな世界のために議論しているのである。アリストテレスの政治論にその起源をもつ新たな規準に従って，真の富が測られているのである。マルクスは，富の経済的な含意に変更を施し，その富を，類的生活や個人における人間的潜在力と結びつけることによって，富という観念を拡大しているのである。「ゆたかな人間は，同時に人間的な生命発現の総体を必要としている人間である。複雑な人間的な生命を必要とする人間，すなわち，自分自身の実現ということが内的必然性として，必須のものとして彼のうちに存在する人間である」32)。エゴイズム・快楽主義・金銭・蓄財によって支えられている社会を築くのではなく，むしろ，マルクスは，人間の諸可能性を社会的・精神的な諸欲求として規定し，これらの諸欲求を歴史の中で実現していく，そうした政治的共同体を発展させること，この作業に取り掛かっているのである。この作業の中には，創造的な生産性と美的な実践に対する欲求，人間の解放と個人の自由に対する欲求，共同的な責任と経済的民主主義に対する欲求，自己・統御と自己・決定に対する欲求，といったものが含まれている。資本主義につきまとう貧困や抑圧を克服する，新しい経済的・社会的な関係で構成される世界は，単にわれわれの自己意識を解放するだけでなく，われわれの五感や感覚をも解放するのである。マルクスがことさら力説しているように，われわれは，いまや，自己意識的な活動によって，自然の中に創造された世界を，人間らしい目で見，人間らしい耳で聞く，とこういうことになるのである。

　解放された社会における自然科学の本質は，もはや，自然や人間の活動に対

第1章　カール・マルクス　51

するコントロール〔支配〕をその理論的な課題としている，産業上の知識であるとか，生産上の知識といったものの中にあるのではない。むしろ，自然科学の本質は，人間的欲求の発現となるのである。欲求が人間と自然との関係を媒介するのである。自然と人間との関係を成り立たせる，その基礎を提供するものとしての，功利主義や自然権といった近代の政治理論の諸価値を拒否することによって，マルクスは，人間的欲求の根源的な発現として，エウダイモニアー (*eudaimonia* 幸福)，徳，社会正義などの古典的観点に立ちかえるのである。パトリシア・スプリングボーグは，このような関係を以下のように要約している。

「それ故，マルクスの疎外論は，オイコノミア，すなわち共同体の諸欲求と使用価値の生産に連動する経済的活動と，クレマチスケー（取財術，商いの術），すなわち強欲 (*pleonexia*) によって支配され，交換価値の生産を志向する社会に散見される金儲け，これら2つを区別するアリストテレスのやり方をより入念に仕上げたものと，このように解することができるかもしれない。より後期の著述において，マルクスが，生産・交換・流通などの諸過程に没頭するようになればなるほど，欲求に関する彼の概念は，アリストテレスの概念へと一層接近していくのである。」33)

「私有財産と共産主義」と題された草稿の最後の節において，マルクスは，直接，アリストテレスに言及している〔長谷川宏訳『経済学・哲学草稿』光文社古典新訳文庫，2010年〕。アリストテレスにとって，類的存在とは，性的交わりの行為によって始まっており，この性行為の中で，物理的自然と精神的な人間，感覚と主体の2つが，創造的・生産的なジンテーゼ〔総合〕へと統合されてゆく。これら2つは，互いに孤立した抽象として見ることはできない。自然が感覚作用や思考の中に現れるといっても，自然は既に，社会的に商業や生産を通して媒介されているのである。マルクスは，産業資本主義の言語，文化，イデオロギーをこれに含めようとして，精神に関するカント的諸カテゴリーを拡大させながら，自然は前もって理論的科学や経済によって形成されていると考えているのだ。

疎外された労働，階級的な分裂，イデオロギーをその基礎とする社会にあっては，自然や自己意識の発現は，錯倒した姿で顕現してくる。資本主義の正当化とその存続を図るために，欲求は，私有財産という制度によって人為的に刺

激を加えられる。自己実現とか人間の解放といったものに対する欲求は，金銭への欲求へと変貌し，人間的な欲求は消費者の抱く欲望となり，美や芸術は，呪物崇拝されるものや物象化された商品となり，人間の潜在力は，効用や富の観点から定義されてしまう。目的を手段化してしまうことにより，意識は麻痺させられ，それぞれ，不健全で人為的に操作された食欲へ，消費者選択という獣的な野蛮状態や浅薄さへ，そして，肉体的生存をひたすら機械的に再生産することへと導かれていく。人間的な次元とか，類的な次元といったものは失われてしまった。というのも，リバティー〔「～からの自由」〕やフリーダム〔「～への自由」〕といった自由が，人間的生存の最も原始的で未発達な側面——市場での交換や消費——へと制限されていくからである。われわれは共同体的存在であり，道徳的な存在であるという信念——「社会への欲求」——は，社会から諸欲求を抽出する中で，見失われてしまったのだ。単にそれだけではない。都市国家における人間的潜在力・自己実現・社会的な理性といった政治的理想や古代的な夢も，同時に見失われてしまったのだ。個としての人格は最もありふれた共通の分母に還元され，そこでは，物質的な富と精神の貧困とが同義である。このような社会は「人為的に産み出された粗野な」社会であり，「その精神は，したがって，自己麻痺であり，欲求の幻想的な満足であり，欲求の粗野なバーバリズムを前提とした文明」34)である。初期の著作全体を通じてマルクスがこがれているのは，友愛と公民精神という古典的理想に基づく，そして，互酬性と相互的分かち合いという経済的原則に基づく，解放された社会である。彼は，これらの理想は人間の同胞愛と崇高さに起因すると，こう述べている35)。

　後期の評注である『ゴータ綱領批判』の中に，マルクスが人間的欲求の理論を織り込んでいることからもわかるように，この欲求の理論は，彼の作品全体においても，依然として重要な位置を占めている。1875年，マルクスは，ドイツにおける社会主義者たちの基本原則に関する合同宣言書である，「ゴータ綱領〔ドイツ労働者党綱領〕」に，注釈を施している。この政治的宣言書の中で，マルクスが反対しているのは何かといえば，それは，平等な権利，労働，社会，公正な分配，財産等々について触れている，宣言書の抽象的で形而上学的な言葉づかい，に対してである。彼は，ブルジョワ的な抽象的諸権利——これら諸権利は，単に市民社会と国家との分離を一層強化するにすぎない——と見なすも

のを拒否しながら，分配上の正義と平等という問題に，自らの議論の多くを費やしているのだ。マルクスによれば，自然的諸権利〔自然権〕は，社会における私有財産・階級的特権・権力諸関係などの一切を含み込んだ分析的文脈の内で理解されねばならない。自然的諸権利にかんする理論〔自然権論〕は，イデオロギーのひとつの形態である。政治的諸権利やフリーダムを，経済的な疎外や支配におけるそれぞれの起源から抽出してしまうことは，権力や政治などを神秘化してしまうのである[36]。それは，経済を脱政治化させ，そのお蔭で，経済は，自然的諸法則が妥当する自律化した一領域，ほとんど神的ともいえる一領域，と化してしまうのである。抽象的な自由は，抽象的な労働と賃金の搾取という文脈の中で考察されねばならない。諸権利を擁護するということは，自己意識的な反省から階級的権力を覆い隠すための，イデオロギー上のもう一つのメカニズムとなる。抽象的思考に対するこうした批判は，「ユダヤ人問題によせて」や「ヘーゲル法哲学批判　序説」における，利己主義的な諸権利や政治的解放に関する初期の批判から，『経済学批判要綱』における，平等や自由に関するブルジョワ的諸理想に関する論評に至るまでの，マルクスの著作に窺われる一貫したテーマである。俗な諸価値とゆがんだ夢をもつ政治的領域の信仰心に加えた初期のマルクスの批判は，市民社会と国家は理論的にも実践的にも切り離しえないのだとする，そうした断固とした立場を強化していく。彼が採用したアプローチは，統合化が再度試みられる道徳的共同社会の中で，経済学と政治学とを総合化することによる，民主制理論を提示することによって，抽象的思考を超克することなのである。ブルジョワ的諸権利の問題が社会の諸制度から切り離され，諸個人が社会的責任，正義，共通善などから絶縁されたものとして扱われ，さらには，歴史的現実と矛盾する諸理想が維持されるそのような場にあっては，市場における交換，工業生産，人間的欲求などに関する具体的分析に基づく民主制理論を発展させること，まさにこれがマルクスに課せられた目標なのである。

　ゴータ綱領に明示された社会主義者の諸理想によれば，労働を解放するためには，私有財産を社会の共有財産に高めること，当該社会の社会的生産物を公平に分配すること，が必要である。マルクスは，社会主義者の根本原則を述べたこうした表明〔1875年2月のゴータ綱領草案〕に隠されている，レトリックに異

議を唱える。それというのも，その声明文に盛り込まれた抽象的カテゴリーには，実質的内容が欠落しているからである。すなわち，それらの抽象的カテゴリーでは，社会の底流にある構造について，なんら触れられていないからである。彼はこう問いかける。社会とか公正な分配という文言で，いったい何が意味されているのか，と。マルクスによれば，資本主義から共産主義への移行とともに，そこには，社会主義という過渡的な段階が存在するようになる。この社会主義にあっては，これまでの伝統的なブルジョワ的諸理想が現実のものとなる。消費財〔消費手段〕の分配は，個人労働の給付能力と実績に基づく，社会の生産物に対する平等な権利によって決められるべきである。この原則は，資本主義的市場において商品交換を行うための規範的基礎であったし，その原則は，社会主義という過渡的段階のための新たな倫理的な土台となるのである。イデオロギー的な抽象ではなしに，むしろ，色あせたブルジョワ的な諸理想が，今も，公正な分配を行うための，制度上の現実的基礎となるのである。労働は，消費財という形で，労働の等価物と交換される。それというのも，等しい量の労働は，商品の中に結晶化された等しい量の労働と交換されるからである。社会的生産物に対する諸権利は，労働と貢献に基づいている。経済発展のこうした段階では，メリトクラシー（能力主義）というブルジョワ的な考え方が実行されるのである。しかし，諸個人は異なる才能や天分をもっているから，平等な権利は，どうしても不平等な分配を擁護するものになってしまう。諸個人のある者たちは，他の者たちよりも，より勤勉に働き，より長時間働き，より効率的に働く。そして，より多くの報酬を受けとる。マルクスはこうした段階を，「不平等な権利」の継続であると呼んでいる。

　社会が，真の共産主義へと発展・進化するにつれて，平等な権利と不平等な肉体的能力に基づいていた公平な分配は，人間的欲求という倫理的原則に基づいた社会的分配という，新たに設けられた優先順位によって置き替えられるのである。欲求が労働の代わりになるにつれて，形式的な諸権利は，社会的正義によって置き替えられるのである。所有一辺倒の個人主義とエゴイスティックな権利で固められた資本主義の最後の残滓は，こうしてなくなるのである。そこには，アリストテレスの政治理論と新約聖書の神学のこの2つに立ち戻るような，正義のための新たな基礎が生まれ始めている。すなわち，「各人はその

能力に応じて,各人にはその必要に応じて!」[37]と。この原則は,オイコス〔家政〕であるとか,あるいは,「自給自足的な家計」といったものに関するアリストテレス理論の底流にある原則であった。マルクスは,個人の権利について語ることは「時代遅れした駄弁」であり,「観念論的なたわごと」にすぎないとして,これを一蹴している。一部の論者たちはこの文言を捉えて,これは,総じて,道徳哲学や社会的正義がマルクスによって拒否されたのだと,このように理解してきた。だが,このような判断は根拠なき判断であるように思われる。それというのも,彼は,一方でアテナイに見られる古典的正義という基本的理想を再確認しながら,ひたすらブルジョワ的な法原則のみを拒否しているように思えるからである。「どんなばあいにも,消費諸手段の分配は生産諸条件の分配そのものの結果にすぎない」[38]とマルクスは主張しているのだから,法的形式主義と政治的な抽象的思考は,空想的なお説教とともに捨てられているのだ。倫理綱領が政治的に本当のもの,道徳的に実際的なものとなるためには,倫理綱領そのものは,国民経済の構造を分析するというこの作業と結びつかねばならない。これは,史的唯物論の背後にある規範である。公正な分配という中心的な倫理的争点は,個人の天分や才能は何かという問題から,権力構造や生産に対する支配といった問題へと移っていく。というのも,そうした問題は,能力についての問題から富に関する争点へ,分配や消費から社会的生産組織へと,それぞれ移っていくからである。

　アリストテレスは,個々の正義をそれぞれ,3つの異なる類型に区別した。すなわち,配分的なもの (*dianemetikos* ディアネメーティコス),是正的ないし矯正的なもの (*diorthotikos* ディオルトーティコス),そして,応報的なもの (*antipeponthos* アンティペポントス) である[39]。配分的正義とは,富,自由,徳といった公準によって定義された功績を基準にして,政治的共同体の内部において,名誉,地位,貨幣からなる社会的な報償を公正に配分することである。正義のこうした形態は,ポリスの市民たちはいずれも平等であるということを表している。とはいえ,どのような人々を平等な市民と見なすべきか,また,功績のどんな基準がそれらの人々に適用されるべきかという課題は,当のポリスが,寡頭制か,民主制か,貴族制か,などの国制いかんによって異なってくる。是正的正義ないし矯正的正義とは,市民法廷の法的手続の中に見出される。そうした正義は,

詐欺，窃盗，不正な交換など，違法な行為がなされる前に存在していたハーモニーを，再び回復しようと試みることである。正義の第3の形態——応報的なもの——には，物的な財貨を市場で交換する際に求められる，経済的正義や公正価格が含まれる。市場における財貨の通約可能性や交換を計る仕方は，需要と供給，市場の内的ダイナミックス，あるいは貨幣だけによって決められるのではなく，むしろ，世帯やポリスの全体的必要性によって決められる。必要性は，事前に推定され，家族の成員らや市民らからなる共同社会において，善意と友愛（*philia* ピリアー）に準じて充足される。それ故，経済的交換は，世帯および政体の身体的必要性と自給自足性に仕えるべきものなのである。それというのも，経済的交換は，家計経済における生産の不足を克服し，古代国家のいろいろな目的を実現することなのであるから[40]。アリストテレスにとって，経済学とは常に，倫理学や政治学が要求しているもの——徳や実践的叡智——に服属すべきものなのである。別言すれば，経済学とは常に，社会的正義——政治的正義や経済的正義——の命ずるところに服属すべきものなのである。

　ところで，それぞれの正義の，これら3つの諸形態の意味について，実に枚挙し難いほどに論争が重ねられてきたことを，二次的文献は明らかにしている。それら正義の定義や適用の仕方について，アリストテレスはかならずしも明確に説明していないが，その議論の配置や文脈は，ここにいるわれわれには特に役立つのである。それぞれの正義は，富や権力配分，法的訴訟，市場における交換といった各分野における正義に対する経済的な関心，に焦点が置かれている。だが，アリストテレスは，家計の内部や家計相互間における，経済的応報・友愛・相互の分かち合いや，政治への参加や公民としての責任，実践的叡智や徳ある生き方への育成などに力点を置きながら，普遍的正義であるとか，政治的正義といった枠組の中で，それぞれの正義を議論しているのである。それぞれの正義は，経済の様々な局面を扱っており，そして，それら経済的な局面は，社会的平衡・交換における公正さ・正しい法・財産や物的財貨の適正な配分や応報などを要求する政治体の，より根本的な必要性——倫理的・政治的なそれ——と，どのように関連しあっているのか，これを扱っているのである。共通善・幸福・自由を全面的に発展させること，これが経済的活動のはたすべき機能なのである。

政治的正義には，分配の問題だけが含まれるのではなく，それ以外に，人間が生存することの目的（必要性や自己実現）に関する問題，経済学が追い求める目標（徳に基づく共同体や友愛を築くこと）に関する問題，社会が追い求める道徳的目標（理性的に熟議することや民主的に対話すること）に関する問題，人間の可能性や幸福を全面的に発展させること（徳義心，公民精神，政治的叡智）に関する問題，などが含まれる。市場における交換の公平とは，互酬的交換や構成員らの共有財に対する相互的関心を通して，共同体や家族を維持することである。商いを行う市場で正義がなくなれば，必ずや，共同体は，利己心や競争などの悪疫によって支配されてしまうであろう。貨幣の目的は，財産という富を測るのではなく，むしろ，道徳的性格や社会的連帯といった富を測るためにこそある。貨幣は，自給自足的な政治的共同体のなかで，社会的正義・互酬性・相互扶助などに基づいて，財貨の流通を円滑にするために作られているのである。

　マルクスは，民主的な分配理論の中で，人間的な必要性という経済的・政治的な諸要素を再統合することができると考えている。マルクスは，平等や自由は，抽象的権利の形式的なカテゴリーとしてよりも，むしろ，実際に自己を実現し，必要物を充足する，そうしたことの政治的な表現と解釈しているのである。『経済学批判要綱』や『資本論』で展開した議論を継続させながら，マルクスはこう主張する。すなわち，ゴータ綱領の俗流社会主義は，私的生産手段や私有財産の分配問題を考察しようとして，分配に関するブルジョワ的理想を超えて想い描くことができていないのだ，と[41]。疎外や搾取についての全体的理論が排除されているのだ。もし，夢に命を吹き込むそうした具体的な制度など全く存在しないのであれば，そのような夢は，未来永劫，実現することのない夢でしかないだろう[42]。

　正義に関する古典的理論は，史的唯物論と経済学批判の2つと一体化されねばならない。消費を生産から切り離し，分配を生産手段から切り離してしまうことは，結局，社会主義を，市場における平等とか消費者のもつ自由といった自由主義的な諸価値へと縮減してしまうことなのである。社会的正義の本質を問うことは，単なる分配という争点へと縮減できるような類いのものではない。それというのも，そのような問いは，生産における自己実現・必要充足・参加に基づく民主主義などの様々な問題を考慮せねばならないからである。これら

の問題はまさに，倫理学的・政治学的著作において，アリストテレスによって取り上げられてきた問題なのであり，また，マルクス社会理論の核心にひそむ問題なのである。

古代の民主制と近代の民主制

　市民社会と国家，権利と欲求，生産と消費をそれぞれ分離することを拒否し，法と国家について唯物論的に解釈することを提議するマルクスは，社会主義と民主主義に関する自らの理論の中で，社会的正義を分析するための，制度に関するより包括的な文脈を提供している。1843年9月〔5月の誤り―訳者〕，A. ルーゲ宛ての手紙の中で，マルクスはこう述べている。「人間の自己確信である自由は，何よりもまずこうした人々〔ドイツ人〕の胸奥で再び沸き起こらねばならない。ギリシア人とともに世界から見えなくなり，キリスト教支配のもとで，天国という憂鬱な靄の中へと消え去ったこの感情だけが，再び社会を，最も崇高な目標に向けて結ばれた人間の共同社会へ，民主的国家へと変えうるのである」[43]と。知的経歴を歩み始める早い頃から，マルクスは，民主主義をアテナイの政治体制と関連づけている。『(経済学)批判要綱〔序説〕』(1857年)において，マルクスは，特に，人間の政治的・理性的な本質に関するアリストテレスの見解に言及しながら，こう述べている。「人間はもっとも文字どおりの意味でポリス〔国家〕的動物（*zōon politikon* ゾーオン・ポリティコン）である。単に社会的な動物であるだけでなく，社会のなかでだけ自己を個別化することのできる動物である」[44]。

　最も初期の作品群の中の一つ，『ヘーゲル国法論批判』の中で，マルクスは，アリストテレス的な仕方で，民主政治とは国事一般に関する熟議と決定の過程の中で，人民が自己意識的に決断を下すものである，とする自らの見解を披露している。政治的動物としての類的存在が，現実的・具体的なものにされるのは，公的領域での熟議と法律制定というこの次元に参加すること，まさしくこの行為そのものの中に存するのである。社会とは，財産を保護するための人為的な構成体であり，自由とは，市場経済において際限のない物質的利得を利己心に即して追求することだ，という定義を下している自然権論や功利主義経済

学においては，この様な原則がこれまでずっと忘却されて来たのだった。民主的な理想は，その一方で，あらゆる個人のための社会的・公共的な基盤であるという観念を復活させている。「宗教が人間を作ったのではなく，人間が宗教を作ったように，国家制度が人民を作ったのではなく，人民が国家制度を作ったのである」[45]。政治の主体は現実的な集団である。この集団が，民主的国制という形態をとりながら，それ自らの政治的世界を創造するのである。君主政体の場合のように，主体と客体が転倒させられ，人民が，外的な強制力によって決定され，その強制力に対する統制力を少しも，あるいは全く有していない時，その時，われわれは政治的な疎外を経験するのである。国家とは，市民社会から制度として切り離されたものだとする，こうした見解の重要性を始めて認識したのは，ヘーゲルその人であった。市民社会とは，市場・契約・私有財産・家族等々における，物質的および私的な生活諸条件を具体的に表すものである。

　マルクスによれば，政治的国家（形式的な法的制度）が，市場の特殊性を超え，これに対立する一つの独立し疎外された理念として「廃棄」されるとき，民主制は真のものとなる。民主制とは国家の物質的・歴史的な土台を，人間的な行為と政治的創造の中で自己意識的に認識することであるという意味で，この民主制というものは，政治的組織の他の諸形態の中でも，最も真実なものなのである。幾つもの政体が外面的で異質なものとして現れるため，他の諸形態ではこのような洞察が忘れられているのだ。合衆国における共和的統治形態でさえも，その現実的な内容と本質，すなわち市民社会が国家の外に置かれているために，「抽象的な国家」と見なされているのだ。政治学は経済学から抽出されるのである。ブルジョワ国家とは，これまでヘーゲルが主張してきたような，普遍的理性の顕現でもなければ，共通善や一般的福祉といった旗印のもとで，あらゆる分裂や諸身分をも社会の内に統合化してしまう，そのような普遍的理性であるとか政治的理念といったものではない。それどころか，国家とは，社会的安定や市場・産業などの経済的秩序を保証するための，政治的・軍事的な一メカニズムなのである。前者〔市民社会〕が後者〔国家〕を規定しているゆえに，市民社会こそ国家の本当の姿なのである。近代国家の土台と従うべき規範は経済の中にある，というこうした洞察から，マルクスは，こう結論づけている。「私的な

領域が自立した現存を得たところで，はじめて政治的国家制度そのものがつくりあげられるということは，自明のことである。……国家といったものの抽象化は，私的生活の抽象化がもっぱら現代の特徴であるという理由から，もっぱら現代に相応しいものである」46)と。この意味で，民主的な共和政体というのは，マルクスによって描かれた真の民主政体の方とよりも，むしろ，プロイセンの権威主義的君主政体の方と共通するものを，より多く抱えているのである。

　市民社会と国家は互いに切り離され，互いに対立し合っているとの立場から，近代性（モダニティー）を特徴づけた最初の政治理論家はヘーゲルであったとする認識，これがマルクスの認識である。だが，国家とは，共同体の倫理的生活を具体的に顕現したもの，あるいはその実質であり，その目的は，その一般的な利害と普遍的な意志，すなわち，「一般的関心事」を実現することにあるとするヘーゲルに，彼は批判を加えている。マルクスが拒否しているのは，このようなアリストテレス風の理想に対してではなく，むしろ，近代の政治諸制度を理解するにあたって，ヘーゲル流の記述がはたして妥当性を持っているのか，というこの点に対してである。ヘーゲルの方法論的アプローチは政治的神秘化の一つの実例だとして，彼はこれを拒否している。それは，彼が国家とは国家の様々な機能やその自立した諸活動の論理や概念（Begriff ベグリフ）から発展するものとして取り扱ったからである。ヘーゲルにとって，国家（君主権，行政省庁，議会）とは，歴史においておのれを認識し，おのれを意志する人々の，自己意識的な理性の一つの表れであった。国家が抽象的な思惟から進化するにつれて，国家は，論理的・形而上学的な一つの現実になってゆく。「国家はその活動を，その特殊な性質に合うようにではなく，抽象的な思惟の神秘化された運動である，概念の性質に合うように，区別し定義せねばならない」47)。執行する官吏らからなる行政省庁と諸身分で構成される公的議会，この２つの機関を擁する立憲君主制という形態にあっては，国家は，実在する一つの社会学的な現象というより，むしろ，一つの哲学的理念として捉えられている。多様な機能をもつ政治的有機体としての，国家組織に関する知識は，市民社会におけるその歴史的・物質的な土台からではなしに，むしろ，それ自身の一般的な理念や論理に対する反省から生まれる。哲学的な理念主義者であるヘーゲルは，国家の本質が国家の「社会的属性」の中に，そして，現実的世界において国家が果してい

る実際の役割や相互連関性の中にあるというこの事実を，忘れ去ってしまったのである。

　ヘーゲルによれば，国家を代表する諸機関（警察，司法，行政）および議会（土地貴族，商工業階層，一般的〔公的〕階層）の主要な役割は，市民社会の内部で対立し合っている様々な要求を背景にしながら，社会の普遍的な諸利害を代表することである。国家の諸機関は，特殊な経済的諸利害の圏外に立ち，また，それらから独立しているために，それら諸機関は，市民社会を構成する人々の諸利害を表しているのではない。事実，国家の基本的な目的は，以下のような政策を実行することによって，利害の争いの圏外に立つことなのである。すなわち，全体の利益のために，競い合う社会の諸要求や機能している各部分を統合化することによって，社会の有機的な結束に資するそうした政策を実行することである。議会は，実に様々な特殊的諸利害を抱える市民社会から選出される，代議士で構成されているのであるが，これら代議士たちは，これら諸矛盾の解決に至りつくためには，自らが抱えている狭量で偏狭なものの見方を克服できねばならない。ヘーゲルは，これを主観的自由の実現として捉え，また，われわれの本性を社会的存在として捉えている。だが，マルクスにとって，議会における諸階層は，一般民衆はおろか，彼らの公的な利害も，一般的関心をも代表していない。それは，国家の真の経験的な現実を覆い隠してしまう，途方もない幻想であり，表象的な解決にすぎないのである。それに関して，彼は，こう簡潔に述べている。「最高段階にある政治体制とは，それゆえ，私有財産の体制である。究極の政治的信念とは私有財産の信念である」[48]と。

　国家の本質とは，家族，共同社会，民主主義に対する諸可能性そのものをも破壊してしまう「私有財産のバーバリズム」であると，このように受けとめることが最も相応しい。「幻想とは何かと言えば，それは，国家が規定され続けている時でも，国家が規定している〔と幻想し続ける〕ことである。国家は，確かに，家族や社会の意志を打ち壊している。だが，それは，もっぱら，家族や社会なき私有財産の意志に存在を付与し，このような存在を，政治的国家の最高の存在として，倫理的生活の最高の存在として，認めるためである」[49]。近代国家は，共同社会の一般的利害も福祉も反映していないだけでなく，それは，社会的存在の最も高度な現実態でもない。むしろ，〔私有〕財産が国家の本質であっ

て，その〔財産に関する〕制度は市民法の中に明示され，抽象的権利や自然権という形で擁護されている。だが，これらの権利は，実際には，様々な例外，特権，不平等などを弁護するためのものであるから，これらの抽象化は，権力に付随する幻想なのである。抽象的な権利は，個人的な自由と実質的な（制度上の）自由とを分離することを認めているから，これらの権利によって，国家と市民社会との真の連関を識別することさえ禁じられるのである。資本主義社会において，国家が，所有，階級，権力などの個別的な諸利害を代表し擁護しているということ，これが国家の現実なのである。国家は，イデオロギー的に神秘化が施される一つの形態である。うわべでは一般的な福祉や共通善に関心が向けられながらも，実際的には，この神秘化によって，その現実的な機能が隠蔽され，抑圧されるのである。

　その中において市民社会の個別的な諸利害が代表される，そうした抽象的で幻想的な制度としての国家を解体すること，このことをマルクスは要求している。これは，選挙の改革と普通選挙を通じて実現されるべきものである。それというのも，こうした手段によって，議会が，活動的な市民精神と一般意志のひとつの表れへと変化していくからである。それと同時に，市民社会の解体と古典ギリシアの伝統への回帰が現れてくるのである。そうした処では，私的領域の本質的なのものが再び，政治的なもの，すなわち，民衆による統治をベースとする自己決定，の土台となるのである。かくして，自然，経済学，類的な欲求，そしてすべての社会的制度などは人間化され民主化されて，これらの内の何れもが今や，道義ある社会を支える政治的諸価値——公民精神，参加，自己実現，公徳心，人間の尊厳——を表現することとなる。「実際に，その真の存在として，その政治的存在を措定する中で，市民社会は，同時に，その政治的存在と区別して，非本質的なものとして，その市民的存在を措定した」50)。国家の形式的・形而上学的な本質は，今や，全体として社会の物質的な基盤である。マルクスは，アリストテレス哲学の倫理学と政治学の2つを，近代の社会理論の中に組み込んだのである。マルクスにとって，このことは，古典的アテナイの近代的形式を意味している。それというのも，ここでもまた「政治的国家は，政治的国家として，市民たちの生活と意志の，真の内容であり唯一の内容だから」51)である。彼が追い求めているのは，古代の全盛時代へ回帰する

ことよりも，むしろ，古代の理想の数々を近代性の諸制度の中で実践することなのである。

　同じ年〔1844年〕に書かれたもう一つの論文，「ユダヤ人問題によせて」において，マルクスは，国家と市民社会のアンチノミー〔矛盾・対立〕に関する分析を継続させている。国家が類的存在の普遍的価値と精神的完成を投映しているのに対して，市民社会の方は，市場の世俗的なエゴイズム，利己心，闘争，競争などを意味している。これは，ホッブズのいう自然状態であり，「万人の万人に対する戦い」（*bellum omnium contra omnes*）である。『キリスト教の本質』（1841年）の中で，ルートヴィヒ・フォイエルバッハ〔1804-72〕は，次のように主張している。すなわち，宗教は形而上学的現実といったものの顕現などではなく，むしろ，人間の希望や理想が天上に投映された，疎外化された表現であるにすぎない，と。マルクスによれば，政治も，これと同じ様なアヘンを民衆に提供している。というのも，政治は単に，制度的に異なる形の中で現象しているにすぎないからである。「政治的国家は市民社会に対して，ちょうど天上界が地上界に対するのと同様に，精神主義的にふるまう。政治的国家は市民社会に対して，宗教が世俗的世界の偏狭さに対立しそれを克服するのと同じように，対立し，同じ仕方でそれを克服する」52)。国家は，宗教と同じように非現実的で，空想的で，精神主義的によそよそしいものである。人間の類としての共通の絆は，宗教的幻想や歪曲された現実の天上〔エーテル〕のような領域にのみ存在しているが，国家は，そうした絆の，欺瞞的な，普遍的でしかも幻想的な一投映体だからである。啓蒙主義の時代に，国家は歴史的に宗教の代理を果してきた。近代社会になってくると，公的なものと私的なもの，市民層とブルジョワ階級，宗教的なものと世俗的なもの，のこれらの間に矛盾が生じてくる。このような矛盾によって，友愛と市民精神で構成された伝統的な絆は解体され，古典的な政治的共同体の道徳的誠実さも傷つけられ，こうして，真の民主主義の潜在的可能性が破壊されてゆくのである。そのような矛盾は，政治体制〔国制〕の変革によって克服することはできない。市民社会と抽象的国家を革命的に転換させること，この転換のみが，こうした矛盾を解決し，人間的な解放へ導くことができるのである。

　論文「ユダヤ人問題によせて」の中には，『政治学』第3巻においてアリストテ

レスが示した関心の多くが反映されている。アリストテレスは，同著において，政治的体制の色々な形態（王制，貴族制，「国制」）を，また，ギリシアの都市国家の内部に見出される市民の諸類型に与えたそれらの影響を論じているのだ。フランス革命およびアメリカ独立革命〔1775-1783年〕から発展してきた多様な政治的体制をマルクスが考察するとき，彼は，「人間の権利」と「公民の権利」，政治的解放と人間の解放を，それぞれ区別しているのだ。彼は，この論文の大半を，人間の諸権利〔人権〕の本質を議論することに充てているのである。キリスト教的＝ゲルマン的国家における，ユダヤ人の市民的自由や市民精神に関する問題，個人の普遍的な諸権利などを分析しながら，彼は，諸権利それ自体の本質について，疑問を投じ始めるのである。近代社会では，公民（国家）としての個人と，ブルジョワ（市民社会）としての個人の，この２つに分裂していることを認めることによって，彼は，ジャン＝ジャック・ルソーとヘーゲルに導かれながら論を進めてゆく。彼は，平穏に集会を営む政治的諸権利や市民的自由，出版の自由，さらには，良心・意見・思想・宗教などの自由を支持している。彼は，これらの権利を，「公民の普遍的な諸権利」，「真のそして本来の人間の諸権利」などと呼んでいる。アリストテレスを思い起こさせるように，それらの権利は，政治的参加，理性的熟議や意思決定などを保障する，社会的な諸権利である。それらの権利は人間的尊厳，道徳的な自己啓発，共同体に対する責任，類的存在といったものを育むことから，それらの権利は人間に不可欠な本質なのである。マルクスは，自己の考えを理解させようとして，フランスの「人間および公民の権利宣言」（1793年），「ペンシルヴァニア州憲法」，「ニュー・ハンプシャー州憲法」から，条文を幾つかを引用している。しかし，彼は，抽象的でブルジョワ的な人権——自由・平等・安全・財産などの権利——を，市民社会の経済的諸権利の現れにすぎないとして拒否する。それらの人権は〔結果的に〕，市場における自由，私的な欲求，財産の排他的所有権，階級分裂などに対する優先順位を強化してしまうのである。マルクスは，自然権理論の政治哲学や社会的理想を，まさに，資本主義経済という文脈の中に置き入れながら，こう結論づけている。「いわゆる人権のどれもが，それゆえ人間でありながら，市民社会の構成員としてのエゴイスティックな人間を超え出てはいない。つまりは共同社会から切り離された個人，自分自身に引きこもった個人，自分の私的利

益と私的な恣意とに引きこもった個人なのである。人権の中では，人間は，類的存在として見なされることから遠く隔たったままである」[53]と。それらブルジョワ的人権は，ホッブズ的闘争世界に生きている，疎外された人間たちの諸権利である。この世界では，自己実現や政治への参加といった真に本質的なものが実行不可能なこととされてしまうのである。政治的共同体と公民精神が，市民社会を法的に保全することの，私有財産を獲得することの，市場での交換を持続させることの，それらの手段となっているために，このような社会の類型における優先順位は，逆転させられるのである。

　公民の諸権利と人間の諸権利とが衝突する時，前者は，市場の自由と平等を保障するために，留保されるのである。他の諸個人は，利己的な自由と私有財産にとって脅威と見なされる。というもの，共同体は，われわれの権利や人格や自由にとって危険だからである。社会は，社会契約の締結を通じて正当化される，財産・権利・自由を保護することを目的とする，孤立したモナド〔単子＝ライプニッツの概念〕からなる，人為的で恣意的な集合体である。真の政治的諸権利が，諸個人を，道徳的共同体における人間的存在として結び合わせ，類的存在としての人間の本質を表しているのに対して，私的な経済的諸権利の方は，人間を互いに切り離し，競争と利己心を，さらには，視野の狭い孤独な個人主義を助長するのである。フランス革命によって国家と市民社会が分離されたために，この革命による政治的解放は，身分，職業団体，同業組合，諸特権などの，アンシャン・レジーム（旧制度）の残滓を，跡形もなく粉砕してしまった。市民社会に置き換えられた財産は，もはや，国家における構成員となる資格にふさわしいものではなかった。

　政治的解放はそれ以前の封建的・貴族主義的な社会を克服して発展することを意味していたが，近代性の本質が，国家の中，にではなしに，いまや，市民社会の中に位置づけられたために，その解放は，完全な解放を意味してはいなかった。自由主義は，分裂・不平等・権力などを生じさせる，諸制度・諸権利・諸活動などをあえて解体することはしない。というのも，自由主義は，見せかけの普遍性をもった諸主張，抽象的な諸権利，共通善の神学などに覆い隠されて，自由主義の実際の内容をマーケットに転移するだけだからである。市民社会と国家の新たな役割を正当化するには，イデオロギーが必要とされる。

イデオロギーのアメリカ的・フランス的な諸形式にあっては，しかしながら，国家と市民社会の諸価値と諸理想との間にあるこのような矛盾は，政治的解放を通じては解決できないのである。この種の政治的解放では，経済と国家との矛盾，資本主義と民主制との矛盾が除去されないのである。市民の政治的理想と商業や工業の現実という，この両者を切り離している分裂は，それらの統合を困難なものにしている。自由主義の政治的諸権利を実現することは，必然的に，自由主義の経済的な存続とレジティマシー（正統性）に異議を唱えることでもあるから，自由主義は，いつも架橋し難いこの種の深淵によって，苦しめられるのである。政治的・経済的な哲学としての自由主義は，一貫性に欠け，自己矛盾に充ちたものである。資本主義は結局，真の民主主義に向かう諸可能性を歪めてしまうのである。市民社会を解体し，再興されるモラル・エコノミーの土台として，政治と民主主義を復活させるそうしたより完全な人間的解放を，マルクスは求めているのである。

　近代産業社会の政治的諸次元に関する入念な分析を終えた後で，マルクスは，この社会の経済的・物質的な土台に関する考察を始めることになる。彼は，政治論や普遍的な人権についての関心から，経済（ポリティカル・エコノミー）の諸構造や諸関係に関する考察へと移っていく。しかし，より後期の作品である『フランスの内乱』の中で，1871年に勃発したフランス人による反乱やパリ・コミューンをマルクスが概観する時，彼は，より具体的な形でこれらの争点へと立ち返っている。この作品について，アラン・ギルバートはこう書いている。「人間の本性に関するアリストテレス的概念論がそれに相応しいベンチマーク〔基準〕であることを，マルクスは見出した。……19世紀の社会的・共和主義的な社会運動，とりわけパリ・コミューンは，類的存在とは一体いかなるものかについて，より的確で制度的・政治的な画像を提供したのである」[54]と。マルクスの著述の中でも，恐らく初めてこの作品から，近代の民主主義と社会主義の制度的本質に関するより透徹した彼の分析を，われわれは得るようになるのである。

　1870年，オットー・フォン・ビスマルク公の指揮するプロイセン軍が，フランス軍を撃破し，第二帝政の崩壊がもたらされたとき，フランスにおける状況は突如として一変した。ルイ・アドルフ・ティエールを首班とする新政府が樹

立された。ティエールは直ちに，パリの武装解除を要求した。これら一連の出来事に素早く反応したパリの労働者たちは，旧政府が敗北したことを歓喜の声で迎え，「社会共和国」を樹立して，内乱へと突入していった。内乱は，2ヶ月をやや越えるまで続いた。そして，この内乱は，内乱に参加した最後の防衛者が，忌まわしくもベルヴィルの高地で処刑されるという，こうした野蛮な結末を迎えることになるが，マルクスは，この出来事を，労働者階級の共和国という歴史上最初の事例として捉えていた。新たな社会主義的な民主主義を実施するためには，常備軍・地方警察・行政府の職員たち・裁判官らを含め，階級を支配してきたこれまでの制度的な支え———中央集権的国家———がまず解体されねばならなかった。資本主義が発展してゆくに伴って，国家は次第に，財産を保護し，諸階級を抑圧し，労働に対する資本の政治的専制を維持する，そのための社会的なメカニズムとなってしまっていた。常備軍は解体させられ，新しくパリ市民による国民軍 (National Guard) が創設された。普通選挙によって選ばれ，直接的リコールによって解任される市の代議員ら (municipal councillors) で構成される各地区政府が組織された。行政・司法・教育を含むすべての役職は，自由で開かれた普通選挙によって務めるべきものとされた。代表者たちは，それぞれの地元地区に対して責任を負い，労働者の賃金を支払われたことから，国家における伝統的な昇進制度や専門主義は，行政的官僚組織というヒエラルキーと一緒に除去された。旧政府の守護者としての宗教に対するコミューンの対応は，教会の「僧侶権力」を破壊することであった。僧侶たちは，私生活を送りながら，貧困者の福祉に仕えるよう外部に出され，教育施設は，教会や国家から何ら干渉されることもなく，すべての人々に開かれた。司法に携わる裁判官たちは，民主的に選挙され，人民に責任を負うものとされた。これは，「生産者の自治政府」という理念に基づく，新たな政治形態となるべきだった。

　マルクスは，これらの着想を，一般意志，および政治的隷従の一形態としての代議政体に対する批判，のこの2つからなるルソー理論から，借用している。彼は，それと同時に，イソノミア (*isonomia* 政治的平等)，イセゴリア (*isegoria* 言論の自由とその平等な権利)，エイサンゲリア (*eisangelia* 公的な説明責任)，プロネーシス (*phronesis* 政治的叡智) をその土台としている，アリストテレスのデモクラチア (*demokratia* 民主制) 観からも様々な教訓を引き出しているのだ。パリ・コミュー

ンという新しい民主的共和国へとその姿を転換させてゆく理想の多くは，古典期ギリシアのアテナイに由来するものだった。『政治学』において，アリストテレスは，最善の統治形態〔国制〕としての，アテナイ型民主制の構造上の基本的な諸特徴を，以下のごとく列記している。すなわち，すべての市民は公職に就く資格を有し，それは籤により選出されること。支配・被支配にだれもが参加すること。公職就任については財産による制限がないこと。役職の任期を短期間にし，輪番制にすること。公職をできるだけ多くの市民に開放すること。統治の裁判部門は籤で補充されること。法的訴訟は専門家ではなく，市民たちによって担当されること。役職者に対する公的な審査は市民法廷でなされること。民会が民衆の最高機関であること。民会・五百人評議会・法廷に参加するにあたっては手当を支給すること。以上がその特徴である55)。マルクスはこう書いている。「だから，コミューンは，諸階級の，したがってまた階級支配の存在を支えている経済的土台を根こそぎ取り除くための梃子とならなければならなかった。……コミューンは，多数の人間の労働を少数の人間の富と化す，あの階級的所有を廃止しようとした。それは収奪者の収奪を目標とした」56)，と。

　解放のプロセスを開始するためには，まず，生産者の生産協同組合や生産連合体が形成されること，所有が廃棄されること，古き階級分裂が除去されること，工場内部に新しく民主的諸方法が設置されること，などが不可欠であった。産業が民主的な自己実現の一機能となるに従って，政治は，今や，経済に欠かせぬ本質的要素となる。プラトンの哲人王とそのイデア論に対するアリストテレスの批判を彷彿させるように，マルクスは，こう主張している。待っていればおのずと実現するそうしたできあいの理想など，何ら存在しないのだ，と。アリストテレス『ニコマコス倫理学』の中でなされている，学問的真理（$episteme$ エピステーメー）と実践的叡智（$phronesis$ プロネーシス）との区別立てに決着をつけるべく，マルクスはこう主張している。近代の科学と技術は，究極的な真理を認識すること，未来を技術で操作すること（$techne$ テクネー），あるいはまた，新しい政治的共同体を創造すること，このどれもなし得ないのである，と。哲学者・王たちがアピールできるような普遍的なものや，真のイデアなどといったものは，一切存在しないし，また，自由な社会の形成をめざして，社会科学者たちが用いることのできる科学的原則であるとか，技術的規準などといったも

のも，一切存在しない。こうしたことは，もっぱら，自己意識的な実践を通じて，別言すれば，コミューン型的民主主義に特有な熟議・対話・叡智（プロネーシス）などを通じてのみ現実的なものとなる，そうした類のものなのである。マルクスは，エイブラハム・リンカーンの「ゲティスバーグ演説」から借用しながら，コミューンとは「人民の，人民による（人民のための）政治」だと述べている。かの有名な覚書「フォイエルバッハに関するテーゼ」の中で，「人間の思考に対象的〔客観的〕真理がやってくるか否かの問題は，理論の問題ではなく，実践的な問題である」[57]と，マルクスが実に的確に宣言したとき，彼は早い時期に，方法論上の諸問題を社会科学の中で議論するにあたって，プロネーシス（叡智）なる観念を採り入れていたのである。社会的認識へのスコラ主義的・技術的なアプローチを拒否し，認識の究極的な正当化と立証としての実践的な叡智という公準，すなわち，認識こそが自己意識的な気づきと解放的な社会的行動へと導くという公準をマルクスが用いるのは，パリ・コミューンに関する彼の分析の中で，初めてなされるのである。理論の真理とは，実践的な叡智，政治的成熟，さらには自己決断——すなわち，民主的社会の内で蓄積される経験と理性的な論議に由来する自己啓蒙——に至りつくことに存するのである。

『資本論』におけるギリシア人の社会正義と経済学

マルクスの初期における哲学的諸作品と後期の学問的諸作品との間には，亀裂があるとする一般的に受容されている見方は，一方では，この2つの時期に見られる様々な相違点を誇張しており，他方では，様々な類似点を見落としている，といえよう。彼の大作（*magnum opus*）である『資本論』の至るところで，アリストテレスの『政治学』と『ニコマコス倫理学』をマルクスが参照していること，まさにこの事実の中に思考の連続性を証明する証拠となるものを発見することができる[58]。マルクスは，自らの主著を，市場の流通および資本の生産から抽象された商品の分析でもって始めている。『資本論』第1巻において，彼が資本主義批判を展開していくとき，彼の分析の焦点は，単純商品の交換および貨幣の流通から抽象的労働および工業生産に関する考察へと移行していく。交換価値は，私的生産，工場での搾取，恐慌などの中に現れるから，彼は，一つの

商品における最も単純な交換価値の形態でもって開始し，次いで，交換価値の資本への進化を追跡していく。単純交換から生産への交換価値に関するこうした分析の過程で，彼は絶えず，徳と欲求，民主制と自己実現，道徳的共同体と相互的分かち合いなどに関するアリストテレスの理論に言及しているのである。マルクスが，直接的な交換と物々交換から，取引や商業（利潤）における単純な商品交換へ，工業生産へと進むとき，また，マルクスが，古代経済における自給自足的な家政や地域共同体から，取引と金融の商業化へ，近代的工業とプロレタリアートへと進むとき，彼は，倫理的・政治的な手引きを求めて，アリストテレスの諸著作に立ち戻っているのである。アテナイ風の政治経済学に対するアリストテレスの倫理的な批判は，マルクスが資本主義を拒否するに際しての，重要な道徳的基盤の一つを提供しているのである。後者〔マルクス〕による批判は，資本主義が非効率で矛盾に充ちていること，そして，この資本主義がそれ自身の功利主義的諸原則を毀損し，過剰生産や構造的な危機を始めとする一連の諸問題へ誘導するという，こうした論拠だけに基づくものではない。マルクスによる批判は，資本主義が，共同体のための道徳的な基盤を破壊し，家族や友愛や市民精神などを毀損し，工場や職場での疎外の原因を醸し出し，かくして，自己実現や自由や民主制などへの諸可能性を否定しかねないという，そうした論拠にも基づいているのである。

『政治学』第1巻の，ポリス（国家共同体）および市場に関するその分析において，アリストテレスは，政治的共同体の土台が金儲けと財産の追求によってゆがめられていると論じている。公民的な友愛と市民精神にとって不可欠な社会的な調和と平等が，増大する階級的分裂と拡大する不平等によって混乱させられているのである。それというのも，人間的な欲求と幸福を自己意識的に認識することが，物質的な快楽の功利主義的な目標や政治的な支配と取り替えられるのであり，そして，道徳的な徳と共同体的責任のこの2つに依拠した社会が，富裕や諸商品をひたすら追求する反自然的で破壊的な競争によって圧倒されるからである。市場における交換の基盤であるべき，公正さ，相互扶助，共同の目標などはすべて失せてしまった。商いはもはや，自給自足的な家政や共同体において，人間的欲求の欠乏や充足を補充するためのメカニズムではない。互いの敵愾心が相互の分かち合いを否定しているために，経済学〔エコノミックス〕は

もはや両親への献身とか都市への愛着といったものを促進することもない。民会の場において政治的共同体にとって重大な諸問題を熟議する際に，諸個人や諸家族を互いに束ねている社会的な接着剤は，その粘着力を失ってしまう。自己実現に対する欲求や，徳ある行為や理性的な対話に向かって人間的な諸可能性を全面開花させることなどは，競争し蓄積する欲心にみちた能力をもつ者にのみ報酬を与える社会，によって阻止される。市場における攻撃的な精神が道徳的な勇気を押しやってしまう。経済的な流動が続くかぎり，節度は，他者への警戒心となり，繁栄の続く限り，際限のない蓄積とやり過ぎにその地位を譲ってしまう。過酷な労働が不動の信念に取って代わる。技術的・功利主義的な理性が実践的な叡智に対する欲求を排除してしまう。そして，動物的なナルシシズムがポリスのもつ共通善に対する関心を歪めてしまうのである。およそ市場というものは，人間の幸福や政治的自由といったそうした可能性そのものを危うくしてしまうのである[59]。類的存在の潜在力を実現させることは，こうして不可能なものにされてしまうのだ。

　資本の論理，市場・生産・消費といったものは，わずかに残っている倫理的・精神的な諸原則であるとか，超越的な政治的理想などを徹底して抑圧してしまう。社会は今や，所有を重視する個人主義や破壊的な物質主義によって動機づけられているから，近代性とは逆さまにされたひとつの世界なのである。支配する主権者は，市場と階級を統御している者である。人間の活動を規定し，政治的な責任や経済的互酬性を推進してきた重要な諸徳は，市場における諸徳へと変換されてゆく。危機に際して武器を取って都市を守ること，激情や欲望を個人が抑制すること，市民仲間たちの間に見られた政治的な叡智などは，攻撃的な利己心，できるだけリスクを回避すること，市場で合理的に意思決定をすること，などの経済的なカテゴリーへと翻訳されていく。このような事柄の多くは，『資本論』ではただ暗示されるだけであるが，同書第1巻全体を通して，アリストテレスに触れている様々な陳述を考慮すると，両者のつながりについて，これを無視してしまうとか，放置してしまうことを，むしろ難しくしているのである。

　マルクスによってアリストテレスについて具体的に言及されている箇所には，以下のものが含まれる。すなわち，①商品の交換可能性と通約可能性の基礎で

あるところの，自らの商品論を，そして，自らの労働価値論を導入しようとして，マルクスが，アリストテレスの経済学（*oikonomike* オイコノミケー）に，古代の価値論に立ち返っていること。②商品のフェティシズム（呪物崇拝）とその虚偽的な客観性に加えた自らの分析を平易化しようとして，マルクスが，ギリシアの奴隷労働についてのアリストテレスの議論を紹介し，経済的諸現象や物としての諸商品などの見かけに囚われことなく，それらの根底にある社会的・階級的な生産諸関係に注目するよう，読み手に要求していること。③物々交換（W-W）および商品交換（W-G-W）における貨幣（G）と商品（W）に関する自らの着想を説明する際に，これに役立つであろうと，彼が，アリストテレスによる区分の仕方，すなわち，必要や互酬性に依拠する，家族および共同体における使用価値と，慣習や法に依拠する，職人相互間における交換価値，との区分について言及していること。④商人資本（G-W-G'）および高利貸し（G-G'）に関する自らの分析と並んで，商品交換の理論から商業における利潤および資本としての貨幣の流通（G-W-G'）への移行，に関する自らの分析を鮮明にさせようとして，彼が，家経済に関する経済学と貨幣や金儲けに関する貨殖術，の２つに分けているアリストテレスの区分を利用していること。⑤資本主義的生産および剰余価値に関する分析の中で展開している，生産の社会的・集合的な性質を強調しようとして，彼が，人間は政治的・共同体的動物であるというアリストテレスの見方を，読み手に思い出させていること。⑥理想的なものと現実的なものとの距離に対して注意を払わせようとして，彼が，古代と近代の両世界における，科学技術と機械体系の解放的な潜在力について，読み手に思い起させていること。

　経済的な富や資本は，単純交換，貨幣，商業，金融，銀行業，工業生産などと様々な社会的形態をとるが，その本質に関するすべての意味を理解させようとして，マルクスは，経済理論を超え出て，古代の先人たちがもっていた諸可能性を失ってしまうのではないか——すなわち，共同体，公的領域，政治への参加，友人らや市民たちの間での相互的分かち合い，民主制，自己実現などを失ってしまうこと——という懸念から，近代性を判断しているのである。自由主義や功利主義をマルクスが斥けたことや，抽象的な普遍的諸権利や市場の自由に対する彼の論評は，徳や人間的な欲求を自ら実現するものとしてのエウダ

イモニアー (eudaimonia) ないし「幸福」についてのアリストテレスの理論をマルクスが受容していたという，その証左となるものである。これらのテーマは，初期マルクスの作品中では，既に論じられてきたものだが，晩年における経済理論では，簡約化された形をとって再び現れるのである。古代の人々と近代の人々とのこのような統合は，学問や社会学の特殊な見方がことさら強調されるために，今日の社会諸科学では欠落しているものである。啓蒙主義と実証主義が到来してくるに伴い，様々な価値は，真の認識に有害なものだとして，社会科学の領域から排除されてしまった。マルクスは，視野狭窄に陥ったこのような学問的見方を斥けながら，経済（ポリティカル・エコノミー）と実践的叡智のこれら2つの世界を，『資本論』の中で統合化しているのである。生産することとは基本的に，人間の政治的・道徳的な本質に関する問いであるから，経済学〔エコノミックス〕とは，結局，社会的正義に関するひとつの学問なのである。

客観性の真理とは主観性であるとするヘーゲル的な洞察を認めながら，マルクスは，資本に関するその分析を始めている。このことは，生産物の本質はそれらの物質的な現象の中ではなしに，むしろ，社会的な実体，同質的な人間労働としての，それらの主観的な構成要素の中にあるということ，を意味している。すべての商品の根底にあり，交換過程において諸商品にそれぞれの価値を与えるのは，このような共通する構成要素なのである。諸商品は，性質と物質〔質料〕を個々の社会的形態〔形相〕へと変容させながら，個々の欲求を満足させてゆく。こうして，諸商品は使用価値をもつ。物の実体や属性——生産物の有用性——には，マルクスは関心を示さない。というのも，彼の関心は，抽象的な労働と交換価値として，諸商品が歴史的に呈する特殊な社会形態，にもっぱら向けられているからである[60]。物の現れや属性を強調することによって，あるいは，主観的な欲求を個人的に満足させることを強調することによって，経済学（エコノミックス）は，商品を呪物崇拝してしまうという罪，すなわち，主体を一つの客体へ転化させてしまうという罪を犯すようになる。諸商品は価値を有しており，その価値は，諸商品に含まれている労働の量や労働の歴史的形態に基づいて〔他の商品と〕比較され，交換されうるというこの事実に，マルクスの関心は引き寄せられているのである。有益な消費の諸対象物と交換されるのは，何かを作るに際して，そこに費やされる労働時間の量という，こうした

量的に表現される価値である。価値はそれ故，近代の歴史では，多くの具体的な経済的諸形態の姿をとって現れてくる。それら諸形態をマルクスは，「価値諸形態」とか，交換・流通・商業・生産からなる社会的諸関係などと呼んでいるものなのである。これが，マルクスの経済理論が準拠しているところの原理である。だが彼の分析をより掘り下げてわかることは，マルクスが，古代経済と近代経済の両経済における経済プロセスを相互に比較していること，これである。家族，道徳的共同体，個人的な潜在力〔デュナミス〕を実現すること（実践），民主的な平等など，これらの諸価値が減価していることが，マルクスの心を苦しめているのだ。生産の諸要素を隅々まで精査し尽くすことを通して，彼は，初期の著述において表明した諸価値を総括しながら，道徳的・政治的な見方を備えた，従来とは異なる倫理的なものの見方を提示しているのである。しかし今では，理想的なものは現実的なものと比較されている。というのも，夢は，自由主義ならびに資本主義という歴史的・構造的な現実を背景にしながら取り組まれているからである。

　商品の社会的内容という観念を持ち込もうとして，マルクスは，自らの価値論に向かう，〔『資本論』〕第1章の始め〔「始め」ではない―訳者〕において，アリストテレスを取り上げている。

「だから，具体的労働がその反対物である抽象的人間労働の現象形態になるということは，等価形態の第二の特色なのである。……だから，私的労働がその反対物の形態すなわち直接に社会的な形態にある労働になるということは，等価形態の第三の特色である。最後に展開された等価形態の二つの特色は，等価形態を他の多くの思考形態や社会形態や自然形態とともにはじめて分析したあの偉大な探究者にさかのぼってみれば，もっと理解しやすいものになる。その人は，アリストテレスである。」61)

　何が2つの全く異なる商品を市場において等価なもの，それ故，交換可能なものにさせるのであろうか。アリストテレスが，単純商品と，交換を容易にさせる一つの普遍的な商品としての貨幣，これら2つを結びつけているという事実を，マルクスは認識している。アリストテレスは，同時に，商品の通約可能性という問題の重要性にも気づいているが，しかし，価値そのものの実際の

内容を見出すこと，すなわち，商品と商品の間に同等性をもたらしている共通の実体を見出すこと，これにはアリストテレスはできていないのである。市場において交換を可能にさせるのは，まさにこの共通なる実体なのである。価値および通約可能性に関する理論を発展させることにアリストテレスが失敗したのは，古代ギリシア社会における経済的な発展が未熟で，この社会が奴隷労働や諸個人間の「自然的不平等」に依存していたためであると，こうマルクスは述べている。市場ではすべての労働は同等であり，この同等性が計測や交換のための量的な基礎を与えるという，価値にまつわる秘密は，社会のさらなる進化と商品化をまって，初めて暴かれるのである。こうしたことは，労働，土地，原材料が何の制約もなしに市場で売り買いされる，そのような価格を有する商品となる時にのみ，起こるのである。資本主義下に置かれた労働（ワーク）は，同質化され，特殊化され，機械化されていった。商品化は，疎外された生産というある特殊な歴史的形態からもたらされる一結果として生ずるのであって，交換であるとか自然といったものの結果なのではない。マルクスは，アリストテレスに対してはその罪を一等減じているが，リカードおよびスミスに対しては，彼らが，商品の本質を徹底的に吟味することや価値に関する社会的理論を定式化することにも失敗しているとの事由から，より厳しい判決を言い渡している。

　個々の商品は，使用価値と交換価値の2つをもつ一つの生産物として，二重の性格を帯びている。資本主義社会では，交換価値が実現された後で初めて，有用性が生じうるのである。市場における交換行為がなされた後で初めて，有用性が現れるのである。アリストテレスと同様，マルクスもまた次の事実，すなわち，古代ギリシアでは共同体の辺境諸領域（ここではいろいろな余剰物が欲求充足を目的として他の家族や社会の余剰物と交換されたから）においてのみ，商品の流通が発生したという事実に気づいている。消費はそれ自体が一つの目的であった。やがて時の経過とともに，直接的な物々交換は，貨幣という一般的手段を通して，諸商品の流通に置き換えられた。貨幣は，交換手段から資本へ，あるいは利潤としての交換価値へと変換されたから，その後，貨幣と交換価値は流通の基本的な目的となった。分析のこの段階で，『資本論』〔第1巻〕第4章においてマルクスは，アリストテレスを，そして，経済学(*oikonomike* オイコノミ

ケー〔家政術〕）と貨殖術（chrematistike クレマチスケー）に関する彼の区分を，ふたたび登場させるのである。これは，古代アテナイにおける市場ならびに経済（ポリティカル・エコノミー）に対する倫理的批判を前提とした一つの区分である。

　経済学（エコノミックス〔家政術〕）は知識の一形態であって，その目標は，人間の幸福，公民の徳，政治的叡智（phronesis）などを涵養することを目指して，自給自足的な家共同体（oikos）や国家共同体（polis）を維持すること，ここに置かれている。これに対して，貨殖術の方は，これとは異なる終局目的をもっている。その目的は，諸商品の商業的取引をつうじて，金儲けをおこない，富を際限なく蓄積することである。その過程で，貨殖術は，経済学によって明示されていた，人間らしい生活という〔上記の〕諸目標そのものをも破壊するようになる。貨殖術は，家族，共同体，国家を破壊してしまう強烈な利己心と際限なき強欲によって動機づけられた諸個人，を生み出していく。経済学と貨殖術はそれぞれ，生計を獲得する相互に対立しあう２つの形態である。それらは，全く異なる２つの社会システム，文化的な夢，生活様式をそれぞれの前提——すなわち，経済学の前提が，政治的参加としての幸福の上に置かれているのに対して，他方の貨殖術のそれは，富の上に置かれている——にしているからである。貨殖術は，経済活動を，あらゆる倫理的・政治的な配慮から独立したものとして（価値自由）扱う，そして，それ自身が自律的な諸法則と自律的な運動を有するものとして（自然主義）扱う，そのような学問の一つになっていく。マルクスは，資本に関する自らの理論を，また，労働者，階級社会，分業，生産等々に及ぼす資本の影響に関する自らの歴史的分析を，それぞれ展開させながら，資本主義から社会主義への運動を正当化するやり方で，経済市場における交換のこの２つに対するアリストテレスの倫理的な批判を適用しているのである。『資本論』の中で，マルクスは近代の聴衆のために，経済と貨殖術に対するアリストテレスの批判を書き直しているのである。

　ところで，マルクス解釈に携わっているある研究者たちが，次の様に主張していること，すなわち，労働者との契約に従って，等しい量の労働と賃金が交換されているのだから，マルクスは，後期の著作では，もはや社会正義に関する理論を持ち続けてはいないのだ，と。これは興味をそそられる問題である。彼らの主張はこうである。すなわち，倫理や正義といった問題はブルジョワ的

な文化的諸価値に関わる問題であって，こうした諸価値は，マルクスの科学的批判の中では何ら存在すべき場を見出せないのである，と。労働者たちは，マルクス自身が設定した基準に照らしても，当然受領するに相応しい報酬を手にしている。したがって，資本主義が不正などとは決して言えないのである，と。これが例の有名なタッカー＝ウッドのテーゼである[62]。だが，こうしたアプローチに付随する問題は何であろうか。それは，マルクスとアリストテレスとの関係をこのアプローチが十分認識していないこと，である。他方，この同じアプローチは，流通および単純な商品交換(W-G-W)の観点からのみ資本主義を考察しようとするだけで，資本主義的生産に関するマルクスの理論を決して分析しようとはしていないのである。自由主義の経済理論家らと同じように，ロバート・タッカーとアレン・ウッドは，交換と資本，流通と生産，諸市場と諸工場を，それぞれ切り離してしまうのである。こうしたテーゼを斥けつつ，ノーマン・ゲラスは，こう述べている。「流通という虚偽的な仮象の本質をめぐり，それを生産過程の中に見出すことを可能にさせる決定的な要因は，次の点にある。すなわち，流通から生産へと移動するにあたって，〔マルクスによる〕その分析が，諸個人間の相互関係についての考察から——前者の関係は〔階級間の関係の〕一関数でしかないから——，階級間の諸関係についての考察へと移動していること，これである」[63]。分析のこの地点で，マルクスは，諸工場において社会的な形態で行われている貨殖術的な生産と搾取，すなわち，抽象的労働，剰余価値，機械化，生産資本などを究明すべく，まずアリストテレスをのり超え，次いで，交換と流通をひたすら強調する古典派経済学（クラシカル・エコノミックス）をも踏み越えて前進していくのである。

生産の合理化と資本の論理

マルクス的注釈を施す上で，それ以上に難しい局面の一つは，マルクスの認識論と方法論とを分析すること，すなわち，社会科学に関するマルクスの理論を分析すること，である。方法に関するマルクスの着想は，以下の著作の全体に分散し，しかも，それは膨大な量に及び，さらには未整理なままの叙述という形で表出されている。すなわち，「ヘーゲル国法論批判」（1843年），「ヘーゲ

ル弁証法および哲学一般の批判」(1844年),「ヘーゲル法哲学批判・序説」(1844年),『哲学の貧困』(1847年),『批判要綱』「序説」(1857年),『資本論』(1867年)第1章第4節〔商品の物神的性格とその秘密〕,「アドルフ・ワーグナーに関するノート」(1879-80年), などである。マルクスは, ニュートン物理学における自然法則と同じ必然性と普遍妥当性を用いて, 社会の発展法則を立証しようとした実証主義者の一員だったと, このように多くのマルクス解釈者たちは主張してきた。決定論的でテクノクラティックなモデルでは, 科学と生産力こそが, 歴史および経済的崩壊についての諸法則を表し, 経済的な様々な事柄を合理的に統御することを準備し, 社会的革命を促進し, こうして国家の衰弱をもたらすのだと考えられている。国家の衰弱を求める, テクノロジカルな知識の形式的な合理性と組織を前にしては, 階級意識, 政治への参加, 民主的な熟議などは消え去るのである。テクノロジーを活用した行政や合理的プランニングを目の辺りにすれば, 政治などは関係のないものと化してしまうから, 理性は, 技術的な学 (*techne*) へと縮減されるのである[64], と。だが, マルクスに関するこのような機械論的表層的な見方は, ここ数年間変化を見せているのだ。

　科学とは予測とか因果的な説明に関わる一つの形式である, あるいは, 歴史のあらゆる解釈を覆ってしまう一つの普遍的な法則であるなどと, マルクスは考えていない。科学に対する彼の見方には, 観念論と唯物論の2つの方法が混じり合っているのである。彼は, 批判的な立場から, 近代資本主義の具体的な構造やイデオロギー (唯物論), その本質や現象学的な進化 (ヘーゲル的観念論), 資本主義の内部に潜む歴史的なダイナミックスや制度的な発展 (アリストテレス的目的論) などを考察しているのである。様々な伝統に由来するこのようなテーマの組合せは, 結果的に, 歴史的法則, 目的論形式, 現象の本質, 下部構造などといった用語を伴う彼の方法と関連する, 多様な学者像となったのである。アリストテレスの自然学の理論とヘーゲルの論理を借用している, マルクスの弁証法的方法はユニークで, 極めて錯綜したものとなる。というのも, 彼の方法は, 社会の中で, 様々な制度が有機的・必然的に出現してくるその構造を概述しているからである。ピュシス (*physis* 自然) とは自然に内在する潜在力が目的論的に展開していくもの, と捉えたアリストテレスのように, また, 学問とは歴史や自然において概念 (Begriff ベグリフ) が絶対精神へと向かってゆく自己運

動である,と捉えたヘーゲルのように,近代性を研究することの中には,概念が自己発展することや目的論的に展開してゆくことを考察すること,つまりは,資本の論理と構造を考察することが含まれると,こうマルクスは捉えているのだ。それというのも,資本は,商業利潤,銀行利子,工業生産という多様な形態をとりながら,ある特殊な商品の価値をもったものであるとか,市場における価値というものから,自己を再生産していく私的所有の価値へと進んでゆくからである。資本は,古代ギリシア社会における単純な物々交換や局地的な交換から,近代の工場における資本主義的生産へと進化してゆくから,マルクスは,近代性の内在的論理を追い求めているのである。さらに,マルクスは,こうした追跡作業を,反自然的な富の蓄積としての貨殖術に加えた,アリストテレスの倫理的・政治的な批判という包括的枠組の中で,遂行しているのである。

『資本論』の中でマルクスは,まず,自然科学や俗流経済学の方法は経済的・社会的な生活における疎外や商品化を反映しているにすぎないとしてこれを拒否し,これらの伝統〔ヘーゲルとアリストテレス〕へと立ち戻っていく。近代経済学(モダン・エコノミックス)の様々な方法に見られるフェティシズム(呪物崇拝)を批判しつつ,マルクスは力を込めてこう主張する。「ここで人間にとって諸物の関係という幻影的な形態をとるものは,ただ人間自身の特定の社会的関係でしかないのである」[65]と。既にわれわれが考察してきたように,アリストテレスは,道徳的・知性的な様々な徳が,経済的な技能や販売可能な才能へと変質してゆくことを明らかにすることによって,貨殖術的な市場の拡大と共同社会の諸価値の商品化によってもたらされる影響,を論じてきたのだった。伝統的な諸価値は歪められ,物象化されるようになった。なぜなら幸福で徳に充ちた生き方は,市場における競争と物財の獲得へと変貌してしまったからである。公的な参加を通して理性的なものや自由を追求する営みは消えてなくなり,私的消費という奈落の底へと転がり込んでしまったからである。さらに,人間の理性や人格的な尊厳が私的財産や階級的支配と交換されるにつれて,古代の人々の夢は経済的な悪夢に転じてしまったからである。マルクスは,商品の物神的性格という理論の中に,自らの社会科学の方法論や哲学を基礎づけることによって,人間の経験が市場で売買され,商品化されてしまうことに対するアリストテレスの批判の上に,自らの理論を構築しているのである。労働はどの

ようにして，この過程の中で，土地，自然資源，テクノロジーに並ぶもう一つ別の生産要素となるのか，また，労働は他の商品と同じように，どのようにしたら科学的に研究されうるのか，をマルクスは精査しているのである。批判的な分析にありがちな歴史的，社会学的な諸要素は排除され抑制されている。商品交換，貨幣，資本（財産）など，すなわち，商業，信用，生産などの諸領域は，経済理論では抽象的な概念やモノとして見られるだけで，経済活動，利潤の獲得，人間の生きる意味などを規定している，有機的な社会的諸関係として捉えられていないのだ。社会的不平等・階級・権力などの論点，合理性・人間の尊厳・善く生きることなどの問い，経済的公正や社会的自由などの諸理想に配慮すること，これらはそのどれをとっても，批判的な検討から排除されているのだ。それらの問題は，倫理的・政治的な諸価値を反映しており，それ故，科学的探究に馴染まない領域なのである。それらは，そもそもが非科学的で形而上学的なのである。

＊　　＊　　＊

　伝統的な経済学（ポリティカル・エコノミー）は，生産性と実証主義の諸価値によって決められた，非常に狭い範囲の理論的問いにしか関心を払っていない。労働は生産と消費の一般法則の下に包摂されるから，科学それ自体も一つのフェティッシュ（呪物）と化す。知識がこのように生産の一要素へと変容してゆくと，実践は疎外され，労働者たちも搾取されていった。さらには，知識も，機械化された宇宙の枠内で人間行動を説明する一テクノロジーへと縮減されていった。資本主義的生産に関する新たな神学は，このように組み立てられてゆく。ブルジョワ的経済学の諸カテゴリーとは，「歴史的に規定された社会的生産様式の，すなわち，商品生産の生産諸関係についての，社会的な妥当性をもった，客観的な思惟形態なのである」[66]と，このようにマルクスは述べることによって，フェティシズム（呪物崇拝）に関する自らの認識論的分析に結論を下すのである。『資本論』中の，短いながら含蓄に富んだこの箇所で，彼は，自らの史的唯物論を，近代の経済学の概念的な限界に対する方法的批判とに結びつけている。近代の経済学は，ある特定の社会的・経済的な諸問題に対して，技術的な適用力をもつ普遍的な法則を探し求めているのである。正統的な学問

の目標は，私的功用の極大化であり，富の蓄積である。エピステーメー〔学問的知識〕とテクネー〔技術〕の2つが結びつけられ，その結果として，「実践的理性」とかプロネーシス〔叡智〕といったものが失われてゆくと，ギリシア科学のアリストテレス的な形態は，それ自体が商品化されていく。徳ある生き方，理性的な討議といった政治的領域は，方法論として経済的領域という力学により置き換えられていく。公的なアリーナも消えていく。というのも，このアリーナは，市場経済というすべてを消費し尽してしまう私的な領域の中に包摂されてしまうからである。最終的に経済学は，倫理学，政治学，法学などとの古典ギリシア的な結びつきを失っていくのだ。

　資本の論理と構造——富の生産と財産の蓄積——にあらすじを付与しようとして，マルクス主義の弁証法的・歴史的な科学は，現代の読者のために，古代の政治科学のアプローチとはどんなものなのかを再陳述しているのである。マルクスは，社会というものの底流にある形式的な諸原理を考察することで，自らの主著〔『資本論』〕を開始している。この社会は，使用価値と交換価値という相互に矛盾する要求——人間的欲求のための生産と利潤や財産のための生産——の上に建てられている。「商品に内在する……この内在的な矛盾は，商品変態の諸対立においてその発展した運動形態を受け取るのである。それゆえ，これらの形態は，恐慌の可能性を，しかしただ可能性だけを，含んでいるのである」[67]。階級社会の内でひたすら利潤を生み出すことと連動している資本主義経済なるものは，この経済が，論理的に，過剰生産と過少消費の危機〔恐慌〕へと突き進んでゆくという理由から，この経済は，その中に，それ自らの目的論と，成長および衰退の原理を内包しているのだ。経済学の合理性は，経済状態をさらなる資本の集中，市場競争，科学とテクノロジーの両面における革命へと駆り立ててゆく。このことは，逆に，合理化された生産と階級的消費との，また，人間的な需要と有効需要との，逆機能的で不釣り合いな関係性へと導いてゆく。マルクスは，このような構造的な状態を生産諸力（科学とテクノロジー）と生産の社会的諸関係との矛盾と呼んでいる。「極めて一般的な言い方をすれば，矛盾が存在するのは，資本主義的生産様式が生産諸力の絶対的な発展に向かう傾向を含むのに対し，他方で，その生産様式の目的が既存資本の価値を維持し，極限に至るまでその自己拡大を押し図ること，この事実にある」[68]。工

場で価値を生産することと市場で利潤を実現すること，この経済的な２つの要求の間で，矛盾が生じるのである。時の経過とともに，生産と消費の互いに衝突する構造的な命令が，社会の経済的・社会的な骨組を引き裂いてしまうのである。以上のような理論的条件のもとでは，恐慌は必然的で不可避である。

　私的財産と階級支配という形で経済的な搾取を維持しながら，他方で，経済の拡大を続けること，ここにこそディレンマが潜んでいるのである。生産の社会的諸関係が，際限なくその工業的潜在力を拡大し，生産力を合理化しようとする経済システムそのものの持続的な能力を，傷つけてしまうのである。物的な財をより多く生産せよという経済的な命令は，市場と利潤の蓄積から寄せられる様々な要求によって否定される。生産と消費，蓄積と実際の実現といったこれら異なる構造的な要求の間には，絶えず緊張関係が存在している。利潤の蓄積に動機づけを与えようとして，需要は低い水準に抑えられる。しかし，こうした対策は，消費の更なる拡大を通して，自らを再生産しようとする，システムの能力を傷つけるだけなのである。利潤は，生産過程における剰余価値の搾取と低賃金の中に存する。だが，健全な経済がその生命を持続化させるに必要な要件は，次の要件を満たすときである。すなわち，生産・交換・消費の統一したシステムの中で，労働者たちが生産する商品そのものを，この労働者たちが購入する時，その場合に利潤が実現されるとする要件である。

　市場における需要と人間の欲求が，たとえ常に高位にあろうとも，有効需要は，財産制度と階級支配の命令によって，人為的に低く抑えられている。経済的な分配と低賃金が，生産されるすべてのものを吸収することができない，停滞する経済の舞台をなしているのである。物質的な生産力と階級構造とのこうした矛盾の中に，モノで充ち溢れた社会なのにどうして貧困などが存在しうるのか，この問いを解明する鍵が隠れているのである。このような型の経済システムの下では，利潤および収益率がある最低レヴェル以下に低落すると，生産は減産ないし停止される。かりに消費が生産を吸収しなければ，このシステムは動きを止め，重大な危機〔恐慌〕に陥ってゆく。逆に，消費と賃金が余りにも高位にある場合には，利潤はマイナスの影響をうけて，過剰生産と資本の遊休化──経済のリセッションと不況──という危機を醸し出してゆく。これこそ，近代性の内部を突き動かしている不運なメカニズムであり，資本の根底にある

疎遠な構造なのである[69]。

　社会的生産諸関係の一特殊形態としての資本は，長期的には，蓄積可能な利潤の量に様々な制限を課すことになる。市場に適する交換価値を生産する必要があるために，労働賃金は，ある最低以下に切り下げることはできないし，労働日は，ある最大水準を越えて延長させることもできない。剰余価値の実現には数々の肉体的，技術的，社会的な諸制約が存在するのである。それと同時に，使用価値の生産は，利潤，財産，階級に基づく社会的生産諸関係によって制約されている。『経済学批判』の「序言」(1859年)において，マルクスは，こう書いている。「ある一定の発展段階において，社会の物質的な生産諸力は，既存の生産諸関係と矛盾するようになる。……これらの諸関係は，生産諸力を発展させる形態から，それらの足枷へと転化する」[70]と。経済の物質的，技術的な土台が，人間の欲求を充足すること，貧困を軽減すること，民主的な平等と社会主義的な自由を実現するための諸条件を創り出すことなどに仕えるのに対して，生産の階級的組織と私有財産の社会的諸関係は，これらの諸可能性を掘り崩してしまうのである。大多数の労働者たちは，僅かな労賃しか受け取らず，合理化された経済の生産物を十分に消費することさえできないのである。

　市場による決定と利潤の極大化のこの2つに依拠するこうした経済システムには，一つの形式的な構造，形式的合理性が存在している。問題は，生産に関するこれらの形式的な諸原則が，交換や大量消費のために市場が要求しているものと矛盾することなのである。資本主義的経済は，消費に適する諸条件を狭めることによって，生産が持続化するそれ自らの社会的基盤を危うくさせているのである。消費がなければ，生産も一切存在しない。他方で，搾取もなく窮乏化もなければ，利潤も一切存在しない。社会システムの2つの要素——利潤の極大化と生産の継続——は，常に衝突している。蓄積を求める構造的な命令(生産コストの削減と直接的労働〔可変資本〕の節約)とこれらを実現する際の問題(商品の販売と需要不足)，これら2つの間には常に矛盾が存在している。消費が低迷している時には，資本は過剰な状態にある。増大する技術の拡大とオートメーションによって，個々の商品に占める労働の量が減ってくると，労働に基づく剰余価値の搾出は衰えてゆく。このことは，利潤の総額が実際に増加すると同時に，最終的に利潤率の傾向的低下という姿となって現れてくる。生産の

合理化は，技術的な発展と効率の増大へと至りつくのである。少数の諸個人の手に生産が集中するということは，経済の内部で生産と消費のアンバランスがますます増大していることの，一つの結果なのである。

　資本主義の内部に究極的原因〔目的因〕，あるいは形式的原則として組み込まれた，必然性や普遍性のようなものが存在したとしても，そうしたものは，それにもかかわらず，論理的な一原則にすぎないと，このようにマルクスは明言している。それらは価値法則の結果なのであるから，これらの必然性とか普遍性などは，あくまで論理的な法則であって，歴史に関する自然法則といったものではない。後者〔歴史の自然法則〕と前者〔論理的な法則〕とを取り違え，資本の弁証法と論理を歴史の論理へと翻案させたのは，エンゲルスその人にほかならない[71]。使用価値と交換価値の創出に連動させられたシステムというのは，生産の合理化と，不平等および階級闘争からなる社会的非合理性をもたらすのである。より多く生産したいとする衝動は，消費に加えられた構造上の諸制約によって制限されるのである。労働者たちは，実際，低賃金と強度の搾取のために，産業のもたらす生産物をさえ吸収できないのである。したがって，マルクスの認識はこのようになる。「資本主義的生産の現実的な障壁は資本それ自身である」[72]と。

ギリシアの自然学とマルクスの弁証法的科学

　『資本論』において，マルクスは，多様な姿をした批判の方法，すなわち，倫理的，弁証法的，内在的，構造主義的な批判の方法を用いている。アリストテレスの倫理的，政治的な著述に基づいて，マルクスが資本の倫理的批判を活用してきたこと，この点を既にわれわれは考察してきた。そして，以前に触れたように，弁証法的な批判は，資本主義の内的な原理，動態，論理（Begriff 概念）を考察している。というのも，資本主義は，資本の過剰生産，商品の過少消費，利潤率の傾向的低下，経済的不均衡などの諸問題を顕在化させながら，時間をかけて発展するからである。第3の批判的形式は，内在的な批判である。市場や産業がはたして公正で正しい一連の経済的関係を構成しているのかという，この問題を探ろうとして，マルクスは，ジェレミー・ベンサムやジェイムズ・

ミルが築いた功利主義哲学の基本的諸原則を概述している。個人は生得的に自由，平等，財産に対する権利をもつとする自由主義的な理想が，一つの公平な競争の場と公正な社会を確立するものと見なされている。そこでは，労働者も財産所有者も，自由で公正な取引を通じてそれぞれの商品を売り買いするというわけである。単純な商品交換としてマルクスが注目している，労働と賃金の自由な交換が存在している。そこでは，契約当事者たちの認識，自由な意思，共通の利益などが明示された賃金契約が締結される。しかし，この単純な交換を踏み超えて，抽象的労働，剰余価値，搾取などの社会的諸関係によって特徴づけられる，より発展した資本主義的生産様式を詳細に分析してみると，そこには，自由主義社会の価値そのものと矛盾し，それらの価値を傷つけてしまう抑圧的な経済システムが暴露されるのである。貧困と人間的な惨めさが，そして，搾取と疎外された意識が，自由主義的な価値を値引きさせるのである。社会の経済的な布置がこのようになると，社会はそれ自身の理想に沿って自らを実現することができなくなり，そのことによって，システム全体に対する疑念を招くのである。最後に，〔第4番目の〕構造主義的な批判では，資本主義の発展に不可欠な構造的・歴史的諸条件が，次のような新しい社会制度の複雑なセットの中にあるとして，すなわち，工場制度（産業革命），抽象的労働，特殊化と分業，生産の機械化，私有財産，近代科学と技術，国民国家，農業の商品経済化（エンクロージャー運動），本源的蓄積と植民地化などの中にあるとして，考察の光がそそがれている。

　弁証法的科学に関するマルクスの見方を哲学的に基礎づけているものは，アリストテレスの，存在論と目的論，有機体説および可能性〔デュナミス〕に関する理論，経済学に対する批判，の中にあり，また，弁証法と矛盾に関するヘーゲル理論，の中にある[73]。マルクスの社会科学の理論は，それ故，自然と科学（Wissenschaft）に関するギリシアとドイツの哲学をその土台としているのである[74]。近代性の諸価値と諸制度を拒否したマルクスは，人生後半の経済的著述においては，啓蒙主義的な科学の見方は呪物崇拝ならびに神秘化の一形態であるとして，その批判を持続させているのである。マルクスの批判的方法は，因果性と運動に関するアリストテレスの理論，カントの理性批判，ヘーゲルの現象学と論理学，以上3つを拡張したものから発展してきている。科学の本質

に関する初期の著述から後期のそれに至るまで,経済(ポリティカル・エコノミー)に対するマルクスの弁証法的な批判には,ある連続性が存在するのである。正統的な科学の認識論や方法に対する彼の疑念は,既に,彼の学位論文の中にはっきり見えている。後半の著述においても,普遍的で予測可能な法則を追求する啓蒙主義の科学観や実証主義を,マルクスが依然と拒否し続けていることから,彼は,エピクロスの徒,プロメテウスの信奉者として留まっているのである。だが,彼は,同時に,その著書『自然学』や『形而上学』で論じられている科学・普遍的形相・目的論的運動や,合理的な必然性,合理的な因果性などについてのアリストテレスの理論についても注目している[75]。これらの着想は,その後,歴史や社会の研究を目的とするヘーゲルの弁証法的・学問的な方法によって織り込まれ,変容させられてゆく。アリストテレスのカテゴリーをより具体的なもの,より歴史的なものに作り上げることによって,ヘーゲルは,アリストテレスの着想に,近代という時代と関連をもたせようと試みるのである。しかし,いずれの場合でも,ヴィッセンシャフト(Wissenschaft)としての科学は,自然科学(Naturwissenschaft)と混同されはしないのである。アリストテレスとヘーゲルのこの両者は,内在的・目的論的な自然哲学(Naturphilosophie)を展開する。この自然哲学は,世界——世界は生成し,消滅していくが故に——を,生命を有する合理的な一有機体として扱う[76]。社会を含めて,自然的な事物は生命を有する存在であって,このような存在は,自己実現への可能性をもつと同時に,それ自身の内に変化と消滅の原理を内包させている。

　マルクスは,批判的思考を天空から地上へとふたたび向け直すことによって,アリストテレスとヘーゲルの両者を,唯物論的カテゴリーへと移し変えるのである。彼は,形式的合理性を,資本主義的現実の原理と論理そのものにすることによって,これを成し遂げるのである。自然学における具体的形相や普遍的なものについての分析から歴史における理性的啓蒙の現象学的展開に至るまで,古代の人々と近代の人々は,論理とオントロジー〔本体論〕を一つに融合させ,そして,マルクスによれば,両者を混同してしまったのである。論理とは歴史的発展に関する現実的な出来事を予測するものだと,こう考えることによって,マルクスは,これと同じ過ちを犯そうとはしなかった。資本の論理とは,社会システムの,また,そのシステムを構成している諸要素の,その底流にある形

相的本質や，深層構造といったものを映し出すにすぎないのである。資本主義の内部にある内的諸矛盾や敵対し合う社会的諸勢力によって生み出される，社会の底流に潜む様々な傾向を跡づけるのが，批判的な科学であると，こうマルクスは考えているのだ。

　後半の著述において，資本主義の階級的矛盾や経済恐慌を対象とする自らの方法を発展させようとして，マルクスが引き合いに出しているのは，エピクロスではなく，むしろ，アリストテレスの方である。彼の関心の焦点は，自然についての主観的カテゴリーから，物（資本）それ自体の論理と可能性へと移っていく。アリストテレスにとって，自然学とはひとつの学であり，その学の目標は，感覚可能な具体的な事物，ないし個々の実体——すなわち，感覚される物——における，普遍的な形相（フォーム）を認識することである。世界の理性的な構造を探るひとつの方法として，自然学は，自然を，運動している感覚可能な質料として，自然の自己運動として，生成過程の中にある存在として，そして，可能態（ポテンシャリティー）の状態にある現実態（アクチュアリティー）として考察する。（存在と生成とのこうした分離は，ソクラテス以前の哲学に関するフリードリヒ・ニーチェによる分析の大部分を占めており，また，それは〔本書第3章で論じている〕マックス・ヴェーバーの認識論や方法にとっても，重要となるであろう）。『自然学』においてアリストテレスは，実体，変化，原因の各本質について詳論している。普遍的なものは，それ自身で存在している，一つの分離した概念で超越的なイデアであると，こうプラトンは教えてきたのに対して，アリストテレスは，普遍的なものが現実的（リアル）になるためには，その普遍的なものは具体的で質料的な事物の中に現れねばならない，という。概念は社会制度の中で具体化されねばならない。普遍（ユニバーサル）は内在的で，具体的な形相であり原理である。というのも，普遍は現実的であるが，独立した存在をなんら有しないからである。普遍は個々の事物の中にのみ存在することができる。それぞれの実体は質料（能力）と形相（行為）で構成されており，運動と変化に服している。そしてそれらの運動と変化は，有限な宇宙の中では，必然的に衰退と死に導くのである。それ自身の発育を通じてドングリがオークの大樹へと変わるように，あるいは，彫刻家の行為によって大理石が彫像へと変形されるように，質料は新たな形〔形相〕の規定性が付与されるのである。大理石は，主体によって，彫像

という形相を受け入れるのである。『経済学批判要綱』において、マルクスもまた、可能性および4原因に関するアリストテレスの理論を踏まえて、労働過程を論述しているのだ[77]。

　普遍の存在論的、論理的な地位をめぐる問題が、ギリシア哲学において、また、ずっと時代を下った13世紀の唯名論者の論争の中で顕著となるが、社会学の黎明期である、「社会」の実在（リアリティー）が問題になる19世紀に、再びこの問題が重視されるに至ることは、注目すべき事柄である。社会はそれ自体において実在する存在物なのか、それとも、社会は社会を構成する人々の意識の内にのみ実在するものなのか、普遍の存在と実在をめぐるこれらの問いに答えを下すことは、社会学を心理学から区別する際に役立つのであり、さらには、社会の研究に相応しい方法を準備する際にも有益なのである。

　『自然学』および『形而上学』のこの2つの著作において、アリストテレスは、具体的実体の、始まり（始動因）、目的（目的因）、形相（本質および現実態）、質料（可能態）、〔の4原因〕を探究することに関心を示している[78]。始動因とは、運動の始まりであり、目的因とは、運動が目ざすところの完全な形相ないし目的〔終り〕である。質料因とは、事物のある特定の感覚可能な実体であり、形相因とは、事物のある特定の形相である。多くの場合、自然的事物の形相因、始動因、目的因は同一である。彫刻家が、神とか個人などを拝しながら彫像を創造するとき、当の彫像が、彼の心の中で事前に抱いていた像に向かって新たな形相をもつように、彫刻家は、一定の素材〔質料〕を用い、これに渾身のエネルギーを注ぐのである（始動因）。自然は可能態と現実態の2つに区分される。後者の現実態は、内在的形相が現実化したものとして表される。「あらゆるこのようなデュナミス〔能力・可能性・可能態〕よりも、現実態の方が、その説明方式においても実体においても、先である。……〔現実的活動についての〕説明方式または知識が、〔その活動の可能なものについての〕知識のうちに、前もって含まれている」[79]〔出隆訳『形而上学（下）』岩波書店、1959年〕。現実的な存在の方が、論理的にも時間的にも潜在的な事物よりも先である。ドングリは、1本のオークという樹木として存在する、その終局目的に向かって、その形相を自己運動させている、ないしは、自己実現させているという観点からすると、能力（ポテンシー）の内にあるのである。存在するものは存在しないものからは発展しえないとの理由から、

パルメニデスは，それ以前に，変化の可能性を斥けていた。デュナミスに関するアリストテレスの理論は，パルメニデスへの反論の試みであり，新たに存在するものは事物そのものの中に内在し隠されているとの理由から，この新たに存在するものがどう生成からつくり出されるのかを，証明しようとする試みなのである。自然学とは，現実態とともに始まり，可能態と存在という現実態の最も早期の段階へと立ちかえる，そのような連鎖を再現するところの再構成的な学なのである。

このような視点は，なぜマルクスが資本主義的生産様式の最も単純な現れとしての，商品形態の分析をもって，『資本論』を始めているのかを説明するその手助けとなるであろう。最も高度に発展した商品交換ならびに工業生産として，ブルジョワ社会が想定されながらも，彼は，商品の最も単純な形態と，使用価値（生産物の有用性）と交換価値（市場での値）との商品の二重性とでもって，その分析を始めているのである。だからこそ，彼は，ドイツ語第2版「あとがき」の中で，自らの経験的研究および探究方法（Forschungsmethode）と，自らの科学的・弁証法的な叙述方法（Darstellungsmethode）との両者を峻別しているのである〔向坂逸郎訳『資本論(1)』岩波文庫，1969年〕。資本主義の本質に関する科学的分析は，商品，貨幣，資本として表される，異なる価値形態（Formbestimmtheit des Kapitals 資本の形態規定）の，質料，形態〔形相〕，運動をマルクスが考察していることに対し，まず最初の手掛かりを与えることに役立つのである[80]。ヘーゲルは，資本それ自身の弁証法的な不安定性とその矛盾した本質の中で，資本が運動してゆく基本的な原因について創造的に洞察することを，マルクスに提供しているのである。マルクスはこう主張している。経済的な価値諸形態と，それら価値諸形態の矛盾と恐慌は，使用価値と交換価値が一体化したものとしての商品の中に内在しているのだ，と。普遍的な原理とか具体的な形相などは，資本主義の歴史の始めから終りまで存在しており，そして，われわれは，資本主義の現実的で潜在的な発展に関する理解を，こうした原理や形相から提供されるのである。歴史と可能性，過去と未来は，資本主義の論理的・構造的な傾向の中に組み込まれているのである。

アリストテレスの自然学に修正を加え，さらに，ヘーゲルの現象学と弁証法的な論理に合わせながら，マルクスはこう論理的に考える。すなわち，可能態

〔デュナミス〕の方が現実態〔エネルゲイア〕よりも先である, と。終り〔目的〕が論理的なプライオリティーをもっており, また, それは, 単純商品の種子的な原理として既に存在しているのである。商品が, 商品の終極的形態として, また, 商品の必然因として運動するのは, この終り〔目的〕に向かってなのである。資本主義の経済的危機（恐慌）と経済的な非合理性は, 未発達で実現もされない形態にありながら, 使用価値と交換価値として存在している単純商品のこのアンチノミーの中に, 既に存在しているのである。トニー・スミスは, 次のように書いている。「資本主義的生産様式を再構成するにあたって, 商品形態, 貨幣形態, 資本＝賃労働・関係が, 抽象的なカテゴリーである限りは, それらは, そのシステムを規定している構造や構造的な傾向を明示しているのである」[81]と。こうした洞察に対し, パトリック・マレーはこう補足している。「マルクスは, しかし, 商品というカテゴリーが, ますます複雑な形態を帯びる資本主義的経済へと発展していかざるを得ない, その論理的必然性を論証しようと試みているのである。その際に, 彼は慎重にこう述べているのだ。これは, 歴史的な必然性ではなく, むしろ, 既に充分に発展した資本主義の諸形態に関する概念的な分析を通して, 成し遂げられるのである」[82]と。主著『資本論』は, 近代性の弁証法的論理と矛盾した構造をその礎とする, 資本主義システムの内部的テレオロジー（目的論）を追跡しているために, 科学に対するマルクスの見方は, 科学と倫理学を, また, 資本の論理と構造を, 経済的民主主義への自由で自己意識的な革命的変革を求める道徳的な要請と一体化させているのである。

　商品は, 資本主義的工場という歴史的に特殊な形態（社会的生産諸関係）の内部における人間労働, これによって規定された価値を有するがゆえに, それらの商品は, 交換可能であり, 通約可能なのである。商品は, それらに含まれている抽象的労働の量に基づいて交換され, その量は, 時間と貨幣により社会的に測定される。抽象的労働とは, 特殊化した分業, 工場制度, 私有財産, 資本などによって生産される, ある特殊な形態をした疎外された労働である。中世のギルド組織が残してきた, 洗練され熟練した労働は, そのことごとくが, 工業生産の機械化と特殊化によって, 同質的な最小へと圧縮される。商品の内部にある, 自然的属性と社会的性格という当初の対立関係が, 近代的な交換と産業社会との間にある矛盾の出発点を規定しているのである[83]。

資本主義は，そこでの生産が直接的な消費のためでもなければ，人間的な欲求を個人として充足させるためでもない，そのような社会システムを前提としている。というのも，資本主義は，商取引，利潤の極大化，富の獲得などを目指して価値創造が行われる，そのようなシステムだからである。アンチノミー的な相互関係は社会を分裂させ，人間的欲求の実現と社会的実践に直結する社会を築くのか，それとも，搾取と価値の実現（Verwertungsprozess 価値増殖過程）に基づいた社会を築くのかという，この2つの社会の間に，構造的・論理的な矛盾を生み出してしまうのである。市場経済というものがもつ内的デュナミスは，社会をさらなる矛盾へと駆り立てていき，そのために，そうした社会は，〔デュルケムが指摘する〕アノミー的な分業や連帯に欠ける特殊化，剰余価値の搾取的な横領，利潤の極大化，疎外された労働の強化，労働者たちの窮乏化と貧困，といった諸矛盾から逃れ去ることはできないのである。交換価値と貨殖術が，ひとたび近代社会の構造的な土台として与えられると，社会は，その内的な論理とか弁証法などによって，さらなる社会的な問題や社会的危機へと押しやられてゆく。市場における競争と，資本を拡大せよとの要求は，生産の合理化，すなわち，新たな機械装置や技術の分野における止むことのない革命的な改善，労働の強化と効率化，搾取と生産性の各レヴェルにおける増大，必要な労働時間の減少（賃金および消費）など，の合理化を強要してくる。これらは，その何れもが剰余価値の生産と利潤を増加させるために実行される。だが，経済の内部における，製造企業が競争上の優位を確保する上でどうしても欠かすことの出来ない，このような機能的な要求は，ひたすら，止むことのない深刻な混乱へと導くのである。労働コストが削減されると同時に，生産性も効率性も増加されねばならない。こうした社会的状況下では，生産の交換価値は決して実現できないのである。これは，「発達した資本が抱える根本的な矛盾」[84]として，マルクスが呼んでいる当のものなのである。

　近代の産業社会における科学的な驚異や技術上の進歩と同居しているのが，『経済学批判要綱』の中で描かれている物質的・精神的な貧困である。それは，自由や平等を含めたすべての価値が，資本の論理に屈従するようになることによって，剥奪されてしまうそうした社会なのである。マルクスが次のように書くとき，こうした考え方を捉えているのである。「この種の個人的自由は同時に，

いっさいの個人的自由の最も完全な止揚であり，物象的諸力という形態，それどころか圧倒的な力をもつ諸物象——たがいに連関しあう諸個人自身から独立した諸物象——という形態をとる社会的諸条件のもとへの個性の完全な屈服である」85)。この一節は，『政治学』第1巻に基づいて，営利的交換，および道徳的な徳を経済的に歪曲してしまうこと，に対してアリストテレスが始めて加えた批判を，改めて述べたものにすぎない。後半におけるマルクスの著述の至るところに，近代の科学と古代の倫理学との巧妙な融合が見られるのである。

　学とは自然の形相が自己展開してゆくものだと，アリストテレスが見ているのに対して，他方のマルクスは，学とは，概念が，あるいは，資本を支えている構造的原理が自己展開してゆくもの，と見なしている。すなわち，マルクスは，生産物，商品，交換，貨幣から資本へと転化してゆく，概念の自己展開を追跡しているのである86)。アリストテレスと同様に，マルクスもまた，普遍的なものと個別的なもの，可能的なものと現実的なもの，形相と質料などの，これら相互の関連性を研究する学を定式化すること，を試みているのである。彼は，自らの見方を以下のように要約している。「資本概念の厳密な展開が必要であるのは，資本自体——それの抽象的模像が資本の概念なのである——がブルジョワ的社会の基礎であるように，資本概念が近代の経済学の基本概念だからである。関係の基本的前提を鋭く把握することから，ブルジョワ的生産のいっさいの矛盾が明らかにならなければならないし，またこの関係が自分自身をのりこえていくさいの限界も明らかにならなければならない」87)。

　論説「哲学の改革のための予備的提言」で触れられている，ヘーゲル観念論に対するフォイエルバハによる批判を媒介にすると同時に，ヘーゲルの『精神現象学』(1807年)および『論理学』(1812-16年)をも媒介にして，マルクスは，アリストテレスの自然哲学を，近代資本主義社会の内在的論理と可能態〔デュナミス〕に関する研究へと，その分析を変換してゆくのである。マルクスが次のように書く時，彼は，自らの方法論と，古代の人々との方法論上の結びつきを明らかにしているのである。「しかしわれわれは，まだ，資本の特殊的形態をも，また，他の個別的諸資本等から区別された個別的資本をも取り上げてはいない。われわれはいま資本の発生過程に立ち会っている。この弁証法的発生過程は，資本が生成する現実的運動の観念的表現にすぎない。それからあとの諸連関は，

この萌芽からの展開と見なされるべきである。……しかしこの過程は，形態規定の面から見れば，自己増殖過程である」88)。商品，市場による交換，価値などは，既にそれ以前に存在している資本主義的生産様式を必要としている。商品とは資本の最も単純で最も抽象的な形態である，との立場から説き始めて，マルクスは，資本主義の底流に潜む合理性の内部構造を暴露すること，資本主義の内的諸矛盾を精査すること，さらに，経済恐慌という形でその終極的な終り〔目的〕へと資本主義が弁証法的に運動してゆくことを跡づけること，以上のことを試みているのである。経済学批判のより深層にある目的は，資本主義が経済的にも倫理的にも破綻してしまっていること，すなわち，このシステムが非合理的で非効率であること，そして，人間の自由や，自己を実現する様々な可能性にとって，倫理的に反し有害であること，こうした事実を暴露することなのである。

　批判的な科学というのは，歴史的・構造的な可能態〔デュナミス〕と，現前する現実態〔エネルゲイア〕の2つに焦点を合わせている。批判的な科学というのは，様々な歴史的な形態をとる資本主義の必然的な関係やその内的論理を暴露するために，また，資本とは，結局，商品，交換，貨幣，資本という形を呈する，一連の搾取に基づく社会的諸関係であると，このようにこの科学が描写しているために，そして，これら経済的な諸現象の背後には抽象的労働と剰余価値で構成されている制度があるために，マルクスの分析中には，社会的変革（チェンジ）を求める道徳的・倫理的な命法が存在するのである。科学の目指す目的は，権力と抑圧からなる諸構造の転換を促進するために，底辺に潜むこれらの諸構造を暴露することなのである。正義は，決して，交換の単純な公正さとか，市場における正当価格や，支払小切手における生活賃金などといったものに還元できないこと，こうしたことが資本の論理を精査することで明らかとなる。労働に対する十分な報酬の提供であるとか，労働者に対する私有財産の全体的な再分配をもってしても，社会的正義に対する需要を充たし得ないのである。経済活動の多様な形態は商業や生産において現れ出るから，公正さ，平等，同情，正義などの諸原則に則った社会システムに適応してしまうことは，マルクスによれば，資本の根底に潜む論理や構造のもつ重要性を見過ごしてしまうのである。システム内部での単純な変革（チェンジ）であれ，抜本的な変化であれ，そ

れらで十分とは言えない。リベラルな経済学者，カトリック系コミュニテリアン，フランス系社会主義者たちによる変化への叫びでも，十分ではない。資本の論理を超克する新たな社会システムだけが，真の意味における民主的で参加型の経済を予期することができるのである。

　マルクスは，運動および原因に関するアリストテレスとヘーゲルの理論を具体化している。それにもかかわらず，マルクスの弁証法的モデルには，歴史的必然性といったものが全く見られない。労働を再生産する費用（可変資本）を低下させ，より安価な原材料やより高度な技術（可変資本）を利用することが可能となるためには，数多くの歴史的影響や，反作用を及ぼす政治的・経済的な諸勢力が存在しているのである。生産コストを低下させるには，以下のような，様々な手段を駆使して達成される。すなわち，労働日の延長と労働強化による経済的搾取の増大，賃金の削減，相対的過剰人口を通じて余剰人口を創出すること，浪費・生産における恐慌・機能的な不況などによる資本コストの減価，以上である。そして最後には，外国貿易と植民地主義の拡大によって〔生産コストの低下が実現される〕[89]。資本主義が終極的に没落するという必然性は，全く存在していない。というのも，資本主義というこのシステムは，国内における搾取を強化すること，生産コストを社会化すること，低開発地域へ進出すること，海外市場を創造すること，などを通じて，これまで以上にうまく，それ自身の論理に順応することができるからである。だがその一方で，経済的な恐慌を完全に逃れえるというわけでもない。マルクスは，歴史的資本主義の論理的・倫理的な諸矛盾を暴露することによって，民主的な変化に向かって進む自己反省的な実践を要求しているのである。疎外された意識，超越的な自然法則を偶像崇拝すること，労働者階級の従順な態度，などをひたすら再生産するそのような機械論的・決定論的な科学の規範的諸前提を，マルクスは決して受容するようなことはしない。啓蒙主義的な意識というものは，資本や富を崇拝する代わりに，ひたすら実証的な科学や科学技術を崇拝するにすぎないのである。

　マルクスは，自らの方法がドイツ観念論の一表現として受け止められやせぬかと，この点を警戒している。「概念諸規定，およびこれらの諸概念の弁証法だけしか問題とされていないかのような仮象をうみだす，観念論的な叙述の様式を訂正することが必要となるであろう。とりわけ，生産物（または活動）が商

品になり、商品が交換価値になり、交換価値が貨幣になるといった言い方〔を訂正することが必要であろう〕」90)。マルクスは、観念論的な科学の方法を適用しているのではない。というのも、経済的カテゴリーの分析と自らの史的唯物論とは互いに分離し難いという事実を、マルクスははっきりと認識しているからである。諸概念とは、永遠不変でもなければ、超越的な抽象作用でもない。諸概念とは、それ自身が、ある特殊な歴史的生産様式を反映しているものなのである。この生産様式が現実的（リアル）な土台であって、その土台から、文化的な価値や経済的カテゴリーが生じてくるのである91)。〔経済的な「カテゴリー」は〕、トマス・ホッブズやジョン・ロックの生得的心理学の所産でも、カントの純粋理性のそれでもなく、また、ヘーゲルの絶対精神のそれでもない。「それらのカテゴリーは、生産諸関係の歴史的運動を……理論的に表現したものに他ならない」92)。弁証法的なものは、歴史の内部で、また、歴史と対立しつつ起こることから、カテゴリーは、存在の諸形態とか、労働と資本との社会的諸関係を表現しているのである。資本のもたらす恐慌や問題が、現実的なのである。というのも、資本のもつ諸矛盾は論理的、かつ倫理的だからである。諸矛盾のすべてが、構造的な変革を要求するのである。

　必然性と因果関係は、歴史において表現され、そこで実現される、形式的な原理と可能態〔デュナミス〕の中に存在する。マルクスは、あらゆる種類の哲学的な抽象主義や間違った具象性を拒否している。そこには、以下のものが含まれている。すなわち、自由・平等・財産などの抽象的自然権に関するベンサムやミルの見解、リカードやスミスの経済理論に窺われる価値・資本・剰余価値などの抽象的で非歴史的なカテゴリー、経験的な所与の諸事実から構成された神話——すなわち、現実態〔エネルゲイア〕という偶像崇拝——に依存した、科学の概念的な偶像崇拝、フランス人や空想的社会主義者らによる抽象的なモラル批判など93)である。これらのどの理論も、産業社会の経済的・社会的な構造における歴史的、唯物論的なそれぞれの下部構造からかけ離れているのだ。技術者たちやモラリストたちは、彼らの啓蒙主義的な価値や理想を受動的な社会へ押しつけてくるから、科学はひたすら、超越的なものに特有な恐怖を増進させるのである。マルクスは、それに代えて、「諸事実」の表層下にある弁証法的諸問題を探究する、それとは別な科学観に期待しているのだ。このような科学

観も，勿論，具体的な普遍性や必然性をもつそれ自身の形式を内包している。だが，そうした形式は，変革への道徳的な要求の結果として生じるのであり，そして，そうした変革への要求は，資本主義システムの根底に潜む倫理的，構造的，論理的な諸矛盾を自己意識的に理解することに立脚しているのである。

　資本主義とは一つの社会システムであり，それは，賃金奴隷制，人間的な欲求の鈍麻，人格的発展や人間的な意識の歪曲化，搾取の強化，コミュニティーの破壊などを媒介にしながら，結果的に，諸個人の疎外と堕落をもたらすシステムである。それは，自然的資源と人的な資源を浪費し，その結果として，資本および生産手段の過剰生産，経済の停滞，資本の減価と破壊，失業と過剰人口，貨殖術的生産を目的とする自然資源の乱獲，大規模な富の蓄積と増大する貧困，不平等の拡大と階級分裂，などをもたらすシステムなのである。資本主義は，自己実現，真の意味での民主主義，社会的正義などに対する諸可能性を破壊してしまう，そうした社会である。これら解決すべき問題（イッシュー）は，もっぱら啓蒙主義から引き出してくるマルクス解釈によって，忘却され，ずらされてきたのである。啓蒙主義は，科学を，恐慌を説明しこれを事前に予測するための，超越的法則に関する専門化した技術的知識としての実証主義，へと縮減させてしまうのだ。こういったやり方を使って，倫理的・政治的な問題は排除されてしまう。人間の知識は，幸福や快楽などのごく狭い範囲の功利主義的な事柄へと裁断され，その為，社会的・政治的な生活を組織化する従来とは異なる諸可能性を推論したり夢想したりする，そうした能力を人間が失ってしまう，極端な地点へと追いやられるのである。リチャード・バーンスタインが以下のように述べるとき，彼は，このことを要約しているのである。「彼（マルクス）の立場に窺われる形而上的，認識論的な含みには，より多くの古典的ギリシアの――特にアリストテレス的な――人間観がこだましている。人間はどのような者になりうるのか――人間の可能態〔デュナミス〕――を，その人間が真に理解することができるのは，人間とは何であるか――人間の現実態〔エネルゲイア〕――を理解することによってのみであると，このように主張しているのが，古典的ギリシアの人間観なのである」[94]と。人間の可能態と未来は，社会の物質的な土台を人間が自己意識的に領有することの中に，また，民主主義や自己決定などの諸価値を人間が再び適用することの中に，眠っているのである。

科学と自然学に関するアリストテレスの理論を自らの経済学批判の中に統合することによって，また，古典古代の政治的・倫理的・共同社会的な諸理想へと立ち返ることによって，マルクスは，近代の経済的・功利主義的な思想の様々な限界をのり越えようとしていたのである。初期におけるマルクスの著述では，可能態と目的論は，実践と自己実現に関するマルクスの哲学的理論によって評価されているが，より後期の著述になると，それらは，資本の諸構造の論理的・歴史的な発展として，また，生産諸力と社会的生産諸関係との矛盾として，その姿を現してくる。マルクスは，実践的な知識というギリシア人の諸原理――倫理学，経済学，政治学――の上に築かれた批判的な歴史の科学という見失われた諸要素を再生させて，社会的正義に関する包括的な一つの理論へと仕上げたのである。

古典古代と古代的生産様式

　マルクスの著述には，古代のギリシアやローマについての系統だった理論的分析も含まれていなければ，自らの歴史的方法論についての哲学的な分析も含まれていない。彼の著述全体に散りばめられているのが，古典古代や，古典古代以外の「前資本主義的な経済構成体」について言及した言葉である。彼は，近代資本主義社会の独自な面に関する自らの立場を際立たせ，これを明確にする手段として，これらの言葉を使っているのである[95]。『経済学批判要綱』（1857-58 年）において，グロート，モムゼン，ニーブール，フュステル・ド・クーランジュたちの著作を精読しながら，マルクスは，古代的共同体，古典的なギリシアとローマ，古典的経済などの性質や，古代社会の没落と封建社会への移行などについて，より立ち入った分析を行っている。〔後世において〕『人類学ノート』（1880-82 年）との表題を付された後期の作品の中で，マルクスは，モーガン，フィア，メーン，ラボック，マウラーたちの叙述に見られる，原始的社会や共同経済に関する人類学的・民族学的な文献を摘要し，それらを批判的に論評しているのである[96]。

　古代ギリシアと古代ローマにあっては，土地や生活手段を入手する方法は，市民権ならびに政治的共同社会への参加に基づいて決定された。初期のそれぞ

れの歴史においては，これらの社会は，小規模な土地を耕作する，独立した農民たちから構成されていた。「このコミューン（政治的共同体）――都市国家として――は，一面では，お互いに自由で平等な私的所有者たちの関係であり，彼らは，外部に対して同盟を結んでおり，そのコミューンは同時に，彼らを防衛するものでもある」97)。コミューンの内部で生産を行う目的は，富を創造することではなく，むしろ，政治的共同社会の諸制度や生活様式を維持することであった。その理想は，資質に優れ，最も有徳な市民を創造する，一つの生産形態であった。農耕地を私的に所有する権利と，征服ならびに植民による公有地 (ager publicus) のさらなる占有と拡大のためには，継続的〔に補給される〕軍事力と国家の勝利が必要とされた。マルクスは，古代的生産様式の中に共有地と私有財産との内的矛盾が存していることに気づいていた。それと同時に，彼は，この生産様式が生み出す内部的な緊張や分裂についても気づいていた 98)。時間の経過とともに，共同牧草地，狩猟，木材の採取などに利用されていた共有地は，経済力と差別的な政治的権利に基づいて，私有財産として再配分され，それによって階級対立，とりわけ，債権者と債務者との階級対立が激化していった。

　古代文明の没落に関するマルクスの分析は，古代ローマにおける貴族層と平民層との階級闘争に向けられている。市場に基づく交換の拡大，恒常的な戦争状態，奴隷制，独立した農民層からの財産の剥奪と貧窮化，土地の集積などと並んで，階級的な諸矛盾と帝国主義が，古代社会の没落をもたらした主たる要因であると，このようにマルクスは見ている 99)。以上に列挙した様々な活動は，当初は古代の都市国家を基礎づける作業と両立していたが，やがてそれらは都市国家を腐敗させ，崩壊させる基盤と化したのである。後年，ローマ帝国の没落を分析したヴェーバーの場合と同じように，マルクスもまた，奴隷制に基づいた大規模農場 (latifundia) が拡大すると，それに伴って，独立的な農民たちの収奪と窮貧化がもたらされるという，問題の真の所在を見抜いているのである。自給による生活と平等主義的な農業（オイコス〔oikos〕という形の使用価値）と，共同体的な生産性と家父長主義的な責任，のこの２つの上に築かれた農民たちによる小規模経済は，疎外された労働と市場における交換（クレマチスケー〔chermatistike〕という形の交換価値）に基づいた奴隷経済によって置き換えられてし

まった。こうした経済の変化は，古代的なコミューンとその市民たちにとって，政治的にきわめて重大な含意を孕んでいた。貧しいローマの人々が，奴隷という経済的な地位に転落し，その結果，プロレタリア的烏合の衆と化してしまったために，公民権，平等，共同社会などといった理想は，失われてしまったのである。時の経過とともに，奴隷労働が古代における生産労働の支配的な形態になってしまったと，こうマルクスは述べている[100]。

　労働と生産の客観的諸条件におけるこうした変容は，自給的農業，市民・農民たちにおける平等な関係，共同社会の理想と責任などに立脚していた当初のまとまりや古代的生産様式を崩壊させてしまった。奴隷制，国家による管理，徴税請負制，領域の拡大とそれに随伴する帝国主義の諸戦争，自ら得た獲得物を守るための職業的常備軍などが次第に増してくると，ローマ市民たちの状況は一層悪化していった。「戦争によってローマの貴族は平民を破滅させ，彼らに軍務を強制し，軍務，彼らの労働条件の再生産を妨げ，したがって彼らを貧しくさせた（中略）。この同じ戦争が貴族のために分捕品の銅すなわち当時の貨幣で倉庫や地下室を充満させた」[101]。残念ながら，マルクスは，古代文明の没落に関する包括的な理論を展開させようとしていない。それだけでなく，彼は，その分析を行う際に扱われる，政治的，経済的，社会的，軍事的な諸要素の相互関連をも考察していないのである。こうした相互の問題は，その初期の叙述においてヴェーバーの念頭を占める問いそのものなのである。

　階級闘争と帝国主義がローマ帝国を没落させた重要な要素だと，このようにマルクスは捉えている。古代的世界における経済的な生産は，奴隷制，科学や技術に基づく生産諸力が未発達であったこと，また，公民の宗教的な祝祭，公共建築，芸術や文芸的な行事，軍事的なもの等々といった形を取りながら，政治的共同社会を再生産していく社会的倫理が未発達であったこと，などによって制限されていた。古代ギリシアにおける生産は，手細工人や私的消費という欲求を越え出るということも，決してなかった。古代ギリシアでの生産は，決して資本にならなかったからである。古代的経済や古代ローマの滅亡に関するマルクスの考え方は，じれったい程未熟なレヴェルに留まっていたが，その考え方は，『家族・私有財産・国家の起源』（1884年）において，フリードリヒ・エンゲルスによって取り上げられたのである。この書の中で，エンゲルスはこう

主張している。古代ローマを消滅へ至らしめたのは，大規模農業において，奴隷制を利用して得られる収益性が減少したためである，と。ラティフンディウム（*latifundia* 大土地所有制），都市，局地的市場などが，次第に重要度を減らしてくると，奴隷制もまた時代遅れとなっていった。

　死を迎える直前になって，マルクスは，一連のノートを作り始めている。このノート集には，当時重要だった人類学に関わる多くの著者たちが書いた著述からの，広い範囲に及ぶ批評つき抜き書きが含まれている。彼のねらいは，原始諸社会とギリシア・ローマ以前の共同経済に関する自らの理解を深めることだった。この研究の目玉は，ルイス・ヘンリー・モーガンの著書『古代社会』（1877年）〔1867年との記述はマッカーシーの誤り〕である。モーガンはマルクスに影響を与えた。それは，モーガンが生物学的・有機体説的な社会観を抱いていたこと，さらには，狩猟・食料獲得・園圃耕作に基づく原始的・母権制的社会から，貴族的階統制・領土の拡大・私有財産を有する政治的国家を基盤とする，文明社会へと社会の単線進化が行われるという，ユートピア的な観念をモーガンが抱懐していたこと，によるものであった。このような観念は，氏族社会から政治的国家へ，共同体を重視する社会（ソキエタス *societas*）から階級へと分裂する国家（キウィタス *civitas*）へと，歴史が移行することを意味していた。歴史の黎明期における太古の諸社会は，いまだ分化されていない道徳的な諸社会であった。これら諸社会は，古代的氏族，人格的諸関係，さらには，血族関係や兄弟盟約，社会的平等，集団的権利，男女間における共同体的民主主義，などの諸原理の上に構築されていた。この原始的な社会形態は，共同体の財産と集団意志を中心にして組織され，その意志は，立法・裁判・執行などの各決定を取り扱う〔部族の〕会議で表出された。私有財産と社会的階統制は知られていなかった。

　太古の社会についてのこのような見方は一部，イロクォイ族の村落や部族の，原初氏族や初期の社会組織に関するモーガンの包括的な研究に，由来するものであった。イロクォイ族は，独立した5部族からなる北アメリカの連合体で，これら5部族はそれぞれの占住地に村落を分散させながら，相互防衛のために結合していた。これら村落は防柵によって囲まれ，それぞれの長として選挙されるサケマ（*sachem* 族長）ないし首長を擁した，自治的で自立的な諸社会であっ

た。最も単純な政治的組織は氏族評議会であり，これは，すべての男女が日常の大事な問題について評議する民主的な集会であった。というのも，合意に達するためには，全員一致とコンセンサスが必要だったからである。指導者たちは伝統と集団によって抑制された。国家組織と国民は一つで同じものだったから，共同社会を分断させるような，政治権力の相互に孤立した機関などは全く存在しなかった。集会は，個人的な能力，賢明さ，武勇などに基づいて，自らの首長たちを選出した。それと同時に，一般的には部族たちの評議会と同盟のための総評議会が存在していた。村落と部族の全構成員は平等かつ自由であり，彼らは共同社会を防衛する同等の権利と義務を有していた。各部族は，一般に，同盟の構成員でないすべての者たちや，和平協約に同意しなかったすべての者たち，と戦争状態にあった。軍事行動は，自由な意志に委ねられ，個々の戦闘隊を組織しようとする個人を中心に決定された。遠征のためには，評議会による承認は必要なかった。マルクスは，こう評している。「イロクォイ族の氏族のすべての成員は人格的に自由であり，相互に自由を守りあう義務を負っていた。特権と人的権利においては平等である。……それは，血族の紐帯で結ばれた兄弟団体であった。自由，平等，友愛は，かつて定式化されたことはなかったとはいえ，氏族の根本原理であった。そして，この氏族は一つの社会制度および統治制度の単位であり，インディアン社会が組織されていた基礎であった」102)〔『マルクス＝エンゲルス全集』補巻4，大月書店，1977年〕。独立精神と個人的威厳がインディアンの性格の普遍的な属性であると，こうマルクスは述べているのである。

　哲学的人間学の中でマルクスが行った最も早い議論を，科学的・歴史的な背景をもって正当化すること，これを民族学的な素材は可能にさせたのである。彼は，人間に関する自らの哲学を，原始共産主義という理想を擁した民族学に置き換えたのである。資本主義に対する彼の批判は，もはや，近代性を，社会的実践や人間の解放といった理論的可能態〔デュナミス〕との比較に基づかせたのではなく，むしろ，原始社会や類的存在といった民族学との比較に基づかせていたのである。これらの著述がもつ決定的なインパクトについて，〔『古代社会ノート』の編者である〕ローレンス・クレーダーは，こう明言している。「もし文明化された状態における人間の性格の歪みを克服すべきであるとするなら，古

代の集団特性の中に人間が再建せねばならない社会の諸特徴が存在していた，とするモーガンの認識を，マルクスが適用したということである」103)，と。マルクスは，これらの問題を，『インドおよびセイロンにおけるアーリア人の村落』(1880年)における東ベンガルとセイロンの農村社会を対象としたフィアの調査，『初期制度史講義』(1875年)および『古代法』(1861年)におけるアイルランドとインドの法律に関するメーンの研究，『文明の起源と人類の原始状態』(1870年)における共同婚・宗教・国家の起源を論じたラボックの分析，などに対する摘要や評注の中で，追い続けている。マルクスの最後のこの作品〔『古代社会ノート』〕には，古代ローマの社会的，政治的な組織に関する一節とともに，ソロン，クレイステネスから，エピアルテス，ペリクレスに至るまでのアテナイにおける民主政の発展を扱った簡潔な一節も含まれている。この最後の作品には，ホメロス，トゥキュディデス，アリストテレス，プルタルコス，カエサル，キケロ，ディオニュシオス・ハリカルナッソス，タキトゥスなどへの数多くの言及とともに，グロート，モムゼン，ニーブール，バハオーフェン，ベーク，シェーマン，ヘルマン，ド・クーランジュ，コンノップ・サールウォールたちの著述からの抄録集も含まれている104)。最後に一言述べておかねばならない。人類学上の，また，歴史学上の資料を分析したこれらの速記ノートと簡潔な摘要を取り上げ，それらを家族と私有財産の起源というより発展した理論の中に組み込もうと試みたのは，前と同じ様に，エンゲルスその人であった。

第2章　マックス・ヴェーバー
ギリシア悲劇と社会の合理化

　マックス・ヴェーバーは，正にカール・マルクスが『資本論』を著述している頃に生まれ，マルクスと同様，古典ギリシアの伝統下で育った。こうした事情は生涯に渡って彼の思想に払拭しがたい痕跡を残すこととなった。14歳になる以前に，彼は，既にギリシア・ローマの古典的な文学や歴史に夢中になっていた。伝記作者〔マリアンネ・ヴェーバー〕によれば，彼は，ホメロス，ヘロドトス，ヴェルギリウス，リウィウス，キケロ，サルスティウスの作品をそれぞれ原典で読んでいた。彼がギュムナジウムに入学後も，この古典読書は続けられ，エルンスト・クルティウス，テオドール・モムゼン，ハインリヒ・フォン・トライチュケといった古代を扱った著名な歴史家たちの作品にも親しむようになった。1882年，ハイデルベルク大学に入学した彼は，イマーヌエル・ベッカーのローマ法，ベルンハルト・エルトマンズデルファーの中世史，フリートリヒ・ランゲの唯物論の歴史，カール・クニースの歴史学派経済学，クーノー・フィッシャーのヘーゲル論といった講義に出席した。1884年，ハイデルベルクを離れて，ベルリン大学へと向かった彼は，この地で，ゲオルク・ベーゼラー，ルートヴィヒ・エーギディー，ルードルフ・フォン・グナイスト，ハインリヒ・ブルンナー，オットー・フォン・ギールケらのドイツ私法・国家法，プロイセン行政法，ドイツ法制史の諸講義を履修ながら，自分の法学的知識に専念し始めた。彼は同時に，モムゼン，フォン・トライチュケ，レヴィン・ゴールトシュミット，アウグスト・マイツェンといった，当時大学で教壇に立っていた，最も抜きん出た古代史研究家からも影響を被っていた。彼がドイツ歴史学派の面々，例えば，アドルフ・ワーグナーやグスターフ・シュモラーといったドイツを代表する社会経済学者，その代表者たちと巡り会うのも，丁度この頃のことであった[1]。以上に挙げた人名リストが証明していることは，ヴェーバーがいかに19世紀のドイツ思想史を彩るパンテオン〔神々の殿堂〕と密接に交流していたか，ということである。

1889年，ヴェーバーは『中世商事会社史』と題された博士論文を仕上げ，その2年後，マイツェンの指導をうけながら，初期ローマ共和制における農業を扱った教授資格論文『ローマ農業史　国法および私法にとってのその意義』を完成させた[2]。前の論文においてヴェーバーは，商事会社や有限責任会社といった近代的商業における所有権の歴史的土台となっているものを跡づけようとした。これらの制度は，商業取引や近代株式会社にとって会計上でも，法律上でも，重要な道具となった。また，後の論文の中で彼は，ローマ被征服地における共同的農業経営と土地の賃貸からなる初期の慣行について考察を加えた。帝国の拡大に伴って，これら公有地（アゲル・プブリクス）の配分，これら公有地の私有財産への，また大規模な農業経営（ラティフンディア）への発展を巡って，土地所有貴族と自由農民の間で政治的抗争や階級闘争が展開された。ハンニバルとの第2回ポエニ戦争を経て，敗北したカルタゴ帝国の広大な領地がローマ帝国に併合されると，この問題はさらに激化していった。ヴェーバーによれば，新たな土地のこのような大規模な併合は，古代資本主義にとって重要な意味をもった。「それは，これまでの歴史において，農地への最も無制約なる資本主義の拡張を表している」と[3]。

　初期の2つの論文を発表してから数年も経ない内に，彼は多くの重要な，だが無視されてきた古代文化における経済に関する研究論文を発表するようになる。すなわち，『古代文化没落の社会的諸原因』（1896年）および『古代農業事情』（1897年）である。後者の論文は，メソポタミア，エジプト，イスラエル，ギリシア，ローマ共和制，ローマ帝政などに関する極めて幅広い分析であった。貴族と重装歩兵の時期からアテナイの急進的で民主的な国制へとギリシア・ポリスが発展してゆくその考察と，ソロン，クレイステネス，エピアルテス，ペリクレスらによる政治改革に関するその分析は，特に今日においては重要である。彼はここで幾つかの問題に関心を払っているが，それらの問題は，資本主義の勃興や近代性（モダニティー）の合理化に関する後期におけるヴェーバーの歴史的・構造的なテーゼにとって，極めて重要なものとなる。古代のギリシアやローマにはたして資本主義が存在したのだろうか，その資本主義はどんな姿をしていたのだろうか。中世ヨーロッパの重要な経済制度とはどのようなもので，その制度は近代資本主義の発展をうながす上でどう役立ったのか。また古代社

会における資本主義的発展のチャンスを促進，ないし妨害した社会的，政治的，経済的な制度とは，一体どのようなものだったのか。

　ヴェーバーはギリシア・ローマを扱った歴史学や人類学の分野で，マルクスも典拠とした同じ著者たちから広く借用している。そこには，B. ニーブール，ジョージ・モーラー，ヘンリー・サムナー・メーン，アウグスト・ハクストハウゼン，フュステル・ド・クーランジュ，J. J. バハオーフェン，E. B. タイラーらが含まれている[4]。ヴェーバーは，ドイツ思想史の中でも，きわめてエキサイティングな時期に文筆活動をしていたのだ。彼は，実証主義論者と新カント派の間で戦われた方法論争，オーストリアの効用理論家たちとドイツ歴史学派との論争（Methodenstreit），古代ギリシア社会における家計（*oikos*）経済の本質・役割をめぐってのカール・ビュッヒャーとエードゥアルト・マイヤーとの論戦，そのいずれの渦中にも参戦した。この構造主義的アプローチは，資本家の意識の発展に及ぼした文化的・倫理的な影響に関する考察により，初期の論文を補充する目的でヴェーバーが宗教社会学へと転じたために，1904 年，一時中断された。だが，『経済史』（1923 年）や『経済と社会』（1922 年）といった晩年の著書〔いずれも死後刊行〕や講義において，ヴェーバーは，より完璧な形で近代経済や生産過程に関する構造主義的な分析を押し進めること，古典古代における政治的資本主義や奴隷制の本質について考察すること，さらには，古代都市，中世都市，近代都市におけるそれぞれの違いを解明することができたのである[5]。

　以上のように，それぞれのあり方や刺激の面では多くの違いがありながら，ヴェーバーの著作に与えた古典的ギリシアのインパクトは重要であった。本章でのなすべき課題は，アテナイやローマにおける古代資本主義に関する最も初期の分析，社会科学に関するその哲学〔社会科学方法論〕，社会的行為・理解・歴史的説明に関する彼の理論，近代の合理化・脱呪術化に関する理論に始まって，18, 19 世紀のイギリス商工業資本主義の基礎に関する後期の歴史的・構造的分析へと移ってゆく，彼の経済学的・社会学的な著書をたどることである。まず第 1 に，ギリシアに関する初期の論文は，近代社会と前近代社会，西洋社会と非西洋社会に関する歴史的・構造主義的方法や比較分析を行うための基礎を，彼に与えた。近代性や資本主義がもっている明白な特徴に関する彼の理解は，徐々に，古代文化の特殊な性格を認識することと同時平行的に発展してきた。

ヴェーバーの資本主義観は，古代の商業的・国家的資本主義に関する見解，古代の政治的資本主義と近代の市場経済との比較から，近代の生産や近代工業社会に関する分析から，発展したものである。古典的世界はヴェーバーの思考に刺激を与え，マルクスという亡霊と論争する道を開き，さらには西洋社会の合理化や近代性の発展に関する自らの重要なテーゼを鮮明化させることに役立ったのである。合理化や近代性に関するその理論を発展させるに従って，次第に，彼が『資本論』におけるマルクスの立場に移動していったことは，特筆しておかねばならない[6]。

第2に，ゲオルク・ジンメル，フェディナント・テニエス，アロイス・リールといった社会学者らによる二次的解釈を媒介にして，古典古代の文化的世界は，ニーチェの哲学を通してヴェーバーに衝撃を与えた。近代社会を対象とするヴェーバーの文化的分析には，社会科学における認識論・方法論・客観性・真理に関する数々の基本的観念，科学的実証主義に対する拒否（『学問論集』）などとともに，科学や技術的合理性や合理化や官僚制などに対する批判（「学問批判」）が随伴しているが，このような分析を進めるにあたって重要な役割を担ったのが，ニーチェの作品であった。存在論的危機，政治的倦怠感，近代性という悲劇，これらに関する数多くの重要な洞察力を与えたのは，アポロ的・ディオニュソス的な美的衝動の中にギリシア悲劇の起源があると主張するニーチェ理論であり，科学的合理主義の発展や道徳的ニヒリズムに関する理論であり，また，イマヌエル・カントやアルトゥール・ショーペンハウアーの認識論を主観主義・遠近法主義・相対主義の立場からニーチェが徹底化させたこと，西欧社会の宗教・畜群道徳・文化的デカダンスに対するニーチェの批判，であった。

第3に，ヴェーバーは学問（Wissenschaft）としてのドイツ的な科学の観念をより幅広く理解し，それを取り戻す方法として，また，啓蒙主義的合理性や近代科学の限界に答える方法として，プラトン『国家篇』やルネッサンスにおける，ギリシア人の知識観や科学に立ち戻っている点である。著書『職業としての学問』（1919年）においてヴェーバーは，自然科学を合理化過程の進行という歴史的・哲学的な文脈の中に置き入れ，普遍〔妥当〕性に対するその認識論的要求を脱神秘化したのだった。

第4に，これ——これまでW. ヘニスの著書の中で展開されてきたものだが

——は，人間性〔Menschentum 人間の質〕という古代ギリシア人の思想とかかわるテーマである。このテーマは，実質的な駆動力としてヴェーバーの様々な作品を貫いているテーマである。社会学は実証的な科学などではなく，むしろ，実践的ないし道徳的な科学なのであって，その目標は，各人の自己実現という倫理的可能性へと人間性を啓発し，教育することにある。これが意味していることは，すなわち，学者は，人間性の特殊な形態と歴史的な理想との関係，それらに対応する社会的制度と文化的価値との関係について考察せねばならないのだ，と。このような社会学の見方に基づいて，ヴェーバーは，カントとニーチェとアリストテレスの思想を統合化しているのである。

　第5に，ヴェーバーが古典を体験したということは，社会制度を構造的に分析し，文化的意味を解釈しつつ説明するという方法を用いながら，歴史科学の一部門としての社会学にアプローチする際に，多いに裨益したのである。

古典古代と古代資本主義

　最も初期に属する著作の中でヴェーバーは，古代社会の構造，中世社会の構造，それら社会の近代性への移行という課題を考察している。既にわれわれが見てきたように，古典ギリシアがマルクスに提供したものは，人間的欲求の充足，民主的政体，社会的正義に基づく社会というモデルであった。こうした枠組から，初めてマルクスは資本主義に関する批判的理論を構築することが可能であった。だが，ヴェーバーにとって，古典的世界はこれとは異なる役割を演じた。彼は，近代資本主義の本質とこの資本主義が示している歴史的・構造的な独自な特質を描写し，定義する一手段として，自ら享受した古典的教育を活用しているのである。それと同時に，彼は，資本主義の一形態としてそもそも古代ギリシア社会を特徴づけてよいのかどうか，とも問いかけている。この問いに対する答えを下さず，長きに渡って彼が迷っていたことが，むしろ近代性の本質をよりはっきりさせることに役立つこととなる。『ローマ農業史』の中でヴェーバーは，大学時代の指導者であり恩師でもあるモムゼンの議論に賛意を表している。モムゼンの学問的観点は，その著書『ローマの歴史』において展開されている。ヴェーバーは初期ローマ史における共同的土地慣行から，私有財

産と古代資本主義の発展を追求している。これに対してジョン・ラブは，『資本論』でのマルクスによるモムゼン批判に言及しながら，初期ローマに関するモムゼンの描写をあまりにもヴェーバーが無批判に受容している，として批判を加えている。古代ローマ帝国は自由な労働者だけでなく信用制度も見られない資本主義経済だったとする考えを，マルクスは拒否したのだった。資本主義を明確に特徴づけるものとは，利潤の獲得であるとか，私有財産などにあるのではない。マルクスにとり資本主義とは，ブルジョワジーとプロレタリアートとの社会的分業に基づく，そして，工場における科学と技術の持続的発展に基づく工業生産の発展した形態を必然的に伴うものである[7]。資本主義を特徴づける本質とは生産の社会的・技術的な組織にあるのであり，市場とか分配などといった本質にあるのではない。このような広い社会的・経済的カテゴリーの中で，ローマ社会を特徴づけることによって，〔ラブによる批判の〕含意には，ヴェーバーの場合，近代資本主義の特殊な本質について，マルクスのような明確な理解力を有していないばかりでなく，古代的なものと近代的なものとの関係を的確に区別してもいない，という批判が示唆されている。だが，彼のより後期の著書とともに，こうした姿勢には，変化が生じてくるようになる。

　短い論説『古代文化没落の社会的諸原因』の中でヴェーバーは，アリストテレス，モムゼン，ビュッヒャー，J. K. ロートベルトゥスに代表される古代派 (primitivist) の見解，すなわち，ギリシア社会は沿岸都市の工業生産物と農村内部から生ずる農業生産物との局地的交換に基づく都市の自給自足的経済 (autarkia) であったとする見解，を受容している。国際的交易は共同体の経済生活では稀なことであり，そのような交易は富裕者を相手とする奢侈的消費財の購買に限られていた。自給的経済は，家計（オイコス oikos）の周辺に築かれた小農経済，直接的欲求を充足するための局地的市場に立脚する経済であり，政治・芸術・文芸の中心として活動するそのような都市を抱えていた。要するに，都市は消費の中心であって，生産のそれではなかった。上部構造の一つとして交換経済は既存の自然経済の上にのっかっているのである。交換経済は，絶えず増大してくる上層階級の経済的需要を満たすために，大規模な奴隷農場から発展してくる。「かくして古代における取引は次第に巨大な自然経済の上を覆う薄い網となり，時の経過に従って，この網の目はより精妙になってゆくが，

その糸はより細くなった」[8]。観念論者的なやり方で，ヴェーバーはそれを「自然経済」と呼んでいる。ヴェーバーは，この論文に基づき，その1年後には，より長文でより充実した著書である『古代農業事情』〔英訳『古代文明の農業社会学』〕〕へと拡大・増補させ，その中でヴェーバーが注目しているのは，都市経済の他の特徴，例えば，経済的取引，穀物輸入，奴隷制，商業的利害への政治の従属などといった特徴である。この著書の中では，商業の役割が一層強調されているように思われる。

「近代派(モダニスト)」の一員であるマイヤーは，オイコス経済に関して異なる立場に立っていた。すなわち，このような理念化されたカテゴリーから古代社会を捉えるのではなく，近代経済学の諸概念を用いて古代ギリシアは理解されるべきであると，このようにマイヤーは主張していた。古代都市も資本主義的経済を抱えていたと，こう彼はみなしていた。ペリクレス時代のアテナイには，工場も労働者階級も資本主義的生産様式もすべて存在したと主張する，このような立場の行きすぎた要素に対して，反対している。とはいえこの立場によって，ヴェーバーは，はたして古代社会とは資本主義的であったのか否かという，より重大な問題を提起することに導かれるのである。「われわれの問答は"資本主義的"というわれわれの定義に依存する。——しかもその定義が多様な形態をとりうることも当然である。しかしながら，一つの要素だけは強調されねばならない。すなわち，資本とはつねに商取引で利潤を得るために使用される富であるという点である。……つまり，商品は，取引の対象となるよう生産される（少なくとも一部は）ということまた同時に生産手段が交換の対象そのものであるということ，これらを意味している」[9]。資本主義社会にあって，この制度の重要な構成要素をなすものは，市場・商業・利潤・財産であるとするヴェーバーの立場は，マルクスのそれと明確に対立している。資本主義と古代社会との関係性に関するヴェーバーの理解の仕方は，時の経過とともに変化していく。このような初期の記述は決して一義的でも，十分な校訂もされていない。以上のような議論で展開されているのは，自然経済に埋め込まれた資本主義の諸要素をもつ古代社会に関する錯綜した一片の画像である。自由な労働を前提とする近代的・資本主義的企業などは，古典古代の時期には存在しなかった。これがヴェーバーの下した結論である。われわれが，資本主義なる概念を仮に生産組

織に限定するとすれば、古代ギリシア人の間では資本主義的経済など全く問題外であった。しかし、ヴェーバーはさらに次のように続けている。「この概念を、他人の労働を"自由人"労働者との契約によって利用するという特定の資本利用方式に理由もなしに局限するのではないならば、したがって社会的視点をもちこむのでないならば、そしてこの概念を純経済的内容のものと考えるならば、そしてこの概念を取引の対象としての所有物が、私人によって流通経済的営利のために利用されるばあいにいつでも通用させるならば、古代史のすべての時期——そしてまさに"最も偉大な"時期——がきわめて強度に"資本主義的"な特徴をもっていたということはまったく確実である」10)。資本主義的企業の明確な特徴となるものは、それ故、市場経済・利潤獲得・私有財産である。近代資本主義にありながら、古代の資本主義に欠けている諸要素について、ヴェーバーは気づいている。その欠如している要素とは、取引や金融といった中世の経済諸形態の欠如と並んで、固定資本・技術・専門的生産組織である。

　これら初期の著作において、ヴェーバーは、古代ギリシアの中に、都市、市場経済、発達した銀行制度や金融制度、賃金労働、商取引や利潤、私有財産などの資本主義の諸要素を見出しているのだ。他方で、全く存在していないのは、工場、プロレタリア階級、固定資本、分業であるとか、資本主義的生産組織、同業組合であり、消費者市場の普及である。実に 1897 年という早い頃に、ヴェーバーは、古代史家たちの論争に参戦することによって、資本主義の発展を促進させたり、妨げたりする、社会の構造的要素と関係している命題を展開させていたのである。ヴェーバーの思考が次第に円熟してくるこの時期における問題は、彼が、資本主義に関する明確かつ厳密な定義を下していなかったということである。古代のギリシア・ローマは複雑な社会であり、きわめて反資本主義的な諸特徴を混在させる資本主義的な要素を示した社会であった。オイコス (*oikos*) が自給自足な古代経済の中心であったとヴェーバーが主張するとき、彼はたまたま、ビュッヒャー、マイヤー双方の議論を結びつけているのである。だが、大農場を経営する富裕な所有層の間では、奢侈品、奴隷、銀行、国家請負契約の各分野で、国際的交易や市場経済が成立していた。ごく少数の裕福な人々は結局、対外取引がこれ以上拡大しないようしばしば圧力を加えた。こうした社会は、小土地所有者、借地農物納小作人からなる自由な貧農、都市内に

ある小規模な仕事場で働く自由な手工業者，収穫期のみに雇用されたり公共事業に従事する労働者たち，そして，奴隷らで構成された社会であった。ヴェーバーはこのような社会を，一種の古代資本主義と呼んでいるのであるが，それと同時に，彼は，そこに見られる資本主義的な要素は付随的・未成熟のままであることを認識している。そうした曖昧さに不満を覚えたのか，ヴェーバーは，自然経済と交換経済との関係，プランテーションと都市との関係を立ち入って考察していないばかりか，市場の本質や役割であるとか，奴隷制の広がりやその意義についても考察しようとしていない。このような彼の著書から明らかになるのは，荘園制が都市経済や自治を有する市民層と混じりあうに従って，資本主義的，封建的，自給自足的な経済からなる，興味を引かせつつも，時に人を混乱に陥らせる一つのモザイクだということである。ヴェーバーは次のように書いている。「"古典"時代における貨幣財産や資本主義的な取引は，いわば伝統主義的な叢林における"間伐地"であった」[11]と。

　ヴェーバーによれば，農民と荘園領主との両者の関係は，伝統的きずなに依存し，市場という諸力には依存してはいなかった。商取引は，非資本主義的な互恵的義務，土地の貸与，抵当権付地代，封建的貢租，賦役などに基づいていた。自律した市場など全く見当たらないものの，それでも，土地の交換や利潤を志向した労働は存在していたのだった。したがって，古代ギリシアでは，実物経済と市場経済の両要素が不安定な姿で均衡を維持していた。資本を投下する主要な対象は，徴税請負，公共事業，鉱山採掘業，海上貿易，プランテーション，銀行業務，担保付融資，奴隷の賃貸，手工業生産における奴隷の利用，であった。その一方で，十分に発展した資本主義経済への進化を阻んだ２つの主要な要因は，奴隷制に基づく実物経済と公共建築物の建設という「国家社会主義」であった。奴隷制と国家の合理化と政治的民主政の台頭は，古代資本主義がさらに発展してゆく際の，架橋しがたい障害を形成したのであった。奴隷たちが近郊にある農場に集積されたのに対し，都市には自由な労働者が存在した，とヴェーバーは述べている。奴隷と自由な労働者との経済的・政治的・階級的な緊張からは，古代都市に特有な構造的・歴史的なダイナミックスが生み出された。1896年に書かれた論文の時点では，ヴェーバーからすれば，古代都市と中世都市とでは，ほとんど違いはなかった。違いがあったとすれば，それ

は局地的市場を有する都市の市民であるのか，それとも自給自足的農場に根を下ろした農村の奴隷であるか，そのどちらのグループが，経済を規定する上で成功したのかであった。高価な奢侈品を交易する海外貿易が拡大したことは，もっぱら巨大農場における奴隷利用を強化する反面，都市における小規模な仕事場や都市近郊外で交換に携わる自由な職工や賃労働者の勢いを損なうこととなった。古代の末期や封建制が成立する初期には，都市と農村との亀裂はさらに顕著となり，それは，都市中心地域と沿岸交易が衰退してゆくことを告げていた。

　古代ギリシアにおける土地の利用は主に，土地所有という最も収益を生み出す利用法である，借地農法を伴った小規模耕作，に依存していた。それは，伝統に束縛された荘園事業として土地が賃貸される，そうした農業形態であった。膨大な数に上る奴隷たちは，鉱山，公共事業，採石作業に充当されたが，彼らは同時に，オリーブ油やブドウの生産に携わる大規模プランテーションでは，彼らの主人によって利用され，また独立した借地農民として利用された。さらに彼らは，限られた範囲ながら小売商や小さな仕事場 (ergastēria) をもつ手工業者に雇われた。奴隷たちは，市場で売買される資本主義的商品であり，工業製品をつくる作業場に賃貸されたり，国家事業では仕事場仲間であった。アクロポリスの丘にあるエレクテウス神殿の建築碑文によって，奴隷たちと自由人労働者に対し1日1ドラクマという同一賃金が支払われていたという事実に，ヴェーバーは注目している。穀物栽培のような労働集約的技能が要求される高価な農業領域では，奴隷制度は利用されなかった。熟練した奴隷たちは大農場の監督者として，あるいは，独立した手工業者，ないし小売商人として仕えることができた。親方が，賃貸料という形で，最終生産物の一部，ないし利益と交換しながら，仕事場で働く奴隷に対して，原料や生産用具を提供するという，このような家族的制度も存在していた。彼らは通常，親方のオイコス，ないし商人の倉庫にくくりつけられていた。主人のこうした営利的・商業的な冒険的行為は，大農場の余剰源を生み出す絶好の投資機会であった。奴隷たちは自由人らと一緒に働き，次第に自分たちの自由を買い戻すことができた。彼らは，賃労働者として賃貸しされたりもした。ペロポネソス戦争時に活躍したニーキアースやクレオンといった優れた政治的・軍事的指導者や，もっと後のデモス

テネスたちは，土地所有者ではなく，奴隷所有者であった。奴隷制こそ，全面的な発展をみる資本主義社会への移行を抑圧した重要な要素であった。これがヴェーバーの認識である。なぜなら，奴隷たちは，希少な資本の大半を費消してしまったこと，競争や技術的発展を妨げてしまったこと，専業化や分業に制約を加えてしまったこと，家計経済を強化してしまったこと，肉体労働の信用を傷つけて自由な労働を工業から駆逐してしまった，からである。

　奴隷制を追い求める資本主義的営みの第2の領域は，公的融資，徴税請負，土地担保，ライトゥルギー〔対国家奉仕義務〕，公共物建設などによる，国家の合理化を含んでいた。十分でない私的領域に代わって，国家が，資本形成のための重要な財政メカニズムとして利用された。大規模な公共事業に対する資金調達は，徴税請負を通じて得た貨幣で賄われた。徴税請負によって資本家たちは，国税を徴収する特権を買い取り，これによって莫大な利益——余剰利益があればの話だが——をあげた。これらの人々は同時に，国家を代表して税を徴収する組織である，国の官吏組織として機能した。彼らは国有鉱山や重要な穀物供給を監督する官吏でもあった。その中のある者たちは，国家を代表する契約者，財政顧問，銀行貸出人などの機能を遂行した。彼らは同時に，自らの利益のために，征服された人々を統治し，搾取することにも手を出した。富裕層らは，国家行事，宗教祭儀，演劇，公共物建設に対して資金を提供するために，国家奉仕義務を負担したり，徴税に服するよう要求された。ヴェーバーは，このような政治制度を，ライトゥルギー国家と呼んでいる[12]。古代ギリシアの都市国家は，奴隷労働による資本主義的な経済体制として作用したが，このような事情が結局，市場に基づいて資本主義が発展していくことを妨げたのである。これ以外に，ヴェーバーが古代における資本主義的合理化を阻害した要素として挙げているものとしては，乏しい土地流通，資本形成にかかわる不安定な経済的・政治的体制，奴隷の搾取という技術的限界，奴隷経済における経済的合理性や費用計算ができないという限界，資本家や企業者の地位や，社会的立場を高めるような宗教的ないし社会的倫理の欠除，世襲による階級構造など，がある。

　これに次いでヴェーバーは，農民共同組織におけるポリスの始まりから，君主制的要塞，貴族政的都市国家，官僚制的都市王制，権威主義的ライトゥル

ギー国家，重装歩兵ポリス，民主的市民ポリス，普遍的軍事君主制へとポリスの政治組織やポリスの合理化が行われる，歴史的諸段階に関する分析へと転じていく。ヴェーバーは，資本追求や利潤追求にむけて，経済を合理化すること，さらには市民的経済を成り立たせる制度的要素を自由にさせること，といった，そうした役割をはたすような政治体制とは一体どのようなものなのかという観点から，その体制の進化・発展に関心を払っている。古典時代を通じて，国家は，共同体的財産所有，封建的土地保有，債務奴隷制を排除し，奴隷や土地や穀物の自由売買を認め，資本主義的な農業慣行を奨励した。古典時代の末期，ギリシアの都市国家が衰退してくると，都市から大荘園へと勢力の遷移がみられ，それに従う形で，市場に対しより伝統主義的・封建的な様々な束縛を加えるということが生じてきた。

ギリシア・ポリスにおける資本主義と民主政治

『古代農業事情』においてなお一層関心を引く一面は，紀元前5，4世紀の古典期ポリスにおける資本主義と民主政治との緊張関係をヴェーバーが認識していたことであった。こうした緊張関係はその後も，近代政治の合理化に関する彼の分析や行政による官僚支配や，指導者民主制に関する分析へと発展していくものである。ヴェーバーは，農村共同組織，共有地の保護を意図したフラトリア（兄弟団体）の結成，ホメロス時代のミケーネやティリンスに見られる城砦王制といった黎明期から，ペリクレスに統治されたアテナイという古典的都市が成立するまでの，ポリスの発展を跡づけている。城砦は，アガメムノン，メネラオス，オデッセイのような，海上交易の独占や軍事技術によって周辺地域を支配した，戦う諸王の居住地として機能した。沿岸都市は軍事的・商業的な中核地であった。沿岸都市は一つの軍事的被支配地であって，その中心には，手工業者，小売商人，貿易商人の住居によって囲まれた城砦がそびえていた。都市外で暮らす農民たちは強制的な被護関係に入っていた。重装備で身を固めた兵士たちは戦車に乗り，青銅製の槍と弓矢を用いて個人戦を展開した。王は王の従者である貴族や戦友仲間と食卓を共同にし，彼らに自分の財宝を与えて，王族評議会を結成していた。しかし，次第に王政（モナーキー）は衰退していった。

貴族たちは土地を獲得し，自ら自律した権力中枢を手に入れることができたからである。これに対して，メソポタミアやエジプトの近東地域の王国では，貴族たちは運河の建設やその管理のために，王の大家計に奉仕する官僚組織であるとか，祭司階級といったものへと組み込まれていった。

　紀元前7世紀に鋳貨の発明が行われると，それに伴って市場が拡大し，軍事技術や戦術も変化し，鉄製武器を使用する新たな重装歩兵隊と規律化された密集歩兵部隊が勃興してきた。こうして，軍隊の民主化が始まったが，それと平行して，貴族層から土地所有者という新たな軍事階級へと権力の移行が見られた[13]。この時期になると，大規模農場では奴隷制は支配的でなくなり，自由農民ないし半自由農民による借地農業が常態となった。軍隊による防衛と土地所有者とが結びついていること，また，もっぱら土地の所有者だけが高価な武器を調達する余裕があったことから，都市から農村郊外へと勢力の移動が行われていった。所有権が市民権を規定したのであって，家族的出自などではなかった。いまや土地もちの農民だけが自分たちの武器を補給することができた。時の経過とともに相続権に対する制限と同時に，経済，農民たちに対する抵当権設定，担保権の行使，債務奴隷化などが拡大してくると，階級分裂が急増し，それが日常化していった。土地や地代が比較的少数の貴族階級の手元に集められた。だがそれと同時に，変わりゆく軍事的要求の結果として，小土地保有農民や小市民層らは旧来の封建体制を改めること，新たな改革，とりわけ利子率，抵当権の行使に対する制限であるとか，債務拘留の撤廃といった法改革の確立を要求した。古典的ポリスの興隆，政治体制の改革，民主主義と市民権の拡大，これらはすべて軍事的なものを安定化させ，経済的力の乱用をチェックし，強固な農民階級を維持するために土地所有者と農民たちの間で行われた政治的妥協を物語るものであった。そうした結末が，ソロン，クレイステネスに始まって古典的ポリスの創造にまで続く，一連の長い政治改革であった。

　紀元前594年から93年にかけて，アテナイの執政官に任命されたソロンは，国政の再編成，ドラコン法の改正，農民の法的権利の確立，財産の多寡によって市民を4等級に分けることなどによって，社会の改革に着手した。上層富者(*pentakosiomedimnoi*)，騎士（ヒッペウス），中産農民ないし中産の財産所有者(*zeugitai*)，プロレタリア的労働者(*thètes*)である。彼は，上層から3つの階級に

対してポリスの政治的官職を分け与え，労働者級には民会と法廷への参加を認めた。しかし，第4のグループである労務者級では官職の保有は認められなかった。ソロンは，すべての債務と抵当を破棄し，土地ないし身体（セイサクティア）を担保にして金を貸すことを禁止する債務法の改正によって，さらなる階級的不平等へ滑落することを阻止した。彼の目的は農民の不満に応え，債務奴隷に転落せぬよう農民を庇護することであった。農民の債務奴隷化はさらなる社会分化へと導き，これにより重装歩兵隊の人的給源を危うくしかねないからであった。ソロンは，旧来の貴族階級がもっていた政治権力を徐々に簒奪するプロセスに着手し，民衆に自由をもたらした。ヴェーバーは次のように指摘している。土地および奴隷の集積に制限を加え，土地所有貴族層の経済的権力を押えつけることによる，「市民たちの平等」のための自意識的な努力があった，と。商業や交易で自分たちの生活費を稼いでいた在留外人や異邦人たちは，たやすく市民となる道が開かれることによって，社会の中に統合化されることになった。

　ソロンは，新たに400人からなる評議会を創設し，ここでは不正行為に報復する権利および陪審裁判所（ヘリアイア）に訴える権利が認められた。アリストテレスは著書『アテナイ人の国制』の中で，かかる施策は民主的な特徴を呈しており，「民衆の勢力に貢献した」[14]と述べている。また，アリストテレスはこうも記している。ソロンが狙いとしたところは，財産の再分配を求める人々と旧来の貴族支配を維持したいと念じている人々との中間点にあった，と。取引制限の解除と貨幣改革の実施は貧農層の保護を企図したものであったが，彼らが都市へ移住することは禁じられた。ソロンは土地の購入にも制限を加えた。彼は，ポリスにおける政治的，経済的，軍事的な基本単位であった，田園区の外側にある個人所有地に課税することを開始した。穀物輸出が禁止され，失業者や貧困者を救済してきた都市の負担を軽減するために，植民市が建設された。それゆえに植民市建設は，過剰な人口や滞留する零落者階層を除去するために欠かせぬ重要なメカニズムの一つであった。こうした人々は社会的経済状態を不安定化させる恐れがあった。政治的改革者たちは，社会的安定，政治的な均衡，経済的の収益性に刺激を与える様々な法律を制定することで，社会を変革しようとした。ソロンは，武装歩兵戦士すべてに市民権を拡大し，また，郊外に

居住するヨーマン（ゼウギタイ）階級ないし中産的財産所有者に官職保有資格が与えられた。

　古代ポリスにおける富と権力は，大規模なプランテーションと家計経済を抱えた幾つかの大氏族にゆだねられていた。紀元前508年，クレイステネスは，旧来の4部族以外に新たに国家の管轄部門を作ることによって，旧体制を崩壊させる諸改革を試みた。これにより，新しい一群の人為的に構築された政治的・経済的関係の形成が与えられた。旧来の貴族的門閥や氏族国家が占有してきた権力を解体させることで，市民たちはアッティカ全域に散在する村落単位ないし区からなる10の部族に新たに分割され，これらの部族は都市と内地と沿岸からなる3つの地域を代表した。今や人々は所属する区によって呼ばれるようになり，もはや自分の父の名を使用することはなくなった。市民の忠誠がこうして新たに設けられた区に注がれたために，地元領主に対する封建的諸義務は破壊されていった。地方の区は，都市で生活する人々・被解放者・在留外人といった人々，田園に住む農民や貴族らまでも含む幅広い人々によって構成された。新たに形成された政治的構造へと諸階級の混淆が生じ，その構造はポリスの権力基盤をさらに拡大するという効果を伴うものであった。クレイステネスは評議会（ブーレー）の定員を500人へと拡大し，各部族からは50人を選出させた。それと同時に彼は，権勢ある人物を押え込むために，陶片追放の法律を制定した。この法律は紀元前488年から87年にかけて初めて実施された。

　陪審員法廷と評議会の権力が増大するのにつれて，都市では貴族主義的なアレイオス・パゴスの権力は次第に衰えていった。エピアルテスは，アレイオス・パゴスから国制の監督者としての権力の大半を剝奪し，評議会と陪審員法廷の両方にその権力を分割した。このような動きを，ヴェーバーは，アテナイの民主政治が歴史的に発展する上での重要な一部だと見ている。このアテナイの民主政治は，エピアルテスとペリクレスによる諸改革により，最も徹底した民主的形態となった。アテナイとスパルタ間で戦われたペロポネソス戦争（紀元前431年-404年）とともに，民主政治への発展は一層加速された。それは，軍略と操船技術が，一般大衆による一層の参加を要求したからである。陪審員法廷に対する報酬金が設けられた。土地・財産・抵当・奴隷などの売却に加えられていた制限が撤廃された。民主的なルールが定着して来ると，それに伴って社

会の変化が現れ，一層社会の分化や富の分化，限りなき土地の集積などが生じてくる，という歴史のアイロニーについて，ヴェーバーはしっかりと自覚している。民主政治は，自由な交易による資本主義の力を解放することによって，民主政治それ自体の終焉を追い求めたのである。しかし，民主政治は，古典期を通じて奴隷制が拡張することによって，民主政治の土台が崩されてゆくことでもあった。

ヴェーバーは次のように主張している。奴隷制と財産の集積とは，都市区における人口の減少，重装歩兵隊の不足，自由な労働者を雇用する機会の制限，生活水準や消費者需要の低下，市場経済の発展に対する足枷などを惹起させた，主たる要因であった，と。古代の「工業資本主義」にあっては，テクノロジーや生産の社会的組織の面において何ら改善・進歩も存在しなかった。

> 「そのため〔利潤獲得〕のもっとも手軽な道は，古代においては，集団的訓練〔規律〕と分業をともなう大経営統一体をつくる目的で労働分割の新方式を創りだすという道ではなかった。この道をとるためには，奴隷労働というものが技術的にも》倫理的《にも不適当であったし，古代の財産分布のあり方と需要状態の発展の仕方に徴して，工業の大量商品のための拡大的市場をつくることはできなかったからであった。……しかしながら確実なことがある。それは，》資本主義的《発展の進歩は全体としての工業の経済的・社会的地位を高めず，単にその古い基礎を破壊しただけだ，ということである。」15)

土地の賃貸借，抵当権設定，奴隷制などからなる経済は，それ自身の工業的基盤と消費者市場を発展させ，金利生活者的国家的資本主義を踏み越えるための，古代資本主義の自生力を傷つけてしまったのである。

古代資本主義の農業社会学とその制度的土台に関するこれら初期の諸論文は，合理化の諸構造に関するヴェーバー後期の歴史的研究に枠づけを与えることとなった。これら諸論文は，後のヴェーバーの社会学方法論やより前進した近代性理論を取り上げるとき，貴重な情報と洞察力をわれわれに提供するものである。これら諸論文は，われわれが工業資本主義や市場経済の本質に関するヴェーバーの理解の仕方を明晰化させるときだけでなく，理解という解釈に基づく方法と近代の社会的諸制度に関する構造的分析とをバランスさせたもの——観念論と唯物論という二大方法論の融合物——としての，歴史的・文化的

科学のより完全な画像を描こうとするときに，大いに助けとなるのである。

ローマ帝国の衰亡と近代資本主義の興隆

　疎外や類的存在についてのマルクス理論が，古典的・新古典的な起源に由来していたとするなら，ヴェーバーの合理化論は，総じてその大部分が，アポロン的・科学的な合理主義に対するニーチェによる批判，古代諸文化や中世封建制に関する自身による歴史的分析に由来していた。最も初期に公表された幾つかの論文の中で，ヴェーバーは，ローマ帝国の衰亡・封建制の展開・近代性の興隆へと至る，社会の構造的な変容について概観している。実際，ヴェーバーによれば，ローマ帝国が果たした重要な役割は，都市国家という古代資本主義の社会諸制度を解体し，中世封建制ならびにその後における工業資本主義へと発展する，その下地づくりをしたことであった[16]。ローマ帝国は，奴隷制という初期の土台，奴隷交易，共和制の徴税請負・独占・ライトゥルギー（公的事業を目的とした強制的負担賦課）といった政治的資本主義を掘り崩し，変質させ，それに代って，帝国による新たな徴税体系と，同業組合・商取引・ライトゥルギー・市場価格に対する国家管理を設定した。古代における最も資本主義的な事業——徴税請負——は廃止され，行政的官僚制と有給官吏たちに取って代えられた。旧来の私的な徴税体系に代えて，国家官僚制・税法規・強制労働からなる複雑な組織が置かれた。このことは逆から言えば，都市と農村との関係の変化に対して，また，自然経済の造出に対して深い意味をもった。新たな国家政策と大規模化した守備的・傭兵的軍隊を維持するための課税の管理・運営は，帝国内に社会構造の破綻を引き起こした。貴族階級と農民らは，より自然的・原始的な自給自足的な経済を創り出すことで，重い税負担を伴う新たな体系を免れたからである。

　ヴェーバーは，中央集権的な軍隊と国家との2つの要求から生じている抗争と，封建化の初期段階で進行している経済状態に注目している。古代ローマ帝国の経済的・政治的景観は，帝国における数多くのドラマティックな変化，すなわち，国家官僚制，国家による財政政策・徴税政策，奴隷制の本質，実物交換経済への後退，都市の衰退と農村の興隆，大規模な常備軍の編成といった，

これらの変化によって塗り替えられた。初期の論文の中で，ローマ帝国衰亡の原因としてヴェーバーが挙げているものは，征服地の守備的強化と平和化，外的脅威と市民による内的騒擾に備えた軍隊の再組織化（と弱体化），さらに奴隷市場といったものである。だが，これが後期の論文になると，ヴェーバーは，古代ローマ帝国の衰亡および古代資本主義ないし政治的資本主義ポテンシャルの破壊に影響を与える主たる構造的諸要因として，共和制が帝国へと政治的に変質したこと，奴隷制の偏在的存続，経済に対する国家介入，軍隊の官僚制化，徴税制度などの問題，を強調するようになる。ローマ帝国は，資本投下と古代資本主義の最も重要な2つの構造的な特徴，すなわち，奴隷制と徴税請負をそれぞれ掘り崩してしまったのである。

　古代の諸都市は，農村後背地と取引しながらポリスの局地的市場において直接的販売を行う，自給自足（*autarkia*）的原理に基づく都市型文明であった。これがヴェーバーの認識である。古代諸都市は，高価な贅沢品でもって海上交易に携わる，地中海の沿岸に位置した文明であったが，いずれの都市も，内陸深部と実際的取引をするという兆候は全くなかった。都市の経済的な土台は，奴隷制と自給自足的地方農場（*oikoi*）からなる自然経済で成り立っていた。奴隷労働を使用した大規模プランテーション（*latifundia*）に立脚する，家計経済から産出される余剰物質は，ローカルな市場で，都市の職人層や農民たちが持ちこむ商品と交換された[17]。

　ローマ共和政の衰退と帝国の拡大に伴って，この体制は変化していった。ローマ軍団がスペイン，ガリア，イリリアへ，さらにはライン河やダニューブ河沿岸に侵出するに従い，その帝国の大規模で傍若無人な拡張は，自らに，新たな形態による統治形式・財政・軍事組織・帝国支配を強制することとなった。肥大化した常備軍を維持する，より効率的なやり方が要求したことは，旧態依然とした徴税請負制・土地の賃貸・公共事業について，これらをより合理的・効率的なものに改革することであった。このような目的から，膨張した版図を監督するために，国家の官僚組織が設置された。国家は，自らの手で税を徴収し始め，有給による官僚組織と大規模な帝国の貯蔵庫を保有し，そこで働く役人たちに貨幣で，また実物給付で支払い，無産者であるプロレタリア層や被征服地の蛮族らで構成される専門的軍隊を準備した。軍隊はもはや，ローマの

ヨーマン（自由農民）出身の青年たちから徴募されたものではなかった。自分の郷土のために戦う市民軍ではなかったのである。古代ポリスから新たに大陸型国家が形成された。軍事的・領域的な拡張とともに，沿岸諸都市や海上交易は衰退していき，農村の自給自足体制がこれに代わった。

　皇帝ティベリウスから紀元２世紀におけるハドリアヌス帝まで，帝国の内部的平和化が試みられたとヴェーバーは述べている。これまでの征服を強固にする目的から，ローマの軍隊は，ライン・ダニューブ両河を越えた地域から引き上げられた。だが，このことは，奴隷取引および経済全般に対して重大な影響をもたらした。奴隷労働力の深刻な欠乏に陥ったのである。領土の拡張のための戦いとは，実際，ヴェーバーからすれば，奴隷狩りそのものだったからである。しかも，ローマの大規模なプランテーションは軍隊営舎――家族もなく，財産もなく，法的権利も有しない――をモデルとしているため，ローマ帝国では，奴隷制を内部で再生産することなど一切なかった。ここから生じた避けがたい結末は，奴隷たちは巨大農場で利用することができず，総じて衰退だけが残されるということだった。富と大規模な穀物生産を基本形態としていたこれら農場は，奴隷労働力の欠乏という事態に直面することになった。こうした事態は廻りまわって，帝国内部に深刻な経済的危機をもたらすこととなった。ヴェーバーは次のように書いている，「しかし，実際上奴隷狩りの性格をもった２世紀における最後の侵略戦争が終了したのちには，大プランテーションはその無婚・無所有の奴隷とともに萎縮せざるをえなかった」[18]と。帝政後半期にかけて，カロリング時代までに集団的営舎に閉じ込められていた奴隷たちは，奴隷の地位に留まりながらも，小農民に変化し，自分の世帯と土地を有するという状況にまで変化し始めていたのである。このことは，奴隷とオイコスとの相互関係が崩壊したこと，そして，封建的農民という新たな階級の上に立つ新たな形態の世襲的隷属関係が創出されたこと，をそれぞれ表していた。市場向けの生産は終息し，実物経済の周辺でなされていた商業はストップしてしまった。この孤立した自給自足に基づく経済の中で，大農場はもっぱら自己のために生産したのだった。

　農産物と交換を目的に大農場に依存してきた大小の諸都市も，それと一緒に衰退し，国家の財政危機がもたらされた。都市はもはや交易のセンターではな

く，国家の行政組織の一機関となった。このような変化の意味を認識しながら，ヴェーバーは次のように述べている。「殊に内陸においては奴隷営舎の個別農圃への分解によって，販売生産は停止される外なく，自然経済的基底の上に編まれた交通網の細い糸は，漸次一層ゆるみ且つ破れざるをえなかった。……大農場が都市の市場から離れてゆく。中・小都市の大衆はそれによって彼らの経済的基盤，すなわち都市と周辺農村との間に行われる都市経済的な労働および財貨交換をますます喪失する結果となる」[19]。この新たな大土地所有者は「〔19世紀プロイセン〕ユンカー階級とか古代の土地所有貴族」になったと，このようにヴェーバーは評している。ヴェーバーによれば，これは奴隷制の衰退の始まりであるとともに，農奴制の抬頭を意味していた。農奴制の下で生きる農奴たちは，大地に繋縛され，荘園領主に様々な労働奉仕を行う義務があった。巨大農場が拡大し，農村土地地主の勢力も拡大し，軍隊徴募の源という点で，農民たちがいよいよ重要性を増してくると，富裕層らは，都市の行政機関に組み込まれまいとこれに抵抗し始めた。土地所有者が自らの法律と皇帝の直接的命令だけに従うようになると，ローマ領の勢力や徴税や民政などは，帝国の都市地域や沿海地域などから田園地帯へと移動していった。新たな形の田園的自然経済が現れてくるに従って，大農場は自らの自給自足的な経済集団をつくり始めた。

　経済的・行政的な勢力が帝国の都市地域から田園地帯へと移動するに従って，古代ローマ国家の性格は，広く膨張した帝国の被征服地をも統治することができ，複雑な官僚組織へと変り始めていた。資本主義の旧い形態——徴収請負制と大衆的契約——が国家による徴税と代置されるに従って，財政構造も変化していった。営利活動における国家による独占が形成されると，ますます私的資本家階級の発展は抑圧されていった。これまでの国家は，オイコスと都市市場をその特徴とする，都市による田園地帯の搾取をその目的としてきたが，それに代わって，自足経済・田園支配・巨額の国家支出・実物による税の支払いなどに立脚する，巨大化した大陸型帝国をどう統合し管理するかという，この目標へと変化したと，このようにヴェーバーは捉えている。肥大化した官僚組織の規模からしても，貨幣による給付の支払いは不可避であったが，営利活動があまりに未発達な状態であったために，帝国を維持するのに十分な貨幣を国家官僚組織と軍隊に提供することができなかった。

営利活動と都市の衰徴とともに緊張関係が醸し出されていった。ローマ帝国の経済が内陸型農業体制になったこと，貨幣が欠乏していたこと，帝国の平和化から必然的に生ずる奴隷労働力の不足に直面させられたこと，以上のような諸事情が発生したからである。より多くの労働者を求める大規模農場の経済的需要を充たすために，古代ローマの世界は，内陸へと方向転換をし始めたのである。軍隊は，将来の兵員を求めて，奴隷営舎や非ローマ人に眼をそそいだ。これによって軍隊の性格が変わり，不足がちな貨幣経済に対する需要がより強化された。裕福な土地所有者による地方的要求は，貨幣に対する官僚組織の要求や軍隊による兵員調達の要求と対立した。分権化した政治的・軍事的行政組織を抱えていた荘園制の自然経済が，帝国の社会システムを動かすに欠かせぬ条件と争い始めた。そうした状況は，あたかも社会システム全体がその基礎部分から引き裂かれているかのようであった。このような状況下では，帝政の軍事的・官僚制的・租税的な構造を維持することなどもはや不可能であった。ヴェーバーは，封建制へと発展してゆくこれらの諸変化の重要性に気づいている。「事実，後期ローマの発展が目指した究極の目標は，社会の封建的編成と同じく封建的防衛組織であった。……帝国の崩壊は交通の漸次的消滅と自然経済の増大との必然的な政治的結末であった」[20]。

　封建制という新たな社会システムがローマ帝国にとって代わった。このシステムは，シャルルマーニュ〔カール大帝〕の宮廷家計・土地を所有する騎士・農奴・キリスト教という田園的で荘園的な特徴をもつものであった。西洋封建制という地理的・政治的な景観の中で，中世的コミューンのための空間が創り出された。このコミューンは，市場経済・自由な労働・中世的取引組織・合理的な技術・ギルド組織という，工業生産に基づいて商業的・工業的資本主義が興隆するに欠かせない金融的・営利的・法律的な基礎を発展させ，提供することになった[21]。中世的コミューンの空間は古代世界と全く異なっていた。「工業の領域における資本主義は，古代においては，レンテン資本主義であった。そのために資本主義は一種類の特殊な生産品を生産する》大経営《の創設とは，ある意味において正反対の利害にたった」[22]。古代経済は，政治的な征服と植民地化をその特徴としていた。すなわち，国家による交易の独占と国営仕事場，限られた消費者の需要，奴隷制，レンテ（金利）によって生活する者の経済であ

り，規模が小さく非継続的・臨機的な利得指向型の生産であった。このことが，まさに資本主義的経済といえる発展を阻害したのだった。中世という時代の中で，新しい産業都市が，荘園制の体内で形成された。荘園制は古典古代のポリスと根本的に断絶したものだった。ヴェーバーも認識しているように，「中世の方がポリスよりも，われわれの時代の資本主義的発展に近かった」[23]のである。職人や手工業者たちは，この社会では，わき役的な存在ではなく，むしろ，封建的な地代や公租，政治的・営業上の諸権利，課税，経済などを巡り，都市貴族層らと戦ったがゆえに，まさに重要な経済的身分を形成したのだった。こうした抗争とともに，15世紀までには，彼らを取り囲む富裕な身分層の中から，より大きな政治的自由と経済的自律性が出現してきた。これらの都市は経済活動の中心であり，もはや軍事であるとか，政治といった独立した存在ではなかった。ほぼこの頃に，君主政的国家官僚制は，これらの産業的中心を国民経済というより普遍的な政治システムへと取り込み始めた。今や，主たる闘争は都市手工業者と貴族階級，手工業者と商人階級，親方と職人，の間によるものであった。古代における階級的闘争は，土地，債務奴隷に転落する不安，重装歩兵となった自由農民とか貧農からの要求，裕福な都市レンテ層の増大する権力などに集中されていたが，中世都市では，その闘争は市民階級と貴族階級の間で行われた。中世都市は，取引や産業の中心として設立された，新しい公民的・法律的なコーポレーションであった。中世都市は，都市自らが自分の法・裁判所・軍隊・政治的団体を有する宣誓兄弟盟約（コンユーラーティオー）であったからである[24]。この新たな社会的組織の上に構築されたのが，初期の近代社会における様々な原理や構造であった。

ニーチェとギリシア悲劇の起源

　近代性（モダニティー）を対象とするヴェーバーの実質的な分析と批判は，その多くが，ニーチェに関するヴェーバーの解釈に由来するものだった。ニーチェは自ら，古典ギリシアの文学・演劇・自然学の文化や価値に没頭していた。ヴェーバーは，ニーチェ論を上梓した最も重要な初期の古典的な社会理論家の人々から影響を受けていた。すなわち，リール『フリードリッヒ・ニーチェ：

芸術家と思想家』（1897年），テニエス『ニーチェ崇拝：一つの批判』（1897年），そしてジンメル『ショーペンハウアーとニーチェ』（1907年)である。原典および二次的文献を介して，ヴェーバーは，近代性や啓蒙主義的理性主義に対するニーチェによる批判ばかりでなく，ギリシア悲劇に関するニーチェの分析についてもよく熟知していた。アポロン的・ディオニュソス的美学と科学批判に関する弁証法的理論をニーチェが展開させる際に，このような古典的な体験は重要であった。カントの純粋理性批判や実践理性批判に関するラディカルな修正は，古典的悲劇の再解釈を通じて遂行された。この作業は，逆に，認識論や道徳哲学における新たなアプローチ——ヴェーバーに深く影響を与えたニーチェの相対的遠近法主義と道徳的ニヒリズム——へと導いていった。まさしく，カントとショーペンハウアーに対するニーチェの徹底化から，また，ギリシアの自然学と自然哲学に対するニーチェの読みから，ヴェーバーの認識論や科学方法論が由来しているのだ。プラトン的合理主義やギリシア哲学に対するニーチェの批判から，啓蒙主義や形式合理性に対するヴェーバーの批判が発展しているのだ。道徳や宗教，禁欲主義的理想，畜群道徳，ルサンティマン〔怨恨〕に関するニーチェの系譜学から，ヴェーバーの宗教社会学が展開されているのだ。力への意志や道徳的自己決断に関するニーチェの理論から，人間性や人間的な自己実現という古典的な理想（Humanitätsideal〔フマニテーツイデアール〕）が発しているのだ。古代資本主義や歴史的方法に関するヴェーバーの理論は，直接的には，ギリシアの経済的・政治的制度に関する自身の研究から発展してきてはいるものの，ギリシアの文化と哲学を重視する姿勢は，間接的に，ニーチェの影響に由来するものである。

　ニーチェは1869年，スイス・バーゼル大学で古典研究を講ずる職位を得，10年間，ギリシアの文献学と哲学を教えるという活動をスタートさせた。未発表ながら最も初期の作品では，19世紀における認識論上の論争に基づいてギリシア哲学が考察されている。ニーチェの重要な洞察は，カント，ヘーゲル，そしてショーペンハウアーから借用されたものだった。彼がドイツ観念論の認識論に直面するとき，彼は，啓蒙主義，ならびに西洋の合理性と科学の根底にあるものに対して，容赦のない批判を浴びせるのである。洞窟の壁に映ったプラトン的像の背後には，また，経験的事実であるとか，マーヤーのヴェールと

いったものやらの背後には，真理など一切存在していない。直接的経験の世界とは意識の幻想やまやかしを単に反映したものにすぎない。最も初期に属する著述の中で，ニーチェは，自然と実在(リアリティー)に関するこうした擬人論的見方を述べ，そうした見方をショーペンハウアーのより深いペシミズム，道徳的諦念と結びつけている。ニーチェは，客観性とはいずれもつきつめれば，ショーペンハウアーの存在論的苦悩や形而上学的不安を抱えている主観性にすぎない，とするカントやヘーゲルの認識論的洞察と結びつけている。現象という客観的な外観の背後にあるのは，無のみである。歴史における時間の経過とともに外観が変化するとき，外観は，人間意識の幻影や構成体となる。ソクラテス以前の自然哲学を論じた最も初期の研究の中で，ニーチェは，ギリシアの自然学と形而上学をカント認識論を熟考する好機だとしている。古典的ヒューマニズムは，ニーチェに，ドイツ観念論に関する自分の考えを克服し，拡大させる，その哲学的機会を与えているのだ。ターレス，アナクシマンドロス，ヘラクレイトス，パルメニデス，アナクサゴラスたちの作品は，人間の質なり思想なりが自然に投写されたものとして解釈されている。ニーチェの観点からいえば，これらの作品は，カントの超越論的主観性や悟性というカテゴリーの最も早い頃の哲学的表現である。自然とはひとつの人間的構成体である。「ターレスがその間にあって忽然としてかくも注目を浴びるに至ったギリシア人なるものは，元来ただ人間と神々との実在をのみ信じ，全自然を，いわばこれらの神々と人間との仮装，仮面舞踏会，転身とのみ観ていたという点で，あらゆる実在論者と対照をなすものであった。彼らにとっては，人間が事物の実相であり核心であって，その他のものはすべて仮象，欺瞞的な戯れであった」[25]。人間は単に実在を受動的に反射させたものなのではなく，人間が万物の尺度となったがゆえに，真の創造者であった。存在と生成が，ポリスの価値と理想を映し出す神人同形論的比喩の立場から，説明されているのである。

　時間と空間における意識の体系的組織化がなければ，また，悟性というカテゴリーがなければ，感性などは無意味であると，このようにカントが主張したとき，哲学におけるコペルニクス的革命が起こった。主観性は客観性の創造そのものと関係しているのだ。意識的精神が経験の対象を形成する手助けをしているのである。既にカントは，現象的世界の仮象と，感覚以前の自然である物

自体の2つを区別していた。仮象とは，われわれが認識しているものであり，物自体とは，認識することや意識を越えたものである。ニーチェは，認識を基礎づける形而上学的基準・基礎が存在するという，物自体に関する経験論者の暗黙の前提を拒否し，ショーペンハウアーとともに，人間精神が認識しているものは，もっぱらそれ自身——すなわちそれ自身の印象や像から構成されている自己イメージ——であるという。個人の前に見出されるものは直接的感覚の世界ではない。精神の中には，外的実在を精確に知覚したり表象化するものはまったく存在していない。個人の前にあるものは，対象とか直接的印象といったものなのではなく，様々な意識の形態である。それは，実在（物自体）と認識との間に架橋しがたい溝を創り出している，言語的比喩・詩的イメージ・想像力による作品の産物などからなる世界である。

　ニーチェは次のような洞察を与えている。「いずれにせよ「正しい感覚」——その意味するところは「主体における客体たるにふさわしい表現」であろうが——とは，一つの矛盾した不可能性であるように私には思える。それは，主体と客体間のように，2つの全く異なる領域間では，因果性も正しさも表現もなんら存在せず，あるとすればせいぜい美的関係だけである」[26]。長年にわたり哲学者たちがこうした比喩を受け入れ，実在する経験的世界に存在する外的客体の中に，これらの隠喩をとり入れ，呪物崇拝してきたことを，ニーチェは意識している。これらの隠喩は「隠喩の残滓」，「感覚の墓場」という脱呪術化した牢獄となっている。ニーチェは，カントの理性批判および客観性論を受け入れ，それらを変換させながら，西洋の科学や真理の底流にあるもの，前提そのもの，に異議を唱えているのである。認識は仮象の中に，科学は幻想の中に，客観性は芸術の中に，それぞれ溶け込んでいるが故に，懐疑主義と相対主義は，科学の産みの親である。

　刊行されていない最も初期の2つの論説，『哲学者』と『非道徳的意味における真理と虚言について』において，このような考え方が芽生え始めた。それらは彼の処女作である『悲劇の誕生』（1872年）の中で一つになる。近代思想に対してニーチェが注目すべきつめ痕を残しているのは，ここ，『悲劇の誕生』においてである。伝統的な新古典主義を拒否し，G. E. レッシング，F. G. クロプシュトック，A. W. シュレーゲル，J. W. v. ゲーテ，F. シラーたちの美学論を斥け

て，ニーチェは，ギリシア悲劇の起源に関して，全く新しい見方を提供している。世界の根底には美，崇高さ，カタルシス，和解，究極的正義があるとする新古典的な見方を，ニーチェは拒否する。世界には，なんら内在的目的論も最終目標も究極的な意味も絶対的な真理も，存在していない。ギリシア人の世界観を形成してきた存在論的土台は，主観的な幻想にすぎないとして打ち砕かれるのである。ニーチェが，ギリシア悲劇におけるアポロン的・ディオニュソス的な衝動に関する自説を持ち込んでいるのは，実は，こうした背景があったからである。こうしたアプローチを使ってニーチェは，ギリシアの美学や演劇に関する持論とショーペンハウアーの形而上学や認識論とを統合化させることができたのだった。

　科学の相対性と意味喪失を前に，ニーチェは諦念を含む嘔吐である存在論的ペシミズムといった痙攣のとりこになろうとしているのだと，このように人は考えがちであるが，人間の尊厳，喜び，高貴さという最高段階へと人間の質を引上げるものは，芸術なのである。科学や真理に対する，そして，形而上学や認識論に対する普遍主義的な要求がいったん斥けられれば，われわれの眼前には，人間的な創造と自己実現の競技場として世界のパノラマが開かれてくる。意味は世界の中に発見されるのではなく，芸術・文芸・哲学・政治の各領域において美的に創造されるべきものである。したがって，啓蒙主義的科学やカント的認識論に対するニーチェによる初期の攻撃は，ギリシアの芸術と悲劇に関する彼の理論の前奏にすぎない。科学と芸術とのこのような関連性は，合理主義や啓蒙主義に対する彼の批判の礎石となるであろう。

　『悲劇の誕生』の刊行は，ニーチェがショーペンハウアーと係った活動の頂点を示すものである。ギリシア悲劇の起源を理解するための鍵は，世界が表象と意志の2つからなるというショーペンハウアーの哲学の中にあった。ショーペンハウアーによれば，われわれが認識している世界，そしてわれわれが行動している世界は，われわれの欲望や欲求と同じように，われわれ自身の知覚させられた仮象や，現象的幻想の所産である。われわれは常に，自分のエゴイズムという悟性や意志に捕縛されている。世界は主観の所産であり，われわれが主観から逃れうるとすれば，もっぱらそれは，諦念，禁欲主義，哲学的な瞑想を通じてである。人間精神は意味なき感覚を変形させて，そして，知覚を生み出

すべく，それらの感覚を時間・空間・因果性からなる一貫した枠組の中へと組織化してゆく。「表象としての世界はもっぱら悟性を通して存在し，それと同時に悟性に対して存在している」[27]。われわれがわれわれの知覚の中に見る世界は，プラトンの洞窟，われわれの夢，ヒンドゥー教のマーヤーのヴェールに似た世界である。それは，いろいろな意識形態を反映しているが，決して外的実在を反映しない偽りの印象であり，幻想である。物的世界の客観性や実在は，認識の過程をもう一度構成し直すことによって，問題の対象とされる。外的世界は存在しているが，その世界をあるがままに認識することは不可能である。物理学や科学は自然の実在性を決して認識することはなく，自然の印象を認識するにすぎない。ショーペンハウアーはカントの認識論を取り上げ，これを急進的なものにした。彼は，主観の中心性を強調することによって，カントの認識論を論理的な極端へと推し進めてゆく。構成された実体とか意識の表象として，われわれは，世界を体験するが，そうした体験は，われわれの諸概念や悟性によってだけでなく，われわれの行為や意志を通しても行われる。

　外的実在およびわれわれ自身の身体の運動，この2つとしてわれわれが体験する客観性とは，われわれの意志の所産である。それは，最も認識可能なものであるデカルト的な我（エゴ）ではなく，衝動・本能・欲求・抗争心などを備えた人間の身体である。意志は，際限なく快楽や満足を追求する，そうした世界を造り出してゆく。そこには，満足に対する終わりなき探求があり，われわれの情熱や不安との果てしなき戦いがある。そこでは「真の至福など絶対に不可能で平和も心の平静さ」もない世界，そうした世界がもたらされている。その世界は，意味とか目標など一切もたない，苦しみや苦痛から構成されている世界である。ショーペンハウアーは，ギリシアの神話を通して，こうした体験を次のように解釈している。「それ故に意欲する主体は，常にイクシオーンの回転している火焔車に横たわる者，ダナイオスの娘たちの底の抜けた桶に絶えず水を注ぐ者であり，未来永劫，飢渇に苦しむタンタロスである」[28]と。この世界は「過剰な内的苦悶，終りなき不安，癒されぬ苦痛」[29]の場である。際限なき苦しみ，不正，残忍さの世界である。苦痛を回避することができるたった一つの方法は，一切の幸福や苦痛などを超克した境地──イデアであるとか美の純粋形態などという意志を減じた境地──に到達することを目指して，われわ

れの個としての存在，意志，肉体的欲求を捨て去ることである。この境地において，われわれは，存在すると同時に，われわれ自身が無と化するそうした者となる。ショーペンハウアーは，ヒンドゥー教の神秘主義とプラトン的合理主義とを独特に統合化することによって，実在の問題を解決しようとしているのである。

　カントに関する一般的解釈および世界の存在論的なみじめさや苦悩を自ら受容するに際して，ニーチェは，全面的にショーペンハウアーに依拠している。とはいえ，こうした日常的な痛みに対処するためにニーチェが用いている手段は，世界を超えた超越論的体験へと後退するためにではなく，むしろ，芸術を介して直接的に世界に係わるためである。これは，ギリシア人の悲劇や神話の中で彼らが成し遂げえたものであり，また，その過程において，これまで西洋文化で試みられたいかなるものもできなかった，高貴性と美の世界を創造したのだった。ニーチェは，恐れと不安に関するショーペンハウアーの存在論に代えて，ギリシア人の悲劇的体験を用いた。また，意志と表象に関するショーペンハウアーの理論に代えて，彼は，アポロンとディオニュソスという思想を導入した。ショーペンハウアーは，ディオニュソスの従者であるシーレーノス，へとその姿を変えられている。ドイツ的存在論のギリシア悲劇へのメタモルフォーゼがみうけられるのである。詩情豊かで実にみごとにニーチェが描写しているのは，トロイア戦争という征服とオデュッセウスに関するギリシア人の物語を神話的に展開した話，幾年にも及ぶ絶え間ない戦闘や宮殿内陰謀のはてに友人らや家族を失うこと，オイディプスの父親殺し・近親相姦・追放，アトレウス家に対する呪い，アガメムノンの死〔暗殺〕，オレステスの母親殺し，復讐の女神たちによる呵責なき復讐，プロメテウスに対する永劫罰，などである。しかし，これらの劇に表現されたこうしたドラマティックな苦難のすべての根底に認められるものは，真理・和解・寛大さ・共同社会・道徳的調和などに対する探求である。それは，正義や美の普遍的規準に関する探索である。意味とか価値など存在しない生成の世界にあって，ギリシア人たちは，無から，道徳的共同社会，宇宙的秩序，身体美を案出〔捏造〕したのだった。ギリシア人の悲劇は，自負心・尊大さ・傲慢（ヒュブリス）を内容とした物語である。殺戮・近親相姦・報復・言語に絶する苦痛や苦しみの物語なのである。ショーペンハウ

アーにより初めて描かれた，そうした存在状況が，公然と，古典的ギリシアの神話や芸術的創造の中で，つきつけられた。この世界は，一番よいのは生れ出でず，生れてしまったら仕方ない，できうる限りはやばやと冥途にゆくことだ，という実に不愉快でいまいましい，シーレーノスによって描出された一世界である。

＊　　＊　　＊

　ギリシアのドラマで描写される苦しみにもかかわらず，悲劇を演ずる配役そのもののできばえや役柄には，個としての道徳的もがき・勇敢さ・気高さ・名誉心も存在していた。しかもニーチェは，このような個人の生との競闘の中に，人間らしさへの基本的な秘密を見届けている。「ギリシア人は生存の恐怖と戦慄を知り，かつこれを感じていた。そもそも生き得るためには，ギリシア人は，それらの前に，オリュンポスの神々という燦然たる夢の産物を置かざるを得なかったのである」[30]。芸術は，神話やドラマを提供することができる。言い換えれば，ドラマとは美的な表現形式と文化的な体験であって，この中で，存在は意味あるものとなり，そして個人は保護されたのである。芸術は「形而上学的な慰み」，「尊大な虚言」として振る舞った。芸術は，最も過酷な境遇下にありながら，生存を説明するために，人間的な苦しみと死に意味を与える弁神論を提供するために，人間の生に目標を付与するために，それぞれ用いられた。最終的には，痛みと苦しみは，芸術を介して，幸福と美へと昇華された。

　ニーチェは，アポロンとディオニュソスの2つの衝動に関する独自な美学理論を展開している。啓蒙・中庸・夢の神としてギリシア神殿の中に鎮座まします アポロンは，芸術・政治・法律・科学の各分野において，形式を与える神である。アポロンは，世界の中に，芸術的形式，政治的秩序，形而学的意味を創造する，内的衝動とか，人間的欲求といったものを象徴している。自然法則，オリュンポスの神話，社会的倫理，政治制度は，人間的存在に意味や目標を与える，アポロン的願望を通じて創造される。これに対しもう一方のディオニュソス的な要素は，非合理的なもの，共同社会的なもの，破壊的でダイナミックなものを象徴しており，それは古き伝統をつき崩し，新たな価値を創造していく。芸術とは「存在の完成であり成就であるとともに，更なる存在の〔芸術によ

る〕保障」[31]である。形式と意志，目的論とカオスのこのような弁証法の根底に存するものは，古代の人びとの究極的な真理や悲劇的なビジョンである。ディオニュソス的な英知は，現実とはもっぱら苦しみや痛みだけを生み出す生成とカオスの世界である，というこうした事実を認識しているがゆえに，美的な変化に創造的な刺激を与えるのである。これよりずっと後の1887年に，ニーチェは，『道徳の系譜学』の中で，これと同じ考えを表明することとなる。「どんな時でも，新たな天国を作り上げようと試みた者は，誰であれ，自分自身の地獄の中にそれに向かう強さを発見した」[32]と。しかし，魂の比類なき美や高貴さの芸術的な構成が沸き起こるのは，耐え難き苦しみの叫び，からである。その結果，恐怖は，歓喜や昇華された安らぎとなる。文明のアポロン的な形式の根底にあるのは，実現されることのない夢や人間を裏切る理想である。このような夢や理想が，人間存在の惨めさを否定し抑圧するのである。生は，生をまっとうするために，意味と幻想の2つの柱を要求してくる。

　ディオニュソスは，見せかけや外観からなるアポロン的ヴェールをはぎ取り，実体化された実在〔現実〕というものを暴き出してしまう。しかし，驚くべきことに，ギリシア人たちは，秩序・目標・美・正義という幻想的なコスモスを創造するために，世界が不条理であり空無であるとするこうした認識と，これに対応する衝動とをバランスさせることができたのであった。「アポロンはディオニュソスなくしては生き得なかった」[33]，そうした世界をギリシア人たちは創造したのである。ニーチェは，古代ギリシアの高貴さ・美・質素に注目するJ. J. ヴィンケルマン，シラー，ゲーテたちの信念と，近代という奈落の底でもがき苦しんでいる人間というショーペンハウアーの極端なペシミズムとを，一体化することができた。「ここではアポロンが個体の苦悩を，現象の永遠性の輝かしい讃美によって超克する。ここでは美が生に固有な苦悩に打ち勝ち，苦悩はいわば欺瞞によって自然の相貌から追い払われる」[34]。アポロン的文化は，存在と生成に対する人間の精神と意志の勝利を表している。文化の喜びと美は，苦しみとみじめさからなる実在を和らげ征服したからである。ニーチェの信ずるところによれば，人間のみじめさや悲劇的苦しみに直面した時でも，「生は，根本において壊し難いほど歓喜に満ち力強いのである」。しかもそうであるが故に，それが可能なのである。このようなものの見方が意味していることは，

客観性という真理は主観性である，とするカント的・ヘーゲル的な洞察を急進化した，ということである。アポロン的形式とディオニュソス的創造性は，構築的形式や自己実現への意志としてのユーバーメンシュ（Übermensch 超人），という，力への意志に関するニーチェ晩年における理論的枠組となった。科学・文化・合理化の理論のための批判的土台をヴェーバーに与えるようになるのは，まさにギリシア人たちのこのような悲劇的な英知なのである[35]。

存在論的ニヒリズムと科学の遠近法主義

世界の歴史に関するニーチェによる解釈によれば，ギリシア人の芸術と文化の2つの死は，弁証法的ロジックおよびソクラテス的推論方法の興隆によってもたらされた。ソクラテスは三段論法・概念・判断の中に，形式的理性の核心を発見した。あらゆるものが，知識と真理を求めるソクラテスの探究によってからめ捕られてしまう。その追求の過程で忘れ去られているものは，存在論的安らぎ・悲劇的英知・文化的魔術化（エンチャントメント）・生の肯定などを伴う古代の英知である。ニーチェは，鉄の檻〔殻〕というヴェーバーの見方を先取りする形で，次のように書いている。「われわれが，強められた眼，ギリシア人を見て力づけられた眼をもって，われわれの周囲を滔々と流れめぐるこの世界の最高の領域を眺めるとき，われわれは，ソクラテスの中に模範的に現れるあの，飽くことなき楽観主義的認識の渇望が悲劇的諦観と芸術要求とに転じているのを，目にするのである」[36]。ギリシア人が悲劇によって導かれた認識は，人間的状況のただ中には，苦しみと苦痛があるというものであった。これに対して，近代の悲劇は，科学による生のコントロール（制御・支配）が可能であるとする楽天主義の中で，芸術により創造性や自由をもたらすディオニュソス的衝動が消滅してしまったということなのである。科学はデカダンスの一形式であり，「悲劇的な観点に対する敵」である。なぜなら科学の目標は，もはや英知でも昇華された安らぎにでもなく，もっぱらコントロールに置かれているからである。それは支配知（Herrschaftswissen 支配のための知識）の一形式である。ニーチェの立場からすれば，ソクラテス的な理性は西洋文明のターニングポイントであり，そしてまた，知識・技術によるコントロール・物質的な幸福に対する

強欲な渇望を抱えた，理論的人間の誕生であった。『ツァラトゥストラはこう語った』（1883-85年）の序説において，ニーチェは，このような人間を「末人（最後の人間）」と呼んでいる。人間の意志は，もはや人間的諸価値に即して生に表現を与え，自然を転換させようとして，文化や神話や芸術の創造に努めるのではなく，むしろ，科学という偶像に基づいて自然をコントロールしようとした。苦しみは，物質主義と効率によって，肉体的快楽に特有の無情な忘却によって，夢なきしらけた態度と痛みを伴わない記憶喪失によって，それぞれ克服されるべきものとされた。

エピステーメー（普遍的知識）がテクネー（技術的知識）に統合されるにつれて，古典的芸術の世界は転倒されてしまった。合理主義の到来とともに，堕落とバーバリズムが到来し，ディオニュソス的な英知や古代の人々の悲劇観などは消え去ってしまった。ニーチェによれば，ギリシア社会では，哲学や芸術は，コントロールへの技術的関心（利害）をもつ科学を飼いならすという，このような役割を有していた。だが，科学の根底に潜む実在主義（リアリズム）と功利主義は，神人同型説・幻想・人間存在の悲劇的本性に関するギリシア人の考え方に異議をとなえた。科学は実在そのものを考察する方法だというファサード（正面）に隠されて，以上のようなギリシア人のすぐれた見識は消え去ってしまった。表象と幻想は，印象と客観的な実在にそれぞれ置き換えられ，言葉と比喩は観察・実験・経験的事実などに置換されてしまった。論理と科学は，人間理性の命ずるところに従って生を変えるのだとの意識に基づいて，普遍的な真理や真の存在を追い求めた。絶対的な真理に基づいて生は技術的に処理ができ，最終的には苦痛や苦しみも克服できるのだとする，楽天主義があった。自然の真理や自然法則を求めて自然の奥深さが測量され，誤謬はとり除かれ，知識は，功利主義的な形をとって種の生存と個人の快楽のために適用されてゆくこととなる。

だが，近代哲学の到来とともに，事態は変化し始めた。ニーチェは，カントとショーペンハウアーの中に，ディオニュソス的な精神や古典的ヒューマニズムの価値を復活させる，新たな認識の形態を見出している。ニーチェによれば，まず『純粋理性批判』（1781年）の中で，カントにより展開され，次いで『意志と表象としての世界』（1819年および1844年）において，ショーペンハウアーによ

り受容された認識の理論は，近代科学の認識に寄せていた普遍主義的な要請に対する直接的攻撃，が含まれていた。E. デュルケムもまた，後〔第3章〕で分析するように，プラグマティズム，カント哲学，認識に関する社会理論を分析する際に，これと同じような考え方を展開している。時間や空間の直観形式における認識過程の中に，また，悟性概念の中に，意識や主観性がはたしている重要性をもち込むことによって，カントは，ソクラテスやプラトン以来続いてきた西洋思想の全体に異議を唱えたのであった。「このような楽観主義が，一切の世界の謎の認識可能性と探求可能性を信じ，空間と時間と因果性とを絶対に無制約なもっとも普遍的な法則として取り扱ったとき，カントが暴露したのは次の事実であった，すなわち，これらの法則は本来，マーヤーの業である単なる現象を唯一かつ最高の現実に持ち上げ，……これによってかかる本質の実際の認識を不可能ならしめるに役立つに過ぎないということであった」[37]。普遍性を個別性に，科学を英知にそれぞれ代置することで，カントは，そして後のショーペンハウアーは，あらゆる科学的認識の人間的・解釈的な本質を認めたより以前の哲学的な伝統へと立ち返った。「世界の全構成が神人同型的であることは証明を要することである。実際，もしカントが正しければ，全ての科学は……。もしカントが正しければ，科学は誤りである」[38]と，随想「哲学者」においてニーチェがこのように書くとき，ニーチェは，カントによるコペルニクス的革命の真の意味を明らかにすべきだ，と説いているのだ。つまり，われわれが認識しているものは，人間的なカテゴリーや言葉や価値を外的世界に投影したものである。根底にある本質や目的論，あるいは隠された実在——物自体——へ接近することは否定されている。なぜなら，すべての認識は精神のカテゴリーによる印象の変形を含んでいるからである。印象とか感覚などを通じて，直接，世界へ接近する手段は全く存在しない。印象や感覚はいつも，意識のフィルターにかけられ，その媒介を経ているのである。

　精神の構造が一時的で歴史的な性質をもつこと，また，あらゆる現象や仮象が幻想的な性質をもつことを認識することによって，ショーペンハウアーは，カントの認識をさらに一歩前進させた。世界が絶えず流動の下に置かれているため，科学はいつも変化している。科学が凝視し集中できるそのような普遍的な実在など，およそ存在しないからである。しかも，この幻想的な世界は同時

に，苦痛や不幸・不運の世界でもある。カントの認識論や純粋理性批判の中に，ショーペンハウアーによるカントや存在論的哲学の急進化の中に，ニーチェが見出したものは，古代の人々の英知への立ち返りが始まった，ということである。彼らの洞察によって，古典的演劇における悲劇的な見方——生成や人間的苦しみについての認識——への立ち返りが開始されたのである。この2人の哲学者による洞察の上に立って，ニーチェは，遠近法主義という自分の理論を用いて，カント的認識論を発展させてゆく。あらゆる認識は一つの遠近法であり，それゆえ相対的である。公刊されていない『力への意志』の草稿において，ニーチェは次のように述べている。「現象に立ちどまって「あるのはただ事実のみ」と主張する実証主義に反対して，私は言うであろう。否，まさしく事実なるものはなく，あるのは解釈のみと。私たちはいかなる事実「自体」をも確かめることはできない。おそらく，そのようなことを欲するのは背理であろう。……総じて「認識」という言葉が意味をもつかぎり，世界は認識されうるものである。しかし，世界は別様にも解釈されうるのであり，それはおのれの背後にいかなる意味をももっておらず，かえって無数の意味をもっている。——「遠近法主義」」[39]。時間・空間・因果性というカテゴリーは，変わりゆく哲学と自然科学の内では，単なる比喩となった。精神は自然法則を根拠づける普遍主義的なカテゴリーを一切提供しない。自然学〔物理学〕は実在の内的な論理や構造に近づきえないからである。物自体はなくなってしまった。ヘラクレイトス的な変化の世界では，すべてが生成の過程の中にある。世界は常に特定の観点からの一つの解釈行為である。存在・実体・偶有・物質・実在といった諸概念で構成される西洋思想の中心にあるものは，絶えず変化してやまない客観性に対し，主観的な意識が投射されたものにすぎないのである。実際，客観的世界は，ホメロス，アイスキュロス，ソフォクレスの神話と同じ程多くの実在をもっているのである[40]。

存在の普遍性とその真理を要求するすべての認識，すなわち，ソクラテス的合理主義，西洋キリスト教，近代科学，政治的リベラリズム，カント的道徳律は，まさにデカダンスと偶像崇拝の諸形式である。なぜなら，それらは，われわれを，これまで受容されてきた真理の受動的な受け手に変えるからである。ディオニュソス的な創造と破壊といった美的な力は失われ，伝統的で正統的な

認識の諸形式だけが，民衆という受動的で順応的な畜群たちに手渡される。幻想が実在的として扱われ，生成が存在へ，個別性が普遍性へと具象化される。そしていきなファッションは創造的だと誤解されるようになる。ラディカルなカント認識論の受容と一緒に，懐疑主義という真の危険がそこに存在していることに，ニーチェは気づいている。これは，ニーチェがどうしても回避したいと念じている当の事態なのである。ニーチェにとって実在とは，人間の精神が「目標のない状態に留まるよりも，その目標を求める〔精神の〕空虚さの方をもちたい」と望むことから，芸術を介して構成されるのである[41]。客観性・認識論・基底主義といった幻想が崩壊すること——存在・真理・神などの第一原理を拒否すること——は，必ずしも，懐疑主義・絶望・ペシミズムへ，あるいは，消極的ニヒリズムへと至るわけではない。そのような崩壊は，ひたすらニーチェを，文化や社会制度に関するアポロン的な新形式を絶えず追求，創造する人間という見方へと，駆り立てるのである。

　宗教・政治・道徳性に見出される伝統的な価値を自ら意識的に再評価することを通して，瞬間における決断と行動の受け入れ（現在の永遠回帰の理論）を通して，そして，実践的な力への意志を信頼することを通して，超人（Übermensch）として自己を克服する個人は，意味と目標を有する道徳的・政治的な世界を構築するのである。芸術が科学や真理を超越したから，美学は形而上学に取って替わり，積極的ニヒリズムと道徳的自律性は死と復讐の文化への卑屈な順応に取って替った。カント的認識論や道徳哲学は，ニーチェ的美学へと変えられてゆく。われわれ自ら作り上げた世界の中でのみ，われわれはひたすら創造的で，自由で，賢明であることができる。高貴さや人間的品位が自己決断の中に置かれるからである。来世・楽園・政治的革命等々に賛同して，存在を否定してしまうような文化に生きることは，屈辱感・奴隷状態・道徳的専制主義に終わるのである。歴史を通して諸個人は，幸福（アリストテレス主義）・神や救済（キリスト教）・義務や道徳的普遍（カント主義）・快楽や享楽主義（功利主義）・真理（科学主義）・平等と自由（自由主義）を含む実に様々な姿をしたデカダンスの中で，平安や知識を追い求めてきた。ニーチェは，これらの文化を，最終的にディオニュソス的な創造性のどんな痕跡をも破壊してしまう，「死刑執行人の形而上学」だとしている。『力への意志』において，ニーチェは次のように書いている。「人

間は，誤謬という鉄檻のうちに閉じこめられて，人間のカリカチュアとなってしまった。病弱な，萎縮した，おのれ自身に悪意をもった，生への衝動に対する憎悪に満たされた，生のもつすべての美や幸福に対する不信で満たされた，悲惨をもちまわるものとなってしまった」[42]と。

　道徳性や真理は瞑想によって発見されるのではなく，善悪の彼岸，宗教・神学・哲学の普遍的カテゴリーや道徳的命法を越えて，おのれの道徳的な価値や真理を積極的に創造しようとする者たちの気質・徳性や勇気の中にある。道徳性を究極的に正当化するかどうかは，生を肯定する実践であるとか，行動といったものの中にある。「何人であれおのれの徳，おのれの定言命法を生み出さねばならない」[43]。アリストテレスやカントに依拠しながら，ニーチェは次のように主張している。自己決断と自己実現は，専制主義という現代的諸形態に抗しうる，純粋で実践的な理性の唯一の諸原理である，と。だが，これは言うは易し，である。それというのも，最も類い稀なる諸個人だけが，偶像崇拝の多様な形態をとる伝統的な権威や啓蒙主義的合理性に対し，果敢にチャレンジするにすぎないからである。それを完遂しうる者だけが，ディオニュソスの失われた遺産を再創造することができるからだ。

西洋科学の歴史――プラトンから現代まで

　西洋の科学やギリシアの合理主義に向けられたニーチェの批判的な反響は，認識論や基底主義に対する彼の批判と同様，合理化過程における伝統的な神話やイデオロギーからの脱呪術化というヴェーバーの分析に取り入れられている[44]。ヴェーバーに関する重要な作品において，W. ヘニスは，ヴェーバーとニーチェの親縁性を以下のように総括している。「ヴェーバーは，なんのためらいもなしに神は死んだというニーチェの時代診断を受け入れた。ヴェーバーはそれを，われわれは「神もなく〔神とは疎遠で〕預言者もいない時代」に生きるべく運命づけられているという「根本的事実」として論じたのである。キリスト教的な神観念に由来している諸価値の客観的な全秩序は崩壊する。ヴェーバーはニヒリズムに関するニーチェの診断から最もラディカルな科学的結論を導き出した最初の人間である」[45]。『職業としての学問』（1919年）という有名で，しかし学

問的な掘り下げがされてこなかった論文において，ヴェーバーは，科学（学問）には幾つかの前提，ないしア・プリオリな技術上の価値が存在しており，それらが科学の限界や問題を説明するのだという考えを受容している。まず，科学とはアメリカやドイツにおける官僚制化や専門化の過程として受け入れられている社会制度である，とこのように論定した上で，ヴェーバーは，近代科学のエートスや意味についての分析にのり出してゆく。

　西洋思想に関して，知を掻き立てるような，簡潔にして示唆に富んだ概観を行うことによって，ヴェーバーは，自然科学の規範的命法とは別な見方を読者に提示する。「科学」の意味を探究しながら彼は，古代ギリシアから現代までの，西洋の理性や科学（Wissenschaft〈ヴィッセンシャフト〉）の重要な時期に関する系譜学を概説している。彼は，合理化の歴史的過程とは，ギリシア哲学から20世紀初頭の自然科学まで及ぶ，科学の形式的な論理や諸方法の発展であると述べている。彼の意図は，哲学・政治学・芸術・神学・倫理学から，自然科学や新古典派経済学におけるより不完全で現代的な形のそれに至るまでの，科学的言説の変容を概観することに置かれている。このような変容に伴って，西洋思想においては，価値ないし実質的合理性を追い求める中で，緩慢な形で，腐蝕が立ち現れてくる。ヴェーバーは，エピステーメー（普遍的知識）として，古典的ギリシア人の知識の見方から出立させている。ギリシア人は，概念という技術的道具・論理的方法・明晰な分析的思考といったものを考案したのであるが，これらを完璧な域に迄もたらしたのは，プラトンであった。『国家』においてプラトンは，普遍的なものや絶対的なものへの探究を，徳や正しい行為とは何かという問い（倫理学），市民精神や善く生きることとは何かという問い（政治哲学），へと変えることができた。科学は，美・真理・正義とは何かという永遠なる問いを哲学的に観想することによって，洞窟から引き出され，まばゆい太陽の下で自己啓蒙へと動かされてゆくことに焦点を合わせてきた。それは，物理学・数学・自然に関する普遍的知識の探究であると同時に，都市国家・ポリスにおいて善く生きること，徳ある活動とは何か，についての探究でもあった。

　古代の人々にとって，学問とは，変わりゆく幻想や影に直面したときでも，普遍的な形式や永遠な真理を哲学的に観想することを意味した。ヴェーバーが特に言及しているのは，プラトンの『国家』第7巻の冒頭の場面である。そこで

は，人々は洞窟の壁の前で鎖に縛られており，壁面には，彼らの背後から火によって映し出された影が映っている。暗闇で目が見えなくなり，鎖によって動作の自由を奪われた彼らは，壁に映った像や幻影を実在だと見誤ってしまった。その内に彼らはゆっくりと鎖から自らを解放し，向きを転じ，太陽の光を求めて洞窟を後にした。そこで彼らが目にしたものは，より鮮明で，もはやゆがめられた像ではない物・客体であった。啓蒙とは光の探究であり，真の存在を認識することの中に現される生活の探究であった。学問とは，社会正義・善く生きること・理想的国家とは何か，というこれらの問いに対し，答えを出してゆく政治的哲学であった。普遍的な知識に到達することは可能であるという，革命的な弁証法的方法や形式的な概念を発見したのは，ソクラテスとその弟子らであった。「そしてこのことから，もし美だとか，善だとか，また勇気だとか，霊魂だとか，その他なにであれ，それについてただ正しい概念をみつけだしさえすれば，同時にそれの真の実在も把握しうると考えられたのである」[46]。彼らとともに開始されたのが，政治学・美学・倫理学の理念的概念に含まれている，客観的実在という永遠知に対する探究であった。ヴェーバーによれば，プラトンの学問は，善良な市民・友として，アテナイで生活を送る際にいかに正しく振舞うべきか，これについての実践的な知識を追い求めた。この学問は，勇気・節度・叡智・正義の本質についてアテナイの人々に教訓を与えたという点で，役に立ったのである。ギリシア人の学問における最も特徴的なことは，この学問が生きることの意味や究極的実在について知識を提供したということである。

　これに次いで，学問的探究に関する偉大な時期は，中世カトリシズムのスコラ哲学や神秘主義のぬかるみから離脱した15世紀に，ルネッサンスとそれによるギリシア精神への復帰とともに訪れた。レオナルド・ダ・ヴィンチのようなすぐれた諸個人とともに，学問は今や，合理的な実験という芸術形式の形で，また，経験をコントロールするという形で，表れた。イタリアの巨匠たちによる洗練された芸術作品の中で，それを表現しようとして，自然に関する理論的知識を高めるために実験が行われたから，芸術による実験は，近代的な自然科学の先駆者であった。生理学や生物学の分野における実験は，人体を描写するときに役立つよう計画された。この時期は，芸術や音楽の領域における技術的

実験の時期でもあった。こうした実験は，生物科学による研究や真の自然に関する研究を通して，生きることの意味を明らかにすることにつながる，と考えられていた。17世紀に入ると，ガリレオ・ガリレイとフランシス・ベーコンは，精緻な観察と分析的思考に基づくこの種の経験的研究を，天体学や物理学の中で続けた。彼らは，自然界に関する数学による決定論的な観察法を発展させたのである。

　プロテスタントによる宗教改革と同時に，学問は，敬虔派の神学と密接に結びつけられた。学問とは，自然法則および神の律法，この2つの顕現だと見なされたからである。神が存在するという証拠は虱を解剖すればわかる，と生物学者であるスワンメルダムが豪語したという逸話を，ヴェーバーはわれわれに紹介している。すなわち，永遠なる形であれ，芸術であれ，自然であれ，はたまた神であれ，古代ギリシアから敬虔派の神学に至るまでの学問は，意味や真理を探究する道具として利用された。それは世俗内における人間行為の意義や目的を探すこと——それによって人間生活の目的や目標を測るある基準として——を表していた。しかし，19世紀に入って実証主義が発展してくると，すべてが変化してしまった。学問は，個人の幸福と経済的効用を実現すべく，量的・数学的に計算することへと変えられてしまった。ヴェーバーは，西洋合理性の発展を歴史的に鳥瞰する場合でも，ほかの学問以上に，ある一定の歴史的形姿をとる学問をエコひいきするというようなことは控えている。自然科学の極端な姿へと導いてゆくそのような目的論的な歴史哲学など，一切存在しないからである。

　真の実在への道，真の芸術への道，真の神への道，真の自然への道などといったかつての学問諸形態は，実証主義者によって実体のないたわごととされ，自然科学に取って代えられている。だが，世界における意味あるものとは何かについて，近代の科学はわれわれに何も教えることができないのである。この自分の立場をさらに強調するために，ヴェーバーはトルストイの次の言葉を繰り返している。「科学は無意味である。なぜならそれはわれわれにとって最も大切な問題，すなわちわれわれは何をなすべきか，われわれはどう生きるべきかに対して何も答えないからである」[47]。世界は数理的で数量的な関係によって構成されており，そうした関係は見通しのきかない・目標なき状態を表して

いる。このような状態にあっては，あらゆるものが生命を失って空虚である。形式的合理性は，人間が生きる上で基本となる宇宙論的な問い，倫理的な問いを立てることができないゆえに，無意味である。形式的合理性の唯一の目標が生を征服し，自然を支配することであることから，この合理性は，実在や目的論，あるいは形而上学などについて，何もわれわれに語ることができないのである。形式的合理性は，われわれの自然環境や社会環境をより効率的で生産的な仕方で制御するための，役立つテクノロジーにすぎないのである。プラトン哲学から現代の物理学や経済学までの，西洋合理主義の系譜学を解決するそのより所として，ヴェーバーは，ニーチェの著書『偶像の黄昏』(1888年)を取り上げたように思われるのだ。だが，このように合理性が発展することは，人間の理性を外在的世界，脱呪術化世界に関する最も技術的で形式的な問いへと狭めてしまうことをも意味している。

　ヴェーバーは，ニーチェの「末人」に言及している。「末人」は，学問を，功利主義的な幸福を征服するテクニックや手法として利用する。末人は，近代的な個人のうちで最も軽蔑に値する人間であり，超人(Übermensch)に取って代わる者と見られている。『ツァラトゥストラはこう語った』の中で，ニーチェは，市場にたむろする人々に新たな人間——超人——について教えるために，孤独な10年間を過ごした後に，山を下ってくる隠遁者であり，預言者でもある，ツァラトゥストラの物語を語っている。超人とは，認識・勤労・魂の成長・徳ある活動を通じて，おのれの改善に努める人間であり，「一つの舞踏する星を産むことができるために自分のうちにカオス」をもっている人間である。だが，彼の言葉を理解しようとしない民衆によって，ツァラトゥストラは笑われ，あざけりをうけてしまう。そのとき彼は民衆に対し，自分の幸福を追いかけるだけで，「自身を軽蔑することができない」末人が跳梁してくることに，警鐘を打ち鳴らす。そこには一切の反省もなく，夢もなく，また人間そのものをのり超える何ものかを求めるということもない。他の何ものかを憧憬するということが一切ないからである。存在するのは，ひたすらもったいぶった尊大さと，現在というこの瞬間に対する愚かな満足である。メフィストフェレスとのファウスト的な契約は失われてしまった。共同社会や友情は安全や保護に対する要求に，創造性や労働は娯楽に，骨折れ仕事と努力は快楽や満足に，違いは平等や一様

性に，それぞれ取って替えられてしまった。近代性（モダニティー）に怒りを覚えたニーチェは，「誰もが同じものを欲し，誰もが同じである。他と別様に感じる者は，自ら進んで精神病院に入るのだ」[48]と感情を爆発させる。こうしたものは功利主義者の世界である。功利主義者は目前の享楽や幸福を求めるだけでなく，自己の彼方にあるより偉大なもの，より高貴で神聖なものをつかみ取ろうとしてもそれができない。これらの人々は善悪に関する共通の信念を受け入れる，畜群宗教の真の信者らである。ツァラトゥストラはおのれを超克してより偉大なものをつかみ取り，彼らが容認してきた人生観に不信をもつようけしかける。ヴェーバーはこの物語をさらに続けてゆくのだが，その物語の結末についてはもはや楽観的ではない。科学は倫理的に無意味であるがゆえに，生を征服し幸福を追求するための科学的な探究など幻想にすぎないと，このようにヴェーバーは認めている。最終的に残るものといえば，それは，市場への順応と市場という虚しさだけである。

プロテスタントによる宗教改革・科学革命・啓蒙思想とともに，社会の脱神秘化と合理化はさらに加速化していった。科学は，ゆっくりした速度で，意味・呪術化・神秘からなる世界について説明していたあらゆる伝統的な知識形態の後釜になろうとしていた。自然は様々な科学的な原理や自然法則へと還元され始めていた。プロテスタントたちは，禁欲主義・専門的天職・分化した労働・方法的で体系的な職業活動などの側に立って，カトリック的な偶像崇拝や神秘主義，魔術的な典礼や呪術に満ちたサクラメント（聖餐式）だと彼らが判断したものを，拒否した。だが，近代科学や啓蒙思想が勃興してくると，宗教はより厳密な吟味にさらされて，一つの重要な公的な制度としてはその姿を消してしまった。こうして，宗教が衰えた後でも，プロテスタンティズムによって生み出された資本主義の諸制度や諸価値が生き続けるという，このような状況が現れた。世俗化した社会の到来とともに，その文化的な後楯や倫理的な基盤を欠いたまま，資本主義は生き延びたのだった。『プロテスタンティズムの倫理と資本主義の精神』（1904-5年）の末尾を飾るあの有名な一節において，ヴェーバーは，尋常でないペシミズムと諦念に充ちた運命観を擁しながら，人間の条件を見渡している。

「ピュウリタンは天職人たらんと欲した——われわれは天職人たらざるをえない。というのは，禁欲は修道士の小部屋から職業的生活のただ中に移されて，世俗内的道徳を支配しはじめるとともに，こんどは，非有機的・機械的生産の技術的・経済的条件に結びつけられた近代的経済秩序の，あの強力な秩序界を作り上げるのに力を貸すことになったからだ。そして，この秩序界は現在，圧倒的な力をもって，その機構の中に入り込んでくる一切の諸個人——直接経済的営利にたずさわる人々だけではなく——の生活のスタイルを決定しているし，おそらく将来も，化石化した燃料の最後の一片が燃えつきるまで決定しつづけるだろう。」49)

その結果もたらされたものは，鉄の檻〔殻〕と化してしまった社会である。それは，諸個人でさえ理解することはおろか，制御することさえしなかった社会的マシーンの内に，彼らを閉じ込めてしまう鉄の檻〔殻〕である。専門分化した経済や官僚制的国家の中では，諸個人は歯車となってしまった。技術化した文明は，伝統的な文化を圧倒し，哲学・芸術・神学の各分野で自己を省察するそうした文化的能力をも押しつぶしてしまった。諸個人が形式的合理性のより効率的な表れになるにつれて，浅薄な社会，より幅広い経済的・政治的な目標をもち合わせない社会がつくり出された。諸個人は，社会システムの機能的で管理的な欲求を満足させることに我を忘れた。耳に聞こえるものがあるとすれば，それは無の虚しさとその沈黙のみである。

資本主義は，結果的に，より深く，世俗的な情熱と反復的活動の底なし沼へと転落していった社会をもたらしたために，資本主義的活動を正当化する宗教などもはや必要としなくなった。合理化は，精神のない専門人，心情のない享楽人であるそうした末人を造出してゆく。もはや真理を追い求めたり，人生における意味を尋ねることもしない者，それが末人である。末人は，高等な教育をうけ，専門人となりながらも，向うべき方向も目標も知らず，物質的享楽の世界に縛られて，人間的な感情や情熱を，あるいは意欲をさえ，もとうとしない人間である。シリコンバレーにおけるコンピューター資本主義が発展してくる現代においても，そのマシーンはひたすらスピードをアップさせている。なぜならその装置は決してその根本的な本質，その形式的な合理性などを修正しようなどとはしていないからである。

実証主義の預言者たちと科学の政治

　『社会科学と社会政策にかかわる認識の「客観性」』(1904年) と題された初期の論考の中で，ヴェーバーは，経験的科学と価値判断の2つを区別している。「われわれを拘束する規範や理想を突きとめ，そこから実践のための処方箋を導き出すようなことは，断じて，経験科学の課題ではない」[50]と，ヴェーバーは述べている。科学と価値のこのような関係は，おそらくは，ヴェーバーの思想を解きほぐす上で最も困難ながらも，興味をそそられる事柄である。それは彼の学問論（『学問論集』）中の，まさにゴルディオスの結び目〔難問中の難問〕である。『職業としての学問』の中で，ヴェーバーは，およそ大学の教授たる者は批判の許されない無力なる聴講生に対して，自己の倫理的価値であるとか倫理的判断とやらをごり押してはならないと，こう主張することで，これと同じ議論の進め方を行っている。教室を，個人的な立場であるとか政治的な思惑を告白する説教壇として利用してはならないのだ。講義を行うことと，民衆を扇動したり，預言をすることとは，決して混同されてはならないからである。純粋理性に対するヴェーバー自身の批判は，社会政策の策定，つまり，将来における政治的改革や実践的行動のために利用できる普遍的な諸価値，を根拠づけ，これらに正当性を賦与するものとしての科学に，向けられているように思われる。大衆を扇動する者の命令や預言者気どりの予言を拒否しながら，ヴェーバーは，何をなすべきか，何がこれから起こるはずなのか，について倫理的な要求をもち出してくる人々に対して，その批判を向けているのだ。だが，彼の科学批判が展開される正にそのときに，実証主義的な科学に対する擁護が保証されると思われるそのときに，ヴェーバーはすばやくギアを入れ換え，実証主義的科学の礎石，すなわち，新古典派的経済学という形で登場している実在主義と自然主義の2つを拒否するのである。いずれの論文でも事実と価値の関係，科学と倫理の関係は，当初それぞれの作品で思われている程，単純なものではない。社会科学は価値を含まずとか，あるいは社会批判を行う一つの根拠として価値を用いてはならないなどと，ヴェーバーはいかなる文脈でも断言したことはない。歴史や文化を考察するようなときには，過去は，学問的探究において生き生きとさせるような価値を不可欠としているのである。ヴェーバーにとって，

より規範的に問題的なのは，未来なのである．そしてこのような時間的なディメンションが権威主義的な権力や道徳的な多元主義という問題と結びつけられているのである．

　事実と価値は分離すべしとどれほどヴェーバーが強調しようとも，また，どれほど明確に彼が科学と倫理とを区別しようと，これら2つの論文においてヴェーバーは，自己の立場に疑いをさしはさんでいるのである．こうした事情から，認識論や方法に関する彼の意図や彼の思想とをめぐって混乱が発生しているのである．この厳密な峻別を明言した後で，また，力強くかつ確信をもって価値自由な科学に賛意を呈した後で，ヴェーバーは，『客観性』論文においては，新カント派的社会科学の底に潜む規範的価値に関する分析に，また，後期の『職業としての学問』と題された論文においては，自然科学に見られる規範的命法や技術的利害に関する分析に，それぞれ着手しているのだ．既に前節のある箇所〔140頁以下〕でわれわれが考察したように，『職業としての学問』において，ヴェーバーは，西洋における科学や知識の探究に関する魅力ある歴史的総括を行っている．この探究は現代的理性の堕落した結末へと行きつくのであるが．しかしながら，むしろ意外なことに，ヴェーバーは，予期せぬ方向転換を行うのである．近代科学の論理・方法・概念の基礎にあるものは，計算・合理的な統御・テクノロジーの進歩などに対する楽観的な信念と連動している一つの「世界観（Weltanschauung）」である．「一般に自然科学は，もしわれわれが生を技術的に支配したいと思うならばわれわれはどうすべきであるか，という問いに対してはわれわれに答えてくれる」[51]．近代的科学は合理化や産業化の歴史的過程を理論的に反映してゆくものである．鉄の檻〔殻〕・形式的合理性・行政的官僚制という運命によって特徴づけられた機械的・決定論的な時代にあっては，個人の行動は予測を含む法則・因果的説明・技術的支配によって特徴づけられるのである．合理化が，実証主義という方法論的規準に従う一つの社会を創造したのである．

　だが，科学（学問）とは独特で個性的な歴史的出来事を理解し，人間行為の意図と意味を理解することに関心をもつ文化諸科学（Kulturwissenschaft）であると，比較的初期の論文の中で表明していたヴェーバー自身の新カント派的立場と，以上のような科学の解釈とは，完全に対立しているのである[52]．これら2つ

の学問的見解は衝突し合っているのであるが，だがそこには，どんなねらいが潜んでいるのだろうか。ヴェーバーは，学問の客観性や方法論に関する初期の構想から脱却してしまったのであろうか。それとも若干の人たちが指摘してきたように，彼はその社会科学の哲学において，単に首尾一貫せずに粗略だったのであろうか。他方で別の人々からは，ここでのヴェーバーの方法論的目的は，皮肉屋とまでは言わないにしても，実に緻密で巧妙なのだとも主張されてきた。価値自由な認識としての科学を提供するとの装のもとで，実際ヴェーバーはまったく正反対のことを主張しているのである。科学は決して中立的でも「客観的」でもない。むしろ，科学は，脱呪術化と非人間化への独自な衝動を，生に関する隠れた価値の形而上学を内蔵しており，社会的関係や自然に対する支配に立脚する一つの社会システム，を前提にしているのだ。1904年に書かれたヴェーバーの論文と1919年の論文の2つを結び合わせることによって，彼は，科学それ自身の規範的・哲学的な根拠づけに関して，一つの内在的な批判を巻き起こしているように思われるのだ。

　科学（学問）と倫理の関係についての分析は，科学と認識論・方法論・合理化過程・教授法〔ペダゴギー〕・公共〔国家〕政策との各関係を含め，数多くの異なった観点からヴェーバーが科学の問題を考察しているという事実によって，一層複雑化してくる。個々の領域には，近代的科学を規範的に根拠づけるものは何か，という問題を様々な側面から照射するニュアンスの異なる説明が存在している。どのようなものであれ，教室における権威を笠に着た改宗宣伝活動にヴェーバーは批判的である。ヴェーバーは，政治的に未熟でマージナルな地点にいる大学生らの知的安寧状況に関心をもっているからである。しかし彼は，認識論や方法論だけでなく，社会科学そのものにおける概念構成や理論構築などについても触れていないのである。これこそ，総じてヴェーバーの様々な著作を解釈する際に混乱を惹起させる背景なのである。ヴェーバーはそれと同時に，公共政策を左右する科学（学問）の直接的な利用や直接的な党派政治についても関心を示している。世紀転換後の初期に発表された客観性論文や方法論文の中では，ヴェーバーは，科学（学問）における概念構成を行うとき，あるいは，方法の適用を行うときに，諸価値を用いることに反対してはいない。彼の認識論と教授法との間にはある深刻な内的葛藤が存在しているように思われる。ヴェーバー

は，ある局面では，諸価値や諸規範が担うべき役割を承認しながら，別の時点では，彼はそれを認めようとしないのだ。これは，方法論的な混乱の結果であるのか，それとも，洞察上の機微の結果なのであろうか。さらに，諸価値が学問的概念や理論の発展にとってきわめて重要であるなら，諸価値は，それ故，教室内で社会科学を教える際に，どうしてそれに劣らぬ重要な役割をはたすことができないのであろうか。

　ヴェーバーの科学哲学（Wissenschaftslehre）の全体を貫く形で，一見すると，彼の方法論的諸論文の妥当性や重大性を毀損してしまうような，一連の終りなき矛盾や答えなき疑義が存在しているのだ。すなわち，

(1) 価値自由と価値関係の両原則の間，学問と倫理の両原則との間には，それぞれ和解できない闘争が存在しているのか。

(2) 社会諸科学は，営利従事者〔マーチャント〕と預言者の間に，すなわち，営利やビジネス上の成功を志向する技術的科学としての知識と政治的活動としての知識の間に，巻き込まれているのか。

(3) 社会学的な問題提起や概念を構成する際には諸価値を奨励し（価値関係），教室で講義をするときや公共政策を形成する際にはそれを禁欲させる（価値自由），そうした方法をとる場合，諸価値はどのような役割をはたしているのか。

(4) 法則定立的法則によって因果的説明を追い求める社会学と，社会的行為や個人的意図の意味を歴史的に再構成する社会学との間には，根本的な緊張——方法論と認識論との葛藤——が存在するのであろうか。

(5) 客観性の2つの形態，すなわち，科学的方法の客観性と社会学者に求められる学問的誠実性や主体的責任に基づく客観性との2つは，相互に対立しているのであろうか。

　事態をさらに複雑化させているのは，科学の本質を議論しているときに，ヴェーバーは自然科学について言及しているのか，文化科学について触れているのか，明確にしていないときが見うけられる。ときどき彼はこの両者を単純に一緒くたにしているのだ。このような事情は，科学の本質に関する彼の難解なメタ理論的な思索が与えるインパクトを，ひたすら弱化させるだけなのである。彼は，その著作における以上のような相違点や矛盾を全く解消させていな

いように思われる。その為に，社会学の本質をめぐる論争は今日まで尾を引いているのである。

　『職業としての学問』の中で，ヴェーバーは，「政策は教室で取り上げられるべきではない」，「預言者やデマゴーグは教室の教壇にはふさわしくない」53)と，このように断言している。大学の講堂という場で，教授が個人的な見解を述べたり，賛同を表明したり，価値判断を用いたりすることに，ヴェーバーは断固反対している。純粋理性と実践理性，科学と倫理はそれぞれ分離されるべきだとするカント的伝統に，ヴェーバーは厳密に従っているのだとする解釈が，この論文に対する一つの解釈である。こうしてヴェーバーは，一方で，純粋理性や理解のカテゴリーに適用される諸価値と，他方で，実践的行為や道徳的判断に適用される諸価値の2つを，それぞれ区別することになる。だが前者は正当であっても，後者はそうではない。諸価値は，文化科学の歴史的カテゴリーを形成する上で，必要かつ普遍的な条件である。それらの価値は，外的世界に接近するときにわれわれが保持する唯一の通路であり，それによって，われわれを囲繞する文化的・社会的実在をわれわれが体験することができる唯一の手段なのである。だが，それらの価値は，政治的改革や国家的形成を行う際にその方向を指示する基盤としては受け入れられないという。ヴェーバーは最後まで，経済学の専門職化や学問的誠実性に関心をもっており，歴史学派の者たち，特に，ワーグナーやシュモラーといった人々が教室全体を倫理的気晴らしであるとか，政治的〔党派的〕糾弾をする機会の場に変えてしまったことに，気を揉んでいたと，このようにシュンペンターは書いている54)。しかしこのような見方は，ヴェーバーと歴史学派との間に，個人的にも哲学的にも親密なきずながあったことを，否定してしまうのである。

　価値自由の要請とは教授法(ペダゴギー)における中立性の要請であって，ヴェーバーの新カント派的な認識論であるとか，学問の方法における中立性の要請のことではないと，このようにヘニスは思慮に富んだ指摘をしている55)。このような区別はしっかと心に留めておかねばならない。解釈に基づく社会学に関する新カント派的見方からすれば，学問は諸価値なくしては構成しえないが，これに対して，教室で講義が行われるときは，それらの価値は排除されねばならない。ヴェーバーはカトリックやプロテスタントが研究している教会史の事例を取り

上げている。彼らが批判的に評価するための共通な前提とは，どんなものがあるのだろうか。彼らの根底にある価値体系はきわめて異なっているために，彼らは共通した合意に達することはないであろうし，しかも彼らが信奉している価値は事情によっては彼らの学問の誠実さをねじ曲げてしまうということにもなるであろう。だが，ヴェーバーの科学哲学の観点からすると，彼らの異なる宗教倫理は，彼らに，彼らだけの社会学的カテゴリー，歴史的な問題設定，学問的方法を形成するための前提を与えてしまうのである。

　これまでほとんど注目されてこなかった解釈が強調していることは，ヴェーバーの価値自由の理論に対して，これまでとは違った目標を置くべきだとしている点である。タルコット・パーソンズ以来のアメリカの学界では，主観的な意見や道徳的な価値の侵入に対して，ヴェーバーの社会学は学問の誠実性や客観性を守ってきたと，このように一般に説明されてきたのだった。だが，より立ち入って検討してみて明らかになることは，表面では学問を正当化しながら，ヴェーバーは，実際には，学問そのものの隠された諸価値や道徳的諸前提を吟味しているということである。学問はひとつの天職，内的召命であり，歴史的・社会的に規定された「生活様式」や独自な内的人格であると，このようにヴェーバーは述べている。学問とは宗教的体験の近代的・世俗的な形式として定義されている。教室で行われるデマゴーグによる扇動や預言を非難することによって，ヴェーバーは実際何を批判しているのであろうか。もっとも明白なレヴェルからいえば，政策や預言に対する批判は，貧弱な学問を拒否するということと同義である。だが，その批判は，同時に，人間の行為を普遍的な法則，機械論的な因果関係を通じて説明することによって，そして，未来の出来事を事前に予想することによって，その理論を正当視してしまう，ある特殊な学問形態に対する批判でもある。実証的な社会科学は，合理化が行われ，近代的な姿を呈した預言なのである。ヴェーバーによれば，これが，新古典派経済学やマルクス経済学の方法なのである。大学における専門的な預言は，経験的・文化的・歴史的な分析に代えて，理論的な予測・技術による制御・管理組織へと連動するある抽象的な学問を据えようとしているのだ。したがって，デマゴーグや預言者に対するヴェーバーの批判は，実際には実証主義に対する隠れた批判なのである。後者〔実証主義〕が産出しているのは，自然科学・社会的テクノ

ロジー・功利主義に代表される，ア・プリオリな諸価値を内包している，一つの学問形式である。その学問は，軛につながれ，脱呪術化した世界に生きている末人の学問だからである。末人は，因果的説明を経験的予測へと還元することによって，何が起らねばならないか，何がなされねばならないか，についての科学的命法について説教する〔軽蔑すべき〕人間なのである[56]。

　ヴェーバーの観点からすれば，社会学とは，文化的・歴史的な学問である。それは，科学的に未来を決定するのではなく，あくまでも過去を理解しようとする学問である。科学そのものはあらゆる価値を超脱したものであり，世界に関するそれ自身の規範的なアジェンダ〔行動計画〕を促進するものではないとする通念を，ヴェーバーは批判しているのである。「自然科学」を一つの天職だと呼ぶことによって，彼は，「市場で幸福を考案〔捏造〕した」のは「末人」の宗教的倫理にほかならないということを明言しているのである。末人の宗教的倫理は，鉄の檻〔殻〕という機械的・決定論的な時代環境の中で生き続けている，脱呪術的世界の合理的な倫理である。政策や倫理は教室で取り上げられるべきではないと主張することによって，ヴェーバーが遠回しなやり方でわれわれに要請していることは，純粋理性や歴史科学について，より洗練されたやり方で批判を押し進めよということなのである。彼は，普遍性や排他性への要求を公然と行っている実証主義の倫理を批判しているのだ。「かつての多くの神々は，脱呪術化され非人格的な諸力となりながら，その墓から立ちあらわれている」[57]。自然的発展と社会的発展に関する普遍的法則の探究は一つの文化を創造しており，この文化の中に近代性（モダニティー）という呪われた運命が埋め込まれているのだ。ヴェーバーは，大学を実証主義や脱呪術化といったローカルな産物を売っている青物商の倫理といったものに変えてしまうことに，危惧の念を抱いている。ヴェーバーからすれば，学問も野菜売り商も，理論的抽象化および市場に関する技術的な知識を生産する効用の諸形態なのである。それらは，脱呪術化の神学がとる２つの形態なのである。ヴェーバーは，啓蒙主義的学問と，社会的テクノロジー・管理的制御の倫理との親縁関係を暴露するために，より一層掘り下げてゆくのだが，学問的客観性を人間存在の一形式としてこのように再評価することによって，学問は，専門性と信仰告白との現代的な関係を示す，一つの表現となるのである。

『職業としての学問』の中ほどにおいて，ヴェーバーが教室での客観性や中立性に関する考察に転じようとするとき，自然科学や存在論的生の意味に関するレオ・トルストイの見解についての議論がみうけられる。それは唐突で不自然な中断の後で行われるのである。話題の転換があまりにも急で，不自然であるために，それは偶然にすぎないと片付けるわけにはいかない。彼の工夫の仕掛けと内容面のドラマティックな転換を通じて，ヴェーバーは，本質的な主張を行っているように思われるのだ。この論文の至るところで，ヴェーバーは，事実と価値，学問と政策，教授と預言者をそれぞれ切り離しているように見える。だが，より詳しく見てみると，これらの区別立てがその論議の過程で，首尾一貫して守られていないということが明らかになってくる。学問は，人間が生きることの意味についての問いに答えることはできない。それは，学問が諸価値である規範的な諸前提などといったものを有していないからなのではなく，むしろ，学問の諸価値が，生きることと対立的であるからである。ヴェーバーの見方によれば，自然科学は間違った一群の諸価値——技術的制御と自然を支配すること——を有している。同じ論理を用いてヴェーバーは，大学教授は教室において信仰告白をしたり，改宗活動をしたりしてはならない，と主張している。だがもう一度言うが，彼の議論を正当化させるものは，科学者が前提としている客観性や中立性に存在するのでもなければ，教室から党派的な倫理や政策を排除することにあるわけでもない。むしろ，自然科学に従事する教授たちの間違った諸価値や諸前提は文化科学や歴史科学を研究する際には不適切だとしてヴェーバーが拒否したこと，ここに，その根拠を見出すことができる。技術的理性とか，道具的理性というものでは，文化や歴史や価値などに対する問題を理解することはできない。大学という場が，規範的な仮定とか，普遍的法則・技術的制御・実証主義的な予測などの隠された価値によって制覇されないためには，客観性や中立性といったものが維持されねばならない。実に皮肉なやり方ながら，この論文は，自然科学とアカデミー（大学）の両分野における客観性と形式合理性に加えられたヴェーバーの批判で閉じられている。

　この時期の２人のドイツのヴェーバー解釈者であるジークフリート・ラントシュットとカール・レーヴィットは，次のように述べていた。その科学論を定式化する際のヴェーバーの意図は，価値を排除することでなく，むしろ，近代

的科学の根底にあった規範的な諸前提——自然主義および技術的制御——を白日の下に晒すことであった，と[58]。レーヴィットは，ヴェーバーの議論を以下のように要約している。「価値自由な科学〔学問〕に対するヴェーバーの要請が，それにもかかわらず，論証すべく追い求めたものは，科学の解放がみられたにもかかわらず，科学の「諸事実」が倫理的・準宗教的な類型——その中の若干の類型は，根本的な原理へと接近していったが——というある特殊な予断を含んだ価値判断によって支えられていたという事態である。……科学的判断におけるヴェーバーの価値自由の要請は，純粋な科学至上主義への後退を示すのではない」[59]。科学と客観性を対象とする自ら行った初期の新カント的思索を継続させる形で，ヴェーバーは次のような認識も示している。すなわち，科学的な客観性はつねに主観的なカテゴリーの枠内で実現される，と。それらの主観的なカテゴリーは同時に，近代の職業生活と人間存在の究極的な意味を枠づける社会的条件でもある。ピュウリタン倫理の世俗内的禁欲主義が，結果的に，専門的召命における救いの客観的な規準の必要物に帰着したように，近代の自然科学もまた，専門的知識に対する自らの衝動に駆られながら，意味喪失した世界の中に［間違った］客観性を捜し求めたのである。こうして，自然諸科学の客観性は，個人的な諸衝動に基づく一種の世俗内的禁欲主義となり，脱呪術化した世界における生の職業的なエートスとなる。冒瀆された世界も近代科学のいずれも無意味であり，そして客観性は，結局，主体のある特殊な生活方法によって切り開かれるのである。だが教室の中では，このような倫理でさえ，告白することも宣教することもできないのである。実証主義は，科学的知識に相応しくない普遍的規準を公言するものとして，拒絶される。

　ヴェーバー社会学の中心的な焦点は，文化・行為・制度のそれぞれに表現されているような価値判断に向けられている。社会学者たちは社会規範の意味とそれによってもたらされる結果を探究している。なぜなら，価値判断がどのように社会における文化的・政治的な正当化や権威やイデオロギーに影響を及ぼしているかということもあるが，それ以上に，そうした価値判断は，諸価値の目指している目標や適用に影響を与えているからである。科学の客観性は，経験の客観性（経験主義）や思考の客観性（合理主義）から，研究者それ自身の献身・責任感・知的誠実性の客観性へと移されていった。科学的知識の真実性は客観

性それ自体にあるのでなく、むしろ、研究者の専門的特性や学問的態度の中にある。啓蒙主義を超える形で、ヴェーバーは次のように考えている。すなわち、真理は意識の中に、そして自己意識や理性的な明晰性を求める、ある特殊な存在様式と生活態度(Lebensführung)の中にある、と。ヴェーバーの新カント派的認識論は、科学の基礎づけを、社会的事実から、研究者の評価的考えや個人的な決断へと移動させたのである。ハイリヒ・リッケルトに沿う形で、彼は、認識はすべて諸価値の事前の制約を受けていることから、そうした認識は主観的なカテゴリーに依存していると主張する。これが、研究者の特殊な観点という価値関係に基づいて理念型や社会的カテゴリーを創出していくことが、なぜ社会学には求められているのか、の理由である。

　方法論文である『社会科学と社会政策にかかわる認識の「客観性」』において、ヴェーバーは、リッケルトおよびニーチェのカント的伝統の中で、自らの方法を明確に打ち出している。世界は「継起的かつ並存的に現れては消える事象の無限な多様性」60)である、と。したがって、このような無限の実在は、無意味なもの、認識不可能なものであり、18世紀にすでにカントがそれを「物自体」と呼んでいたものである。この実在の有限部分のみが認識可能なのである。社会学的カテゴリーはそれ故、特定の歴史的事象を有意義なもの、意味あるものとして抜き出す必要がある。実在は、知るに値するものを創出する歴史家や社会学者によって、社会的に構成されるのである。「「文化」とは、世界生起の意味のない無限の中における有限な一片であり、人間が意味と意義とを与える一片である」と、このようにヴェーバーは認識する61)。歴史科学者や文化科学者は、普遍的な因果法則であるとか、鏡に映った実在の像などを探究するのではない。ヴェーバーは、歴史的法則を求める合理主義者の探究(自然主義)、真実に関する経験論者の模写論(実在主義)のいずれをも拒否している。彼は、社会学的探究にふさわしい基礎として実証主義や自然科学を拒否し、文化諸科学と自然諸科学(Naturwissenschaft)のそれぞれにふさわしい方法と価値を、鋭く対照化させるのである。

　社会学者は、当の時代に存在している特殊な関心や文化的価値から、すなわち、価値関係(Wertbeziehung)から歴史をつくっていく。「存在する具体的な実在の僅少部分のみが価値に制約されたわれわれの関心によって色づけられ、そ

れだけがわれわれにとって意義をもつ。その部分のみが，われわれの価値と結合するがゆえに，われわれにとって重要となる関係を提示するからである」[62]。既に検討してきたように，価値群のいずれであれ，そのどれも科学として正当化することなどできないために，科学は，考察対象としている問いや問題の類型に，あるいはまた，適用される方法論に口出しすることができないのである。客観性および価値自由に関するヴェーバーの理論は，社会学にとって重要だとみなすどんな問いかけも，社会学に自由に行わせるのである。実証主義は，自然科学の方法におのれを制限することによって，社会学が自由に取り上げることのできる科学的アプローチや学問的関心に，勝手な枠をはめてしまうのである。ヴェーバーは，教室において見方や考え方の多様性や多元性が欠如することに，また，近代科学や経済学の中に含まれている隠蔽された諸価値（合理化，生産性）に対して批判的である。彼はほとんど問われることのない問いを敢えて発する。すなわち，なぜ経済学は社会的正義という理想ではなしに，生産性という価値を掲げて，学問をスタートさせているのか，と。諸価値は，科学方法論，研究，あるいは概念構成や理論構成から，排除することはできない。したがって，価値自由とは，価値からの自由（客観的中立性）を意味するのではなく，むしろ，他の諸価値を排除してしまう絶対的・普遍的な諸価値からの自由を意味しているのである。価値自由と価値関係とは，相互に内的に関連し合っている方法論上の概念である。両者は互いに対立し合っているのではない。それだけではない。両者は歴史的に，脱呪術化の過程と関連しているのである。価値自由は，科学の根本カテゴリーを形成する際の価値，すなわち，価値関係の重要性を否定しているのではない。どのような価値であれ，それは他の諸価値よりも優先されないというこの事態だけを，価値自由は要請しているのである。それと同時に，価値自由が暗示していることは，ひとたび選び取られた諸価値は，経験的な研究や情報の科学的な蓄積を歪めるようなことをしてはならないということでもある。一般の人々を束縛する理想であるとか，普遍的に受容される社会的諸規範のようなものはもはや存在していない，という認識から，ヴェーバーは，普遍的な諸価値からの自由を求めているのである。なぜなら，彼の批判は，社会科学におけるプラトン的諸要素の拒否を体現しているからである。諸価値とは要するに主観的なカテゴリー，個人的な決断であって，この

ようなカテゴリーや決断がなければ，おそらく科学は成り立たないであろう。このような事情にもかかわらず，科学は，普遍的な真理に対する余計な諸要求のいずれからも自由でなければならない。ヴェーバーは，当然ながら他の諸価値を排除してしまう，無意識な判断からも自由である，そのような科学を創造したいと願っている。ニーチェの多神論とニヒリズムは，実証主義に対する魅力的な批判を形成すべく，リッケルトの新カント派的な科学哲学と結びつけられているのである。

合理化と理性の腐蝕

　方法論的な文脈において，価値自由の要請とは，諸価値を超越するということではなく，むしろ，それらを公開の場に引き出し，自由に論議させるということである。そこには，近代科学に付着している規範的な諸前提や価値諸判断を吟味するということも含まれている。科学者が目指すべき認識論上の目標は「「幻想」を徹底的にはぎ取ること」であると，このようにレーヴィットは述べている。科学によって吟味される問題や争点はまず第1に，規範的なもの，価値を担ったものとして特徴づけられている。ヴェーバーによれば，科学は，普遍的な法則から特定の歴史的な事象を推論することでもなければ，経験的な実在から拘束的な規範や理想などを演繹することもできない。科学と価値判断とは明確に峻別されねばならないと，このように彼が主張しているように思われるが，そのように思われるのは，科学の隠蔽された諸価値はそれ自体として特別扱いされてはならないと，このような主張を彼が試みているからである。自然主義と実在主義を拒否し，彼独自の新カント派的認識論をその価値や概念で表現し，学問と天職，学問とある特殊な生活態度との間に見られる基本的関係を証明しながら，ヴェーバーは，学問的理性よりさらに深部に潜んでいる，そして，近代的な「諸価値の衝突」に由来している，道徳的ニヒリズムと多神論を支持しながら論じているのである。学問の意味とは何ぞやという問いを掲げることによって，彼は，機能的な合理性や合理化の過程に安住せず，それらを超えることにより，学問と倫理との再統合を試みているのである。

　近代的な知識が，単にある個別の目的を実現するための個別的な推論形式に

なるに応じて，科学とは学問的知識（*episteme*〔エピステーメー〕），あるいは，普遍的な真理・本質・形相に関する知識である，とするギリシア人の見方は，消え去ってしまった。科学は，技術的手段に係わる形式的合理性（Zweckrationalität）に変化してしまった。手段が目的そのものに化してしまった社会においては，平等・友愛・正義などに仕えていた近代以前の科学が有していた実質的合理性（Wertrationalität）や実践的な目標などは，失われてしまったのである。数々の社会制度の中に埋め込まれた啓蒙的科学の形式的合理性は，今や，自然の独立した一大勢力である。これこそ，ヴェーバーが合理化の悲劇的過程，社会全体の脱呪術化の運命と呼んでいるものである——その世界は，神話も意味もなく，希望すらもない世界である。実践理性はとっくに鉄の檻〔殻〕から追放されているのである。「科学は，他人の行為や外界の事物を計算することにより生を支配する，テクノロジーに仕えるものである」63) とヴェーバーが述べるとき，彼は，近代の科学には，実在に関する自ら隠蔽してきた諸前提が含まれているとする，より以前に行った議論を継続させているのである。近代科学は当初から，ア・プリオリな諸価値を内包しており，これらの諸価値は，近代科学が説明しようとしている知識類型や経験の諸対象に影響を及ぼしているのである。科学は，倫理的・政治的な諸価値を排除することによって，それ自身の倫理的命法に対する自省力を抑圧するだけでなく，同時に，隠蔽されてきた諸前提をも抑圧してしまうので，生きる目的とは何であるかとか，人間として存在していることの意味などについて問われると，科学はまったく役立たなくなるのである。科学はワンセットになった倫理的諸価値を，もう一つ別にセットされた技術的諸価値と置き替えてしまう。科学はショーペンハウアーの存在論とかニーチェのニヒリズムに応答できないのである。

　社会の合理化に関するヴェーバーの歴史的説明は，形式的な効率・資本計算・分業・工場規律・生産性などの一層の強化を求める近代産業から始まって，マンネリ化する官僚制・組織的階統制・専門的知識・意思決定の効率化などの形式的非人格化による，国家の合理化へと進められる。このようなメンタリティー〔心的傾向〕は社会生活や社会諸制度のあらゆる面へと浸透してゆく。こうしたメンタリティーが経済・法律・国家行政・宗教倫理などの隅々にまで浸透することから，ロジャーズ・ブルベイカーは，合理化のいき渡る範囲につい

てこう要約している。「これらの制度のそれぞれの領域において，合理化は，社会諸関係の脱人格化・計算テクニックの精密化・専門的知識の社会的重要性の増進，自然的・社会的両過程に対する技術的に合理的な制御の拡大などを巻き添えにしていった」[64]と。物質的な幸福は，管理による支配や個人的自由の喪失と，自然に対する技術的制御は，鋼鉄の檻〔殻〕の進展と，科学やテクノロジーの進歩，脱呪術化やニヒリズムと，形式的合理性は，脱人格化や疎外と，それぞれ表裏一体の関係にある。社会が形式的により合理的となればなるほど，伝統的な自由主義・民主主義，公的領域の各分野において衰退が現れてくる。同時並行的に近代性にまで流れこんでゆく，人間の悲劇的な運命となる要素が2つ存在している。その一つは，官僚制的・形式的な組織における自由の喪失であり，もう一つは脱呪術化や科学における意味喪失である。脱呪術化は，知識を計算や制御に還元させながら生じてくる。計算や制御が行われるところでは，「究極的かつ最も昇華された諸価値は，公共的な生活から退いて，時に神秘的な生活という超越した領域の中へ，時に直接的で個人的な人間関係という同胞愛の中へと後退していった」[65]。その一方で，非人格的・技術的な諸力の興隆を伴いながら合理化が立ち現れてくる。こうした諸力は，経済的市場，工場施設，政治的官僚支配・政府官庁などの形をとりながら，上から人間の行為を決定してくる。合理化される社会では，人間行為の様々な意図や意味などは，ますます，新古典派経済学や限界効用理論の専門語や価値へと還元されていく。つまり，仕事や権力の命令へと還元されるのである。近代性に関するヴェーバーの理論の全体を特徴づけている，実質合理性と形式合理性とのこうした緊張状況を捉えて，マックス・ホルクハイマーは，これを理性の腐蝕と呼んだのである。

　客観性論や科学論を用いてヴェーバーが行っていることは，近代科学や新古典派経済学が隠蔽してきた様々な価値や前提を前にしながら，倫理の自律性を守り続けることなのである。もし彼が最初に科学と倫理を分離していないように見えたのであれば，その場合には，科学の様々な価値――技術的制御，効率，自然に対する支配――は，倫理のプルーラリズム〔多元性〕を圧倒してしまうことになるであろう。そして，このこと，すなわち，倫理の誠実性と多様性を保持し，人間的自己実現という未来の多様な可能性を守り続けることが，認識が

向かうべき究極的な目標なのである。科学に関する彼の現象学と歴史の目的は，倫理的な偏見や規範的歪曲から科学を保護するということより，むしろ，倫理と道徳的多元性を近代科学から守ることなのである。すなわち，倫理は自然諸科学の普遍化してしまう傾向から保護されねばならないのである。主体と客体，事実と価値，科学と倫理をそれぞれ厳格に分離することは，実証主義がもたらした所産である。述べられていないものの，ヴェーバーの真の目標は，歴史科学と倫理，リッケルトの新カント派的方法論とアリストテレスの自己実現の倫理学を，それぞれ再統合することなのである。科学と価値判断からの自由(Werturteilsfreiheit)との関係をめぐる論争は，1850年代以来，ドイツ旧歴史学派(ヴィルヘルム・ロッシャー，ブルーノ・ヒルデブラント，カール・クニース)とともに広まっていった。この論争は，1880年代に，グスタフ・シュモラーとカール・メンガーの間で有名となった方法論争でさらに過熱化するにいたり，最終的には，1910年に再び，その前年(1909年)に「社会政策学会(Verein für Sozialpolitik)」で発表されたオイゲン・フォン・フィリポヴィッチの学術論文に対するヴェーバーによる反論の公表という形で，ドイツを舞台にして爆発することとなる。新古典派経済学の一員であるフォン・フィリポヴィッチは，国民経済および生産性に関する小論を纏めていた。この論文について，ヴェーバーは次のように主張している。すなわち，この論文は，適切さに欠ける生産性に関する隠蔽された価値判断を持ち込んだのであり，こうした価値判断は，認識と関心との関係(Erkenntnisinteresse 認識関心)に関する激しい哲学的論争を学会内部に巻き起こすであろう，と。『社会学および経済学における「価値自由」の意味』(1917年)および『職業としての学問』(1919年)というヴェーバーの2つの論説は，社会諸科学内部で交わされたこうした討論に対する彼なりの応答であった[66]。

ところで，価値評価に関するヴェーバーの教授上の言説と，価値関係に関する彼の認識論とは，はっきりと区別されねばならない。そうした区別立てで認めていることは，一方で説明と制御を目指す，他方で理解と解釈を目指す，自然諸科学と社会諸科学のそれぞれの根底にある諸価値についてである。活動の価値，選択，進路を政治的に選ぶという意味での価値評価は，ヴェーバーにより拒否されている。だが，近代性に対する倫理的な批判，近代性がもつ形式合

理性，伝統的な価値・文化・個性を近代性が破壊してしまったこと，そして，人間の生に対する意味を喪失させた世界の中に鉄の檻〔殻〕を近代性が造出してしまったこと，などに対する批判は，はっきりと〔ヴェーバーによって〕展開されてはいない。社会的批判に関するヴェーバーの理論は，教授法と認識論，政治と倫理，未来に関する社会的プランニング（自然科学）と過去に関する社会的批判（歴史科学），テクネー（*techne* 技術的知識）とプロネーシス（*phronesis* 政治的叡智）のそれぞれを，分離すべきことを求めている。ペーター・ラスマンとアーヴィング・ヴェロディーは，以下のように評している。「ヴェーバー思想を曲解させてしまう性質がどこにあるかといえば，それは，系統立った政治哲学を築いたり」，あるいは，科学と政治との関係を明確化することをきっぱりと拒否する，「真の政治的思想家であるというパトスに由来している」67)と。しかし，近代性が個の人格的発展や自己実現を奨励し育成しているのかどうかに関しては，ヴェーバーは，近代性に批判的な判断を下していると，このように両者とも主張している。合理化と脱呪術化に関するヴェーバー理論の全体が意味していることは，近代社会の諸制度や諸価値に関する根本的かつ規範的な批判なのである。

　ヴェーバーの方法論上の論文全体に暗示されている中心的な問題は，ニーチェの遠近法主義とニヒリズムに，その焦点があてられている。「争いあっている神々のいずれの神にわれわれは仕えるべきか」とヴェーバーが問うとき，そうした中心的問題が浮上してくる。ニーチェに触れながら，ヴェーバーは次のように述べている。すなわち，互いに争いあう悪魔や神々——巨人族のタイタンやオリュンポスの神々のように——によって呪術にかけられた多神的世界の中でギリシア人たちが生きてきたように，現代社会でも調停することのできない多くの形而上学的・倫理的な遠近法が存在するのだ，と。学問はそれらのいずれも選択することもできないし，また教授は自ら裁判官であってはならないのである。大学教授たる者はできるだけ客観的な仕方で，社会的行為に関する学問的な説明，原因を提示せねばならず，社会政策や社会的行為に関するどんな価値判断であれ，それらを出来るだけ排除せねばならない，とヴェーバーはいう。諸価値は，もはや近代世界においては比較不可能であり，普遍化できないのである。したがって，人前で議論したり〔教授の意志とは異なる〕見解を述

べることが一切できないアリーナ〔教室〕では，教授たちは，ある特定の政治的ないし社会的な理想や信条を擁護することができないのである。だが，ここでヴェーバーが取り上げているのは，価値評価のプロセス，つまり，指導者，預言者，政治屋，煽動家などを演じている教授に対してである。自らの作品全体を通じてヴェーバーが警鐘を鳴らしているのは，「実生活であれやこれやと口出し」することに対して，である。それにも拘らず，文化科学・歴史科学の方法，理論，分析の中，また，公式な場での発表などの中に埋め込まれた諸価値は，大学の知的生活にとって本質的な部分であって，これらの価値は認識論的中立性に対する誤った要求により，規制されたり禁止されるなどできないものである。教室では，規範的な観点は，学問的客観性，専門家としての誠実さ，天職としての義務遂行などの最高度の規範を守るために，ある確固とした要請と結びあわねばならない。実証主義的な中立性や客観性が，支配階級や国家官僚制の権力や特権に有利に働くということを，ヴェーバーは明白に意識しているのである。価値と学問とは，一つに統合された理論的な絆なのであり，そうした絆は近代性に関するヴェーバーの批判的な言説や，合理化や脱呪術化に関するその理論の中に，体現されているのである。

　われわれが法則定立の法則，因果分析，社会学的説明，倫理的中立性などに対する彼の要請を，啓蒙主義的実証主義という従来の伝統の中で解釈することをしなくなるとき，一見してヴェーバーにおける方法論上の諸矛盾と思われるものは，それほど目立ったものではなくなる。そうした諸矛盾が，理念型，客観的可能性，適合的因果関係，評価的認識に関するその独自な理論的な枠組の中で吟味されるとき，それらは違った意味を呈してくるのである。すなわち，ヴェーバーが，新カント派的認識論や社会科学の哲学，歴史学派経済学や歴史法学派，ニーチェの徹底した遠近法主義やニヒリズムなどの内部でなされた論争を担う一部として理解されるとき，客観性や中立性に関する理念は，英米系の社会学の多くに知られていない，全く異なる哲学的世界の中に，ヴェーバーを据えることとなる[68]。最終的にヴェーバーは，価値を担いつつも，しかし普遍的な価値判断からは自由であるという遠近法から，人間行為の意味を歴史的・文化的に分析するという仕事を引き受けているのだ。諸価値なしに，解釈〔理解〕社会学としての社会科学は不可能である。諸価値なしに，われわれは，

社会や歴史の本質に関する考察を開始することができないからである。だからといって、科学は、普遍的で倫理的な真理や政治的な真理の裁定者とはなりえない。なぜなら、ニーチェが倦むことなくわれわれに語っているように、もはやいかなる普遍的な偶像も存在しないからである。すべての神々は死んでいるからである。科学はそれ故まさにもう一つ別の認識上の観点である。中立性への要請は、実在主義や自然主義への要請、あるいは価値排除主義への要請なのではなく、むしろ、社会科学の中心にある根本的な相対性を認めることなのである。それは、実証主義の創始者であるデイヴィッド・ヒュームへ、ではなく、むしろニヒリズムの開祖であるニーチェへ、とわれわれを駆り立てる一つの呼びかけなのである。様々な価値が必然的に利用されているときには、われわれは方法論的に警戒していなくてはならない。社会的実在に関するもう一つ別の解釈を与える際に、諸価値が役立つということをわれわれは意識しておかねばならない。なぜなら、すべての科学は解釈だからである[69]。

古典的ヒューマニズムと歴史学派経済学

これらの方法論上の諸困難を直接解決する方法は、全くないかもしれないが、それでも興味をそそる一つの新しい洞察力にみちた見方が、ドイツの学者、ヴィルヘルム・ヘニスの一連の著書とともに現れることになった。ヴェーバーの意図を明るみに出す鍵は彼の古典的背景にあると、ヘニスはいう。ヴェーバーは、その生涯を通じて、政治経済学において数多くの傑出した地位を占めてきた。公法、歴史学、政治経済学などに対する彼の旺盛な関心から、社会学は発展してきた。19世紀におけるドイツ政治経済学の知的・哲学的なルーツへ遡ることによって、ヘニスは、ヴェーバーが意味している「学問」とは、古代ギリシアの古典的政治学に依拠している学問として、再発見しているのだ。すなわち、経済学とはそれ故人間の質に関する科学であり、倫理性、有徳、社会的正義などの問題に関心をもつ、共同生活に関する政治学である、と[70]。ヘニスは、デイヴィッド・ヒューム、オーギュスト・コント、エミール・デュルケムの学問をしりぞけて、アリストテレス、ジャン・ジャック・ルソー、アレクシス・ド・トクヴィルの伝統の中に、ヴェーバーの政治経済学を据えている。

後者の人々の社会科学の発展は，道徳哲学や政治哲学というより幅広い文脈の下で育成されているからだ。その目標は，人間が変容したり完成したりすること，また，社会制度と人間行動の諸類型との結びつきを解明すること，に資することである。ヴェーバーは，社会学の経験的・歴史的な諸研究という文脈の中で，古代から連綿と続いている哲学的・倫理的な問いを提起しているのだ。

　アリストテレスもまた寡頭制，貴族制，民主制といった政治諸制度の形態変化によって創出される，人間や徳に関する諸類型に注目してきたから，ヴェーバーの社会学には古典的な政治学が反映されているのである。市民と有徳的活動の性質は，国家や組織の形態，その社会的・政治的・経済的な諸制度の諸価値とともに変化していった[71]。『政治学』においてアリストテレスが探究したことは，富や有徳，あるいは自由といった諸原則に立脚する諸社会は，それに対応してどのように異なる人間類型を生み出してきたのか，というテーマであった。人間の潜在力は，具体的で，歴史的に形成された社会的制度を通じて実現されうる。アリストテレスが，最高でしかも最も有徳な政治的共同社会を探し求めていたとき，アリストテレスは同時に，アテナイ，カルタゴ，クレタ，スパルタなどの異なる国制について，経験主義的な考察を行っていた。資本主義制度とピュウリタニズムの禁欲主義的な文化や倫理はどのように近代の人間（男と女）の性格を変えてしまったのか，と問いかけることによって，ヴェーバーは，近代性について〔アリストテレスと〕同じ包括的な問いを提起しているのである。鋼鉄の檻〔殻〕と化した文化的・制度的な合理化と脱呪術化の過程という身の毛もよだつ猛威にさらされている人間の運命は，どうなってしまうのか，これが，ヴェーバーの中心的な関心であった。

　ヘニスは，ドイツの国民経済学（Nationalökonomie）と英国系経済学のそれぞれの伝統を区別しながら，最も初期に書かれた作品群へと掘り下げていく。1895年の「フライブルク大学教授就任」講演において，ヴェーバーが明言しているように，「政治経済学という科学は，一つの政治的な科学である」[72]。アリストテレス流の政治学におけるように，経済学は，都市国家というより幅広い共同体的・政治的な要請に服属するものなのである。ヴェーバーは，このように暴露することによって，科学を倫理学に，また，経済学を政治学に結びつけているのである。科学と学問は実践理性および政治的活動の一つの形式である。こ

のような考え方は，著書『国家経済学講義要綱』(1843年)においてヴィルヘルム・ロッシャーによって述べられている主張，すなわち，「政治経済学 (Staatswirtschaft) は，単なる「財獲得術」，すなわち，富を獲得するだけの術なのではない，なぜなら，それは評価し統治を行う人々に基づく政治学だからである」73) とする主張，に極めて酷似している。政治経済学の向かうべき目標は，政治学に関するアリストテレス的理想に基づいて，共通善や社会的正義を確立するための実践知(*phronesis*)である。その政治経済学は，倫理学，政治学，経済学の3者を一つに統合することによって，自然に反する財獲得の術 (*techne*) を，政治学の叡智に置き換えようとする，変化してやまない世界に関する知識なのである。

「社会政策学会」から支援をうけて，東部ドイツにおける農業事情に関する調査を実施するに際して，ヴェーバーは，1892年初頭，プロイセン領東エルベ地方の農場における社会状態の変貌，人口問題，農業の変容などを調査している。農業政策に対する初期のヴェーバーの関心とローマ帝国の衰亡との間，そして，その関心と東エルベ地方におけるドイツ国家の農業政策との2つの間には，確かに関連があるのである。いずれのケースでも，大規模農場と農業労働者の不足が強調されている。この調査はまた別の理由からしても重要である。というのも，この調査は経済政策と経済理論との統合を表しているからである。1893年，「社会政策学会」にヴェーバーの報告書が提出された頃の国家政策は，右派ユンカー層を優遇し，東部国境に沿って暮らしていたドイツの貧農層や小農経営者に不利益を与えていた。農業における商品経済化の増大，家父長的な共同耕作形態の分解，農業労働者や小農経営者における賃金の下落や生活水準の低下，国家政策の意図せざる結果などから，ドイツの農業労働者たちは次第にポーランド移民と置き換えられていった。それと同時に，これまでの旧地主貴族層は，農業資本家や専制的な雇用者からなる成り上がり階級によって置き換えられてしまった。賃金労働および実質的な市場賃金の導入によって，農村労働者はプロレタリア化するのであるが，それに伴う形で，荘園内部に残っていた旧来の封建的な拘束力が崩れたために，生産の社会組織と生活秩序は根本から変わろうとしていた。

ヴェーバーによれば，ドイツ民族の東部地域は，経済的，社会的，軍事的の

いずれの点から見ても，不安定な状況に直面させられており，それによって，国家の政治権力がひどく弱体化するという危機に晒されていた。旧来の家父長的・貴族主義的な体制は別のものに置き換えられようとしていたが，まさにそうした状況がドイツの国民に悲劇的な結果を招いていた[74]。資本主義が求める諸利害とドイツ・ナショナリズムの間で生じている闘争は，拡大の一途を辿ったのである。ポーランド人たちは，東部地域の劣悪な労働諸条件を積極的に受容していったがゆえ，彼らはドイツ人農業労働者に代わろうとしていた。ヴェーバーは，民族全体に欠かすことのできない農民層の古来からの独立した精神とか，道徳的自立心などが失われてゆくのではないかと案じていた。ヴェーバーは，土地の再配分と内地への植民を通じて，国家が貧農や小規模農家を保護すべきことを要求し，その一方で，ユンカーらからの様々な要求を拒絶することによって，学問を国家政策に適用し，このようにして，科学と政治をリンクさせているのである。クニース，ロッシャー，シュモラーたちの歴史学派の内部においてその立場を堅持する彼は，経済学という科学は人間にかかわる学問であると規定し，その目標は，人間の本性と質，ならびに生の経済的・社会的諸条件と人間との関係をそれぞれ考察することにある，という[75]。1897年，シュモラーは次のように書いている。「単なる市場や交換の理論の立場〔国民経済学〕から，ともすればブルジョワ階級の階級的な武器に成り下がる，一種の実務経済学〔経営学〕と化そうとしていたが，それ〔経済学〕はふたたび偉大なる倫理的・政治的な学問となったのである」[76]と。近代の経験的な科学は，有徳的活動や社会的正義を扱っているアリストテレスの道徳学や理論と結びつけられてきたのである。

　ヴェーバーは，社会的テクノロジーやエンジニアリングにプラトン的な関心を払う理論的科学の立場を，また，科学は擁護論やイデオロギー的正当化のために支配階級によって利用されているとするマルキストたちの見方を，それぞれ拒否している。また，ヴェーバーは，アダム・スミスからアルフレッド・マーシャルに至るまでのイギリスの経済学を，富の創造であるとか生産性にのみ関心をもつ，規範的にバイアスをもつものと考えている。〔価値〕中立性を求める新古典派からの様々な要請は，現実には，貨殖術であるとか，富の獲得（Erwerbswirtschaft 営利経済）などの，曖昧で隠された諸価値を背負い込んでいた。

これに対して，ドイツ歴史学派の方は，意識的に，経済学を社会正義という問題や資本主義に対する批判ともう一度結びつけ，これら2つを和解させようとしていた。この学派を構成する人々は大学に籍を置く社会主義者たちであり，彼らは，学問とはそもそも歴史的かつ経験的な探究であって，純粋理論とか普遍的な諸法則などを追い求めることなのではない，と主張していた。ヴェーバーは，自然科学のパラダイムに準拠するイギリスの新古典派経済学におけるモデル化は，合理化過程の結果だとみなしている。価値自由を求める新古典派経済学の要求は，科学と貨殖術との結びつきをもっぱら強化するだけであった。したがって，客観性や中立性に関する様々な観念は，正義より富を追求する方法論的・理論的なバイアスを一層強化することとなった。すなわち，実証主義的な学問に対する要請は，ある特定の規範的な立場を強化したのだった。その立場は中立的というよりも，むしろ，ヴェーバーが拒否したある明白な政治的・倫理的なアジェンダ（行動計画）をもっていた。これとは全く異なる考えをもつヴェーバーは，ドイツにおける経済学の学問的特質を理解することは，政治学の古典的伝統の中にあるのだと主張している。学問の役割は何か。それは，ある一定の人間類型を陶冶すること，人格という内なるコアを陶冶すること，そして，政治的共同体の諸価値や諸理想などを育むこと，にある。学問の奥底にあるものは，近代性という社会的病理に下された診断であり，より善き人間に向かっての夢についての診断である。
　経済学は政治的科学であり，人間に係わる科学であるとするこのような見方が，これまでのヴェーバー研究者らの分析に新たな道を切り開くのだ，とこのようにヘニスはいう。経済学に対する伝統的なアプローチにつきまとう様々な残滓が，ヘニスが注目している歴史学派の中に見出されることも確かである。歴史学派の人たちもまた，理論的科学の自然主義，実証主義を拒否しているのだ。ヘニスは，クニースの著書『歴史的視点からする政治経済学』から引用しつつ，こう述べている。本書は，これらの諸問題に対するヴェーバーの見解を説明する上で重要なものだ，と。ヴェーバーの前任教授だったクニースは，ヴェーバーの経済思想を発展させる上で，とりわけ大きな影響力を与えた。クニースによれば，政治経済学〔国民経済学〕は「国民生活および国家生活で生ずる諸問題の解決に置かれている。……（政治経済学は）全体の道徳的・政治的諸問

題の解決に寄与することに置かれているのである（から），この学は当然に道徳的政治的諸科学の一部門であることを要請される」[77]と。歴史学派は，政治経済学を社会的正義，政治判断，社会的責任などの問題と結びつけようとしたのだった。経済学の目的と目標は経済学という狭い学問を越え出たところにある，それが，ヴェーバーがなぜ科学と倫理を分離するのかを説明する根拠になるのである。これに対して，新古典派経済学の学問は「価値自由」であり，この学問が現実の経済的・歴史的な世界から抽出された，純粋な理論的構成体であるがゆえに，それは理念型である。これが J. S. ミルやイギリスの経済学者たちが形成してきた伝統である。だが，ヘニスは，この学派の学問的思考にヴェーバーは関心を寄せていないと付言している。ヴェーバーの心を引きつけているものは，ドイツ国家の経済政策を規定している，政治的・文化的な諸価値を分析することなのである。

　科学の目的は，階級利害に奉仕すること，自然的諸権利を擁護すること，効用を極大化すること，はたまた理論的・歴史的な諸法則を発見することにあるなどといった見方を拒否しつつ，ヴェーバーは次のように書いている。「われわれの科学の究極的な目標は，わが国民の政治的教育に協力するというこの目標に留まらねばならない」[78]と。政治経済学の究極的な目的は，個人を教育すること，人格を陶冶すること，人間的欲求に仕えること，魂を掻き立てることにある，というのが，ヘニスが解釈しているヴェーバーの立場である。ヘニスは，ヴェーバーに関するその主著を，以下の一文で締めくくっている。「ここで問われているのは，利益だとか安楽などをむさぼるといった問いではなく，魂のもつ力を解放するという問題である。それは個人を基盤とするより，むしろ共同社会的に，結社形成的に，最終的には古代的意味における政治において，初めて可能になると思われる解放である」[79]と。ヴェーバーが自らの政治的本能を展開させているのは，ひとつの政治哲学といった形ではなく，むしろ，個人を経験的・社会的な状況と，あるいは，「生活態度（Lebensführung）」と戦わせる政治経済学者としてなのである。ヴェーバーの関心の的は，生活態度と人格（Persönlichkeit）との発展関係に絞られているのだ。ヴェーバーは，問題を新たに提起し直すことによって，古代ギリシアの哲学的な問いを現代社会学の中で再現・再生しているのである。彼の諸作品を包括しつつ貫通しているテーマは，

歴史的に独自なセットとしてある社会的関係，構造，文化的価値の内部で形成されるある社会的行為の型と，ある一定の人間類型，人間性の理想との結びつきである。プロテスタント倫理の召命，資本主義の精神，官僚制的な組織の合理性とこれへの順応，職業としての学問，儒教的読書人というジェントルマンの教育，これらはどれもが，ある一定の人間類型（Menschentum）を造り出している。彼が〔宗教社会学的に〕跡づけているのは，競争的市場経済の合理的行動，専門的召命，資本主義精神や新カルヴァン神学の形而上学を次々ともたらす，内面を指向した禁欲的ピュウリタンの性格上の発展や社会生活についてである。さらに，啓蒙期における社会の合理化と脱呪術化は，人間的理想と自己実現の潜在力に制約を加えるのである。なぜなら，合理化と脱呪術化は，実現されない希望と物象化される社会的諸関係などからなる，近代的悲劇を造出してゆくからである。社会生活の諸制度や自己発展の歴史的諸形態に関する問いは，総じて，社会的存在の意味や人間的生の存在的諸可能性に対する探究を意味する。人格と生の諸秩序というテーマに触れながら，ラスマンとヴェロディーは，次のように書いている。「このテーマが，道徳的かつ政治的な次元——そこでは，近代という条件下に置かれながら人間にとっての可能な存在諸形態に対する問いが取り上げられている——を暗示している限りは，このテーマは明らかに，異なる用語を用いてはいても，「善なる社会」という古典的な問いの延長なのである」[80]と。

『儒教と道教』（1916年）の中で，儒教的読書人たちは，人格という内的なコアをもたない者，首尾一貫した生活方法に欠ける者，あるいは，人間の行動を禁欲的に制御したり，外面的・世俗的な世界を統御することへと向かう，そうした強烈な倫理的緊張をもたない諸個人，として見られている。むしろ，礼儀作法や伝統を重んずる彼らの倫理では，対決したり統御することより，順応するとか同調することが目立ってくる。儒教的官吏たちは，もちろん，功利的な私欲に対する本能を有しているが，それ以上に，もったいぶった仕草とか，つくろった上品さ，感情を〔内面からではなく〕外面から自己制御すること，に関心をもっている。宗教の倫理的な命令に従って，現世の改造へと個人をかり立てる，休むことを知らない精神であるとか，心をかき乱すデーモンなどは，一切存在していない。最後に，啓蒙主義による宗教と形而上学の拒否が行われると，

内面を指向する強い人格という，コアとなる形成的な要素は失われてゆく。なぜなら，近代の個人は，近代性という大いなる悲運（Verhängnis）——工業資本主義・テクノロジーによる合理化・科学的形式主義・規律化された職場などからなる機械論的・決定論的な運命——によって圧倒されるからである。アテナイ的ポリスの「完全で美しい人間本性」に端を発し，中産階級が粉々にされて孤立化し，鉄の檻〔殻〕の虜囚として収容されてゆくまでの，人間の性格上の発展（Menschentum）をヴェーバーは跡づけているのだ[81]。批判的な社会理論というものはどのような時でも，たえず価値判断を下すことが求められる。個々の社会形態とその社会に固有な生活態度（Lebensführung）は，ある一定の人間類型（Persönlichkeit）を造り出してくる。中世商事会社，東部エルベ地域のドイツの農民，プロテスタンティズムの倫理，経済と社会の関係など，そのいずれを研究しているときでもヴェーバーは，経験的かつ「学問的に」，ニーチェの「末人」が出没してくる歴史的・社会的な諸条件を考察しているのである。魂（ソウル）の合理化と規律化に関するこのような分析はまさしく，古典的伝統へのヴェーバーの貢献として，ヘニスが評価しているものである。ヴェーバーは，近代の経験的な分析と古典的政治思想が有している道徳的関心とを統合化しようと試みたのだ。ヘニスによれば，初期における彼の歴史社会学から，宗教社会学までのヴェーバーの諸作品において，それらを貫く中心的テーマとなったものは，人格の発展（人間の魂）と文化諸価値や社会諸制度とのこのような関連性なのである。このような見方は，ドイツにおける主流をなしてきた学問的伝統と対立している。これまでの主流派は，ヴェーバーの作品群に統合的な力を付与してきたのは，彼の合理化に関する理論であったとか，あるいは，資本主義の起源をめぐる彼の歴史的研究であったと，このように主張してきたからである。

　同時にヴェーバーは，『フライブルク大学教授就任講演』の中で次のようにも主張している。すなわち，「経済学〔国民経済学〕とは人間に関する科学である。この科学は」人間の尊厳や徳においては無論のこと，「なににもまして経済的・社会的生存条件において育成される人間の質を問題にする」[82]，と。また，ヘニスは，興味を引く新たな解釈を加えながら，次のように主張している。ヴェーバーの著作の背後にある推進力は，価値評価的判断からの自由（Werturteilsfreiheit）なのである，と。すなわち，ヴェーバーは，近代性が技術的知識とか社会的支配を

追い求めているために，近代性の根底にある様々な前提——啓蒙主義・近代科学・政治的リベラリズム——や，「想像力に取りつく白カビのように」繁殖する偏見，からの知的自由のために闘っているのである[83]。ヘニスは，ヴェーバーのこのような態度を，ブルジョワの学問に加えるマルクスの批判に喩えている。ヴェーバーは，科学の究極的な目的として，合理的に評価すること，冷静に判断すること，思慮ある政策決定を下すこと，に役立つそのような科学を求めているのだ。知識の目的はテクネー（techne 技術）ではなく，古代的姿をしたプロネーシス（phronesis 道徳的知識）であり，プルーデンシア（prudentia 叡智）である[84]。それは，精神的価値と徳からなる合理的で内面的なコアを備えている，そうした個人を創造するための，道徳的責任の倫理を表しており，また，理性と徳，情熱と責任，倫理と中庸とが一体化したものを表している。経済学（それ故，社会学も）は，一つの生のあり方であり，一つの道徳的科学である。この道徳的科学は，自己同一性・自由・一貫した生の目的という強烈な意識を抱えながら，内的人格や道徳的命令を育ませようとするわれわれの能力を，高揚させる科学である。なぜなら，この科学は，近代性という意味なき危機状況や運命に直面しつつも，力への意志（will to power）という学問的召命を造り出してゆくからである。知識を追い求めることは，理性に基づく判断，道徳的責任，そして，政治的共同体や国家に全面的かつ情熱的に関与することなど，に基づく有徳的活動なのである。ヘニスにとって，これが，完成した人間や「人間性の最も高潔な姿」に関するヴェーバーの考えである[85]。古代ギリシアがそうであるように，実践的な科学と倫理とは一つに統合されている。キース・トライブもまた，このような立場からヴェーバーを広く解釈することに同意している。「彼の作品は，社会的・経済的な構造や過程をより近代的に考察した作品だとするなら，それに劣らぬほど，古代ギリシアの政治理論に属するそうした人物として，これまでヴェーバーは見られてきたのだった」[86]と，彼は書いているからである。ヴェーバーの初期の社会学と経済学は，そのルーツをアリストテレス的な倫理学と政治学の理論の中に有しているのである。

　政治的判断と科学に関する論説，しかも価値自由に関するヴェーバーの全般的立場を述べた論説の中で，ヘニスは，次のような持論を述べている。すなわち，「科学的な重大問題の提示は，教師が自己の価値判断を示すことを抑制し

ている限りは，教育的な効果をもつものであり，またその場合にのみ明晰さに導き，それゆえ道徳的な価値に奉仕するのである。——こうして，諸価値を論議すること，つまり，あらゆる立場を論議の机上に載せることが促進されるのである」[87]と。教室で討議を重ねるねらいは，未来の様々な可能性を自由に分析することにある。倫理学や政治学の様々な論点についての情報のやりとりや人前での熟議を始めるために，学問（科学）は用いられねばならない。学問（科学）が経験的に暴露しているのは，近代の社会諸制度と生活の諸様式との関係——すなわち，近代的リベラリズム，鉄の檻〔殻〕，合理化された社会における没人格性——そして，合理化社会が造出している個人類型——すなわち，意味喪失した世界に没入している専門人，すべてを消費して快楽にひたり切っている享楽人など——である。およそ近代の社会諸関係であるとか近代文化というものは，ナルシシズムに溺れている諸個人，生きる意味も目的も見出せない諸個人を次々とつくり出している。禁欲的プロテスタントと対立するかのように，近代の資本家は，倫理的な支柱であるとか，審美的な方向感などももたずに，脱呪術化された支配世界の中で生活を送っている。 以上からして，ヘニスによれば，ヴェーバー理論の中心的関心は，近代社会により生み出された人間の本性（Typus Mensch 人間類型）とは何か，という問いに向けられていた。これらのテーマは，まさしく，哲学的レベルにおいて，ニーチェによって提起されたのと同一テーマである。ニーチェがわれわれに提起したものは，近代性という脱人格化した祭壇を前に，功利主義的な退廃や大衆による服従などで彩られた，ニヒリズムという道徳的状況に対する透徹した洞察であった。技術的な規律やフォーマルな組織に仕える形で，様々な価値が合理化されるようになってしまった。倫理的な生活など日々ますますあり得ないものになるにつれて，そうした諸価値は公的な領域から消え去ってしまった。こうして遂に，科学は討議の結論を決定することさえできなくなるのである。なぜなら，科学がもっぱら提示できるのは，様々な選択肢とそれぞれの含意を明確化することに絞られるからである。ヘニスの立場から見るとき，ヴェーバーという人は，人間の歴史的運命，その実存状況を問うた社会哲学者なのである。国民と共同体の公共善を守り，自己啓発の精神を維持するというこの目的のために，彼は，近代という悲劇の誕生についての，一つの学問的研究を著したのである。

ヘニスは，ヴェーバーの倫理哲学という独自な性格を論ずることに，多くの手間暇を費やしてはいない。なぜなら，ニーチェのニヒリズムや唯名論の一信奉者としては，様々な価値には，無限の可能性が存しており，そのいずれの価値も普遍的妥当性を要求することができないからである。とはいえ，ヴェーバーはある固有な価値体系を有しており，そこには，新カント派的な理性・道徳的自律性・自己決断などの思想や，人格的な誠実性や高貴な品位，大学という天職への献身などが含まれると，このように他の多くの著者たちは主張してきた[88]。教授就任講演の中で，ヴェーバーは，次のように宣言している。「安穏無事をではなしに，われわれ人間本性の偉大さと高貴さをなすと思われる特質を，われわれは将来の人々の中に育みたい」[89]と。人生の終末に向けて起筆された，倫理的中立性の意味について触れた後期の論文〔『社会学および経済学の「価値自由の意味」』〕の中で，ヴェーバーは，次のように評している。「いかなる個々の重要な行為も，さらにそればかりではなく全体としての生も，もしそれが自然的生起のようにただ過ぎゆくだけでなく，意識的に行わるべきであるとすれば，それ〔行為や生〕が一連の究極的な決断の連鎖を意味しているということを知らなければならないということ，に他ならないのである。すなわちプラトンにおいていわれているように，魂はこのような究極的決断を通じて自己の運命——ここで運命とは魂の行為と存在の意味ということなのだが——を選ぶのである」[90]と。そして，合理化とか資本主義社会などの諸制度や諸価値に対する抜きがたい不信感や懐疑の念が存している以上は，全人格をかけて，経済現象を道徳的・政治的に評価すること〔価値判断を下すこと〕に係わることが，最後に，およそ学者たる者の果たすべき役割なのである。このような学問的態度から導かれるものは，ヴェーバーの諸作品にあっては，一方で強い有徳的な人格〔個性〕を追い求める彼のアリストテレス的，カント的，ニーチェ的な努力と，他方における脱呪術化し合理化された世界という相対立し合っている諸力との，これら2つの絶えることのない厳しい緊張となって現出するのである。

第3章　エミール・デュルケム
ギリシア・ポリスと集合意識による連帯

　カール・マルクスやマックス・ウェーバーと同じ様に，エミール・デュルケムもまた，古代ギリシアの古典的な伝統の中で修練を積んだ[1]。このような背景から，彼の社会学に関する見方，人間の本性・社会連帯・社会的問題・政治的理想に関する理論は影響を受けたのであった。デュルケムは，モンテスキューを主題とした博士論文から分業・アノミー・自殺などに関する経験的な著作に至るまで，また，有機的連帯・社会正義に関する諸理論から道徳教育・社会に関する後期の教授学的諸作品に至るまで，古典古代を自家薬籠中のものとすることで，社会学的視座を築き上げたのである。彼の社会理論の全体は，一方においては，アリストテレスの政治哲学に，他方においては，カント倫理学およびアルトゥール・ショーペンハウアーの存在論に結びついている。後期における認識論的著作ではアテナイのポリスが，彼の意識・集合表象に関する公式的な見解に対して，その内実を与えているのである。ドミニク・ラカプラが述べているように，「重要な点において，デュルケムの思想は，近代の社会科学の始まりであるとともに，古典哲学の集大成をなすものであった」[2]。

　20歳を迎えた1879年，輝かしい復興が起こりつつある時期に，デュルケムは，名門として知られた高等師範学校に入学した。ここで彼は，初年次にラテン語とギリシア語を習得した。2年次になると，ガストン・ボアシエとともに，個人的な研究に精を出すことになる。ボアシエは，著名なラテン研究者であり，デュルケムは，彼のために道徳とローマ時代のストア哲学に関する論文を上梓している。当時，彼は，「陳腐なヒューマニズム」とみなしたものや，古典をテキストに即して厳密に分析するといったものから抜け出し，心理学と歴史学へとその関心を移していった。哲学が過度に弁証法的でディレッタントなものに陥り，時代がつきつける現実の経験的な争点や問題からあまりに遊離してしまった，と彼は痛感していた。彼は，歴史学者であるガブリエル・モノーやフェステル・ド・クーランジュから教えを受けた。クーランジュは，批判と比

較による歴史的研究の重要性と，社会生活における宗教の役割を重視していた。社会学とは歴史学であると主張したのが，このド・クーランジュであり，クーランジュの著書『古代都市』(1864年)は，古典古代に関するデュルケムの考え方と宗教社会学に強い影響を与えたのであった。シャルル・ルヌーヴィエは，彼のもうひとりの恩師であり，またリベラルな共和主義者・新カント派であった。ルヌーヴィエからデュルケムは，人間の尊厳・道徳的自律性・社会正義などの普遍的な価値を強調する，新カント哲学の鋭い感性を身につけた。1882年，教授資格試験に合格した後，デュルケムは，1887年まで，ピュイ，サンス，サン・カンタン，トロウの各高等中学校において哲学を教えていた。この期間，彼は，学位論文の執筆に取り組み，学位主論文『社会分業論』(1893年)とラテン語で書かれた学位副論文『社会科学の興隆に対するモンテスキューの貢献』(1892年)からなる2つの論文を準備し，審査に臨んだ。1886年から87年の学年度にかけて，彼は，ベルリン，ライプツィヒ，マールブルグなどのドイツの大学で社会科学を学びながら，1学期間を過ごした。ドイツ滞在中，デュルケムは，グスタフ・シュモラー，アドルフ・ワーグナー，アルベルト・シェッフレたちの著作から影響を受けた。これらの人びとは，経済学(ポリティカル・エコノミー)とアリストテレス的な社会倫理学との統合を図った，講壇社会主義者であった。シェッフレは，とりわけデュルケムの学問的発展を考慮するとき，非常に重要であった。シェッフレによってデュルケムは，ジャン・ジャック・ルソーの個人観を斥け，それに代えて，有機体論的社会観という生物学的な比喩，集合意識という概念のもつ重要性，社会とは一つの集合的観念であるとする見解を，強調したからである[3]。丁度この頃，デュルケムは，心理学者であるヴィルヘルム・ヴントの影響下にも置かれていた。ヴントの，道徳と社会的慣習に関する学問的研究と実験的方法の活用とは，彼に強い感銘を与えたのだった[4]。

1887年，社会科学および教授学の担当に任命されると，彼は，ボルドー大学哲学科において講義を開始した。社会科学および社会的連帯をテーマにして，フランスで最初に彼が講義を行ったのは，ここ，ボルドー大学であった。またデュルケムが，彼と同様に哲学から社会学へ移ろうとしていた哲学科の同僚，アルフレッド・エスピナスとオクターヴ・アムランの2人と親交をもつにい

たったのも，この大学においてであった。彼の知的な成長に影響を与えた，第3人目の同僚，ジェルジュ・ロディエは，著名なアリストテレス研究者であり，またギリシア研究者でもあった。こうして後年，デュルケムは，アリストテレスの『政治学』および『ニコマコス倫理学』に関する2つの講義を担当するようになる。19世紀における社会学の本質について論じた1900年の論文の中で，デュルケムは，「政治組織の多様な形態についてプラトン，アリストテレスの両理論は，社会学に関する最初の挑戦であると捉えることができる」[5]と述べている。その翌年，彼はまた，ルソーの『社会契約論』を主題に連続講義を行っている。これらのことをあわせて考えると，モンテスキューやルソーについての彼の著書は，社会学の起源を，古典ギリシアと18世紀のフランス社会哲学に求めることによって，黎明期における社会学の基礎づけに関する洞察を提供している。デュルケムの社会科学観における，社会学以前のそのほかの重要な要素は，イマヌエル・カントに由来する。カントの認識論的著作『純粋理性批判』(1781年)と『実践理性批判』(1788年)は，道徳科学と社会的連帯に関する理論だけでなく，認識・集合表象・未開の分類などに関する理論をデュルケムが発展させる際にも，その土台を形成した。古典古代・政治経済学・フランス社会哲学・新カント派哲学・ドイツ存在論に対する関心を結び合わせることによって，デュルケムは，社会や社会科学に関する独自な見方を発展させていったのである。

　本章では，デュルケムの知的な生活の中で，理論的に重要な各時期に及ぼしたギリシアの影響について論じている。すなわち，①モンテスキューおよびルソーの新古典派政治哲学における社会の有機体的性質・起源に関わるデュルケムの著作や講義，②社会的連帯や集合意識，社会組織内部における技術的専門化や分業によってもたらされる破壊的な諸変化，近代社会に出現するアノミーや自殺の驚くべき増加といった，こうした諸問題への関心を背景にした初期におけるデュルケムの機能主義，③彼の集合表象論や社会学的認識論が形成される際の，ドイツ観念論・存在論，そして英米系プラグマティズムの重要性，④社会科学に関する彼の哲学・方法論が発展してゆく際の，カントおよびショーペンハウアーの両認識論が果たした役割，⑤道徳・教授学・公教育に関する後期の著作に見出される，民主主義・ギルド社会主義・公民道徳といった彼の政

治的・倫理的な理想について，である。以上に挙げた，実に多方面にわたる社会学的研究の領域が，アリストテレスのコミュニタリアニズム・社会的正義に関する理論という共通のテーマと，どのように結びついているのかを，これから見てゆくことにしよう。

アリストテレス，モンテスキュー，そして社会学の基礎づけ

　最初期の著作や講義に着手して以来，デュルケムは，明確な社会科学の一部門として形成された社会学の知的・哲学的なルーツは，古典ギリシアの内に求められるべきであるという洞察を示してきた。このような古典的ルーツを発掘する上で欠かせないものが，モンテスキューの『法の精神』を主題とするラテン語で執筆されたデュルケムの博士論文，ボルドー大学で1901年から02年にかけてなされたルソーの『社会契約論』や『人間不平等起源論』における政治哲学を主題としたデュルケムの講義や草稿，また『エミール』においてルソーが論じた教育学や道徳教育に関する理論を扱ったデュルケムの別の連続講義である[6]。新しい科学の原則を提示したのはモンテスキューである，とデュルケムが語っていることは，特段驚くべきことではない。この18世紀の啓蒙思想の哲学者こそが，社会学という新しい科学の基礎づけ・主題・性格・方法などに関する数々の重要な洞察をデュルケムに提供しているのである[7]。そして，モンテスキューは，ルソーとともに，アリストテレスの政治哲学，自然法の古典的伝統へとわれわれを導くことによって，社会学の真の起源が，古代ギリシアの世界にあることを再確認させてくれる[8]。最終的にモンテスキューは，自分の立場を堅持し，科学の主題・方法・位置づけに関して，アリストテレスと対立するに至る。そして古代の人たちとの対話を重ねることで，モンテスキューは，社会類型と自然の法則に関する分析を行うとともに，社会現象を対象とする新しい統合科学である，社会学のための土台を築きあげたのである。

　デュルケムの認識に従えば，モンテスキューは，『法の精神』（1748年）における多様な統治形態についての研究を，アリストテレスが『政治学』第3巻で行った古代ギリシアにおける様々な国制についての分類，を受け入れる形で進めている。アリストテレスによれば，最善の国制とは，王制，貴族制，そして

政体であり，これら3つの国制からの逸脱態が，僭主制，寡頭制，そして民主制である。これに代わってモンテスキューは，これらの理念型を，共和制（貴族制と民主制），君主制，専制などの多様な統治形態を分類するための基盤に修正して，研究を出発させている。しかし，彼の一般的なアプローチと方法こそが，アリストテレスから彼自身を際立たせ，国家の研究から社会の考察へ，また古典的政治哲学から近代の社会科学へと，彼が移行するための土台を生み出しているのだ。

　アリストテレスは，王制，貴族制，政体といったように統治者の数——1人か，少数者か，多数者か——に基づいて，また公的な統治の性質に基づいて政治的類型を分類している。モンテスキューは，この類型に以下のようなやり方で修正を加えている。貴族制，民主制の双方が含まれる共和制とは，古代ギリシア・古代ローマの都市国家，中世イタリア諸都市のために準備された用語であった。君主制とは，ゲルマン民族の侵入によるローマ帝国の崩壊後の，ヨーロッパ全土を覆った大規模な政治組織を指していた。また，専制とは，近東地域を支配したトルコやペルシアに代表される巨大帝国を特徴づけるために用いられた。こうしたモンテスキューの類型論は，単に支配者の数だけでなく，社会における多様な要素である，社会的な配置・構造・拘束力などにも依拠していた。彼によれば，共和制は小規模な都市に成立し，同質性，内的拘束力，共通善，相対的な平等，市民的精神，公職輪番制などに対する共同体のための責任感を，その特色としていた。私的な領域では，経済的な平等・質素・中庸が規準とされたことから，階級の分裂・私有財産・利潤の極大化などは最小限に抑えられた。こうした社会では，蓄財に対する様々な制限があった。政治的な徳とは，利己心や経済活動に制約を加えることによって，社会内部の拘束力を維持することであった。この種の社会にあっては，商業の発達が見られなかったと，こうモンテスキューは述べている。「要するに，政治体の各構成員の間では分業が全く存在していない……」[9]。

　君主制は，より顕著な経済的発展，構造的分化・分業・権力の分立によって特徴づけられている。農業・商業・同業組合などの各分野における目ざましい興隆によって，公的，私的の両領域は，いっそう複雑化され，細分化されるようになる。法制度がこれまで以上に整備されて，君主制の権力に対して，国制

上の制約が加えられる。ここにおいて，分業が最大の発展を遂げる。モンテスキューは，こうした社会を，全体を維持するために特殊な機能を遂行する複雑な個別器官で構成されている，一つの生きた有機体に喩えている。なぜなら，この場合において社会は，様々な利害が競合するひとつの階級社会となり，各機能の間に権力が分立されるために，君主の権限が制約されるからである。ここで社会的目標とされるのは，政治的な徳に基づき公共的なコンセンサスを築き上げることではなく，社会内部で競合しあう政治的・経済的要素を定式化し，釣り合いをとることで社会的結束力を維持することにある。この種の社会では，徳ではなく，あくまで名誉・身分・富裕がその原動力となる。公共的調和，政治的自由，共通善などが，このような社会分化や私的自利心から生じてくる。これに反して専制は，内部の分業，身分，権力などが完全に瓦解していることを特徴としている。この社会では，徳や名誉のどれも社会生活の原則とならずに，すべての権力が専制君主に委ねられている。モンテスキューは，このような社会類型では，習俗・宗教・家族・婚姻・犯罪や刑罰などはそれぞれ異なっている，と述べている。

　政治的な類型学の性質と分類を変容させる際に，モンテスキューは，『政治学』でのアリストテレスの方法にも変化を加えている。『政治学』や『ニコマコス倫理学』は，アリストテレスにとって，人間の本性や国家の本質に関する包括的な作品の一部を意味している。政治科学〔政治学〕とは，人間の本性や職分を探究し，究極的な人間の善と最終目標に関わる道徳的・実践的な学問である。実践的な学問 (*phronesis* プロネーシス) は，数学・自然学・形而上学のように，未来永劫なる真理に関心を示すような理論学 (*episteme* エピステーメー) でもなければ，また，芸術とか仕事のように，物理的な対象物を創造することや，制作することを目標とするような技術学 (*techne* テクネー) でもない。そうではなく，実践的な学問とは，政治的な叡智や道徳的な知識についてなによりも問うものなのである。このような叡智や知識は，教えうるものではなく，むしろ，政治過程や法創造に参加することによって，時間を積み重ねて経験しなければならない。自然の中で生きている他の生物体とは異なり，人間の究極的な機能・目標は，理性と幸福からなる生を生きぬくことにある。こうした生き方を，アリストテレスは，ポリス内部での有徳的な活動と理性的な熟議からなる生活として

描いているのである[10]。

　アリストテレスの観点からすれば，人間が理性的で自由となるのは，理論的学問や政治科学という知的な徳を増すことは言うまでもなく，自己の内面的な性格や勇気・中庸・社会正義といった道徳的な徳を涵養することによる，人間の潜在力を育成することに基づくのである[11]。このことは，諸個人が社会的な動物であるという理由からして，自給自足的なギリシア・ポリスという道徳的共同体の中でのみ実現されうる。政治的共同体が人間的成長の究極目的である。それは，この共同体が人間的アソシエーション〔社会的結合，共同社会関係〕の完成を意味する終局的形相だからである。自然が，時間の経過とともに発展して，可能態から現実態へと移行するように，アリストテレスの立場からすれば，政治もまた目的論的観点から理解されているのである。人間にとっての究極的な目標ないし形相は，政治的共同体の内において，有徳で品位ある生に教育し育てること，市民の実践的・理論的な叡智を現実に実践することである。人間が幸福（*eudaimonia* エウダイモニアー）を達成するのは，哲学者の理論的な観想（*theoria* テオーリア）と，市民による政治への参加と活動（*praxis* プラークシス）によってはじめて可能となる。――人間的な生が近づいてゆく終局的な形相は，理性であり，その理性の具体的な表れは，人民による統治である。

　国家が担うべき役割なり機能とは，政治的な幸福，徳義上の徳，実践的な叡智などが十分に開花するよう促すことにある。これが善なる生き方であり，正しい生活である。人間の存在は，共同体の裁判活動・審議活動に直接参加することを本来の目的としているからである。アリストテレスが記述しているように，「実際，厳密な意味において市民の権利を有する者とそれ以外のすべての者を区別するのは，裁判と公職に参加しているかどうかにある」[12]。アテナイの市民たちは，陪審席に座り，民会で演説し，1票を投ずること，あるいは，五百人評議会に参加することによって，自ら属する都市国家の市民として責任と義務を果たした。こうした政治的・道徳的な共同体の形式的な構造は，国制の中に表されている。アリストテレスによれば，一般的な幸福の目標と社会の共通善を追求する国制には，3つの最善な形態がある。既に見たように，これらの統治は，1人（王制）か，少人数（貴族制）か，多数者（政体）かのいずれかに支配されるかどうか，に基づいている。アリストテレスはまた，統治が，単独者，

富裕な者たち、貧困者、のいずれの利益による決定かによって、逸脱ないしは異常な国制である、僭主制、寡頭制、民主制をそれぞれ詳細に論じている。このような社会の相互関係は、後代の理論家たちからは、不確実で偶然的なもの、それゆえ体系的・科学的な研究には相応しくないと見なされてきた、とこうデュルケムは論じている。だが、デュルケムにとって、これらの社会の関係こそ、社会に関する新しい科学の中核となったのである。

モンテスキューは、人間と政治的国制の性格と本質をその機能や形式的な目的から演繹することによって定義する、アリストテレスの目的論的な方法を、拒否した。古典的な政治科学は、自然(フィシス)理論と形而上学に依存していた。デュルケムは、モンテスキューが、社会現象を探究するにあたって演繹的な方法から帰納と記述による歴史的説明の方法へと移行していった、と解釈している。自然の法則とは、社会内部にある形式的原則や普遍的原因によってのみ決定されるものではなく、歴史的偶然を伴うものである。というのも、自然の法則というものは、観察によって発見されるものだからである。モンテスキューやアリストテレスは、人間の行為が、必ずしも自然の法則に合致するものとは見ていない。人間の行為には、偶然性や偶発的原因が存在し、また法律や正常形態からの逸脱が存在するのである。こうした逸脱が生じてしまうのは、立法者の誤謬に起因すると同時に、人間的な生の不完全性に由来するのである。それゆえ、立法者のなすべき役割とは、法律に適切な修正を加えることによって、自然の秩序や社会の調和を再度確立することにある。こうした修正によって、怠惰・無精、あるいは高慢・無鉄砲さなどといった逸脱行動が抑止されるわけである。モンテスキューは、社会科学が偶然的な逸脱や病的状態にではなく、むしろ「生の正常形態」に焦点を合わせるべきであるという見解を抱いていた。

このような逸脱に対するデュルケムの見解は、これとは異なったものとなっている。彼の述べるところでは、モンテスキューは、社会の性質に関する論理的なカテゴリー、すなわちア・プリオリなカテゴリーを出発点として、そこから法を演繹するという方法を用いている。この因果的で普遍的な連関づけは概念間のものであって、経験的現実を反映していない。「この事象［法］には、社会の定義よって示唆されたものが表現されている。しかしその定義は、問題となっている社会の本性から論理的に導き出されるものでは恐らくないだろう。

それゆえこの事象は，われわれに実際に存在しているものよりも，合理的なものを教えてくれるものなのである」[13]。これとは対照的にデュルケムは，正常な社会有機体と病理的な社会有機体を自然の法則の一部と捉えることによって，これら両者を統合しようと試みるのである。彼からしてみれば，「社会有機体の病理」は確かに存在するものの，その病理は，同時に，自然なものであり，「生きたものの本性に備わる固有なもの」なのである[14]。この病理は偶発的なものではあるものの，しかしまた健全な状態に匹敵するそれ固有の法則を有しているのである。モンテスキューは，古代の人々と近代の人々とを橋渡ししたことから，社会諸科学の分野において過渡的な人物であった，と言えるだろう。彼は，普遍的な必然性と形式的な自然の法則という古典的原理に固執するとともに，科学的な観察と社会的類型の記述という近代的な目標にも固執したのである。

　デュルケムは，自らの方法論を構築するために，モンテスキューのこうした洞察を受け入れている。彼の述べるところでは，モンテスキューこそが社会科学において帰納法のもつ卓越性を始めて明らかにしたのである。「人間に関する一般的概念から，彼ら（社会哲学者たち）は，人間の本性と調和する社会形態や社会生活において遵守すべき教訓を引き出してきた。……しかし，こうした考えが観察によって確証されないのであれば，それがはたして実際に現実を表現しているのかどうか，なんとも言いようがないのである。自然の法則を発見する唯一の仕方は，自然そのものを研究することである」[15]。観察と実験的方法（比較分析）こそが，経験的現実についての知識を得る，唯一の手段である。多様な形態をとる特殊な社会現象を，異なる社会類型において比較することによってのみ，われわれは，偶発的なものから本質的なものを識別しうるのである。演繹法とは，社会現象に関する新たな着想を解釈し発展させる上で役立つものであろうが，これらの着想は，それに続いて観察や経験を用いて検証されなくてはならない。

　またモンテスキューは，統治形態だけでなく，宗教・倫理・法・習俗・商業・家族などの社会生活の形態をも包含しようとして，類型概念の幅を広く設定している。彼の関心は，異なる社会的類型において，どうして社会生活の形態が異なるのか，という問題に向けられている。彼は同時に，異なる社会類型

が形成される際に,あたかも法則のように影響を及ぼすものとして,住民の規模,領土の地形・土地の肥沃度〔タイポグラフィー〕・気候条件などの役割をも重視する。社会現象の叙述と説明とに因果関係が結びつけられる。結果が具体的・歴史的な原因と関連づけられる。特殊な慣習・法律・制度は,社会類型として歴史的に考察される必要がある。これらは,人間の本性(自然)から演繹できるものではなく,科学的に精査されねばならない。事物を現象的な表層だけから捉えると,原因は,あたかも不確かで,偶然的な決定と行為の結果であるかのように思える。しかしデュルケムの主張するところでは,社会の内部には,より深く,より恒常的な確固たる秩序としての構造的な実在(realities)が存在し,この構造的な実在が,社会類型を分類する際に,同一の影響・結果を生み出すのである。配置と秩序の同一の組み合わせが,同一類型の社会的結果を生み出すのである。これが,デュルケムの社会的組み合わせに関する自然法則である。この法則は決して,形而上学や目的論などから得られる所産ではない。運動と変化が起こるのは,社会の一要素が他の要素に影響を及ぼすからであって,諸個人が,合理的な人間としてその本質を実現しているからでも,可能態(potentiality)から現実態(actuality)へと移行しているからでもない。因果関係とは,自然的秩序の所産であり,説明的法則によって左右される潜在的な社会構造の所産である。デュルケムは,そもそも社会現象とは,立法者や社会的行為者の抱いている動機や意図からは説明できず,むしろ,政治的・宗教的・法的・経済的な諸制度間にある機能的な関係の所産なのだ,と言う。この彼の主張は,ヴェーバーおよび理解社会学に対する強烈な批判となっている。「だがそれ(目的合理性)を受け入れることは,いずれにせよ,人間社会に明確な秩序が存在することを否定することになる。というのも,もしそうであるとすれば,法・習俗・制度などは国家の恒常的本性に依存するのではなく,ほかならぬひとりの立法者がもたらした偶然に依存することとなるからである」[16]。ほとんどの法と社会現象は,立法者が自覚的に意図して生みだしたものではない。それは,特定の無意識的な社会的機能や効用に奉仕するものであり,したがって伝統的慣習や「生活様式」に近いものなのである。自然の法則は,人間学や心理学などからではなく,社会有機体の多様かつ不可欠な要素の共通した性質や調和的な相互作用から発展してくる。「モンテスキューは,社会現象の相互関連

性を指摘するなかで、われわれの科学の統一性を見通していた」17)と、デュルケムはこう付言している。社会諸現象やその潜在的な構造の法則を対象とする、科学的方法のための研究は、きわめて困難であり、複雑に錯綜している。こうした局面において、モンテスキューが残した業績は、依然として評価されるべきなのである。

　最後に、デュルケムによれば、モンテスキューは、技術と科学、規範と説明の各統合を試みている。これが試みられるのは、科学者が社会の法則や性質を研究しているからという訳ではない。彼ら科学者は、心の中で特別な目標、つまり、自然的秩序の維持や社会の健康を保つといった目標を抱いて研究を行っているのである。科学と倫理とのこのような弁証法的な関係は、道徳教育・教授学・市民精神に関するデュルケムの講義や著作の中で、より立ち入って展開されることとなる。それは、社会科学における客観性、〔価値〕中立性に関する伝統的な実証主義者の前提に挑戦しているのである。モンテスキューは、諸社会の正常形態と逸脱形態を理解しようとして、社会の多様な歴史的類型や、それぞれの社会制度のもつ形態や条件を精査している。社会科学者が病気と健康とを峻別するとき、正常な社会形態は、容認可能な社会類型や社会の本質を奨励するものなのである。

社会の起源——ルソーとアリストテレス

　デュルケムは、ボルドー大学で行ったルソーを主題とする講義や論文の中で、社会科学の成立やフランス政治哲学と古典古代との密接なつながりを一貫して探究している。古代のギリシア世界によってルソーに与えられたのは、古代の社会制度や文化的価値を近代文明のものと比較するための基盤である。そして様々な倫理上の含意を導き出すこうした社会学的研究から、デュルケムは、ルソーをもうひとりの社会科学の先駆者であると見なしている。これまで最も長く続いてきた認識論上の争点の一つは、社会それ自体が研究対象になりうるのか、ということであった。すでに見てきたように、社会的次元とは、単に不確かで偶然的であるだけでなく、独自の恒常的で持続的な社会類型と法則を形成しうるものだという事実を、モンテスキューは絶えず強調してきたのだった。

これに対して，ルソーは，個人の究極的な完成，自由，幸福などは，自然状態の中ではなく，むしろ，市民社会，法，統治の中に存在するのだという，個人的な見解を提示している。このルソーの見解は，自然権理論や功利主義的経済学からなる，伝統的な個人主義とはおよそ対照的な政治哲学であると言えよう。ルソーは，社会や国家の本質に関して，従来のものとは異なる解釈を示した最初の近代思想家のひとりであった。デュルケムによれば，社会とは一つの実在であって，人間性の完成や政体を映し出すものであり，しかも現象そのものとして研究されうるものである。ダグラス・チャレンジャーは次のように述べている。「デュルケムは，ルソーがプラトンとアリストテレスの社会哲学に依拠することによって同世代の個人主義から自らを解放し，また彼の社会理論の淵源となった社会的・政治的理想が古代ギリシアの都市国家というモデルであったと信じていた」[18]と。

ルソーは，モンテスキューが仕事を完成させた地点から，研究に着手している。前者が社会制度の起源について研究したのに対して，後者は，社会の本質的な性質・形態を考察した。デュルケムは，ルソーが『社会契約論』（1762年）と『人間不平等起源論』（1755年）において展開した政治哲学に関する基本的な議論について，その骨子を詳しく論じている。自然状態，市民社会の起源，所有，階級分裂，人民主権の成立，一般意志，民主政に関する自己の理論を駆使しながら，ルソーが焦点を充てているのは，社会の性質とその形成に関する思想であり，それは後に，社会学を基礎づける際に重要な要素を提供するものである[19]。

ルソーもまた，他の啓蒙的政治理論家たちと同じく，仮説的な自然状態という思考実験に依拠しながら，個人と社会との複雑な関係について分析を加えている。自然状態における人間の本性を市民社会の人間と比較することで，すべての人為的で社会的な要素が捨象化されることにより，自然状態の中を生きる人間の本質的な特徴が表面に浮かび上がってくるのである。ルソーは，ルネ・デカルトが『方法序説』（1637年）において用いた方法論的懐疑や懐疑論と類似の方法を出発点とし，偏見の全くない白紙状態を設けようとすることで，社会契約を交す以前の個人を分析しようと立ち戻っている。社会的関係や社会諸制度が定められる以前において，人間個人の本性が有する特徴はいかなるもので

あったのか。また，社会の起源とはいかなるものであったのか。この一連の問いに答えるために彼が必要としているのは，自然状態に関する見解を築き上げることであり，それは，原始状態を生きる人々は孤立し自由であったが，言葉も理性も文化も存しなかった，というものであった。このような自然人は，直接的欲求を満足させることに依存する本能的な生活で暮らしを立てていた。そこでは，個人の欲求と物理的環境との間に調和と均衡が保たれていた。

　ルソーは，この原始的世界が平和で自足した一世界であった，と主張することで，トマス・ホッブズが強調している戦争状態というテーゼを退けている。そこにおける環境と人間との関係は，直接的な感覚の関係であった。これは無知と怠惰の状態であった。未開人は「産業も言葉も持たず，住居もなく，戦争も同盟もなく，同胞を必要としない代わりに彼らに危害を加えることも望まない……」[20] 森の放浪者，であった。そこには，反省，抽象的思考，道徳心など全く存在しなかった。よって過去も未来も一切存在しなかった。人間的な絆は，小屋で生業を立てている直接的な少人数グループに対する彼らの本能や感覚によって制限されていた。『リヴァイアサン』においてホッブズは，自然状態からの脱出が，暴力による死，快適で幸福な生活に対する各個人の恐怖と欲求によって引き起こされたと，こう主張してきた。ルソーはそれとは反対に，このような原始状態が実際には幸福で自足的な状況にあったと主張している。そこでは，法律や社会的規制を備えた規模のより大きな社会を追い求める内的要求など，一切なかったのである。それ故，ルソーとデュルケムの両者に対しては，社会を形成しようとする強い衝動はどこから生じたのか，という問いが，投げ掛けられるであろう。

　ルソーの推測するところでは，自然状態からの移行がもたらされるのは，外部から自然状態の安定と調和に対して衝撃が加えられることによって，である。自然的・気候的諸条件の均衡が劇的に変化することにより，寒さ，暑さ，自然災害，変化する食糧供給などに未開人が適応せねばならない，新しい状況が生み出されたのである。自然がもはや快適な場所でないとすれば，人間はこれに適応せねばならなかった。本能は思考と理性によって，怠惰は事前に調整された計画によって，孤独は言語と社会によって，それぞれ，埋め合わされねばならなかったのである。このような状況は，次に，未開人の必要物と彼らの物理

的環境を変えていった。時の経過とともに発展してきたのが，契約による諸関係，「品位に対する欲求」，分業，経済的協同，財産，そして最後には，法の制定，正義の原則と政府，すなわち，ひとつの市民社会であった。

啓蒙思想の多くの政治哲学者たちの場合と同じように，ルソーもまた，社会が人為的に創られたものであると主張している。しかし彼はまた，古典ギリシアの流儀に則り，社会とは一つの道徳的な実在物であり，生きた有機体であって，その総和は個々の構成部分を合わせたものより大きいのだ，とも主張する。デュルケムの見るところでは，ルソーは，共同体論者と個人主義者とを，言い換えれば，古代の人々と近代の人々の間を，仲立ちする者なのである。自然状態が育む手つかずの所産はもっぱら個人のみであって，社会は生きている有機体である。ただ個人のみが実在しており，社会は，人為的な不平等，抗争，隷従状態をもたらす精神的・合理的な概念構成に過ぎない。ルソーの立場の大略を述べた上で，デュルケムは次のような疑問を投げかけている。「自然状態と社会生活は，和解しがたい対立関係にあるのか，それとも両者を妥協させる何らかの手立てがあるのだろうか」[21]と。ルソーに関するほとんどの二次文献は，彼の著作の中には自然人と市民との間の現実的な抗争が存在すると主張している。デュルケムは，自然状態に生きる諸個人には，自然状態を乗り越えて道徳・正義・幸福などが発現する市民社会という，より完成された状態へと移行するための潜在力が秘められているのだ，と主張する。この争点に対してデュルケムが結論として下した答はこうである。「おそらくこの新たな完成は，原初の状態のそれよりも優れているであろう」[22]と。しかし，このような完成レベルに到達するためには，これまでとは違う自己アイデンティティーとか，人格といったものに関する膨大な教育や陶冶が必要とされる。

自然人が市民社会において成長するには，民主主義的な共和制を必要とする。この共和制は，徳・平等・人民による統治を促進し，また独自な実在である共同力や集合的意思などによって結合されるのである。このことによって，デュルケムがなぜ生涯を通じて，アカデミックな観点から教授学や教育の問題に熱心に取り組み続けたのか，を説明することができる。市民社会とは，人間の理性と社会正義から生みだされた産物なのだから，自然状態のひとつであろう。一般意志とは，市民が集合し，公開討論や普遍的な熟議を行うことによって生

みだされるものである。社会における司法や立法に関する職務に市民が参加することによって，統治権が，譲渡も分割もできない一般意志へと譲渡される。こうしたことが生ずるには，市民たちが，共同体における共通の福利・安寧に対して，一般的な関心を抱き続ける必要がある。このような政治形態において，個人は自由である。というのも市民たちは，自分たちの集合的自己という合理的・普遍的な関心に従うことで，自らにのみ服従しているからである。自己決定が啓蒙された道徳的共同社会の内で行われることにより，政治的・法律的な諸制度の基盤となる。権利や義務は，自然法や人間の本性の中で，哲学的に基礎づけることのできないものである。レッセ・フェール〔自由放任〕という自由主義によって利己心が姿をあらわす場合には，共同体の社会連帯や公共の福祉に基づくこうした人民主権の類型は，弱体化させられるであろう。

　ルソーやデュルケムの見るところでは，人民主権には様々な限界が存在している。これらの限界は，近代的個人の諸権利や，尊厳や，道徳的な自律性の中に内在するものなのである。ルソーの政治哲学は，アリストテレスの政治的・倫理的な世界と啓蒙思想のこの2つを統合している。一般意志とはリベラリズムの特殊な形態と合致するものである。そのリベラリズムでは，自然権，所有偏重型個人主義，功利主義などに関するアングロアメリカン的な伝統下で見られるものとは，およそ異なる，個性の形態が重視されている。モンテスキューとルソー，ならびにシュモラーやワーグナーに代表されるドイツ歴史学派から，デュルケムが与えられたのは，個々人の総和以上のものとして社会を認識し，議論するための哲学的な枠組であった。というのも，社会とは，功利的自由主義や古典派経済学で扱われているような，社会的構成員の単なる集まりではないからである。フランスやドイツのこれらの思想家たちは，道徳的判断や個人の自由を基礎づける社会連帯・道徳的社会・社会的統合に関する問いを掘り下げる上で，多いに手助けとなっているのである。啓蒙思想の重要な側面を拒否することによって，デュルケムは，正常な社会関係と異常なそれとを精査する中で，社会的な統一やまとまりといった問題に対する答えを探し求めているのである。古典的なバックグランドと併せて，モンテスキューとルソーは，デュルケムに対し，集合意識・社会連帯・道徳教育・社会認識などに関する理論の基盤だけでなく，社会に関する一般理論のそれをも提供しているのである。

認識論と存在論――カントおよびショーペンハウアー

　近代の認識論と道徳哲学において，真理，科学，道徳性などの問題だけでなく，意識や主観性といった観念やカテゴリーが重視されたことが，際立った特徴となっている。デュルケムは，集合意識 (conscience collective)――ルソーの一般意志という考えと有機体的な社会観から部分的に借用されたものである――の観念を創り出すために，こうした哲学的な応答に修正を加えている。この概念は，共通意識と共同体的良心の双方と関連しているために，認知的・道徳的な次元を有しているのである。この概念は，社会の土台が，社会の集合的な価値や社会的連帯の中に，社会の文化や社会制度の中に，それぞれあるということを表している。社会とは，個人に対する外的な強制力や社会的拘束として作用する，間主観的に共有された道徳的規則や社会的合意という形をとって，それ自身の集合的精神を投射するものである。社会とは，アイディア〔思想〕やシンボルを統合した一つの体系として捉えられるものである。共通する信念や道徳的な合意には，普遍的に共有されるアイデアや個人的な義務に基づいて，社会的一体性を生み出す効果を有している。これらの領域におけるデュルケムの様々な議論を解き明かす鍵となるのは，彼がショーペンハウアーの著書に熱心に従っているという事実を認識することだ，と主張されてきた[23]。

　デュルケムによれば，集合意識とは，一つの観念的〔理念的〕・社会的な現象であって，それは，宗教，道徳，法，教育において，また，精神，慣習，信念，伝統などの分類やカテゴリーの諸形態において表現される現象なのである。道徳的観念とは，その底流にあるいろいろな社会的構造の顕現なのである。

> 「それ〔個人の道徳〕がわれわれに実現するよう命じるものは，その社会が抱いている理想的な人間であって，個々の社会はその社会のイメージに沿って自分の理想を抱くのである。古代ローマ人やアテナイ人の理想は，ローマとアテナイのこれら二つの都市固有の組織と密接に結びついていた。個々の都市が，その構成員が実現する理想的な類型は，社会システム全体を支える要であり，その社会に統合をもたらすものである。」[24]

これとは反対に，このような意識や社会的統合力が崩壊したり，ほころびが生じたりすると，拘束なき分化・度を超えた意欲・エゴイズム・無意識的欲望・アノミーへ，そして場合によっては，自殺へと導かれてゆく。知覚と道徳の2つは，社会的形態と集合的感情によって構成されている。初期のその著作においてデュルケムは，共有する理念や道徳的価値や政治的な目標をもった共同体へと社会の構成員たちをまとめあげる，集合的理念を強調していた。しかしまた彼は，共同体や自我を破壊しかねない社会的病理やアブノーマルな行動を通して，社会の共通基盤が解体されてゆくことを研究することにも，関心を寄せていた。表象と意志という両観念は，デュルケムの多くの著書の中で論じられた，社会統合を図る理性に関わる側面と，集合体の統合的一体感を弱体化する意志に関わる側面の，これら2つの側面を概括し，組織化するものである。フリードリヒ・ニーチェから深い影響をうけたヴェーバーと同じ様に，デュルケムもまた，ゲオルク・ジンメルの著書『ショーペンハウアーとニーチェ』（1907年）によって，また，ショーペンハウアーの著書に盛り込まれているカント的存在論の陰気なペシミズムによって，影響を受けていた[25]。最終的には，デュルケムは，ショーペンハウアーの影響により，実証主義において一般に流布していた形而上学的・認識論的な実在論から抜け出て，急進化されたカント的認識論の形態へと引き出されるのである。現象の下に存在する客観的な実在〔リアリティー〕は，それがいつも概念によって媒介され，社会的に構成されているというその事実のために，接近できないのである。このことは，カント的な認識論がより一層精巧化され，発展させられ，社会学へと変容していったこと，を意味している。

　ところで，ショーペンハウアーの中心的な思想は，博士請求論文『根拠律の四つの根について』（1816年）と，彼の哲学を代表する作品『意志と表象としての世界』（1819年および1844年）の中に盛り込まれている。ショーペンハウアーによれば，世界はイデアと意志，理性と本能，で構成されている。すでに本書第2章〔137頁参照〕で考察してきたように，『意志と表象としての世界』の巻頭において，彼は，次の見方に基づいてその分析を開始している。「およそ世界に属しているもの，属しうるもののいっさいは，このように主観によって存在が制約されていることを不可避的に負わされており，主観に対してのみ存在するに

すぎない。世界とは表象である」26)と。哲学におけるコペルニクス的転回とでもいうべき議論をあれこれと重ね，それらの議論を極端にまで推し進めることによって，彼は，意識に関するイマヌエル・カントの理論を孤立化させ，これをさらに発展させてゆく。かつてのカントが経験主義と理性主義の2つの要素を結びつけたのに対して，ショーペンハウアーの方は，自らの認識論における主観性と観念論〔アイディアリズム〕とを強調することによって，自らの認識論をラディカルなものにしていく。われわれが認識するものは，世界それ自身ではなく，世界に関する私たちの表象に過ぎない。構造化され，意味ある現象としての客観性は，知覚作用と悟性組織の2つを内包する主観的意識の中に組み込まれてきた。独立した客観的な世界へと近づく方法は，全く存在しない。この世界は，その際に，世界に関するわれわれの本能的知覚と悟性に比較することができるだけである。経験論における客観性というものは，知覚でできている現象的な世界がひとつの精神的構成物（Vorstellung 表象）であることを考慮しない，幻想にすぎない。われわれがもっているすべてのものは，われわれの表象〔representations〕である。「主観との関連が除去されれば，客観はもはや客観たりえないということ……客観的な存在のすべてが一瞬にして消え去ってしまうという事実を，実在論は無視している」27)。真理を告げる神や超越的な主体などによって保証される客観性というものは，時間と激情によって破壊された，無防備なままに怯えきったエゴ〔自我〕を後に残して，ことごとく消えてしまった。表象に関する認識論的理論は，こうしてその論理的結末へと行きついたのである。

　ジョン・ロックやデイヴィッド・ヒュームと同様に，経験は一つの孤立した認識行為へと転換されていった。その行為は，後に，批判理論において，個人および認識の危機を引き起こすことになった。ショーペンハウアーのカント解釈によれば，世界に関するわれわれの感覚と悟性は，時間と空間と因果性からなる知性的カテゴリーによって媒介されている。客観的世界にかんする経験や認識が生まれるためには，感性という生の素材は，精神の中で組織化されねばならない。見る・触れる・音を聴くなどの知覚は，形もなく，意味もない，身体的な感受作用である。こうした知覚によって与えられる情報が，意識によって解釈され，時間的・空間的・因果的な枠組の中に据えられた後においてのみ，

客観性というものが造り出される。われわれが目にする世界は、われわれの意識に備わっている精神の普遍的な形式やア・プリオリなカテゴリーである諸概念によって構成されると、このようにカントは主張していた。以下行われる議論の転換のその背後には、ある認識論的・存在論的な危機が待ちうけているのだ。

　もしわれわれが認識するもののすべてが、客観的な世界にかんするわれわれの表象でしかないとするなら、一体どうしたら認識や真理は客観的に可能となるのであろうか。普遍的な認識とか、科学の妥当性のためには、一体われわれはどのような尺度や基準を使用することができるのだろうか。これは、科学が危機に陥る潜在力を抱えていること、を意味している。人間の意識が認識過程の中に介入してくるがために、感受された客体間の相互関係は、そのどれもが相対的となる。ショーペンハウアーには、プラトンの『国家』や、洞窟の比喩との類似性が指摘されている。われわれの見る客体〔対象〕は、背後から射してくる光によって洞窟の壁に投映された、単なる影にすぎない。われわれは、影そのものではなく、客体の投映されたものを見ているのである。かつてヘラクレイトスが主張したように、すべては流転し、永遠の変化の渦中にある。というのも、すべてはなんら実質的な実在のない夢だからである。時間的・空間的・因果的な関係は、精神によって形成されるものであって、外的な世界の本質を表すものではない。カントは、実在とは、無限の、意味のない、絶えず変化してやまない世界からなる、物自体であると、こう述べていた。ショーペンハウアーは、ヒンドゥー教の偉大な聖典から借用しながら、われわれの経験する世界は単なるマーヤーのヴェール〔迷妄のヴェール〕でしかない現象の世界――夢・幻影・欺瞞からなる現象世界――で成り立っている、と主張している。これこそ、彼が表象（Vorstellung）や仮象という言葉で表現している当のものである。意識は、安定性・物質・秩序などの直接的な感性や一時的な状態を提供する。「眼、耳、手が感じるもの、それは直観ではない。それは単なる所与である。悟性が結果から原因へと移ってゆくことによってはじめて世界が現れる。……表象としてのこの世界は、悟性によってのみ存在するが、同様にまた悟性に対してのみ存在するのである」[28]。悟性が知覚や思惟をつくりだす際に、感覚は、未加工で意味をもたないデータや印象を提供する。カントは、ヒュームの客観

性にかんする理論を，直観されるためには悟性によってかたどられ・組織化されなければならない，そのように未だ形式化されていない感性の諸印象へと変化させた。世界にかんする直観と認識のすべては，表象として媒介されているのである。そこには，直接的に近づく手段とか特権的な印象など，一切存在しないからである。このような認識論的立場は，客観性や社会科学にかんする理論〔の存立〕を極めて困難なものしている。なぜなら，経験的な証明と科学的な妥当性の土台として機能しうる，媒介されない経験など一切存在しないからである。認識や科学の基礎づけはこうして消え去ったのである。デカルトの危惧を再考するショーペンハウアーは，この冒頭の考察を，次の言葉でもって締め括っている。「人生は長い夢だという詩人たちの言葉を認めぬわけにはいかない」29)と。だが，狂気は曲がり角に忍び寄ってはいないのだろうか。

　直観や悟性のほかに，世界には，認識可能であると同時に，客体の世界をつくりだす，もう一つ別の構成要素がある。これが意志である。意志は，身体の活動の中にそれ自身を現す，われわれの動機，衝動，感情，欲望を含む，無意識的・意識的な自然の諸力からなっている。意志は，生の盲目的な推進力，その本質的な実在であり，客観性の原因である。意志は，外部的な現象として現れる。ショーペンハウアーは意志を，物自体として，自然の根底に潜んでいる力として，扱っている。「あらゆる意欲は欲求に端を発する。したがって欠如に，それゆえまた苦しみに端を発する。欲求は満たされることによって一旦やむ。けれども一つの願いが満たされたとき，これに対して少なくとも十の願いがどこまでもかなえられないままである。さらにまた欲求は長期にわたり持続し，要求には果てしがない。満たされることへの割り当ては，短期間であってしかもごくわずかである。だが最終的な満足そのものさえみせかけにすぎない」30)。世界は，妄想と，幸福や平和に対する報われざる追求とによって特徴づけられる，人間の和らぐことなき苦しみと苦痛の場所である。決して満たされることなき意志を抱えているため，それを満足させることなどどだい不可能である。人間の惨めさと個人の悲劇が，つねに生成状態にある世界のむなしさと浅薄さの仮面を剝ぎ取るのである。人生はすべて苦しみであると，このようにショーペンハウアーは書き記している。満たされぬ物質的な欲求と欲望の無限性がもたらすものは，それらを追求した後に残る，不安と欲求不満である。これこそ

まさに，ニーチェの「末人」が彷徨している，功利主義的な地獄である。だが，ショーペンハウアーには，この地獄から抜け出す唯一の道が残されている。すなわち，それは，身体と意志の放棄〔放下〕によって，また，禁欲主義，現世的無関心，自己苦行・諦観，哲学的瞑想，などを通じて，生へのそれらの執着〔を断つことに〕よって，逃避すること，この道である。近代世界では，エゴイズムが問題となっている。というのも，エゴイズムは，マーヤーのヴェールに被われて，生成のカオスや，快楽と幸福への功利主義的な追求や，存在することのむなしさや不条理などの中に，われを忘れるようになっているからである。

ショーペンハウアーは，プラトンの美のイデアという形をとる普遍的なものや崇高なものを求めて，ヒンドゥー教的・プラトン的な哲学の世界へと隠遁していく。イデアにおいては，真の存在と認識の本質として，すべての意志と生はひとつである。瞑想的な生活によって，身体，意志，苦しみを捨て去る，意志のない純粋な認識が生みだされるのだ。そうした生活はそれと同時に，「迷妄の魅力」や個人の幸福という誘惑をも捨て去るのである。われわれは，イデアと意志の現象的な実在のすべてが，絶えず変化して止まない世界の，はかなく意味のないささやきに過ぎないと認識してしまうと，そこに「われわれ自身の虚無性という幻影」を見出すこととなる。それゆえわれわれが追い求めるべきは，むしろ美しい魂からなる，美の愉悦を魂によって保護された瞑想的な世界であり，変化することなきプラトン的形式なのである。

プラトン的合理主義とプラグマティズムの詭弁

デュルケムは，普遍的なもの，不変なもの，超越的なものとして，経験を組織化する原理——精神のカテゴリー——にかんするカントの記述の仕方を拒否している。デュルケムにとって精神のカテゴリーとは，人為的・歴史的・社会的なシンボル，つまり，それらは集合表象なのである。デュルケムの認識論は，彼の甥マルセル・モースとの共同執筆である『分類の未開形態—集合表象研究のための試論』（1903 年），『宗教生活の基本形態』（1912 年），『プラグマティズムと社会学』（1913-1914 年）の，これら 3 つの主要作品の中から発展したものである。彼は，1913 年から 1914 年にかけて，プラグマティズムと社会学をテー

マにして，ソルボンヌ大学で連続講義を行っている。この連続講義は，論説『個人的表象と集合的表象』(1898年)に端を発し，その後，ウィリアム・ジェームズの影響をうけながら『宗教生活の基本形態』においてさらに発展していった，そうした初期の学問的関心を延長させたものであった。デュルケムは，彼の師であるシャルル・ルヌーヴィエおよびエティエンヌ・ブートルーを介して，アメリカのプラグマティズムに，とりわけ，ジェームズの著作に紹介されていった。殆ど知られてこなかったこれらの講義は，われわれがデュルケムの認識論や，社会学と認識論との関係について考える際に，重要な見方を提供してくれる。世紀の転換期において，アメリカのプラグマティズムは，デュルケムによれば，フランスでもて囃された主要な認識論であった。デュルケムはこのプラグマティズムを，賛嘆と懐疑の入り混じった複雑な気持ちで見つめている。彼は，プラグマティズムを分析することによって，彼の見立てでは次第に衰えてゆく運命にある「合理主義」を新たに甦らせたいと考えている。

　彼は，経験主義と合理主義に見られる啓蒙主義の認識論（そして，暗黙的には道徳の哲学）を簡単に要約しながら，この連続講義をスタートさせている。経験と内省のどちらを基礎に置くのかどうかにかかわらず，両者〔経験主義と合理主義〕はともに，普遍的な知識と絶対的な真理をめざして議論を展開するものなのである。ジェームズ，ジョン・デューイ，フェルディナント・シラー，ウィリアム・パースたちのプラグマティストの運動は，ギリシアのソフィストや「人間は万物の尺度である」というプロタゴラスの伝統に従うものであった。それゆえ彼らは，知識に変わることのない普遍的な基盤になる可能性があることを否定してきた。そこでは真理の要求するその他の先験的，外部的な基盤もおよそ存在しないのである。そしてソクラテス的な合理主義〔理性主義〕が，ソフィストらに対する答えであったように，デュルケムもまた，米英思想のこの学派に特徴的な独我論や反基礎主義に応えるべく，自らの「哲学的な眠り」から目覚めていくのである。プラグマティズムとは，合理主義や独断論の中に見出された認識論的な弱点を拒否することに他ならず，それゆえ西洋の合理性に対して直接的な攻撃を加えるものであった。「ジェームズは，〔合理主義の〕こうした考えは，真のイデアとは事物と合致するイデアであるという，極めて単純な原理に基づいている，と捉えている。イデアとは，対象の心象や模写であり，事

物の精神的な表象である。そしてこの精神的表象が，表象された対象と厳密に合致するとき，イデアは真となる。」31)。精神とは，印象や感覚の世界，あるいは，理性やイデアの世界といった，そうした外部的世界を写しとるものである。いずれにせよ，これらの感覚やイデアは，認識する者と対立し，その者の外部にある実在を，精確に表現せねばならない。というのも，たとえ客観性が，経験された対象や事実の一つ（経験主義）であろうと，あるいは，精神的な思考や理性の一つ（合理主義）であろうと，一切それとは関係なしに，感覚やイデアは，客観的な実在を変容し変換させる諸形式だからである。合理主義とは「精神によって再現されねばならない……それ自身の存在で組織されたイデアの体系」32)である，とする古典的な定義を下しているのは，プラトンその人なのである。実在に接近するための手段を巡って，経験論者と合理主義者は互いに対立し合っているが，それでも，客観的な実在というものが事実として存在していること，そして，われわれの諸概念が直観や思考の中にその実在を映し出すとき，それら諸概念は妥当性をもつこと，このことを，これら双方は主張しているのである。真理は，感覚可能な世界に，あるいは知的な世界の中に，帰納の中に，あるいは演繹の中に存在しているのだ。客観的な実在というものが存在すること，また真理が必然的で拘束的な性質をもっていること，については何ら疑われてはいない。議論されているのは，この実在に近づく諸手段や真理を獲得する諸手段を巡ってなのである。

　プラグマティズムが啓蒙主義の合理性や科学に対して真っ向から攻撃を加えるのは，啓蒙主義が，実証主義の認識論上の諸前提を拒否しているからである。プラグマティズムは，これら2つの形態をとるドグマティズムの認識観を，非人格的，絶対的，客観的，先験的，普遍的等々として，批判的に特徴づけている。このような認識観は，プラトン的な哲学にその端を発する。「既に述べたように，ギリシアの偉大な思想家たちは，人間たちの間の知的な統一や悟性を保証しようと努めた。彼らは，客観的実在を対象に選ぶという方法を用いたのであった。というのも，客観的実在は，それが観察する主観から独立しているのであれば，必然的にすべての人間にとって同じものでなければならないからである」33)。若干の重要な点に留保を示しながらも，デュルケムは，古典的合理主義にかんするプラグマティストの見方を受け入れている。おそらく，

プラグマティズムにおける最も重要な要素は，プラグマティズムが，真理にかんする模写論と認識論的実在論を拒否したことにある，と言えるだろう。第一性質および第二性質にかんするガリレオおよびデカルトの見方をのり越えて，プラグマティストたちが賛成しているのは，五感によって感受される第二次的特徴の卓越性である。すなわち，彼らは，外延，形状，運動などの数学的な普遍性よりも視覚，聴覚，臭覚などの変化する世界を重要視しているのだ。知の目的がプラトンの説く永遠のイデアを不完全であるがただ再現するものなのだ，と考えようものなら，プラグマティストたちは，これを人類の神学的な堕落を象徴するものに他ならない，と主張するであろう。

＊　＊　＊

　古典的合理主義や近代的合理主義において，人間というものは，実在を単に受動的に反映する役割しか担ってはおらず，実在を創造するものではない。人間の目標が単に実在を模写するだけならば，そのような真理の目的〔は一体何なのか〕について，デュルケムは問いかけている。彼は，認識がこのような形態なら，そんなものは無用の長物だと主張している。われわれが人間のもつ諸可能性を，静態的に所与なるものという神話に制限してしまうとき，われわれは，実在に対する単なる奴隷となってしまう。それと同時に，彼はこうも主張している。すなわち，諸概念は経験的世界の向こうにあるイデアの世界を表象しているために，諸概念と実在との間には，架橋しがたい「認識論上の裂け目」が存在している，と。シラーの先導的な批判に従うように，デュルケムはこう述べている。超越的なイデアと具体的な世界の2つを分けるプラトンの区別が成り立つためには，精神が，前者のイデアに到達するための，ある特殊な，だが未だ解明されていない，特徴を備えていること，〔このことの証明が〕必要である，と。もし思考が実在の模写であるなら，どのようにして俗なるものが聖なるものを知ることが出来るのだろうか。デュルケムは，実在論と客観主義という，この双方の底流に潜んでいる諸原理に疑義を抱いていること，この点に気づいているのだ。思考が外部的世界に接近する唯一の手段である以上，思考と実在との関係，精神と存在との関係は，一体どうなっているのであろうか。これは，17世紀以来ずっと，近代の認識論の中心にある疑問であり，デュルケムによれ

ば，今もって適切な回答が下されていない疑問なのである。デューイに賛同しながら，デュルケムはこう主張している。すなわち，その論理的な結論に従う形で，真理にかんする模写論に批判を加えることは，最終的には，懐疑主義と詭弁——認識は不可能であろうという——へ往きつくことになろう。こうしたジレンマから脱出する道は，思考と存在とを二分することを克服することによって，啓蒙主義の実証主義を斥けること，これである。デュルケムは，これがプラグマティズムによって成し遂げられてきたのだと信じている。

　新カント派の認識論やヴェーバーの理解 (Verstehen) の社会学の場合と同じ様に，デュルケムが主張するところでは，真理の探求は価値関係の何らかの類型を出発点とするものであり，この価値関係は人間自らがその関心に基づき認識論的な目標をまずはじめに選択することで具現化するものである[34]。真理は，プラトン的なイデアの体系に見られるような，超越的な地平に対する人間の関心を超え出た処にあるのではなく，人間の生そのものの，はかなさそのもの，の一部なのである。具体的な真理は存在論的・一時的・従順的・相対的・歴史的であるから，プラグマティックな世界は，多様で，多元的で，寛容的である。プラグマティズムは，理性や真理にかんする啓蒙主義的な見方にみられる一般的な説明を，検証可能な実在の模写であるとして，これを拒否している。デュルケムは，次のように主張することによって，プラグマティズムの批判に含まれている様々な含意を拡張している。「プラグマティズムが主張するように，もし構成されるイデアのほかに，真のイデアが存在しないとするならば，論証可能な真理にかんする，与えられたイデアや確立されたイデアといったものは存在しえないことになる」[35]，と。このような構成主義的・因習主義的な物の見方は，ショーペンハウアーによっても同様に展開されていた。意識のイデアを比較し測定できる客観的な実在が存在しないとするならば，イデアそのものに関する客観的な妥当性も存在しえないこととなる。意識と実在との関係が重要だとする見方に代えて，中心的役者を演じているのが，思考と存在という両者の関係なのである。デュルケムは，均衡の崩れ〔不均衡〕と新しい欲求を基礎にして，社会の起源にかんするルソーの分析を学問的に消化しながら，その分析をプラグマティストの認識観に充当している。ルソーがデューイを補足しているのである。自然状態にあっては，感覚が認識にとって必要なすべてであっ

た。というのも，それらの感覚がわれわれの欲求を叶えていたからである。環境で様々な変化が生じ，身体的・社会的な緊張が増してくると，個別的諸問題を解決するために，反省や思考が進化してきた。思考は，われわれの実践的な欲求や未来の欲望を示す一つの働き〔function 関数〕であって，われわれの現在の状況とか瞑想的イデアなどを示すそれではない。「思考はそれ故，実在を模写するためにではなく，それ〔実在〕を変えるために生まれているのである」36)。

　思考と実在との分離・二分法を経験するというより，むしろ，プラグマティストたちは，精神と実在を，生の持続的で統合された過程の一部として捉えている。科学と徳性，真理と善が，一定の人間的な関心や価値に仕えているから，思考は，つよく道具主義的・功利主義的な性格をもつのである。知識は「何にもまして行為の道具」である 37)。ショーペンハウアーの見方とは反対に，技術的な知識は，失われた均衡や充足感をふたたび確立するためのもの，と考えられている。それ〔技術的知識〕は，生と，存在の流れに適応する一つのやり方なのである。その目的は，安心・平和をもたらし，われわれの生活を豊かにすることにある。そうした状態は，苦しみと苦痛が除去されるとき，初めて成し遂げられる。実在との符合が見られる時には，検証作業は生じない。それというのも，実在はいつも一つの構成物だからである。検証は論理的な原則ではなしに，むしろ実践的な原則である。そしてその検証作業は，主観的な満足（ジェームズ）とか，期待された行為の成功（デューイ）などに基づいている。だが，デュルケムから見ると，プラグマティズムは，ショーペンハウアーの形而上学と結びついている。プラグマティズムの真理は，個人における不安や苦しみの諸原因を鎮静化することと関係しているのだ。というのも，それは，柔順で可塑的な世界への適応とともに，内面的な充足や平安のための基盤だからである。知識が，われわれが生きるその質に，積極的な影響を及ぼすとき，その知識は真であり本物である。知識は生活と切り離せないから，知識は単なる技術的な道具であるだけでなく，一つの存在様式でもある。存在論とプラグマティズムを結びつけながら，デュルケムはさらに説明を重ねる。「実在は真理と同様，その大部分が人間の所産にほかならないからである。世界は「混沌」であり，その混沌のうちから人間の精神は，諸対象を「切り離し」，それらを整え，並べ，いくつかのカテゴリーに系統づけるにいたった。空間，時間，因果性，これらす

べてのカテゴリーは，われわれに由来するものなのである。それらを実際生活の諸欲求に応ずるようにつくりあげたのは，ほかならぬわれわれである。かくして世界の現状も，事実われわれが構築したままの姿を示している。純粋な感覚というものは存在しない。感覚はわれわれがそれにあたえる形式によって一貫性を保つのである」38)。この論述においてデュルケムがヴェーバーにますます似てきたように思われるのは，彼もまた，カント的な認識論を歴史主義化しているためである。客観性とは——自然と実在の世界が，そして真理の世界がそれぞれ存在しているように——，技術的・功利主義的な目的のために，人間により作られた人間の理論的な構成物なのである。プラグマティズムの考え方によれば，この実在の底流にあるもの，人間の思考を超えてこの実在が持っている形而上学的な意味といったものは，意味のないものである。われわれが見ている世界は，ひたすら意識により構成されたものである。真理とは，すべて人間的なものなのである。そして，デュルケムがプラグマティズムのもつ妥当性に疑問を抱き始めるのは，まさしくこの点なのである。

　客観的な方法，客観的な実在，概念の客観的妥当性といったこれらの考え方は，いずれも，近代の実証主義にみられる相互関連的な諸特徴である。プラグマティズムが拒否しているのは，認識論上の実在論，認識〔知識〕の検証と，そして概念と実在との対応に基づいた客観的妥当性の可能性，などについてである。認識と人間の諸関心〔利害〕が実在をつくり出すのである。われわれの認知的・道徳的な諸カテゴリーから独立した客観的な世界など，一切存在していない。実在はつねに，技術的な目的に従って，人間の活動を通じて構成されるがゆえに，啓蒙主義の認識論的な枠組はこのようにして崩壊してゆく。われわれの価値や行動，われわれの関心や選択を通じて，われわれは，意識的・無意識的の双方においてわれわれが見ている実在を，構成するのである。だが，プラグマティズムが真理の本質と実在の本質をそれぞれ別個の問題として捉えることができない点に，デュルケムは厳しく批判を加えている。これまでの分析には，人間の関心，および認知と意識にかんする社会的な基礎づけに関わる包括的な理論が欠如している。

　「真理を柔和なものにする」ことを志すプラグマティズムは，プラトン的哲学に見られる絶対的で神聖なる性質をもつ真理に対して，関心が遠のいてしまっ

た人間に,真理の要求に対する関心を再び抱かせようと試みている。デュルケムがプラグマティズムと社会学の相互関係の概述を講義し始めるのは,まさしくこの局面においてである。彼は,真理の構成理論,プラグマティックな理性観,真理と規範的関心との相互関係,認識の技術的・歴史的な基盤,真理と行動とのつながり,実証主義を拒否すること,これらを受け入れている。プラグマティズムと社会学の両者からみれば,所与なる事実,認識の普遍的なカテゴリー,絶対的で客観的な実在など,そういったものは一切存在していない。というのも,実在に関するわれわれの感覚や悟性は,時間の経過とともに変化するからである。2つの立場に違いが生ずるとすれば,それは,個人の意識に立脚したプラグマティズムの認識論を社会学が拒否していること,この点にある。デュルケムによれば,プラグマティズムは,認識というものを間主観的な意識ではなく,主観的なものに限定してしまったため,空虚な心理学に陥ってしまっている。そのため真理が究極的には個人主義的な行為やテクネー (techne) の諸形態へと還元されてしまい,プラグマティズムの認識論は適切さに欠けたものとなっている。これに対しデュルケムの立脚する立場では,実在や集合的に共有されるシンボル,そして社会それ自身を作り出すことが,思考や意識のはたす役割だとされている。そして社会学こそが,モンテスキューやルソーの著作を通じて,主観的で哲学的なカント派の認識論の中に社会という観念を持ち込んでいるのである。デュルケムはたしかに,プラグマティズムの経験主義や認識論に対する批判を評価してはいる。しかしプラグマティズムの急進的な主観的性格や功利主義的な要求を,デュルケムは拒否している。というのも彼は,認識の社会理論――すなわち,社会の集合表象や集合意識において普遍的に分有されている価値や信念にかんする理論――という姿をとる真理を救い出そうと考えているからである。

　デュルケムは,集合表象に関する社会学理論を備えた,新たな社会的認識論をつくり出そうとしている。共同体の集合的体験や記憶の中で実在を構成するもの,それが社会的な思考であるということから,客観性は社会の諸構造に関係させられる。イデアに対応する実在は,形而上学的でもなければ,超越論的でもなく,社会的なのである。様々な社会制度や文化価値が歴史的に発展してくる状況の中で,実在にかんする意識が形成されるのである。実在とは構成さ

れるものだと主張するプラグマティストに同意しつつ，デュルケムは，悟性という集合的カテゴリーを通して実在が社会的に構成されているのだと主張する，社会学的認識論を提起している。そのためデュルケムにとって社会学とは，プラグマティズムによる，理性や真理に関する啓蒙主義的な見方に対する批判に基づくものであり，この理性と真理には，人間の実在にかんする社会的・有機体的な次元の古代的な取り扱い方と結びついている。このことは，彼の思想において，近代の人々と古代の人々とに関するもう一つ別のジンテーゼ〔総合〕に導くものである。プラグマティズムに反対してデュルケムは，認識のもつ真の価値とは，認識の功利主義的な機能ではなく，共同生活の歴史的・集合的な経験を生みだしていくことにあり，その経験は，社会諸制度の中で顕在化するものだと述べている。認識とは，社会的なものについてのわれわれの経験を構成し，個々の人間を形成していくものである。というのも，認識もまた，神話的な思考や宗教的表象から始まって，近代科学や民主的・道徳的な諸理想に至るまでの，社会それ自身の自己理解を築くものだからである。しかしながら，時の経過とともに，表象の社会的な基礎は忘れ去られて，そしてイデアは，超越的な客体へと実体化されるようになる。

　これまで見てきたように，世界についてのわれわれの感覚，われわれの経験，われわれのアイデアはすべて，われわれの精神的な表象を通して濾過されている。外部的実在へと近づく直接的手段は，一切存在していない。素朴な経験論や実在論を拒否する中で，デュルケムは，世界にかんする理解のすべては，社会的構成物と集合的カテゴリーによって媒介されていると付言している。彼が至りつく結論はこうである。すなわち，「プラグマティズムによって宣言されたテーゼ〔知識の理論〕は，社会学的観点から見て正当化される。……われわれはもはや，カテゴリーや知的枠組でできた，唯ひとつで，不変な体系というものを容認することはできない」[39]。デュルケムの認識論と知識社会学が彼の方法論に対して有している含意は何かといえば，それは，社会的事実とは社会的表象であり，それゆえ，そうした事実は，社会や歴史における変化と一緒に自由に再解釈される，ということである[40]。認識にかんするこのようなカント的な社会理論は，時折，客観性および価値連関にかんするヴェーバーの新カント派的理論のごく近くにまで接近してくる。したがって，デュルケムの方法は，

カントの純粋理性批判，実践理性批判を社会学的・歴史学的に再定式したもの，別言すれば，それは批判的社会学の視座の中で，カント的な倫理学や，主観性および表象にかんする理論について再考を施したものだと言えよう[41]。

デュルケムは，プラグマティックな哲学の方法や理論の全体にはびこる不整合や矛盾と自身が見なすもの，とりわけ，意識や真理にかんする，また認識の起源や機能にかんする哲学的理論を，拒否している。「プラグマティズムの初期における誤りは，それゆえ，意識の，またしたがって認識の固有な性質を否定することである。だが，プラグマティズムには，真理の観念がどのように構成されるべきかという問いについてわれわれに反省を促すという長所がある」[42]。彼は，理論と行為とが密接に結びついているとする考えや，認識は有益な目的を持つべきだとする原則を容認はしているものの，プラグマティックな功利主義の偏狭で排他的な理解を受け入れることはしない。認識は，個人の行動に方向を与え，新たな人間を創造する際に，これを手助けすることができる。これこそ，まさしく，ドイツの人びとが実践的（athical 倫理的）な叡智と称しているものである。したがって，有用性にかんする彼の観念には，単に技術的認識が含まれているだけでなく，思索的理性という理論的な次元のほかに，道徳教育・徳・個人の特性を伸ばすこと，などといった実践的な次元も包含されているのである。デュルケムは，プラグマティズムの弱点だと見なすものを克服しようと，個人的・社会的な欲求とともに，技術的・実践的な欲求をも含む人間の欲求にかんする理論を展開しているのだ。

デュルケムは，古代の神話学，ギリシア哲学から始まって，宗教改革，啓蒙思想にいたるまでの，神話学・哲学・宗教学・道徳・科学の各分野における，西洋思想の諸形態にかんする知の歴史を，簡潔に要約し概観している。このことは，『職業としての学問』という論説で，西洋合理性についてヴェーバーが行っている概観を想起させる。人間の理性の限界や，科学にかんするわれわれの定義といった問題に，ヴェーバーがその関心を振り向けていたのに対して，デュルケムの焦点は，有用性の論点や，行為に対する認識の適用範囲に向けられていた。これらの歴史的な諸時代は，技術的な有用性とか，道具的な関心などといったものを一切もっていない，じつに様々な考え方の体系を反映している。それらの体系は，説明，理解，価値，文化的な意味などに対する，より根

底から湧き出た人間的な欲求の表現である。それらの体系は、世界にかんするわれわれの意識を広げる試みであり、人間の生や生活に意味を賦与し、人間の行為に理想を与える試みである。それらの体系は、世界の本質にかんする観想的な反省を通じて、特殊なものにおける普遍的なもの、事物の真の本質を追求する。科学でさえプラグマティズムに反対していると、このようにデュルケムは結論づけている。このことは、確かに、ヴェーバーの合理化論とは対立する、科学にかんするひとつの解釈といえるだろう。

このような考え方は、〔『プラグマティズムと社会学』が発表される〕その前年に刊行された著書である、『宗教生活の基本形態』において、より詳細に展開された。「個人は、自分のもっともよきもの、他の存在に比肩する際立った特徴と固有の地位を占めさせるすべてのもの、つまり彼の知的および道徳的教養を、社会から得ている」[43]。神々・宇宙観・宗教的原理はそのすべてが、社会的な理想や集合意識をあらわす象徴的な表現であり、それらは、「目的の王国」や道徳的な真理として、個人の精神の中に内面化されているのである。自然的・社会的・個人的な諸世界を統合することにより、それらの社会的理想や集合意識は、社会の土台そのものを提供するとともに、思考の道徳的・理論的なカテゴリーをも提供しているのである。それらは、カテゴリー上の諸形態であり、客観的な感情である。社会は、それらによって、社会そのものを反省し、それ自身の生活を肯定し、そして、その集合的な存在を統一化してゆくのである。

集合表象は、

「集合体が、英知と科学とについて、幾世紀かの間に蓄積したすべてを、われわれの個人的経験が教えてくれることのできるものに、さらに追加するのである。概念によって考えること、これは単に現実をもっとも一般的な側面から眺めるということではない。それは、感覚に光明を投げて、それを輝かし、それに入り込んで変形することである。」[44]

集合表象は、社会を構成する各構成員の道徳的な性格や自然的な親族関係を形成することに役立ち、それによって、道徳的な共同社会をつくり出し、維持していくのである。デュルケムは、『プロテスタンティズムの倫理と資本主義の精神』（1904-5年）の末尾でヴェーバーが下した結論と、ほとんど瓜二つの言

葉を用いて,この作品を締め括っている。いにしえの神々は死に果て,今や新しい神々がそれにとってかわろうとしている。だが将来,この世界に住む者が誰なのかは誰も知らない[45],と。

ヴェーバーの遠近法主義や多神論の場合と同じ様に,デュルケムもまた,社会生活の実在の呈する複雑性と多様性に基づいて,観点の寛容さというものを要請している。存在とは異質なものであって,「実在の奢侈」などは存在してない。個々の観点は,世界にかんするわれわれの認識にもう一つ別の次元を付けたす。したがって,そうした観点は尊重されねばない。しかしそれにもかかわらずデュルケムは,社会内部で受容された真理にかんする考え方や諸形態は幻想的ではないのだから,集合表象には,普遍的な客観性や分有される実在とがある,と明言する。集合表象とは,単に,主観的な意識の所産だけでなく,社会の構成員たちの思考や行為に直接影響を及ぼす,社会の一般的な価値や文化の,具体的で外在的な表れでもある。真理は,単に,人間が生き延びるための一つの技術的な関心として遺棄されるのではなく,むしろ,社会生活の多様性を表現する,実在にかんする解釈のひとつとして,理解されるのである。真理は,社会の根底に潜む様々な理想にかんする,社会の内部に存する生きた総意の表れであるがゆえに,この真理は,客観的かつ実在的である。実在と真理は,人間生活に変化をもたらす歴史的・社会的な構成物である。社会の客観性と普遍的な権威が実在的であるがゆえに,科学と道徳の真理は実在的なのである。

社会的認識論としての集合表象

デュルケムがショーペンハウアーの思想をわがものとして吸収・消化し,それを自らの集合表象の理論の中に取り込むお膳立てが,こうして整うにいたった。集合表象とは,認識論的・方法論的な重要性を有し,古典的社会学を基礎づけるものである。デュルケムは,ショーペンハウアーに傾倒し,講義で彼のことを頻繁に口にしたため,聴講生たちから「ショーペン」と呼ばれていた。『社会学的方法の規準』(1895年)において彼は,社会に対し,科学的に研究するための認識論的・方法論的な基礎を与えようと試みている[46]。同書は激しい論争を招き,さらに曖昧さを内包した著作である。唯一明らかなのは,その著作

には基礎的な統一を与える，集合表象にかんする理論が存在することである。社会科学の基本となる構成要素を描写する中で，彼は次のように述べている。社会的事実とは，「行動・思考・感情の様式」であり，個人に外在し，道徳的ないし認知的な力をもっているため，強制的な拘束力を有するものである。またそれらは，超越的な権威を帯びているがために，強力なインパクトを与えるものでもある。社会的事実とは，個人が義務を負い服従しなければならない，道徳的な力であり，権威なのである。社会的事実とは，生物的な実体でもなければ，心理的な実体でもなく，むしろ，思考の社会的諸形態であり，行為の諸様式なのである。それゆえ，社会的事実という概念を用いることによって，デュルケムは，プラトンのイデア論とカントの定言命法を，一つの社会学的現象の中に，うまく発展させることができたのである。

　社会的事実をこのように説明することによって，デュルケムは，主観主義と心理学主義の双方を斥けている。その説明の過程の中で彼は，実在にかんして存在論的な主張を行っているわけではないと明言している[47]。むしろ，社会的事実とは，社会的現象や社会的表象といったものなのであり，それはもっぱら個人の意識の中で，しかもその意識を通じて，存在する独特なものなのである。プラトンに対するアリストテレスの批判の場合のように，社会や世界は，個人から独立した超越的な実在とか，あるいは形而上学的な実在などを一切有すものではない。これは，デュルケムの「革新的な合理主義」であり，古典派経済学の唯名論と，実証主義の形而上学的実在論の両者を乗り越えるものなのである。デュルケムは，同時代に一世を風靡した主観主義を退けながら，社会とは，それ自体が科学的な探究の対象となるものであり，そして法・習律・習慣・宗教・教育などの観念や表象，ならびに精神のカテゴリーから成り立つものであると主張している。これら集合表象は，社会の集合的な習慣や分有された観念が社会化され，また内面化されたことによって産みだされたものであり，共同社会というものの社会的な価値や理想が顕現化されたものでもある。「こうして，たとえば家族，契約，刑罰，国家，社会などの組織は，あたかも，社会，国家，司法などについてわれわれがいだいている観念のたんなる展開にすぎないかのように思われてしまうのである」[48]。

　精神というカテゴリーは社会的で歴史的なものであると，こう主張すること

によって，デュルケムは，カントの認識論とショーペンハウアーの実存哲学に基づいて展開しているのである。精神というカテゴリーとは，われわれがそれを通じて自然や社会を観察する社会的なフィルター，あるいは，概念的なパラダイムのようなものであり，社会的な命令として，またわれわれの認知能力の限界として作用するものなのである。社会学の理論的な枠組を通してカントを再解釈しながら，デュルケムはさらにこう続けている。「したがって真理が人間的なものだとすれば，それもまた人間の所産である。社会学はこの考えを理性にも当てはめる。理性を構成する一切，その諸原理，その諸カテゴリー等，これらすべては歴史の経過においてできあがったのである」[49]と。このような陳述は，認識にかんする彼の社会学の発展にとってだけでなく，認識にかんする彼の社会理論（認識論）にとっても，重要な意味をもっている。そして，社会学に関する彼の方法や理論にとって重要な意味をもっているのは，じつは後者の方なのである。こうした表象現象の背後に隠れている国家，社会，司法の真の実在とは，一体どんなものなのか。カント派哲学の伝統の中では，それがどれほど急進的で存在論的な形態をとろうとも，実在に接近するわれわれの唯一の手段が，表象それ自身を通して社会的に媒介されているために，このような問いは生じえないのである。デュルケムは，社会科学に基礎づけを与えることができるかもしれないとする，認識論的実在論を重ねて拒否する。もしこうした見方が真実であるとするなら，その場合には，社会的事実にかんする彼の観念は再吟味され，再解釈されねばならない。彼の認識論と存在論との間には，ある緊張状態が存するのである。

　デュルケムが社会的事実という語を使用したために，この著作を解釈するなかで様々な問題が出てきた。印象という経験主義的な観念を容認しているとの印象を与えているために，彼は，各分野の研究者たちによって，実証主義者というレッテルを張られてきた[50]。デュルケムが，経験的事実に基づいて科学的理論を構築し，社会的行為にかんする説明的・予測的な法則を構成している，実証主義者であるということは，アメリカ社会学においてほとんど自明のこととされているのだ。社会的事実として社会的表象を特徴づけることによって，われわれにはひとつのジレンマがもたらされている。デュルケムの認識論において，舞台の中央に陣取るべきものは何なのか。それらは社会的事実であるの

か，それとも社会的表象なのか。彼の著作をより詳細に吟味すれば，デュルケムが，ヒューム的な経験主義，あるいはコント的な実証主義などといった伝統下ではなく，カントやショーペンハウアーの伝統下にあるという事実は明白となる。このことを認識することによって，われわれは，エキサイティングなやり方を用いて彼の方法や認識論を再考することが余儀なくされるのである。いずれにせよ現実的な困難は，彼の認識論ではなく，むしろ，彼の認識論と方法論との間に存在する明確な衝突や矛盾の中にある。つまりこの困難は，彼が認識に関する社会理論を社会の経験的な研究に適用したことに由来するのである。

　社会的表象を議論する中でデュルケムは，マルクス主義者が思考や表象などを付随的な現象であると前提していること，つまり，社会における経済的土台や権力構造のイデオロギー的な所産であると前提していることを拒否している。また彼はこの議論の中で，社会的行為の背後にある個人の目的合理性や意味を重視するヴェーバー的な立場も拒否しているのである。デュルケムは，集合表象の一形態として社会を捉えているのだ。この集合表象は，予測可能な社会諸法則に従って，個人の様々な思考や行動に影響を及ぼすのである。「もし逆に表象が集合的作品であることをみとめるならば，表象はプラグマティズムではもちえない統一的性格を示す。このようにしてわれわれが真理を目の前にしたとき体験する，あの抵抗の印象，あの個人をこえたなにものかの感情も説明がつく。そしてまたこの感情や印象こそ，客観性の条件そのものなのである」[51]。カントの認識論の核心にある先験的主観性や純粋自我といったものに代えて，デュルケムは，真理にかんする構成理論を発展させているが，この理論は実在が社会的に構成されていることに基づくものである。すなわち，悟性というカテゴリーは本来的に社会学的なのである。

　社会的事実とは社会的な物であるとこう述べることによって，デュルケムは，自らの方法論的著作を始めている。たしかに集合的な考え方や価値は，物体や物の属性を有するものとして考察されるべきではあるが，デュルケムは，社会的事実に関する陳述は認識論的（この語を「存在論的な」と読み替えよ）なものでなく，あくまで方法論的な立場を示したものであると主張している。つまりこのことは，物の実在性について彼が論じているのではないということを意味している。それはもっぱら，社会学的調査のための基盤として言及されたものなのである。

〔『方法の基準』の〕第2版に寄せた序文において，デュルケムはこう述べている。「社会的諸事実は物のように扱われなければならない，というわれわれの方法のまさしく根底をなしている命題は，もっとも多くの反論をよびおこしたもののひとつである」[52]と。事実という用語を強調したいと思っているのは，われわれの研究対象として扱っているものが，精神的カテゴリーや主観的なそれではないというわれわれの認識を高めるためではあるが，自らは〔決して〕自然諸科学の方法など用いてはいないこと，この点を明確化しようと彼は努めているのだ。科学的なデータに近づくためには，観察と実験が不可欠である。社会的諸現象を事実と呼ぶことによって，そうした諸現象は，客観性と外在性の地位を得るようになる。第2版でなされた彼のコメントでは，しかし，これらの事実の実在について判断を下すことまで意図されてはいなかった。そうしたことは，認識論的な問題の一つなのである。彼は，一方では，科学の内部において創造的技法（アート）と単なる技法（テクニーク）とを区別し，他方では，真理としての科学と社会的実在とを区別している。「ある種類の事実を物のように扱うこと，それは，当の事実をかくかくしかじかの実在のカテゴリーに分類することではなく，それらの事実に，ある一定の心的態度をもって観察を加えることなのだ……」。この一節の後で，彼はこう明言している。「したがって，筆者の立てた規準は，いかなる形而上学的な見方も，存在の本質についての思弁も含んではいない」[53]と。経験主義と主観主義（内観法）のいずれも，最適な社会学の方法とはいえない。実体化された抽象概念としての，すなわち，純粋イデアとか形相としての，道徳性とか法といったものの意識的なイデアが重要なのではない。重要なのは，何よりも，道徳や法的諸制度などにおける，そのイデアの具体的な顕現なのである。論文「個人表象と集合表象」においてデュルケムは，この点を明確にしようとして古代のギリシア人とローマ人の宗教を事例に挙げている。古代の神話や宇宙観における表象の考察は，社会の諸構造といったより幅広い文脈の中で，そしてまた，都市の政治的な構成や原始的な親族集団〔クラン〕や家族の性質などの研究の中で検討されねばならない[54]。

　デュルケムの認識論の観点からすれば，社会現象は表象とか仮象であるのに対して，その方法論的な観点から見ると，社会現象は物とか客体なのである。デュルケムが試みているのは，実証主義者がもっている認識論の諸原則に反対

する自らの立場を明確化すること，これである。実証主義は，認識にかんする哲学理論の一つである。この理論は，意識と実在とのある特殊な関係として定義される，真理にかんする幾つもの公準を前提にしている。それらの公準とは，①世界は外在的な物それ自体として存在している（客観主義）。②科学は倫理的に中立的で客観的である（価値自由）。③意識の感覚とか観念は外在的世界を精確に反映したり，模写したりする（実在論）。さらに，④科学は，自然のもつ普遍的な法則を確証しようとして，自然諸科学の妥当な方法だけを使用する（自然主義）。パーソンズは，初期のデュルケムは実証主義者であったと，デュルケムの経験主義と客観主義を論拠にして，こう主張しているが，これは事実というよりもむしろ〔個人的な〕主張である。社会組織，分業，自殺，アノミーを対象とする初期の機能主義的・功利主義的な分析の中には，たしかに，実証主義的な諸傾向が窺われるが，デュルケムは上に列記した実証主義の原則のいずれも，共有しているようには見えないのである。

　『社会学的方法の規準』においてデュルケムは，実証主義を自らの方法論に相応しい呼び名として是認することを拒否していたから，自己の方法論を「科学的合理主義」とあえて呼んでいる。「物とわれわれとのあいだにもうけられた遮蔽幕」があるために，われわれは実在の法則を認識することができないのだと，このように彼がいうとき，そこで彼がまさに言及しているのは，ショーペンハウアーのマーヤーのヴェールなのである[55]。社会学は，諸観念の集まりとして社会にアプローチしていくが，だからといって，社会学は，心理学とか内観法といったものに還元しえないのである。観念や社会的な事物は，人間活動の具体的で経験的な顕現なのである。ここで注目しておきたい重要な点は，ヴェーバーもまた，彼の認識論と方法論との違いを明確化させること，すなわち，ヴィルヘルム・ヴィンデルバントやハインリヒ・リッケルトに依拠した彼の新カント派的科学理論と，説明による普遍的な法則や経験的検証についての彼の方法論的な言明の幾つかを互いに区別することに，実際に苦労したということである。社会学の古典期には，哲学と社会学との相互関係は，決して明確に説明されておらず，こうした状況が今日において，更なる混乱へと導き入れているのである。

　実証主義における客観性と価値自由にかんする伝統的な理論は，科学と倫理

との峻別・分離を前提にしている。こうした前提はデュルケムによって容認されてはいない。というのも、彼は、科学は、正常ないし平均的な社会を定義すること、健全な社会有機体を維持すること、社会的調和や自然法に混乱をもたらす恐れのあるすべての社会病理を避けることなどに、規範的な関心を有していると、このようにこの著作を通じて明言しているからである。社会学の目的は、システムの安定と統合を維持するために、社会有機体の生理学と機能を研究することにある。科学は、集合的存在の正常な諸条件を維持するために、適応と生存のための一つの技法〔art アート〕として、使用されねばならない。道徳・宗教・犯罪などにかんする客観的研究は、ある一定の倫理的な諸価値に奉仕するのである。「ところが、重要なことは、研究の最初にあたり、若干の例外的な場合は別としても、諸事実を正常なものと異常なものに分離し、生理学と病理学にそれぞれの領域を割り当てることができるようにすることにある」56)。科学は、政治的な医師たちとして活動する立法者らによって、使用されねばならない。こうした医師たちは、社会的な病弊に対して、予防薬や治療薬を提供するのだ。これは、社会学とは実践的な目的をもった政治科学であるとする、ヴェーバーの見解に酷似している。だがデュルケムは、科学を、単に叡智を探求するものと捉えるのではなく、むしろ、効果的な因果・説明・機能にかんするその技術的な認識を通じて、社会を統御するための道具と解釈しており、この点において、ヴェーバーと袂を別つことになる。デュルケムの観点はここにおいて、国家やテクネー (*techne*)——ある一定の政治的な理想をモデルとした社会工学——としての政治科学にかんするプラトンの見方に、立ち戻ることを意味している。ヴェーバーの立場は、プロネーシス (*phronesis*) であるとか、「政治的叡智」といったものにかんするアリストテレスの見方と、より密接な関係にある。デュルケムの方法が自らの認識論をゆがめてしまうのは、まさにこの地点においてなのである。一方で、社会表象にかんする自らの理論をもって実証主義的な認識（知識）論を拒否しながら、他方では、認識は、技術的な統御や功利主義的な支配に規範的に束縛されているとの理由を根拠にして、彼は結局、方法にかんする実証主義的な見方の諸要素を受け入れてしまうのである。認識論と方法との間に見られるこうした分裂は、古典社会学 (classical sociology) にあっては、共通して生じているように思われる。というのは社会的な実在へ

通ずる道が全く存在しないために，社会システムへ首尾よく適応するか〔否か〕よって科学の客観性というものが決定されてしまうからである。だが，社会秩序にまつわる様々な問題は究極的には社会正義の問題と関連し合っていると，こうデュルケムは主張しているのだから，こうした見方でも十分とはいえないのである。より後期のデュルケム作品では，機能的統合・専門的な分業・健全な社会秩序の維持などといった問題から，道徳的自律・自己実現・社会正義などといった問題へと関心の移り変わりがより顕著となり，よりはっきりと検出されるのである。

このような議論は，デュルケムのより初期の論文『分類の未開形態』や，彼の主要作品である『宗教生活の基本形態』においても，既に展開されていた。これらの作品の中で，彼は，カント的認識論にチャレンジし，社会学的な認識論を発展させている。デュルケムは，西洋思想の流れの中で，認識や真理の本質について論じられてきた哲学的論争を再検討しているのである。客観的な実在はどのようにわれわれの意識内に反映されるのか。客観的実在はわれわれの経験の単なる集まりにすぎないのか，それとも，精神それ自体は，世界の合理的・論理的な編制・組織を反映しているのか。客観的実在は，われわれが知覚し思考するものを，条件づけ，変容させるのか。実在は，五感の中とか精神とかの中に存するのか。世界の普遍性とは，経験的には自然に由来するものなのか，それとも精神の生得的な諸原理に由来するものなのか。彼は，経験主義者と合理主義者の2つの伝統を斥けた上で，アリストテレスおよびカントのカテゴリー論へと方向転換を行う。悟性カテゴリーにかんするアリストテレスの哲学——時間・空間・類・数・原因・実体・人格性などなど——は，人間の思考や判断にかんする普遍的カテゴリーとは，実在する世界の表れであるとする仮定の上に載っていた。論理と存在との間，認識と客観的実在との間には，明確な関係性が存在していた[57]）。

だが，近代哲学の始まりとともに，経験主義者たちは，論理は分類化や体系化を行う唯一の形式であり，われわれの経験を組織化するものではあるが，われわれが五感を通じて知覚したものを超えて，実在的世界をつくり出すものではないと主張した。諸概念や諸命題〔ユニバーサルズ〕は，われわれの印象を分類する，単なる唯名的な手段でしかなかった。というのも，感覚作用と印象だけ

が実在的だったからである。D. ヒュームはその著書『人間知性研究』(1748年)において，観念の連合が類似・近接・因果によって基礎づけられるという，観念連合説を展開した。彼は，自らの認識論を心理学的習慣の理論へと還元したのであった[58]。外的実在を忠実に模写しないいかなる認識も，形而上学的なもので，それゆえ正当なものとはいえなかった。彼は合理主義者の主張を拒否した。彼らの主張は，真理が精神の生得的概念に対する内的な自己反省から生じ，しかも，究極的な真理への演繹を通して進展する最も単純な原理とともに始まる，というものだった。

　こうした物の見方を改めて，カントは『純粋理性批判』において，カテゴリーとはまさしく精神の構造の一部であって，経験と思考の対象を形成するのに役立つものである，と主張している。彼が試みたのは，自らの主観的な観念論と純粋理性批判を用いて，経験主義と合理主義の主要な要素を統合することであった。客観的な実在を認識することとは，感受可能な知覚という，未だ形をなしておらず無意味な感覚作用や印象（ヒューム）を，精神の活動的な構造（デカルト）と結びつけるプロセスである。これら2つは共に，経験と思考が生ずるために必要とされるものである。経験論者のア・ポステリオリ〔経験的〕な立場と合理論者のア・プリオリ〔先験的〕な観点の違いを要約した後で，デュルケムは，いずれの立場も適切ではないとして，これを拒否している。彼は基本的に，17世紀以来このかた哲学を分裂させてきた，認識にかんする2つの理論についての，カントによるジンテーゼ〔総合〕を受け入れているのだ。経験も，純粋精神も，いずれもそれだけでは，決してこれらのカテゴリーの基礎にはなりえず，それ故，認識の基礎にはなりえないのである。彼は，カント的認識論の根本的前提——すなわち，認識とは，五感とともに始まるものだが，それ以外の何かを包含するものでもある——を受け入れている。知覚そのものは，精神のカテゴリーのための土台を提供することはできないのである。というのも，後者の精神が，感覚を客観的な経験へと形成するからである。理性や論理は，感覚とか，印象などの移ろいやすく体系的な秩序のないものの中には，見出せないものである。その生成過程の中では，普遍性とか，必然性などは全く存在しないのである。カントは，純粋理性に対する批判と精神構造の限界にかんする探究によって，ニュートン物理学を正当化しようと試みた。世界を秩序づける原理

は，理性の中と，悟性というカテゴリーの中に見出されるべきものであった。

　だがデュルケムは，悟性というカテゴリーは精神の構造から生じ，先験的演繹という方法によって有効化されると主張するカントに，異論を呈している。それに代わって，デュルケムは，哲学的な認識論から，社会的な認識論へと方向を転じていく。認識論上のこうした発展を跡づけながら，ピーター・ハミルトンはこう書いている。「従って，概念と悟性のカテゴリーは所与ではなく，むしろそれらは社会生活の諸事実によってつくり出されるのである。……デュルケムは，分類は一つの集合表象であると説明するなかで，経験主義と合理主義との間で戦われてきた論争に，解決をもたらすかもしれない一つの方法を自分が生み出したこと，その点を確信していた」[59]。社会学の枠組のなかで，カント的認識論をこのようにラディカルに解釈し直すなかで，デュルケムは，アリストテレスからカントに至るまでの西洋思想史を，まるごと変換させていくのである。精神カテゴリーの始まりや起源を解く鍵は，社会の性質の中にある。時間・空間・因果性・実体（偶有性）・類（種）などの諸カテゴリー，つまり，身体的・人間的なすべての実在を組織化する諸原理は，社会の構造と組織が生み出したものである。分化と結合の過程，異なる事物を凝集したまとまりへと分類化すること，普遍的なカテゴリーを構成すること，自然を時間的・空間的な相互関係へと分割すること，これらはいずれも，共同体の内部における，より以前の社会的区分からもたらされたものである。

　オーストラリアの先住民族アボリジニおよびアメリカのスー族における，分類の未開形態とトーテミズム（原始宗教）にかんするその分析において，デュルケムは，お互いとの関係で動物たちを自然に即して分類することは，社会におけるそれ以前の群れの結合や組織に由来するという，この事実を確認している。その際にすべてが「集合精神」の一つの表れとなる。例えば，スー族の間では，ピューマ・水牛・箆鹿を象徴する氏族たちは，その動物たちが獰猛な本能もっていることから，ひとまとめにされている。これら氏族の成員はみな戦士階級である。類と種の分類は，彼の主張によれば，親族や家族関係，半族・クラン・家族と未開民族が分割されたこと，そしてそれらに対応した社会的機能などの結果なのである。これらの分類は，抽象作用や普遍的カテゴリーによって思惟されるような，何らかの心理的な素因や，あるいはまたア・プリオリな精

神構造によってもたらされた結果ではないのである。社会的なものは，自然的・宇宙論的なものに投影され，それらに秩序と意味を賦与するのである。自然は，社会の自然的・社会的な組織を無意識の内に映し出すものとして描かれている。「社会はただ単に分類的な考え方が範型とするモデルであっただけではなく，社会自体の枠組が分類体系の枠組として役立ったのである。最初の論理的カテゴリーは社会的カテゴリーだったのである」[60]。悟性の概念やカテゴリーは，群という関係の内部における優先順位や序列関係を反映したものである。

集合表象は「集合体の様々な精神的状態」を表現している。「それらは，集合体が構成し組織されている様式，その形態，宗教的・道徳的・経済的な諸制度などに依存しているのである」[61]。論理や意識は単に，社会の存在論を再現しているだけである。というのも，悟性カテゴリーは，生活リズム，共同体の自然的組織，人間集団内部における分類や優先順位など，を表している社会的形態だからである。こうした客観的制度や社会的形態は，これらが論理的・理論的な原則となるとき，主観的な意識へと内面化される。精神は，精神が感取する実在を，これらの原則に即して組織するのである。われわれが，抽象的な普遍性，具体的な個別性，因果関係などを通じて，世界にかんするわれわれの経験を組織する際に依拠する，カテゴリーとか，概念のパラダイムといったものは，社会から取り出され，そして再び世界に投映されたものである。これらの集合表象や共同社会的な記憶を通して，始めて，人間の具体的で経験的な世界が生まれてくるのである。これらの集合表象や記憶がもしなければ，経験や理性的な思考は出来なくなるであろう。西洋哲学の歴史や，認識の本質を巡るその哲学的な論議は，まさしく，われわれの思考習慣や科学理論を構成している社会的無意識に関しての一つのディスコース〔言説〕なのである[62]。認識論は，実際に，社会学的自己反省の一形態となったのである。

ギリシア人の連帯と近代のアノミー

デュルケムは，後期の作品では，徳・教育・民主主義・社会正義などの問題へ関心を移すことによって，自らの機能主義を緩和していったが，もともと初

期の著述活動においては，集合意識や社会秩序の本質にかんする問題に関心を寄せていた[63]。『社会分業論』(1893年)や『自殺論』(1897年)の中で彼が強調しているのは，機能的均衡や社会的調和や社会秩序といった諸問題である。社会とは，一つの生きた有機体であり，複雑で相互に結び付けられた諸器官をもち，これら諸器官は，安定と秩序を求める有機体の構造的・技術的な欲求に仕えようと機能するものであると理解されている。パーソンズによれば「ホッブズ的意味における秩序問題は，デュルケム研究における論理的な出発点であった」[64]。社会的な内部環境における分裂や変化，職場における労働の専門化，家族や宗教，あるいは経済などは，全体の構成と，社会的統合や共同体としての凝集力を維持しようとする，その社会的能力に，それぞれ影響を及ぼしかねないものであった。幾つかの事例では，社会システムの自然的法則と道徳的秩序の崩壊という形で，その社会学的な結末が現れることもあった。そうした崩壊は，異常行動やアノミーといった病的な兆候，あるいは離婚・犯罪・個人主義・自殺などの急増といった形を示していた。

　博士論文において，デュルケムは，古代のギリシア・ローマから近代工業社会へ至るまでの，社会の変容を精査することによって，社会組織の発展の跡を概説している。古代の人々の機械的連帯に触れた章では，ホメロス，プラトン，アリストテレス，エウリピデス，ヘラクレイトス，ヘシオドス，プルタルコス，プリニウス，タキトス，キケロ，セルヴィウス，トゥリウス，ディオドロス，ディオニュシオス（ハリカルナッソスの）などを彼が通読した引用文，で満ちあふれている[65]。職業の専門化は，単に，経済的な進歩や生産性や効率性の面で重要な役割を果たしてきただけでなく，社会的連帯や道徳的なまとまりの創造や維持の点でも，道徳的に重要な機能を有してきたことを認識することによって，デュルケムは，その『社会分業論』を始めている。彼は，アリストテレスの『政治学』を探究し，自然的な友愛にかんするギリシア人の考えが，社会におけるまとまりとより崇高な目的を，それぞれ創造するための手段と見なされていたこと，この事実に着目している。友愛は，少数グループ間での相互作用のために，また，社会的役割を果たすために，積極的に社会的諸条件をつくり出していく。これが分業の起こりである。社会的凝集は利己心，市場における合理性，規制されない競争から生まれるという，契約論者や功利論者の見方を斥け

ながら，社会の凝集や統合は，家族内部における分業からと同時に，これら初期の友愛形態からもたらされると，このようにデュルケムは見なしている。そこで彼は，工業社会・商業社会においてより一層分業が拡大することは，これと同じ機能を遂行しうるのかと，こうした疑問をも発している。要するに，共通する道徳的・法的なシステムの連帯感は，分業から生まれるのである。彼は，歴史を古代と近代の2つの時期に分け，それぞれを，機械的連帯と有機的連帯として記述している。

「機械的連帯」とは，凝集化した道徳的秩序と抑圧的な法をその特徴とする，同質的な社会によって表されている。この抑圧的な法は，古代のイスラエル・ギリシア・ローマにおけるように，客観的な制度と懲罰的な法典によって，人間行動を支配している。古代社会のまとまりと凝集は，集合的に共有される信念体系によって維持され，この体系が，グループの役割をことさら強調する，諸個人の類似性などをうみ出していく。これがデュルケムのテーゼである。「同一社会の平均的な市民に共通して抱かれる信念と感情の総体は，それ固有の生命をもつ明確な体系を形成するものである。これは集合的，ないし共同的な意識と呼ぶことができよう」[66]。集合意識はもっぱら，諸個人を通じてしか存在しえないものではあるが，その意識は，外在的・客観的な道徳的力として，それ自身の生命をもっている。というのも，それは一種独特な (*sui generis*) 実在だからである。

社会に一群の明確な規制と明白な限界を付与するものは，刑法典の画一性と精密性であって，デュルケムは，そうしたものが，モーセ五書，とりわけ『出エジプト記』，『申命記』，『レビ記』の中に，また，ソロンおよびエピアルテス (562-61 B. C.) の法改革——この改革によって，最高民会 (Assembly) がアテナイにおける最終提訴法廷として務めた——の中に，さらには，古代ローマの十二表法やケントゥリア制民会 (*centurial comites* 百人隊民会) の中に，それぞれ表現されているとみている。社会における道徳的な制裁は，相対的に注目されることもなく，制度化されることも稀であった。共同感情を保護する法と処罰もまた，社会により強い制度的な力と指導・方向性を与えるのである。古典古代において，有罪か無罪かを表明するために集まるのは，総じて，民衆なのである。それゆえ，犯罪とは，個々の法を逸脱することでもなければ，共同体の自然的な

生活を害する侵害行為でもない。むしろ，それは，集合的意志やその価値を廃棄してしまうことなのである。社会そのものが誤解され続けてきたのである。犯罪が危険であるのは，犯罪が直接的に社会を脅かすからではなく，むしろ当の犯罪が，社会を一体化させている集合精神に，異論を唱えているがためなのである。犯罪が一般的に非難されてからというもの，犯罪は集合感情に衝撃を与え，それゆえ，いっそう強く追及され，いっそう厳しく処罰されるわけである。信頼という共同体を軸に成り立っている社会では，犯罪は一つの「道義に対する許すべからざる侵害」なのである。

　デュルケムが主張するところによれば，刑罰の強さは，違反の深刻さとか正義の理想などと直接に関連しているのではなく，むしろ，それは，犯罪によって侵害される，共同感情というエモーショナルなものの強さ，と関連しているのである。彼は，古代社会の刑法を，機械論的で，目的のない，非合理的で，エモーショナルなもの，として描いている。その目的は，盲目的な復讐や破壊といった無思慮で本能的な行為の中に放置してしまう，あらゆるものを排除することにある。これこそ，刑罰がかくも残忍で，抑圧的，しかも保守的（その変化は緩慢）であるかの，その理由なのである。犯罪者に恥辱を加えるためにこそ，法はそこにあるのだ。犯罪行為と処罰の厳格さとの間に，バランスが見られないことは明らかである。実際に，経済的危機であるとか銀行の破産というのは，単独殺人より，社会にとってはるかに危険なものであるが，それにも関わらず，単独殺人のほうがより厳しく処罰される。古代の法典であるモーセ五書には，犯罪に対する厳罰の実例で充ちあふれている。そうした犯罪は，禁止された食物を口にすること，聖なる決まり文句や儀礼などを誤って遂行したり，禁じられた対象物に触れたり，あるいは不倫など，今日われわれにはそれほど重大な違反行為とは思えそうもない犯罪に該当するのである。さらに，犯罪者が単に処罰されるだけでなく，罪のない家族構成員たちにまで，法の厳格さが拡大される（拡散的抑圧）という，そうした事例も見受けられる。

　重大な逸脱と犯罪行為は，共通する伝統・文化・歴史の中で社会を結びつけている集合意識に，傷を与えるのである。それらの行為は，社会の集合的な記憶と理想に挑戦し，そしてそのこと自体が，社会そのものの継続性と未来に脅威を与えるのである。社会は，表象とシンボルからなる一つのシステムとして

構成されているから、こうした共通の紐帯を弱化させるいかなる行為も、厳しく処罰されるのである。犯罪は、個人に対する攻撃ではなく、むしろ、社会に対する攻撃なのである。「行為が、集合意識の強固で明確な状態を冒瀆するとき、……〔その行為が〕遍く浸透した激しい感情そのものに冒瀆を与えるとき、当該行為は犯罪的となる」[67]。犯罪行為は、集合感情と公的な権威に疑義を唱えるために、その行為は、集合意志を再主張し、精神を意志的な面から聖餐すること（communion）を要求するのである。社会は、社会の有する懲罰法と激しい集合的情熱を通して、それ自身を再主張することができるだけなのである。犯罪は、社会的な凝集力に危害を加え、その土台に疑いを差し挟むのである。法体系の神聖性と倫理性を再主張することによって、処罰は、集合的な結束と共通意識を再確立するのである。こうした考え方の説明に役立つようにと、デュルケムは、古典古代における実に多種多様な古代法について、精査している。それら古代法には、宗教・祭儀・供犠・聖なるものへの冒瀆、服装・風習、個人に対する犯罪・婚姻・養子縁組、国内法・家族的義務・親族組織・家族から遺棄された子供たち、強盗・殺人、契約上の義務・権利・債務、行政法などにかんする項目が含まれている。

　古代のユダヤ人、ギリシア人、ローマの人々の社会にあっては、私的な違反行為と公的な犯罪との間に、明確な区別がなされていたことを、デュルケムは認めている。前者の私的な違反行為には、気づかれない強盗・レイプ・名誉毀損が含まれ、これらはいずれも示談や罰金という形で処理されたが、後者の公的な犯罪に対しては、都市全体による抑圧的権力が適用されることもあった。抑圧的な法の苛烈さもまた、その宗教的な土台に基づくものであり、市民たちには、超越的なもの、それ故、聖なるものによって制裁されるもの、として現れてくる。プラトンの洞窟（実際の事物を見ずに、影を実在と思い込んでいる『国家』第7巻に出てくる場面。本書第2章ヴェーバーの141頁も参照）やショーペンハウアーのマーヤーのヴェール（Veil of Maya、カントの物自体に対比される現象、仮象、錯覚のようなもの。『意志と表象としての世界』の各所で訳されるインドの言葉）などを想起させる言葉を用いて、デュルケムは、イデアや表象を単なるイメージ・幻影・不動の影などとして表現している。法の背後には、一切神などはおらず、社会のみが存在している。「こうした感情は、それ固有の勢いを有していることか

ら格別な力を有しているため，その状態がより弱々しいわれわれの意識その他のものから根本的に区別されるのである。その感情はわれわれを支配する。それらは，言わば，超人的なものであり……〔しかも〕われわれにとって未知な力の，われわれの現に置かれているそれより上位にある力の響きとして，われわれの中に現出するのである」[68]。

　近代の産業社会は，その一方で，異なる形態の集合意識と，社会的な統合と凝集の異なるメカニズムをもっている。こうした社会は極めて複雑化し，権威と正当性を維持する諸手段は極めて拡散的，巧妙になってくるから，懲罰法や報復法に対する必要は，もはやなくなるのである。法はこうして，合理的，防御的，回復的なものとなった。法の目的は，抑圧でなしに，むしろ抑止に重点が置かれ，もし抑止が可能でない場合には，少なくとも，犯罪がなされる以前の状態への，原状回復や均衡回復が目指される。古代の諸文明では，社会的な道徳と集合的意志の客観的・制度的な顕現としての法は，社会的なまとまりを維持する機能的メカニズムとして活動していた。近代において，複雑化した分業の内部において政治的・経済的・法的な諸制度や社会的諸組織が隅々にまで専門化してくることによって，法の均衡機能がそれに取り替えられてくると，集合意識の力は弱化していった。機能的専門化と社会的分化にかんするデュルケムの着想のその一部は，アリストテレスの『政治学』に淵源するものであって，原典であるフランス語版『社会分業論』の扉には，次の文章が引用されているのだ。すなわち，「国家は多くの人間から成り立つばかりでなく，また種類が異なる人間から成り立つ。なぜなら国家は相似た人々から生じたものではないからである」[69]と。デュルケムは，しかし，このアリストテレスの洞察を自らの近代性の分析に適用するのである。都市国家＝ポリスの組織的構造にとって重要だとアリストテレスが考えた諸機能の専門化と社会的な統合は，デュルケムが「有機的連帯」と呼んでいる当のものである。それは「道徳的密度」の増大，すなわち，国民国家，都市的生産，市場経済などの増大に応ずるための，一つの適応メカニズムである。デュルケムは，機械的連帯から有機的連帯へ，という社会進化に関する自らの見解を引っ提げて，ゲマインシャフトという自然的な共同社会から，ゲゼルシャフトという人為的な契約関係へ，というフェルディナント・テンニースによる歴史の発展を逆転させたのである。

近代性(モダニティー)にあっては——彼はこう主張する——,訴訟に敗れることは,なんら恥でもなければ,名誉を棄損することでもない。法の合理化と専門化が様々な法的な機能や諸機関の中に存在してきたので,法的な命令は,集合意識にとってはどうでもよく,マージナルな事柄に留まっているのである。それぞれの訴訟(ケイス)は,どれほど激しく集合感情が侵害されているかではなく,むしろ個々の訴訟において,どのように法の一般原則が形式的に適用されるかという,これによって決定されるのである。一般の人々は,もはやそれぞれの訴訟において威嚇されることもなければ,影響を被ることもない。デュルケムによれば,復元的な法によって作りだされる消極的な連帯には,2つの形態がある。すなわち,現実的連帯と個人的連帯である。現実的連帯が象徴していることは,消極的な諸権利を通じて,とりわけ外的干渉から保護される財産や相続や物などに対する諸権利を通じて,個人を保護することであり,これに対して,個人的連帯の方は,人間間の諸権利の抗争により,これまで侵害されてきた諸権利を,回復させることに仕えることである。これらの形態のどれも,消極的な連帯や諸権利を回復し,再確認することを目的としていても,社会的な調和が最終的に依存している,共通した目標にかんする新たな集合意識や社会的コンセンサスといったものの基礎を作るわけではない,という点から判断すると,積極的なものではない。「それは決して真の連帯ではない。……全体的凝集力を成り立たせる最初の条件は,それを構成する当事者たちが,調和を欠いた勝手な行動によって,お互い干渉し合ってはならないということである」[70]。

消極的連帯によって作られる法は,相互に作用を及ぼし合ってはいても,必ずしも協力関係にはない,そうした孤立して生活している諸個人の諸権利を保護すること,これを保証しているだけである。個人のアクション〔訴訟行為〕には,いろいろな障害や制約が設けられていて,それらは一層,諸個人の境界を確定し,相互に隔離させるだけなのである。自らの身体を所有することの中に含まれている諸権利から,財産権は発生しているが故に,その権利は現実的なのであると,このようなロック的なやり方で,デュルケムは論じている。これは,17世紀に理想とされた所有中心型個人主義や営利中心的市場を再確認することを意味する,孤立した原子や星座から構成されるニュートン的な宇宙である。道徳的秩序がその礎としているものは,この有機的連帯の上に築かれている以

上，社会的なコンセンサスや協力に向けた積極的な強化は一体どこに由来しているのかと，このようにデュルケムは問いかけている。それは合理化過程そのものに由来する。これが，彼の下した答えであった。分業，諸機能の専門化，社会的な役割や権利の多様化は，社会を断片化することでもなければ，分割化もしない。事実はその反対である。むしろそれらは，協力・合意・統合をより一層増大させる，そうした機会を提供するのである。機能的な分化と統合は，社会の諸要素間で見られる，より緊密な相互依存の一つの産物なのである。社会の機能がより専門化していったがゆえに，社会は，社会体としての均衡を維持するために，諸要素間において，より大なる調整と骨折りを要求するのである。生物学と生理学から借用しながら，デュルケムは，生きた有機体の神経系統との，そして，統合機能を備えた有機体の調和との，それぞれのアナロジーを指摘している。有機体がより複雑化するにつれて，有機体のその機能はより専門化していく。有機体の可能性がより適応的となるにつれて，有機体はより協調的になっていく。

　数多くの違ったレベルにおいて協力関係が生じ，また，社会的諸領域や専門化した諸機能の多様化が存在するから，連帯はもはや，制裁的な法に依存することもなければ，公民たちの公的集会での審判にも依存しなくなる。いまや，国内法・契約法・商法・手続法・行政法・憲法などの，数多くの法的諸形態が存在する。法は，代議政体・形式的官僚組織・法による支配という合理的な原則などを通じて制定され，これらによって，集合的なものは，個々の犯罪に対する公民的な決定から遠ざけられるのである。このような機能的多様化，組織的・法的専門化とともに，集合意識はもはや，いかなる個別的な刑法上の犯罪によって脅かされることはなくなる。集合意識は，現在進行している事柄に全く無意識でいられるのである。法は集合意識にとってマージナルなもの〔周辺的〕になると，こうデュルケムは主張している。法による支配や手続は，もはや社会を全面的に意識したものであるとか，あるいは，社会の勢力などを表現してはいない。それらはもはや超越的なものや聖なるものとして――すなわち，共同の魂の表現として――見なされることはないからである。それ故，法に対する侵害は，より一層，穏健な応答と，計算し尽くされた処罰を生み出していく。集合意識の力が衰えていくにつれて，個人の独自性と自律性は，個人的な

幸福に対する追求とともに、そしてまた、欲求不満と苦悩の昂進とともに、成長してくる。

分業には潜在的に社会的連帯を統合化する特徴があると、こうデュルケムは主張しているが、彼はそれと同時に、近代社会においてその分業が、現実にこうした機能を果してこなかったという事実についても、気づいている。経済的・商業上の様々な危機、階級闘争と労働者に対する抑圧、科学的な合理化は、社会病理にかんする3つの異なった現象、すなわち、アノミー的な分業の3つの形態を象徴している。マクロ・ミクロの両経済学のレベルからいえば、大規模な工業化は、機能的な障害と内部的緊張のそれぞれの増大をもたらし、こうした出来事は、社会有機体の内部に、統合および均衡の各破綻を惹起させる結果となった。これらの社会的諸力は、集合意識と社会的凝集力を弛緩させることによって、不幸と不正へと導いていく。市場・生産・労働・科学の各領域内部で行われる専門化は、より大なる連帯をではなく、むしろ、労働者の孤独や孤立をもたらしたのである。こうした孤独は、産業における社会的・個人的な紐帯の弱化として現れている。共通の目標に向けて集合的な努力を重ねるという理念が失われてしまったのである。デュルケムはさらに、近代性の発展とともに、宗教や家族など、他の社会諸制度における様々な変化が、個人の意識や、社会への関与や社会的責任といった、一般的な絆に影響を及ぼしている、と主張している。プロテスタンティズムと離婚の各増大は、共同的な経験に緊張をもたらし、孤立したアノミー状態にある個人に、より多くのプレッシャーを加えてくる。こうしたプレッシャーは、個人に、より強いストレスをもたらし、自殺率の上昇へと連動するのである。

マルクスの疎外論を彷彿とさせる用語を使いながら、デュルケムは、近代工業のなかで生きている労働者たちは、生産過程だけでなく、彼らの仲間である労働者らの共同体からも疎外されると、このように主張している。分業は、構造的な不統合、機能的な危機、そして社会的不均衡をもたらす原因になってしまった。専門化は、工業と生産性の拡大に対しても、また、職場内におけるより大規模な連携や協力に対しても、構造的な基盤を提供しなかったのである。コントはかつて、まさにこれと同じ事態を目撃しながら、次のように確信していた。すなわち、社会内部における専門化と断片化によって切り裂かれた、失

なわれた均衡や全体的利益をふたたび確立することが，近代国家に委ねられた役割となるであろうが，これに対して，科学は，文化的なイデオロギーのレベルにおいて，統合という同じ役割を提供することになるであろう，と。「集合感情は，分業によって生み出されたといわれる，遠心分離的な傾向に歯止めをかけるうえで，ますます重要なものになる。というのも，こうした傾向は，労働がさらに分割されるに従って，増大し，そして，これと同時に，集合感情も弱められていくからである」71)。

　マルクスとともに，デュルケムもまた，社会の諸理想は，社会有機体の構造的な諸可能性を表現するものでなければならないと，このように述べている。市場ならびに工業的生産の各発展とともに，機能的安定性と市場での節度ある競争を維持するためには，新たな形態の統合が必要である。社会の複雑さがより増してくると，その社会の構成員同士の関係は，互いに依存度を増し，相互に関連し合っていく。近代社会は，その複雑性ゆえに，資本と労働，人間と機械体系，工業と社会制度といった，これら2つがより緊密に依存するための，構造的な必要条件をつくり出すのである。仕事の組織は，個別的能力にマッチし，目標は適性を反映し，そして，個人の性質は，社会的機能に対応したものでなければならない。分業は自発性と平等性と非強制性に基づかねばならないと，こうデュルケムは主張している。徐々にカーストと階級は，個々の人間の尊厳を重視する道徳観に置き換えられた。不平等と階級は，古代においては，ネガティブな形で集合意識に影響を与えていたというわけでなかったが，それらは，社会的連帯の近代的な形態においては，現実的な分裂へと導く可能性を内在させている。個人の諸欲求と社会的諸機能との間には，調和がなければならないのだ。このような状況下においては，たとえ結果的に生じた不平等であっても，そうした不平等は，階級や富裕に由来する不平等ではなしに，むしろ基本的に自然的〔生得的〕な属性や不平等から生ずる結果である，とこう見なされるであろう。こうした前提諸条件がない場合には，分業はもはや，機能的な専門化，協調，社会的協同などを担う媒体として行動することはできないのである。それだけでなく，分業は，義務感，自尊心，自律性などを兼備した道徳的人間たちを創造することも出来ないのである。機能とは，社会的正義の観点から定義されているのだ。

個人は，社会の中で，同時に彼ないし彼女の道徳的義務としての一表現である，一つの場〔職務〕を成し遂げる。この義務はエゴイズムや意志を拘束する。デュルケムは，潜在力(ポテンシャリティー)と自己実現というアリストテレスの観念に立ち返ることによって，そして，その観念と，道徳的自我にかんするカントの理論とを統合することによって，その学位請求論文を締めくくっているのだ。古典ギリシアを学問対象とする多くの二次文献学者らは，これまで，自己実現にかんするアリストテレスの考えを，政治的活動 (praxis) とか哲学的観想 (theoria) といったものの中に位置づけてきた。しかしながら，デュルケムからすれば，アリストテレスは，人間性の実現を家政的な仕事 (oikeion ergon) の中に見てきているのである。近代性(モダニティー)にあっては，仕事はもはや同質的な意識や統合化された政体，さらには自給自足的な家政経済などに基づいていないから，当の仕事の性質は全く異質なものになっているのだと，こう彼は主張している。いやむしろ，これまで考察してきたように，人間性を実現するには，膨大な量の専門化された協働が要求されるのである。デュルケムの信じるところでは，人間は，社会と歴史の中で自己の潜在力を実現せねばならない。このことをデュルケムは信じているのである。人間たることの意味は，社会の内部で，また，歴史的に特殊な形態をとる分業の内部で，成長・発展することなのである。要するに，その最終的な目標は，「具体的な人格者」を，社会に存在する諸可能性や昇華された諸欲求に対しはっきりとした意識をもち，自由で解放された個人を，つくり出すことにある。すなわち，それこそまさに「社会的な地平 (the social horizon)」なのである。

　社会学の実践的な認識には，社会的均衡ならびに社会進化に関する法則が付随しているが，そうした認識は，社会それ自身の安定とまとまりを維持するために，それ故，階級的な権力と不平等を保つために，使用されてはならない。デュルケムが目指している目標は，要するに，健全な社会における人間の解放と道徳的自律性——社会正義——に置かれており，そしてこれを実現するには，アノミーやアブノーマルな分業を除去することが不可欠なのである[72]。自立や独立は，経済的な相互依存から生まれる。科学と倫理学は，デュルケムの道徳社会学の中で統合されているのである。ドイツ観念論，歴史学派経済学，社会主義思想などを相互に結びつけるとき，デュルケムにとって，道徳哲学は道

徳に関する科学と密接に結びつけられている。純粋理性と実践理性，事実と価値というカント的な分裂を拒否して，デュルケムは，自らの道徳科学を発展させ始めるのである。『社会分業論』の中で，彼はそれを次のように説明している。「われわれはまず現実を研究することから出発するが，それでも，われわれが現実を改善することを望んではいないということではない。もしわれわれの研究が単なる思索的な関心だけしか持たないのであれば，そのような研究など全く価値がない，とこうわれわれは判断すべきだからである。たとえ，われわれが慎重に，理論的な諸問題を実践的なそれから切り離すにせよ，それは後者を無視することではない。むしろ，その反対であって，後者の諸問題を解決するより望ましい立場に立つためである」73)。道徳的存在の強さは，先験的自我というものの合理性にではなく，むしろ，社会的価値を有する集合意識に基づいているのである。これが，目的の王国というカントの概念を社会学的に表現し直した，デュルケム流のやり方なのである。「さらに，個人の人格は，専門化の進展によって束縛されるどころか，分業と一緒に発展するのである。ひとりの人間たらんとすることは，行動の自律的な源たらんとすることである」74)。これは，強靭な人格を育成するという新カント派的な目標と酷似したものであり，われわれは，こうした目標をヴェーバーの諸著書の中に発見したのであった。

　法・道徳・義務などは，個人の責務・権利・機能を創出する，複雑な分業からの所産である。それらは，新しい個人の類型をつくり出していく。こうした新たなタイプの個人は，集合意識と個人的自律性との弁証法の中で形成される，道徳的な存在である。これこそ，デュルケムにとって，社会正義の本質なのである。ドイツへの旅から帰国して早々，ドイツ歴史学派の影響のもとで，デュルケムは，1887年，『倫理学と道徳の社会学』と題する論文を書いている。「社会経済 (die Volkswirtschaft) は単に共同生産の中にあるのではない。とりわけ重要なことは，いかに大量に生産するかを知ることではない。むしろ，どのように人々が暮らしを立てているかを知ること，あらゆる人間社会に負わされている，生の倫理的な目標，正義・人間性・道徳といった要請を経済活動がどの程度実現しているかについて知ることである」75)。具体的で普遍なものを扱うアリストテレスの論議の伝統の中で，デュルケムもまた，自らの倫理論において，

質料(マター)と形相(フォーム)を融合させているのである。道徳の諸原則は,それらが合理論者たちにとってそうであるような,先験的な概念でもなければ,抽象的な形相でもない。むしろ,〔それらの原則が〕財産・契約・労働・相続等々といった各法律を経験的・歴史的に分析するその要素として,理解されるときにのみ,それらは意味をなすのである。社会正義や道徳的自律性はもっぱら,現実の社会制度という生活の中で実現することが出来るのである。

　道徳的な諸価値は,歴史学や政治経済学の文脈の中で理解されるときにのみ,妥当性を有する。道徳的な諸価値は,諸制度や文化の独自な組み合わせに付着している,集合的な習慣や社会的な義務である。これこそ,「社会経済」なる概念の意味なのである。デュルケムは一つの倫理論を展開させている。その倫理論は,具体的な共同体の中で一つの社会倫理を基礎づけるために,善良や義務や効用などといった抽象的な諸原則を捨て去っているのだ。「われわれは,一つの倫理を全体的に構築し,その後で,この倫理を現実に押しつけるなどということはできない。現実から道徳を演繹するためには,われわれはむしろ現実を観察せねばならない」[76)]。論文を締め括るにあたって,デュルケムは,社会学が次第に発展してくるにつれて,社会学はその実践的で倫理的な次元を発展させることが出来るようになり,その結果,「理論が実践を統御するに相応しいほどに,倫理学という科学が発展してきたといわれる,そうした時が必ずやって来るであろう」と,その抱負を述べている [77)]。

　社会病理とアノミーという論点は,その著作『自殺論』の中でも継続されている。同書で彼が探究のメスを入れているのは,個人的欲求の社会的錯乱状態としてのアノミーと,近代的な経済生活に特有な諸特徴,すなわち,経済危機・市場競争・際限なき人間の欲望などと結びついたものとしての自殺率との関係,である [78)]。アノミーには,市場社会や経済の競争の拡大を含む,幅広い近代社会における構造的な諸変化が反映されている。そうした変化としては,集合意識・社会的連帯・公共圏の各衰退,古典派経済学のいう小さな政府の台頭,経済的唯物主義・私的な利益にかんする倫理,功利主義的・貨殖術的な諸価値,をその例示として挙げることができよう。アノミーとは,リベラリズムに必要な一条件である。その条件下では,国家は,ナルシシズム的な意志や,この意志の財産に対する,また,競争的市場でのサクセスに対する,無規制的な要求

を規制することもできなければ，緩和することもできないのである[79]。エゴイズムそのものが集合意識を圧倒し，それを飲み込んでしまうのである。社会の道徳的・宗教的な諸価値をもってしては，絶えず膨張を見せる，貪欲な功利主義的なエゴの欲望を鎮静化することはできないのだ。急激な変化に曝されている時期，とりわけ工業的・金融的な危機に見舞われている時期には，社会の均衡に激しい乱れが生ずるために，著しく自殺の増大が生じてくる。急激な変化の時期が生み出すものは，社会的束縛を浸食し，生への意志に影響を与える無際限な個人的欲望を煽りたてる，そうしたいくつもの条件である[80]。アノミーが，生への意志を衰弱させ，疎外された苦悩と存在的な絶望の状態に個人を放置するために，自殺は，近代性に〔必然的に〕随伴する，社会的疾患の一つなのである。

　さらに，以上のような構造的諸変化には，もう一つの強力な主観的な要素がある。公共意識の衰退と，人間行動に対するそれによる道徳的規制の弱化と並行して，人生における意味と目的がますます失われ，それとともに，人間的な渇望や情念が劇的に急増してくることである。際限なき欲望の無限性が結果的にもたらすものは，社会的カオスと個人の幸福の虚しさであり，それ故こうした欲望の無限性は，欲求不満と自殺を惹起していく。デュルケムは，このような社会の解体を，無限性の病と呼んでいる。このような病は，資本主義と社会主義の双方に等しく観取される，経済的マテリアリズムの教義の中に，最も鮮明に表現されている。市場における需給関係が様々に変化してくるに伴って，永続的な景気循環は，経済危機をもたらす諸条件を生み出すだけでなく，社会における集合感情と道徳的諸価値をも弱化させてゆく。これは，個人に対して有害な作用を及ぼす。アリストテレス風の貨殖術を自らの理論へと作り上げながら，デュルケムが拒否しているのは，際限なき欲求と肉体的欲望をその暗黙の前提にしている，経済的マテリアリズムという錦の御旗なのである。近代性において，経済学は，目的に対する手段に留まるどころか，人間生活そのものの目的になっている。彼は，抑制されない意志や「集合的悲哀」のこのような状態について，ショーペンハウアーを彷彿させるような言葉を用いて，こう述べている。「無制限なる欲望とは，当然ながら足ることを知らないことであり，この欲深さとは，まさに病患の兆候と考えられる。……際限なき渇望とは，絶

えず更新される苦悶である。……当然ながら到達できない目標を追いかけるということは，自分を責め，未来永劫，不幸な状態に追いやることである」[81]と。

近代の経済は，人間的欲求の搾取と，決して終わることのない不安と失望という，これら2つに立脚した市場を生み出していく。欲求は喚起されるが，それは充たされずに放置される。もっぱら心理的な依存性を生み出すために，渇望は刺激され，野心は解き放たれるからである。さらにまた，競争や市場における非合理性は一層強化されるからである。生は「より激烈に，そしてより痛々しいもの」となる。それと同時に，生は，なんら過去も未来もない，空虚で，無価値で，不毛なものとなる。その行きつく先は，幻滅感と徒労である[82]。これは確かに，ショーペンハウアーの苦痛と苦しみで構成された世界における社会学的側面といえよう。デュルケムは，ショーペンハウアーが感じた存在論的危機を，近代性（モダニティー）の社会的な危機へと変換させているのである。市場経済においては，永久に変わらない欲求不満と努力のほかに，なんの目標もなければ，目的もないのである。これは，無法状態をその特徴とする社会であり，社会的規範が解除され解体されている姿であり，幻滅感漂う奈落の底である。「経済生活が今日，このような性格を帯びているのは，たしかにその通りである」。しかしながら，それが無限に続くということはありえない，と彼はいう。「道徳的な規律を欠いたまま，社会的機能が存在することは不可能である。もしそうでないなら，個人の渇望の他には何も残らないからである。そして，それらは本来的に限界もなく，貪欲なものであるから，もしそれらを制御するものが何もないとするなら，それらは，いずれ自らを制御することもできなくなるであろう」[83]。近代資本主義は，行き過ぎた欲求と際限のない欲望を助長し，経済的な危機と経済の不均衡を促進してしまうという点で，他に類のない程に競争的な市場経済を産み出してしまう。というのも，それは，敵意，不信，人間的な苦しみからなる世界を創出してしまうからである。社会学はひとつの実践的な科学である。そうした実践的科学は，プロネーシス（思慮）というアリストテレス流伝統の中で，公的領域，すなわち，法，統治機関，教育，職場における専門組織などの公的領域の内部に，より崇高な道徳的目的，集団としての責任，共同体としての幸福などの諸原則，についての理解や含意を提供するのである。社会的な治療を求めて，デュルケムは，アリストテレスの信念，すなわ

ち，様々な制約は新たな経済的理想によって創出されるべきものだから，欲求は温和化されるべきであり，また，それは良心と道徳的秩序のコントロール下に置かれねばならない，とする彼の信念に着目しているのである。新たな制約や理念は，強化された道徳教育と，新たな社会組織の諸形態を通じて，ゆっくりと進化していくのである。このような教育と形態が，社会的責任，公民としての徳性，民主主義への参加にかんする新鮮な感覚を育み，これを育て上げていくのである。教授学と政治学におけるこうした関心が，これ以降におけるデュルケムの作品の大部分を説明することとなる。

古典教授学と近代政治学

　数多くの著者たちによって認められてきたように，デュルケムは，教育および教授学にかんする講義や執筆活動に，人生の多くの部分を費やしてきたが，これに関しては，社会学者たちからほとんど注目されてこなかった。これらの講義によって明らかにされるのは，道徳教育・公民としての徳・公民精神・善く生きることなどに関して，デュルケムがどのように思考を重ねていたかについての，洞察である。教授学(ペダゴギー)とは，古典ギリシアの倫理学や政治的科学のための，近代的な表現である。公教育に関するデュルケムの理論は，若者たちの間で育まれるべき社会的・政治的な諸理想を，われわれに提供している。教育と社会化は，それ故将来に対する社会の希望であり，そして，現在に対するその機能的な要請にむけた社会の希望なのである。社会は，様々な観念や信念からなる一つのシステムであるから，共有される諸価値について教育することは，社会それ自身の集合的な期待や倫理的な夢を明示するのである。社会的教育の目標は，自然〔本性〕に追随するのではなくて，自然を創造することにある。なぜなら，この社会的教育は，「人間の内に新たな人間を創造し，この人間が，われわれの内の最善なるもので，生に価値と尊厳を賦与するすべてのもので構成されるからである」[84]。これらの講義が象徴していることは，倫理学，政治学，参加型民主政という古典的な見方（アリストテレスとルソー）を，人間の尊厳や個人の自由というカント的な諸価値と統合させることによって，近代のフランスの聴講者を前にしながら，カントの『純粋理性批判』とアリストテレスの『政

治学』を自ら書き改めるという,その試みなのである。ローマ時代のギルド,中世の同業組合,近代国家などにかんする彼の考察には,家族・友愛・公民精神・社会正義などにかんするアリストテレスの見方が鳴り響いている。最終的に,「個人に対して,道徳的な生活方法,新たな社会的理想,人間の潜在力という新たな共同的な諸可能性」を呼びかけるのは,あくまで国家なのである[85]。古典的ヒューマニズムのこうした普遍的な諸価値で表現されているのは,近代社会の集合意識である。

アノミー,アブノーマルな分業,自殺,経済的・産業上の危機などの社会的問題を克服するために,社会学は,実践的な科学(プロネーシス)とならねばならず,それは国家市民を倫理的,政治的に教育することを目指すものである。その目的は,社会的啓蒙であり,社会の究極的な価値として表現されている,人間的な欲求を再創造することである。カントの悟性というカテゴリー以来このかた,論理的・概念的な分類の形式や表象は,社会的に構成されるものなのである。それというのも,連想〔アソシエーション〕の能力,論理の文法〔グラマー〕,悟性や社会意識を構成する諸形式,すなわち,精神の形式的構造などは,決して生得的でもア・プリオリでもないから,教育過程は,新しく自律的な人格を形成するとか,歴史の中での集合意識を〔形成する際には〕,本質的で重要なものとなる[86]。集合表象を媒介にして,身体的現実や社会的現実を解釈することは,デュルケムの認識論を彼の教育論に統合させるものである。諸科学を通じて教育を行うことは,それによって現実が構成され,道徳的な諸原則が確証される,そうした様々な形式や観念を陶冶していくのである。このようにして,個々の人間の社会的存在は,人類の完成と一緒に,創造される。このような社会的再構成の中で,科学と公民精神とが緊密に結びつけられている。『教育と社会学』(1922年)において,デュルケムは次のように主張している。「教育は,その際に,社会が子供たちの内に,それ自身の存在が可能となる本質的な諸条件を準備させるための唯一の手段である。……その目的は,子供の中に,一定数の身体的・知的・道徳的な状態を喚起し発達させることにある。このような状態は,全体としての政治的社会,そして,子供が特に運命づけられている特殊な環境,この両方によって子供に要求されているのである」[87]。

カントとルソーの道徳的・政治的な思想が,古典派的・功利主義的な経済学

者たちの立場と渡り合うために，どのように使用されてきたかについて，これまでわれわれは見てきた。この考察から次に導かれるのは，もう一つ別の問題，すなわち，社会主義がデュルケムの思想に与えた影響という，魅力的な問題である[88]。デュルケムが求めているのは，社会的諸権利，人間の尊厳，自己決定などといった彼のカント的なリベラリズムと結びついた，機会や条件の平等，富の社会主義的な再配分，慈善や利他主義の諸原則，である。この立場は，カントとマルクスのこの2人を統合しようと試みた，19世紀のマールブルグ大学で勃興した新カント派の社会主義思想に酷似している[89]。デュルケムが斥けているのは，彼の時代に流行っていた技術〔至上〕主義的社会主義や決定論的マルクス主義である[90]。しかし，彼もまた，その研究活動を始める早い頃からずっと，ドイツへの留学の旅によって深く影響を受けていた。その旅の折に彼は，ドイツ歴史学派や講壇社会主義者たち，すなわち，シュモラー，ワーグナー，シェッフレなどから影響を受けたのである。ヴェーバーのように，デュルケムもまた，正統派経済学は価値を背負い込んでいると見なし，古典派経済学やレッセ・フェール資本主義に反対の立場をとる歴史学派に，好意的な姿勢を示している。アリストテレスの歩んだ道筋に沿うように，歴史学派もまた，有機体的な社会観，政治経済学と倫理学との結合，社会的連帯と社会意識，私的利害よりも社会的理想を奨励すること，などを支持する立場を表明していた。

　ボルドー大学およびソルボンヌ大学における授業を通じて，彼の講義は，教授学と教育の問題に焦点が当てられていた。それらは，倫理学と社会正義にかんする彼の考えを論じたり伝達したりする，その媒体を提供したからである。社会学は，テクニカルな科学ではなく，社会的な目標と実践的（道徳的）な諸価値を定義する〔科学である〕。マルクスのように，理論と社会的行為との間には，切り離し難い結びつきが存在するのである。人間とは根本的に，社会的で歴史的な存在であることから，個人意識と集合意識の基礎づけは，教育の中に存するのである。1904-5年にかけて，デュルケムは初めて，「フランスにおける教育〔教授〕の歴史」と題する，教育に関する一連の連続講義を行っている。古代のギリシア・ローマから近代社会までに至る，教育のもつ価値や方法を辿りながら，彼は，西洋ヨーロッパにおける教授学の様々な時期，諸目標について，歴史的な展望を与えている。比較史的な方法を駆使しつつ，彼は，ローマ帝国の

没落とカロリング朝の時代から始まって，中世における諸大学の設立，論理や弁証的な講義にみられる形式的な教育を経て，ルネサンスの人間中心主義，ジェズイット〔イエズス会〕系諸大学における古典研究の復活，そしてその後の近代における教授を巡る様々な対立・抗争に至るまでの，教育の進化過程を跡づけている。彼は同時に，フランスの中等教育で提示されている社会的な諸理想にかんする概観も，われわれに行っている[91]。過去における教授上の諸理想を社会的諸事実として扱うことによって，デュルケムは，これまでの教育的諸価値と，過去の諸社会を維持するのに果たした，その機能的・制度的な役割を比較することに成功しているのである。

　古代のギリシア人の理想は，叡智と身体美に対する愛着の中に表現されている。これに対してローマの人々は，軍事的な徳や豪胆さを重視した。また，中世の世界では，騎士道や戦士の戒律が強調され，近代の世界になると，知識と科学が，その最高の価値として与えられている。だが，今日われわれは，教育上の諸価値や明確な方向性を失ったことにより惹起された，教授上のアノミーと「脱呪術化（disenchantment）」という〔この2つ〕からなる世界に生きている。このような歴史的な方法は，デュルケムにとっては重要である。なぜなら，社会的な諸理想は具体的な諸制度や諸関係の現れであるがゆえに，未来はもっぱら，現在の様々な状況の上に築かれうるのであり，ユートピア的な夢想などから生じうることはないのである。教育について研究することは，近代性にとって，以前の諸社会とその文化的諸理想（社会的無意識的なもの）を反省する機会が与えられるのである。こうした機会によって，われわれには，われわれが直面している現在のジレンマにかんする洞察が与えられるのである。過去を振り返ることによって，われわれの現在の諸状況，機能的な諸問題，未来の諸可能性など，これらを理解する手掛かりが与えられるのである。

　教育が与えるのは，知識の一形式である。この知識は，われわれに過去を語るために調整されているだけでなく，医学や政治学のように，われわれを未来へと導くこともできる。デュルケムは明確に，科学を実践理性に，現実的なものを理想的なものに，理論を実践に，それぞれ結びつけているのである。社会学と教授学を統合することによって，彼は，教育を科学的に研究することと，教育に携わる者の実践的理論とを，ひとつに結びつけているのである。教育は

人間の隠された潜在力(ポテンシャリティー)を引き出し、文化的諸理想という集合的な記憶を培養することによって、新しい社会的な存在を創造するのであるから、教育は、人間のエゴイズム〔自己中心性〕と反社会的な本性を変化させていく。個人は、理性や、近代科学・伝統的な公民的ヒューマニズムといった最も崇高な理想に対する尊崇の念とともに、個人の義務、自律性、人格の尊厳、民主主義といった道徳的な諸価値を教えられるのである。カントとジョン・ステュアート・ミルに倣いながら、教育は人間性の最も気高い完成を必ず指し示すであろうと、このようにデュルケムは望みをかけているのだ。人間本性や普遍的な道徳的諸価値といった先験的な見方に囚われることなく、デュルケムはこう主張する。すなわち、教育こそが、人間の潜在力と社会的諸可能性を陶冶するのだ、と。アリストテレス風の言葉遣いをしながら、デュルケムはこう書いている。

> 「人間はその発達のあらゆる潜在力をそれ自身に備えているので、人間の発達がいかなる方向に、またいかなる仕方で導かれるべきかを決定しようとする際には、観察されねばならないのは人間であり、人間のみである。肝腎なことは、その生得的能力がどのようなものであるか、またその能力の性質がどのようなものであるかを知ることである。……教育がわれわれの内部に実現すべき人間とは、自然が作ったような人間ではなくて、社会がそうなることを欲するような型の人間である。」[92]

デュルケムにとっては、これが社会学や心理学の果たすべき役割ということになろう。道徳や社会はいろいろと変化するのであるから、これらの変化に教育は感応的でなければならない。これは専制政治のように聞こえるとする批判に反応して、彼はこう答えることで、それに応酬する。すなわち、教育とはわれわれの中にある最善のものを引き出すことなのだ、と。デュルケムは自由を、自己意識的な合理性と自己克服という新カント的な表現を踏まえながら説明しているのだ。「なぜなら、自由であるということは、決して気ままに振舞うことではなくて、自己を知ること、理性によって行動することを知り、自分の義務を遂行することを知ることだからである」[93]。

教育に委ねられた主な目的は、社会的な諸理想と民主主義のもつ重要性を、個人の意識の中に陶冶することである。デュルケムは、1890年から1900年まで十年に及ぶ講義、また、1904年と1912年にソルボンヌ大学で続けられた講

義，さらには，彼が亡くなる直前，再度「道徳と権利の本質」と題された講義——これは後に『社会学講義——習俗と法の物理学』(1950年)なる題名をつけて出版された——において，社会倫理学や政治学にかんする自らの理論を梗概することによって，教授学と道徳学についての自らの研究を補足している。これらの講義では，職業道徳や公的な諸権利の本質が論じられ，同業組合や近代国家の形態をとる集合意識についてのさらなる解明が行われている。まさにここにおいて彼は，道徳的な個人主義と政治的な責任とを融合させる，教育・法・国家という分野に関わる，広範囲に及ぶ政治的共同体についての自らの民主的な理想を発展させているのである[94]。そこで語られていることは，学位請求論文からの立場の変更であり，共通善や集合意識というアリストテレス風の哲学に立ち戻り，〔それを再び〕近代の経験の中に織り込むということである。二次的な社会組織の多様性を再び抑制するためには，集合的な価値と機械的連帯の意識が再び必要不可欠であるという見識に基づき，学位請求論文当時の機械的連帯と有機的連帯という単純な二元論が乗り越えられていく。近代社会の内部に存在する多様な集団を結束させるためには，政治的共同体と公的な道徳学がどうしても必要である[95]。デュルケムは，個人と社会，道徳的個人主義と社会的プルーラリズム，機械的連帯と有機的連帯，のそれぞれを結びつけようと試みているのだ。古代の世界は，近代という時代経験の中で滅びたのではない。むしろその世界は，二次的アソシエーションを通じて，近代性そのものを正当化する際に，ひとつの重要な要素になっているのである。

社会民主主義を告げる古典的正義

　社会的連帯にとっての国家の重要性は，『自殺論』で始めて公にされたが，そのことがより十全に展開されたのは，デュルケムの著書『社会学講義——習俗と法の物理学』においてであった。平等，人間の尊厳，自己決定を促進させるのは，政治的共同体の内でも，最も重要な集合体としての国家が，その担い手となるべきなのである。デュルケムは，このような形態の集合意識を個人崇拝と呼んでいる。特定の経済的利益であるとか階級的利益などを保護するために，国家は利用されるべきではない。というのも，国家とは，社会の集合的道徳を涵養

すること，個人の自律性・民主主義・社会正義からなる最高の政治的理想をはぐくむこと，これを果たすべき役割とするものだからである。こうした役割は，もはや分業の排他的な機能にはなりえないのである。近代性の病が市場経済や産業上の生産に存するのであれば，デュルケムは，経済的な病理や商・工業的な諸危機を扱ってきたように，様々な方法を駆使して過去へ向けて研究に乗り出すのである。道徳と権利にかんする科学としての社会学を主題とする一連の講義で彼は，公民の義務と職業上の責任はどのように古代ローマで発展してきたのか，という考察から出立させている。この目標を目指して，彼は，公法と秩序，契約と財産権などの古代的な形態や機能，ローマ人の取引や生産ギルドなどの形成を調べている。アリストテレスやモンテスキューに倣いながら，デュルケムはこう主張している。すなわち，国家が，君主制か，貴族制か，それとも民主制か，に応じて，古代諸社会におけるこれらの法は異なってくる，と。

　古典派経済学と，自己規制的・自己安定的な市場という功利主義的な見方とを拒否した後で，デュルケムは，市場はそもそも，道徳的な案内人としてふるまい，われわれが生来的にもっているエゴイスティックな性癖とか，生産のアナーキーなどを規律化させることができるのだろうかと，疑問を投げかけている。だが彼はこうも言っている。社会主義は制度的に，その唯物主義的・アノミー的な文化の内部で，道徳的な権威や社会的な調和を説明することができないために，この社会主義も〔市場主義と〕同じような社会学的な課題を抱えている，と。私的な諸利害，競争，道徳の解体などを助長させてしまう社会にあっては，市場というものは破壊的な一要素として機能するのだ。デュルケムが問うているのは，道徳的な自己規制の源とは何か，社会の機能的・道徳的な統合とは何か，という問題である。この問いに対して彼は，広範囲に及びしかも多様な形をした，明確に定義され組織化された職業的諸アソシエーション，の内部における職業倫理というものの道徳的な力によってのみ，統一する機能が提供されうるのだ，と結論を下している。このような職業的諸アソシエーションが，公共意識のうちに，法人団体としての倫理であるとか，公共善に対する社会的責任といったものからなる，ひとつの体系を教え込むのである。権威に関わる分権化した道徳的な諸中核組織〔センター〕は，コミュニケーションを担い，

それら組織の諸価値を社会の他の人々と共有しあう。デュルケムは，これら組織のこのような社会的なアレンジメントを，「道徳的多形現象」と呼んでいる。市場経済がもたらす社会的病理に対する彼の反応は，明らかに近代的なものではあるが，しかし彼は，幸福と自由が社会的な中庸・個人の抑制・道徳的な規制に左右されるという着想を，アリストテレスからルソーに至るまでの思想から引き出している。

　プルタコルスとプリニウスに助けを求めながら，デュルケムは，ローマ共和政，ローマ帝政の中に広く浸透している同業者団体や職人組合 (*collegia*) といった初期の形態からその考察を始めている。ローマは，国家による厳格な監督と保護下に置かれた食料品の規制について，強い関心を払っていた。ローマ時代も終りに近づくにつれて，商いや産業にかんするこれらの諸制度は利用されずに衰微してしまったが，11世紀から14世紀までの中世にかけて再び復活し，繁栄していった。デュルケムは，市場経済の過酷な影響を減殺させるには，同業組合〔クラフト・ギルド〕は，近代において再組織されねばならないと確信していた。彼の主張するところによれば，中世当時の同業組織は，親方職人や商人たちの職業的・専門的な団体としての役割を果たしており，その主たる目的は，制作方法や価格を実利的立場から規制すること，徒弟たちの組織や諸権利を維持すること，そして産業を発展させること，であった。彼らは中世都市団体〔コミューン〕の中心をなしていた。古代ローマにおける「職人ギルド」やコレギアの機能は，これに比べると根本的に異なっていた。というのも，その団体は完全に宗教的・道徳的な役割を強調していたからである[96]。この団体は，道徳的な連帯感や精神的親族関係〔兄弟盟約〕をつくり出す手段として，また，彼らが共有する守護聖人，典礼，祝祭，福利基金，共同埋葬地などを備えた，職人仲間たちの同胞愛として，振る舞ってきた。ローマの同業組織は，家族のそれに似た，職人共同体の道徳的な生活を形成していた。こうした共同体は，友愛と，利害の共属に基づいて，人間の存在に意味を与えてきた。こうした組織は，ローマ帝国における内乱，ゲルマン諸部族による帝国への侵入によって都市，交易，産業が解体されるまで，存続したのである。

　18世紀，しかもフランス革命までに，同業組合が有していた重要性は，国民国家によって陰の薄いものにされてしまった。集合意識の最も完全な現れとし

ての国家が，公務における審議・熟慮・批判からなる一連の過程を制度化してしまったのである 97)。だがデュルケムは，今こそ，近代民主主義という新たな精神の枠内においてではあるが，古典的な思想を公的な集会や同業組合の中に復活させるべき時期である，と確信していた。専門的・同業的な団体は，デュルケムによってミニチュア的な会議と見なされた，経営評議会(administrative councils)によって運営されるだろうとされた。すなわち，「われわれは，このような評議会ないし会議が，大規模な形で固定した権力をもち，業務にかんするあらゆる事柄，すなわち，労使関係，労働諸条件，賃金と俸給，相互の競争関係その他を規制する権力を有するものと想定しよう。……そうすれば，同業組合は全く新しい姿で再建されるのである」98)。同業組合は，生産のアナーキーを回避しようとして，共同体の経済生活を規制し，これを計画化することに役立つのである。それは，賃金，労働諸条件や産業上の衛生・安全，就労契約，雇用者と被用者の関係，お互いに対する権利・義務，製品の質，その他を決定することとなる。労働争議を審判するために，裁判所が設置される。最後に，同業組合型デモクラシーの法人機関が，国家の中核組織に配属されるであろう。

　デュルケムの民主制に対する見方は，ルソーにかんする彼の解釈から教えられている 99)。デュルケムによれば，民主制とは「社会が最も純粋な形態の自己意識に到達することができる政治制度」100) である，と。主権は，個人の自由と道徳的な発達という新たな諸可能性に率直な，そしてまた，社会的な適応という新たな諸形式に率直な，そうした自己意識的な人びとに依拠している。道徳性と職務〔ファンクション〕は，その2つの重要な要素である。しかしながら，無意識的な感情や考え，分節化されていない価値や偏見，そして盲目的な官僚支配などの上に立脚した諸社会は，真の民主主義を築く基盤とはなりえないのである。こうした理由から，デュルケムは，国家と市民大衆とを切り離しているのだ。彼は，アリストテレスとルソーのこの2人に窺われる，直接民主制という形態に批判的である。それは，彼が，この直接民主制によって政治的なアノミーや社会的な不安定性が惹起されると確信しているからである。烏合の衆が1人残らずそれに参加するとき，その場合には，現実的な統治も，真の民主主義も，一切存在しないのである。イロクォイ・インディアンにかんするルイス・ヘンリー・モーガンの民族学に立ち返りながら，デュルケムは，モーガン

とマルクスの両者により展開されている,原始的部族社会・酋長会議・共同体的〔コミュナール〕民主主義にかんする見方を拒否している。「すべての人が統治するのであれば,統治は事実上存在しないということになる。民衆を導くのは,集合感情であり,それは,拡散して不明瞭で曖昧なものである。どのような類のものであれ,明晰な思考は,人々の生活を支配することはないのである」[101]。そのようなところでは,多数者の最も一般的で,分節化されない,無意識な感情のみが,隆盛を極めるだろう。〔だが〕デュルケムは,ルソーが行っているブルジョワと市民,経済と政体にかんする区分は,直ちに克服することはできないと主張している。集合感情は,市場経済においては,自分自身の利益を求めて競争し合っている,自己を追求している非理性的な諸個人によって,理性的に分節化されることもなければ,公の場で討議されるということもありえないのである。自己中心的な諸個人がもつ,自然に反して競い合う,果てしなき欲望は,政治的共同体の内部で,明確な考えや共同体的理想を追求することとは矛盾するのである。というのも,それらの欲望は同時に,われわれが,われわれの社会的諸関係において,平等と尊厳を必要としている道徳的な存在であるという確信とも,矛盾しているからである。民主制と資本主義との緊張関係は,古典的な社会理論でも続いているのである。

デュルケム以前におけるアリストテレスやマルクスと同じように,彼は,民主制と資本主義とがアンチテーゼの関係に置かれていることを認識している。彼が,国家による支配を国民の意志から切り離し,市場と,財産を所有することに,共同体として様々な制約を課しているのも,実はこうした理由に基づいているのである。というのも最終的に,われわれを道徳的な存在にし,自由にさせるものは,国家だからである。功利主義的,新古典派的な経済学を斥けながら,デュルケムはこう主張している。個人を解放し,人間の諸権利を擁護し,われわれの道徳的な存在に社会的正義を付与するのは,要するに国家なのである,と。「人間が社会の中で暮しているからこそ,人間は人間なのである。人間から社会的な起源を有するすべてのものを取り除いてみれば,他の動物たちと大差のない一匹の動物の姿のみが残るのである」[102]。アリストテレスと同じ様に,国家の役割は,市民たちや道徳的な諸個人を創出することである。デュルケムは,啓蒙主義によって,人間たちが,人間の植物器官系や消化器官

系の諸システム——コマーシャリズムやコンシューマリズム——に縮減され，それによって，個人が市場というイニシアティヴの犠牲にされてしまうのではないかと，この点を憂慮しているのである。

　アリストテレスによれば，民主制においては，支配者と被治者との相互間には，参加と対話〔弁証〕が存在し，また，ルソーによれば，民主制は自己立法という一つの政治的制度であり，この制度の下では，公益〔コモン・グッド〕が，公的集会における集合意志の忠実な表れなのである。主権は集会に参加した公衆に依存している。公衆は，公衆の一般的な責任を反映し，表明し，論議するからである。しかしながら，「民主的な制度のもとでは，治者の意志と意見は，被治者のそれらと同一であり，それらに併合される」103)とする考えを，デュルケムは拒否する。彼の立場からすれば，民主制は民衆の意志を直接的に表現したものではない。国家と国民をこのように混淆してしまうことは，ある種の政治的な倦怠感に追い込むこととなる。近代社会では，集合意識が弱まり，政治的なアノミーという様々な危険が生じてくるために，彼は，直接民主制では，もはや，道徳的な権威や社会的な秩序を維持する，確固たる基盤を確保することはできないのではないかと，こう危惧しているのである。彼が望んでいることは，一般意志が表出されるよう，国家と国民の間で，多様な考えについてのコミュニケーションや対話が行われる，重要な関係を一方で維持しながら，国家の構成員や市民たちから，より多くの組織的な独立と行動の自由が国家に与えられることである。「そのような審議と反省が，さらには批判的な精神が，公的な事柄を処理する過程において，ますます顕著な役割を担うようになれば，国民はそれに比例してより一層民主的となる」104)。国家組織と行政委員会における審議が，また，報告書ならびに裁決が，市民全体に流布〔公開〕されるとき，その時に，真の民主制は成り立つのである。

　結局デュルケムにとって，民主制とは，市民大衆と，国家の審議諸団体・政府諸機関との両者間で，どれだけオープンかつ自由にコミュニケートできるかという，社会の能力によって定義されるのである。その法的および道徳的な審議の中で，国家は，集合意識の代表であり，その声である。このような諸手段を用いることによって，政治的・社会的に重要な論点が，暗闇から，公的な見方へと引き出されるのである。デュルケムは，自らの社会認識論，集合表象論

を携えながら，近代政治理論の偏狭な個人主義を拒否したのであるが，これによって彼は，テクノクラティック〔技術者支配的〕なコミューン主義という方向へと押しやられることとなる。デュルケムにとっては不幸なことであったが，民主制にかんする彼の見方には，政治的なテクノクラシーと権威主義的な組織構造という2つの抜き難い要素が内蔵されており，こうした要素は，道徳的個人にかんする彼のカント的な見方や，アリストテレス的な公民精神にかんする見方とも抵触するものである。彼は，この内のいくつかの要素を，ギルド型社会主義という自らの理想を駆使して救い出そうとするが，しかし彼は，大衆市場と政治的民主制との対立，群衆と個としての市民らとの対立を，殆ど解決していないのである。アノミー的な意志と実践理性との緊張は，決して解消されていないのである。

だがデュルケムは，これらの諸問題に気づいていたように思われるのだ。というのも，彼は，直接民主制に代えて，職業諸組織やその他の中間的な公的諸団体による，ある種の政治的代表制を設けようとしているからである。同業組合のみが，ルソーのパラドックス，すなわち国家は，諸個人の行為〔アクション〕と審議に基づいていながらも，集合精神だけは民主的でありうるとする，そのパラドックスを解くことができるのだ。市場型個人主義は，公共的な道徳心や公民的な徳を卑しいものにしてしまう。そのような個人主義は，道徳的な規律や共同的な公民精神を台無しにしてしまうのである。アリストテレスと同じように，デュルケムも，市場はパブリックな危機を意味していると主張している。彼は，次のように問いかけている。もし利己心や競争や経済的な戦争状態だけしか存在しないとするなら，道徳心や公的な規律や社会的な必要性の感覚などは，いったいどこで創られるのであろうか，と。彼から見れば，選挙などは，まれにしか実施されず，一時的なものでしかないから，それは理性的な集合意識を形成する場にはなりえないのである。これは，彼がルソーから摂取している，リベラルな民主制に対する批判であるが，しかし彼は，公的な立法機関の中で一般意志が形成されるという，ルソーの解決のやり方を拒否している[105]。デュルケムからすれば，道徳教育や公徳心は，永続的で団結力に恵まれた職人諸団体の中でのみ，発生しうるのである。ギルドは，働く大衆を，自らの社会的責任を弁えた，思慮深く，責任ある市民層や政治家たちへ変化させていくの

である。直接民主制と公民精神が重要な役割を果たすのは，このようなローカルなレベルにおいてである。

デュルケムは同時に，社会のなかに，政治的・経済的な二次的組織で構成された，多様な集団——政治的・経済的な分権化の新しい諸形態——をつくり出すことによって，市民を国家の直接的な権力から守ろうとしている。集団的プルーラリズムと政治的多様性にかんするこうした重視は，そうしたプルーラリズムや多様性は，国家的専制からの危険から身を守るものとして絶対に欠かせないと主張する，アレクシス・ド・トクヴィルの提言によく似ている。『社会分業論』の中で機能分化にかんする初期に見られた重視は，政治的・社会的な分化に置き換えられる。一般大衆と国家との間を調停するものとして，デュルケムが差しはさんでいるのが，地方議会の代表者と職業的・専門的な団体〔結社〕である。ルソーに再び批判を加えながら，デュルケムはこう述べている。法に対する敬意は，法を制定することからではなく，むしろ，法そのものの構成や手続，つまり，政治システムの質から生じてくるのである，と。これらの制度的な諸基準の性質そのものによって，市民たちは，法の正統性について判断しうるのである。権利は制度のなかで実現されるのだから，近代民主制の性質〔本質〕を規定するのは，政治的諸団体の多様性とプルーラリズムであって，国家諸機関への直接的参加などでは，全くないのである。

個人の諸権利は，社会とか個人といったものに，生まれつき備わっているものではなく，むしろ，国家により形成され保護されているのだと，こうデュルケムは主張しているから，彼は，自然権理論を拒否しているのだ。これらの権利は所与なのではなく，むしろ時間をかけて進化・発展してきているのである。「これら諸権利からなる現実を創造し，組織し，仕上げるのは，じつに国家なのである」[106]。人間の自由を実現し，個人の多様な個性を解放することは，国家が果たすべき主要な機能であると，こうデュルケムは確信している。「個人が自らを克服し，動物的な自然のレベルから抜け出ることを可能にさせているのは，集合的な生活が，個人の中にこだまし，個人の中にしみ渡っているということなのである」[107]。古典派経済学に反対して，デュルケムはこう言っている。〔個人と国家という〕これら2つの要素は互いに対立するものではない，と。一連の講義の中で，デュルケムは，公民道徳，財産権，契約上の義務など

を取り上げ，その進化の歴史を概説している。ルソー，カント，ミルの伝統に従いながら，デュルケムは，私的財産への権利を正当化させるものは，いまだ占拠されていない土地を〔自分のものだとして〕占有する意志の行為，人間の欲求の満足，そして人間の労働であると，このように主張している。デュルケムは，こうしたリベラルな伝統の多くに賛意を示しながらも，結局は，集合的な感情や伝統から起こる，財産に対する権利を支持してしまうのである。これらの諸権利は歴史的にどのように発展してきたのか，この課題を解くべく，デュルケムは，古代ローマの家族における，そして，ユスティニアヌス法典に記述された，財産の見方へと立ち返っていくのである。

　デュルケムは，『ニコマコス倫理学』において論じられている，社会正義にかんするアリストテレス的な見解——交換的正義と配分的正義——を要約することをもって，国家にかんする自らの分析を締め括っている。集合意識の２つの形態の内の前者〔交換的正義〕は，公正価格に基づいて市場交換を規制し，第２の形態〔配分的正義〕は，それがより平等な社会を要求していることから，位階と役職の配分を律している。公正な契約にかんするデュルケムの法理論，すなわち，公平な補償，公正な最低賃金，さらには，疾病・老齢・公務災害に対して保障する，労働者への給付と社会福祉にかんする諸規定，にかんする彼の法理論は，交換的正義の中に含まれている。ミルの場合と同じように，社会的平等へ向う上で，また，階級制度を撤廃する際に，その主要な障害物となるものが，相続財産なのである。産業法の制定は「労働者の利益に余りにも反する条件で，別言すれば，労働者の真の価値と合致しない条件で，労働者から労働を得ようとして，雇用主がその立場を濫用しないよう，立案されている」[108]。交換的正義にかんするデュルケム理論が要求していることは，契約や産業立法に支えられた工場やギルド組織の各内部における力の諸関係を変えることであって，その目的は，労働者の価値と尊厳にかかわる諸原則を尊重しながら，敵対し合う諸階級間に，バランスをもたらすことなのである。彼は，次のように述べて，自らの理論のこうした側面を要約している。「それゆえ，そのように激しい形で階級差別が社会の中に存続している限りは，かなり効果的な臨機的手段を用いて，契約の不正を減らすこともできるが，原則的に，そのシステムは，正義を斟酌しないという条件下で，稼働しているのである」[109]。

社会正義という理想は，配分的正義という理論を取り込みながら拡大していく。この配分的正義の理論は，財産，相続，階級の諸制度と，共同体に与えられる社会的な能力〔メリット〕や奉仕の諸原則に基づいている。デュルケムはこう述べている。社会における正義と機会の平等は，富の相続は否定されるべきであり，むしろ〔それは〕専門的な諸団体によって再配分されるべきこと，このことを要求している，と。正義が要求していることは，市場内部における公正な交換であり，あらゆる社会的な不平等を解消することである。こうした不平等は，個人的な能力によって正当化されるものではない。個人的に勝ち得た肩書や地位が，両親から子へと譲り渡すことができないように，所有もまた，もはや相続権の一部になるべきではないのだ。これが，多くの人々にとって，余りにも不愉快な〔将来への〕一つの展望であることを，デュルケムは弁えている。だが，階級的なパワーによる不平等と人間を獣化する競争の，この２つにもはや基づいていない社会にあっては，社会的平等は，野蛮な社会的世界の前に，無防備なまま自分の子供らを放置するのではないかと，危惧している両親の不安の大部分を，取り除くことになる。確かにデュルケムは，社会的平等にネガティブな影響を与えるような，ある種の相続を認めてはいたが，しかし，それを積極的に評価していたわけではない。私有財産，労働契約，生産の社会的組織に変更を求める，社会正義にかんする理論を用いて，職業倫理と公民道徳にかんするその分析を終えているが，そこで彼が試みているのは，近代工業社会における経済的・政治的なパワー〔権力〕の配分の仕方について，これを根本から再定義するという課題なのである。

　結局，公正な配分を行う倫理的基盤としての能力〔メリット〕であっても，それは，慈悲心〔チャリティー〕の感情によって疑義に付されるのである。遺伝質的・個人的な能力という自然な不平等でさえも，道徳的平等・人間的同胞愛・市民精神等の原則を支持して，それら不平等は排除されるべきである，と，このように述べて，デュルケムはその講義を締め括っている[110]。アリストテレスやルソーの場合と同じ様に，デュルケムが，民主制にかんする近代的な見方と古代的な見方を統合化するとき，友愛と市民精神が，社会正義と慈悲心の最終的な基準となるのである。彼は，古代の人々と近代の人々を，一つのギルド社会主義へと統合化しようとする。このギルド社会主義は，経済的なレベル

から見ると，アリストテレス的な倫理の諸原則の上に立脚するものであるが，しかし，国家的レベルから見ると，それは，アリストテレスやルソーやマルクスたちの著作に散見される，共同主義的民主制（communal democracy）という古代的・近代的な諸理想と，真っ向から対立するものなのである。

第4章　覚醒させる古典的な夢
古代の正義と近代の社会科学とのジンテーゼ

　マルクス，ヴェーバー，デュルケムにかんする大方の解釈によれば，これら3者は，疎外，合理化，アノミーという彼らの思想において，近代性（モダニティー）の土台を明確に表現化しているとの理由から，彼らは，社会学の分野において，広い範囲に渡り，しかも多様な理論を提供している卓越した著者たちであると，このように評されている。締めに相当する本章では，古代ギリシア・ローマの歴史・哲学・文芸において，彼らが背負った背景の共通性や，ドイツの哲学・法学・歴史学から彼らが摂取・援用してきたものの共通性，についての考察に，重点が置かれるであろう。だが，彼らの認識論や方法論はそれ以上に，ドイツの観念論や存在論にたいする彼らの関心によって，そして，19世紀の政治経済学や歴史学によって，枠づけられているのだ。さらにまた，社会科学にかんする彼らの理論は，倫理と社会的正義にかんするアリストテレスの理論，および，合理性と幸福（*eudaimonia*）にかんするアリストテレスの見解によって感化され，これが，隅々にまで染み渡っているのだ。道徳的で，歴史的な科学のひとつとして発展してきた19世紀の社会学は，自由主義および個人主義といった政治的・文化的な諸価値を有し，競争的市場経済と行政国家という，分裂的な諸力に依存しつつ近代の産業社会が興隆してきた経緯に対する，ひとつの批判的で懐疑的な反応として発展してきているのである。ギリシア・アテナイのアクロポリスの高みに立って，草創期の社会科学者たちは，この近代産業社会のもつ経済能力にたいする驚異の念と，こうした社会の隅々にまで行きわたる倫理的生活の質と共同社会の破壊に対する嫌悪の念，のこの双方を内に秘めながら，新たに勃興してくる社会システムを見おろしているのだ。古代の人々が彼らに与えているのは，彼らが敢行した社会的批判に声援を送ることであり，また，彼らが抱懐した政治的理想や社会的な夢を正当化することである。

　ここまでに至る各章でわれわれが考察してきたように，これらの著者たちは，

科学や合理性にかんする啓蒙主義的な見方や，経験主義や実証主義といった啓蒙主義的見方の底流にある認識論にたいしても，批判的な姿勢を見せている。経験的な事実が社会科学の中核にあるのだとする，そうした陳腐な考えを，彼らは拒否している。それに代わって，彼らは，科学〔学問〕は，全く異なる主観性の形式，すなわち，政治経済学のカテゴリーや，文化に関する理念型や，集合表象からなる歴史などに依存していると見なしているのだ。これらの主観性の各形式は，逆に，社会のより深層に潜んでいる構造であるとか，相互関係といったものの外的表出なのである。客観的な実在〔現実〕はそれぞれ，階級的イデオロギーや虚偽意識によって，宗教倫理や世俗的理性によって，あるいはまた，集合的カテゴリーや文化的分類によって，それぞれ媒介されている。そもそも，客観的な実在〔現実〕というもの（客観主義）や，科学による真理への特権的なアクセスというもの（科学主義）は存在しないし，また，理念と実在〔現実〕との一致ということ（実在論）や，自然科学の方法に基づく因果的説明からなる普遍的法則というもの（自然主義）も存在していない。認識と真理は社会的に媒介されているのだとする考えから，啓蒙主義のうわべだけの見かけが完全に剝ぎ取られるのだ。マルクスやヴェーバーやデュルケムたちは何れも，啓蒙主義的合理性の認識論や方法論を拒否することによって，これらに代わる，科学的・歴史的な知の諸形式を模索するようになるのだ。

　社会学における古典的伝統もまた，政治的自由主義，社会契約論，功利主義などに強烈な反応を見せた。というのも，この伝統は，これらを〔無批判に〕受容する代わりに，古典古代の歴史や思想に関心を移していたからである。初期の諸著作において，マルクスは，アリストテレスとヘーゲルのこの２人の理論体系を批判し，科学と倫理学に関する初期の見方を発展させ，そして，自己実現と類的存在という，自らの人間学的理論にかんする基本的特徴を略述しようとして，アリストテレス以後に生まれた，エピクロスの理論を援用しているのである。また後期の著作，とりわけ『経済学批判序説』，『資本論』，『人類学ノート』において，彼は，資本主義に対する倫理的批判を行うための基礎として，また，社会的正義や経済的民主主義に関する自らの思想を根拠づけるためのその基礎として，ギリシア人の文化や社会を援用しているのである。これに対して，ヴェーバーの方は，古代経済や都市国家にかんする著作において，西欧社

会の歴史的起源や合理化にかんする構造的な土台を正確に見定めようとして，古代のアテナイや古代ローマの方に，その関心を振り向けている。古代の資本主義と近代の資本主義の２つを明確に区別すべきかどうかという重要な問いや，近代の経済や近代国家の構造的土台にかんする重要な問い，にヴェーバーが答えをくだす際に，ギリシアの人々やローマの人々は，おおいに助けとなっているのである。古代ギリシア人たちをニーチェが自家薬籠中のものに〔専有化〕したことによって，ヴェーバーは，西洋の理性や西洋の科学にかんする批判や，脱呪術化過程や合理化過程にかんする分析や，ディオニュソス的な夢やアポロン的秩序の理論についての考えなどを，〔ニーチェから〕引き出しているのである。〔以上の２人に対して〕デュルケムの方は，総じて，社会の本性——社会の秩序・統一性・連帯性——をよりよく描写しようとして，ギリシア人たちに立ち返るのである。そうしたイメージを一方でもちながら，彼は，近代経済におけるアノミーや社会的分裂や身体的苦しみなどとバランスさせているのである。教授学，道徳的啓蒙，公民精神，民主政などについての彼の着想は，その一部は，社会正義にかんするアテナイ市民の理想を自ら経験したこと，ここに由来する。デュルケムは，ローマの人びとから，契約や財産にかんする，そしてまた，生産の社会的組織にかんする，より詳細な知識をも提供されているのである。プラトンとアリストテレスこそ，自ら，政治諸制度にかんする類型学を携えて研究していた最初の社会学者であったと，こう主張しているのは，なにをか言おう，デュルケムその人なのである。これら近代の理論家たちは，それと同時に，政治的自由（フリーダム）と経済的自由（リバティー）の初期における関係，参加に基づく議会における熟議，市場での競争に起因する分裂などを精査しようとして，アテナイ型民主政と古代資本主義の，この両者から発する緊張状態をも利用しているのである。この両者に起因する様々な社会的緊張，階級闘争に寄せる彼らの関心は，彼らが近代社会を解釈するに際して，測り知れぬ程の意味をもつようになる。

　草創期のこれら社会学者たちは，イマヌエル・カントの著書から影響を被っている。というのも，彼らは，人間の尊厳と道徳的自律性のもつ重要性を強調しながら，その一方で，真理を根拠づけるものとしての経験主義と合理主義の２つを，拒否しているからである。カントに従いつつも，だが，カントの先験

的主観性は没歴史的で，没社会的であるとして，これを拒否している彼らは，社会的実在〔現実〕とは，実践やイデオロギーの形態をとる，あるいは，ザッヘ〔事柄〕に仕える学者の価値関係や理論的カテゴリーという形態をとる，あるいは，集合意識という形態をとる，そうした主観性，意識といったものによって媒介されているのだと，このように捉えている。つまり，真理はそれぞれ，階級意識のうちに，知識人の気品や責任感情のうちに，あるいは，社会の集合的記憶という理想のうちに，それぞれ見出されるのである。外部世界に客観的に存在している独立した諸事実といったものは，およそ存在していない。学問的な客観性とはつねに，社会学者の抱いている規範的な諸関心や諸価値によって媒介された一つの解釈なのである。学問の一分野としての社会学は，人間行為の〔主観的な〕意味を解釈しつつ解明すること，これを意味している。意味は，歴史上の人物が実際に胸に抱いた意図を反映しながら，歴史の中で明白な形をとる場合や，その同じ意味が，社会構造やイデオロギー，実証主義や自然科学の無意識的な諸価値，あるいは，社会そのものの集合的過去という忘れさられた記憶などによって抑圧される場合もある。古典社会学の伝統の中にあっては，社会的な記憶喪失というものが，一つの概念として重要な役割を果している。そのためには，意識と資本主義のこの2つの相互連関性に光を当てるための，近代性の諸構造にかんする詳細な探究が，求められるのである。学問の焦点が，たとえ文化的イデオロギーや上部構造に向けられようが，あるいは，宗教やプロテスタントの倫理や，道徳や教育にかんする理論史に向けられようが，それとは関係なしに，学問のはたすべき目的は，意識の諸形態を解明すること，さらには，権力と支配からなるより広い社会諸制度とそれら諸形態との相互連関性を解明すること，これである。

　ヴィッセンシャフト（Wissenschaft 学問）としての社会学は，自己意識や社会的啓蒙，道徳的至福や人間の尊厳などに導くべきだとするそうした理想を，これら3人のいずれの社会学者も承認している。学問は本質的に，徳義心の成長・発達と自己発展に結びつけられている。マルクスが，ヘーゲルの歴史的・現象学的な方法から影響を被っているのに対し，その一方のヴェーバーとデュルケムは，ドイツ歴史学派から影響を被っている，新カント派である。これら3者からすれば，真理とは，社会的に特有なものであり，歴史的に相対的なもので

ある。というのも，総じて認識というものが，理解という諸カテゴリーによって媒介されているからである。学問は，共同生活の性質を変え，その生活をより自由に，より人間的なものにしようとして，人間の行為を導いていく。アリストテレスの政治学や倫理学から影響をうけたデュルケムとマルクスが，社会民主主義といった方向へ歩んでゆくのに対して，ヴェーバーの方は，より個人主義的なアプローチ〔方法論的個人主義〕の方法を採用している。そうしたアプローチをとった場合に見られる認識は，個人の尊厳や徳義心の向上や厳しい労働〔ハード・ワーク〕などをその特徴とする，意味ある生き方に向かって，社会的条件や国家の構造を作り上げていく，こうした使命に仕えるものなのである。

　マルクスは，経験主義を拒否し，さらにまた，虚偽的意識が存在すること――すなわち，マルクスが「フェティシズム（物神礼拝）」と呼んでいる，客観性や経験的諸事実にかんする誤った感覚――を拒否している。なぜなら，それら諸事実の背後には，意識や出来事にかんする歴史的・社会的な本質が隠されているからである。総じて，国民経済学者たちは，歴史や社会の諸構造を，独立した諸力とか知的な諸商品へと変えてしまう。『資本論』において，彼は，人と人との諸関係を，物と物との諸関係として解釈し，そうやって，経済発展や人間の行動にかんする，「目的論的諸法則」で構成される外的世界をつくってしまう，そうした方法論的な誤謬に陥ってはならない，と警告を発している。目的論的な諸法則は，近代社会における社会的な生産関係や階級制度や権力の諸構造から抽出されたものなのである[1]。マルクスは，自然主義や実在論などの認識論的諸原理も捨て去っている。なぜなら，そうした諸原理は，超越論的な経済諸法則としての偶像崇拝の諸形態を，新たに定着させているからである。国民経済学の伝統的な諸カテゴリー――私有財産，資本，賃金，利潤，利子，交換価値など――は，マルクスによれば，それらの歴史的・社会的な脈絡から切り離された，物理的に所与なる実体として解釈してはならないものなのである。時間の中で凍結され，空間の中で解離させられた古典派経済学は，実体化された出来事や物象化された諸法則を次々とつくり出していった。こうした諸法則は，出来事を惹起させた歴史的・社会的な諸条件と，なんら関連を有しないのである。経済学の諸カテゴリーはこうして，静態的で，超越論的なものと化してしまった。経験的諸事実が，歴史や内的論理の一部として，そして，近代社会の

デュナミス〔可能態〕の一部として考察されるとき，こうした諸事実は実証的科学を基礎づけるものとして融解していく。マルクスにとって，社会学的な事象は，歴史と構造の双方を包括的に分析する際の，その一部として扱われねばならない。その一部には，工業の技術体系や工業生産，権力や階級諸関係，市場の論理や資本の論理，イデオロギー的意識などからなる，進化論的ダイナミクスが含まれている。現在というものは，過去から未来へと時間が流れてゆく際の，欠かすことのできない要素として見られるべきであって，抽象的で，外的に無関係な瞬間として呪物崇拝されるべきものではない。それと同時に，類的存在としての個人は，社会的諸関係というこのネットワークの中に組み込まれているのだ。このことによって，個人が自己を実現するための，具体的で歴史的な諸可能性とは〔いったい何なのか〕を考える，一つの機会が与えられるのである。

　ヴェーバーもまた〔マルクスと同様に〕，社会を，抽象的なものの中で客観的に考察される，物〔モノ〕としてとり扱うことは，認識論的観点からみて危険であると，こう意識している。彼は，ある一定の価値〔複数〕観点から，歴史的実在に接近していく。これらの価値が，社会学者に方向を指し示し，彼ないし彼女が，当の実在を掘り下げ，有益な問題提起を行うことを，可能にさせるのである。しかしながら，客観的な実在を「物自体」として認識するようなことは，自然諸科学をモデルとした社会諸法則によって，社会を考察することでもあるから，認識論的に拒否されている。実在というのは，物としてもっているいろいろな属性——機械論的原因，普遍的法則，技術的関心など——を保有しているかのように，考察することなどできないのである。というのも，実在は，果てしのない，認識不可能な一つのプロセスだからである。実在のもつ客観性というものは，研究者によって創造されるのだ。研究者は，意味や文化的な意義を有しているそのような事象に，関心を集中させることによって，学問的な探究に相応しい対象物を構成していくのである。〔ヴェーバーの〕このような立場もまた，必然的に，認識論的な実在論や実証主義といったものを拒否するようになる。社会学には，研究者の多様な関心や諸価値に立脚した規範的な選択が伴っているのだ。研究者は，研究者自身の価値関係（Wertbeziehung）を通じて，考察対象を——その場合，鏡〔模写〕としてよりも——理念型として構成してゆくの

である。歴史における個人の行為もまた，法則定立的な科学の法則下に包摂することができないことは，言うまでもない。

　社会学とは，論理的・宗教的・経済的・法的・政治的な諸観念として表出される，集合表象を研究する学問であると，このようにデュルケムは捉えている。集合表象が，経験を形成するために，意識と実在の間に介在するのである。プラグマティズムや認識論にかんする講義の中で，デュルケムもまた，実証主義，社会的実在論，および真理にかんする摸写説などを拒否している。意識構造であるとか，認識過程といったものを，経験主義，合理主義のいずれも，正しく理解することができていないと，このようにデュルケムは，『宗教生活の基本形態』の中で指摘している。というのも，認識が存在するためには，われわれの経験や思考は，必然的かつ一般的な意味において，精神的カテゴリーによって組織化されねばならないからである。こうしたカテゴリーは，われわれの知覚を形成し，知覚にまとまりと意味を付与するのである。これらの精神的カテゴリーは，主観的で個人的な経験にすぎないものを，普遍的にだれもが共有することができる経験へと変化させるのである。もし，諸概念の中に，このように普遍的に共有される土台がなかったとするならば，客観的な実在を認識するということなど，およそ不可能であろう。われわれの世界を論理的な一つの形式へと組織化する諸概念は，社会が産出したものであって，それらは，唯名論的分類（ヒューム）や精神の生得的観念（デカルト）の結果でもないし，また，先験的主観性というア・プリオリな構造（カント）の結果でもないという，このような認識の中に，デュルケムが残した重要な進歩の足跡が，伺われるのである[2]。世界にかんするわれわれの経験には，様々な表象が含まれている。それらの表象は，社会的カテゴリーや社会的思考の形態によって濾過されている。カントの純粋理性批判はこうして，社会学的で歴史的な認識の理論へと変容されてゆくのだ。古典的〔社会学の〕伝統にあっては，〔カントの〕悟性というカテゴリーは，社会的・イデオロギー的なカテゴリーや，理念型や道徳的な観点に，あるいは，「未開社会に関する」分類や科学的な分類に，それぞれ転成してゆくのである。

　これら3人の社会理論家たちは，観念論と唯物論の2つを，それぞれの作品の中で統合化を試みている。マルクスは，自らの人間学と経済学批判とを結び合わせている。マルクスの倫理的・内在的な批判は，資本主義の歴史的分析や

社会の経済的な基礎づけを伴っており，さらに，価値や本源的蓄積や史的唯物論にかんするマルクスの諸理論は，より後期に書かれた著述では，資本の動的で経済的な内的諸矛盾にかんする論理的・弁証法的な分析を伴っているからである。ヴェーバーの場合は，宗教・学問・意識にかんする自らの研究を，近代性や合理化の様々な起源を構造的に分析することと，融合させているのである。そしてデュルケムの場合は，集合表象や分類の社会諸形式といった，自らの観念論〔理念主義〕を，アノミー・自殺・労働契約・財産の歴史的諸類型などといった，社会的事実や実質的実在と結びつけているのである。これら3人の社会理論家たちが，意識や構造を，それぞれの近代性(モダニティー)理論の中に統合させるとき，彼らは，自らの分析的立場を強調しようとして，歴史的な比較方法という手法を活用しているのである。

　マルクス，ヴェーバー，デュルケムのいずれも，諸個人を，生産財を消費する者，あるいは，市場における存在者として扱うこともしていないし，また，彼らは，経済的な物質主義の倫理，すなわち，自利心，競争，物質的な富の蓄積などの倫理を受け入れているわけでもない。むしろ，彼らは，『実践理性批判』の中で明言されている，カントの道徳観にことさら信を置いているのである。すなわち，人間とは道徳的な存在であって，そうした道徳的存在の目指すべき目標は，平等と自由，そして社会正義である。これらの考え方は，ヘーゲルによるカント批判によって補足され，そして，歴史や社会にかんする考えを道徳的自律性とか自己決定といった議論の中に取り入れることによって，補足されているのである。これらの価値がどのように理解され，どのように専有されているかというその仕方は，これら3者間では全く異なっている。これら3人の古典的な社会学者たちは，それぞれ，ヘーゲル，ショーペンハウアー，あるいはニーチェを通して得たカントを，その規範的な基礎として用いており，これを下地にしながら，彼らは，自由主義的個人主義，競争的市場，工業生産の資本主義的組織，啓蒙主義的な合理性や科学などに対するそれぞれの学問的批判，をうみ出しているのである。個性や創造的精神や自己意識といったものの喪失によって定義される社会は，疎外された意識や鋼鉄の檻〔殻〕，あるいは，アブノーマルな社会組織やアノミー的分業によって特徴づけられる社会でもある。近代性は，人間の理性を，機械論的で決定論的な一科学へと変容させてし

まう。科学は，逆に，それ自身に相応しい客観性の形式をつくり上げていく。というのも，科学は，直接眼の前にある現在〔だけ〕を計測し，個人的ポテンシャルや人間的諸可能性を，現在の社会システムの限界の枠内で表現することのできるものへと縮減してしまうからである。科学は，夢のない現在を只管うみ出していく。このような夢なき現在にあっては，社会正義の諸可能性など，予め締め出されてしまうのだ。二者択一的な社会的形態などといったものは，望ましくない個人的なバイアス，文化的な偏見，あるいは，出過ぎた非科学的な倫理的価値にすぎぬ，として排斥されるのである。

　実証主義とは，社会科学における虚偽意識の一形態であり，歪曲化された哲学の一形態である。それは，近代工業社会が抱えている疎外，合理化，アノミーといったものの，認識論上の現れだからである。科学〔学問〕の客観性とは，諸個人がすでに客観化され，物象化されている，そのような一世界を前提にしたものなのだ。そのように客観化・物象化されているときにだけ，機械論的・決定論的な社会システムのなかで，因果的説明や機能主義的分析が，人間行動の研究に対して適用されうるのである。このような観点から見ると，方法論をめぐる不一致は，政治的・経済的・社会的な諸価値をめぐって，根本的な意見の違いがあることを表しているのである。方法をめぐってあれこれ反省することは，要するに，強制的に排除される政治の様々な表れなのである。認識の本質についての論争が，ある極めて特殊な科学的探究法を普遍的に受容するようになってから，実証主義は認識論の終焉を象徴しているのである。実証主義は，経験的な事実であるとか，あるいは立証可能な方法といった観点から，客観性や真理を定義づけることによって，また，主観性と客観性の2つを切り離すことによって，そして，科学〔学問〕から諸価値を排斥することによって，認識の追究を，経験主義とか合理主義などによって提出された問題範囲へと自己限定してゆく。実証主義は，科学や客観性にかんする定義だけでなく，経験の諸対象そのものや，真理そのものの公準をも，つくり出してしまうのである。科学的方法は，科学それ自体のパラダイムから，科学として未だ構造化されていない諸事実をも指名してしまうのだ。科学的方法によって予見ないし計測できない諸事実というのは，拒否され，非科学的で，非本質的なものとして烙印を押されてしまう。理性の領域は，かくして，直接的に与えられた世界のなかの，

観察可能な諸現象へと縮減化されてゆく。

　古典社会学の研究や方法は，このような幾多の限界をのり越えて，古代ギリシア・ローマの政治的理想にかんする問題，近代社会の底流にある構造や機能にまつわる問題，これら近代社会の中に本来的に備わっている人間的・道徳的な諸可能性などにかんする問題へと，広げられてゆくのであるが，社会学という現代の学問は，時の経過に伴って，こうした研究分野を周辺へと追いやってしまった。というのも，こうした分野は，実証主義によって設定された科学の公準に合致しなかったから，である。社会における労働者の疎外や搾取にかんする問題，合理化され脱呪術化された世界というものの歴史や構造にかんする問題，社会的行為の意味にかんする問題，衰退してゆく文化的価値を抱えたコミュニティーにおいて次第にナルシズムやアノミーが台頭していることにかんする問題など，これらについての問題提起は，もはやなされなくなってしまった。19世紀において，社会学を世にもたらした様々な欲求や諸動機にかんする問題提起は，抑圧されてしまった。古典的な形式の中でこうした欲求を打ち出していた諸理論などは追い払われ，諸理論のことばや用語なども沈黙を強いられ，かくして，それら諸理論に生気を与えていた経済的・政治的な諸理想なども，それら諸理論の発生源から排除されてしまったからである。クリティーク〔批判〕としての学問は，大学などの学術世界〔アカデミー〕から追放された。というのも，学問的な諸概念は，思想から追い払われ，それらとともに，弁証法的・解釈〔理解〕的・歴史的な諸方法もまた，放逐されてしまったからである。

　実在〔リアリティー〕から次第に社会学的諸概念が切り離され，これと比例するかのように，古代ギリシア的なヒューマニズムの古典的地平も遠のいていった。それは，近代性に影響を与えるに相応しい集合的なポテンシャルを，ギリシアの理想がもはや保持しなくなったからである。言葉それ自体が，検閲〔センサーシップ〕という複雑化したプロセスを通して，さらなる探究を阻むひとつの障害となってしまったのである。このプロセスを経る間に，哲学的・文化的な過去は忘却され，オリジナルな作品群はゆがめられてしまった。ゆがめられたコミュニケーションや失われた夢に見られる一般的プロセスについて，ユルゲン・ハーバーマスは，このように述べている。「必要とされながらも好ましからざる気質〔の者ら〕を無害なものにしてしまう，精神的に最も効果的な方法は，

公共的コミュニケーションからそうした気質に付着している説明や解釈を追放してしまうこと——すなわち，抑圧してしまうこと——である。フロイトは，それらを通じて排斥されるシンボルや動機を，無意識的願望と呼んでいる」3)と。実証主義は，(社会学という)この学問を築いてきた偉大な思想家たちの意図を手なずけ，なだめすかし，こうして，彼らの批判的な考え方をパブリックなものとして真剣に熟慮することから，締め出してしまったのである。実証主義は，倫理・歴史・文化などにかんする問題意識を，量的な説明や予測を行う理論などと差し替えてしまった。実証主義は，社会の起源を説明することも，主観的な意図や歴史的な意味も理解することのできない，また，社会的な不正も批判することのできない，そのような学問を産出したのである。社会と社会学のこの2つの合理化とともに，実証主義は，ひとつのイデオロギーと化してしまった。このイデオロギーは，多様性に充ちあふれた，19世紀の社会科学や研究方法の諸形式を抑圧し，これらに猿ぐつわをかませたのであった。このイデオロギーは，統計学的な確率や機械的諸関係の中で，諸個人が自身の存在を見失ってしまうような，そうした疎外された世界や合理化された世界の諸価値を表現していたのである。というのも，歴史や文化や社会的な制度は，物象化された諸法則や決定論的因果関係の下に，包摂されたからである。古代の人々は近代の人々と，古典古代は啓蒙主義と，思慮(プロネーシス)や倫理学は自然科学の排他的な方法や認識論的実在論と，それぞれ置き換えられてしまった。科学は，技術的な知識やプラグマティックな成果を追い求める，功利主義的なものへと萎縮していった。実践的叡智，解釈的理解，共同体の正義をそれぞれ重要視していたアリストテレス風の学問の特質は，その姿を消し，学問に携わる人々の無意識となってしまった。

　19世紀に発展した社会学のパノラマを眺めるとき，そこでわれわれが目にするものは何かといえば，それは，内在的な批判や新ヘーゲル的な論理，歴史的分析，新カント派的認識論，革新化された理性主義などを用いながら，これらに基づいた，実に多種多様な研究方法や研究技法である。草創期の社会学者たちにとって科学〔学問〕とは，現実とプラークシス(実践)——理論的理性と実践的行為——とを統合させることによって，現実〔リアリティー〕そのものを変えることである。科学的な概念とは，合理的に再構成されたものであって，それら

再構成されたものは，決して修正も限定もされない，経験的諸事実を写しとることではなく，むしろ，社会学者たちが，社会の構造的・文化的な中核をめがけ，これを掘り下げようとするとき，現実をフィルターにかけることなのである。したがって，科学的概念は，単に現状を反映することでもなければ，既存の社会的形成体をひたすら再生産するということでもない。それらの概念は，社会正義にかんするアリストテレス理論の道徳的熱情で染めあげられた，新たな姿をした古典科学——すなわち，弁証法的科学，解釈的科学，機能主義的・道徳的科学——をうみ出すのである。これとは対照的に，現代社会学の正統派パースペクティブの方は，倫理，善き社会，参加型デモクラシー，歴史，意味ある社会的行為，集合意識の形成，近代の経済や国家の深部に潜む権力や支配の諸構造といった問題意識や，社会の技術的ポテンシャルといった問題意識は，科学にとっては相応しくなく，検証しがたい問題意識である，と見なしてしまうのである。かかる問題意識は，規範的な諸前提や隠蔽された価値判断に満ちあふれており，「他を警戒することのない心の状態で道を歩いているとき」急に襲いかかり，「恐怖と偏見……で，その心を圧倒してしまう」[4)]そうした類の問題意識にすぎない，というわけである。

　啓蒙主義的な科学の見方のもとでは，過去と未来は，直接的諸現象の網目に捕縛されている。というのも，過去と未来が，功利主義的形而上学とア・プリオリな科学技術上の命令の，この2つを祭壇上に載せながら，現在というものの生け贄にされるからである。このようにして，最終的に，以前に挙げた科学の重要な諸要素もまた，抑圧されるのである。経験主義に対するマルクスの批判に触れて，パトリック・マレーは，こう書いている。「「諸事実」の概念の論理とは，感覚的直接性の論理である。……「諸事実」は，外面的にのみ互いに関連しているのである。すなわち，個々の事実とは，当の事実がたまたま関連している，他の「諸事実」とは，全く切り離された別なものなのである。「諸事実」とは，歴史もなく，可能性もない，存在の一様さ・単調さを有しているのだ」[5)]と。経験主義と素朴な実在論に対するこうした批判は，ヴェーバーとデュルケムの，この2人の認識論を形成しているその一部でもある。というのも，彼らは，社会学の目指すべき目標は上辺だけの現象を研究することで十分だとする考え方を，拒否しているからである。正統派の社会科学は，社会の構

造，その目的，その理想などについて疑問を発することもなければ，近代性を構成している諸制度が生み出している，人間類型(パーソナリティー)に着目し，これにまつわる幾多の論点を取り上げることさえしていないと，こう彼らは言っている。近代科学がますます細分化され，専門化するに伴って，古典社会学がもっていた知的な興奮や情熱の大半は，失われてしまったのである。

　その一方で，古典的な社会思想家たちにとって科学(サイエンス)とは，倫理学や政治学と密接に結びついているのである。科学や理性にかんするカント的・ヘーゲル的（歴史学的・社会学的）な見解が支持され，意識・客観性・価値自由・技術的な知識などにかんする実証主義的な見解は，斥けられている。啓蒙主義的な学問に批判的な姿勢を崩さなかった古典的な社会学者は，国民経済学〔政治経済学〕と倫理学を一つに統合する，新たな学問を創造しようとして，アクロポリスの高みに立ち戻るのである。このような統合化は，アリストテレスの政治学や倫理学の著作の中に，19世紀におけるドイツ歴史学派経済学の中に，また，法律学や古代ギリシアの政治学を教えている大学の講座の中に，それぞれ見出すことができる。マルクスにとって，実証主義とは，19世紀の俗流経済学とフェティシズムに対し，単にこれを哲学的に正当化するために提供されたのもの，として受けとめられている。というのも，生産や消費にかんする普遍的で機械論的な諸法則には，自己意識や個人の自由を喪失してしまった，神秘化され，決定論的な一つの世界が映し出されているからである。ヴェーバーから見ると，新古典派経済学とマルクス経済学の両分野の中に，実証主義は表現されており，そしてまた，実証主義は合理化過程を映し出す理論的な側面である。この合理化過程に巻き込まれると，理性そのものは，〔超人と対比される〕末人の形式的・技術的な合理性（目的合理性）へと変容されてゆくのだ。デュルケムの初期における機能主義や，社会的事実を強調するその学問は，社会的表象や意志を観念的に解釈する仕方へと発展していく。こうした解釈は，カントおよびショーペンハウアーの双方から，広い範囲に渡って借用されるのである。デュルケムの機能主義は，最終的には，社会正義や徳ある活動とは何かという問題意識へと，関連づけられていく。

　マルクスは，資本主義的生産様式と，創造を担う道徳的な存在としての人間というカント的な理想とを相互に比較し，もっぱら疎外・不公平・虚偽意識だ

けを見ているのである。これに対してヴェーバーの方は，同じカント的な観点から出立し，アポロン的悪夢というものの論理や根本原理にはまり込んだ世界，機能的合理性の意味喪失に陥った世界，などを見据えているのである。また，デュルケムの方は，世俗世界を注視し，〔そこに見られる〕不幸，個人的苦悩，社会的束縛や法規範の喪失，病理的な自殺の増加，社会的連帯・パブリックな精神・集合意識といったものの劣化，などを見つめているのである。近代性（モダニティー）から，人間的幸福，合理性，パブリックな自由や，あるいはプライベートな権利や自由がもたらされるということは，ない。啓蒙主義によって期待されるような進歩などひとつの幻想であり，マーヤーのベールである。それというも，市場が産出しているものは，もっぱら，経済的搾取であり，理性の偏狭化と腐蝕化であり，病理的な生産の社会組織だからである。マルクスやヴェーバーやデュルケムにとって，近代性を理解することとは，近代性を構成している諸制度や諸価値に対する執拗な存在論的な批判で覆われているのである。それらの制度や価値は，人間の合理性や道徳的な自律性を育む諸可能性を掘り崩してしまうからである。ヴェーバーとデュルケムにおける存在論的要素が，ニーチェとショーペンハウアーにそれぞれ由来しているのに対して，マルクスの場合には，そうした要素は，カントやヘーゲルの徹底した主観性や現象学が内にもっている，存在論から発している。

　それぞれにおいて意識が極めて重要な役割を果しているがゆえに，古典理論家たちは，方法論的に類似した関心を抱いている。初期の作品において，マルクスが関心を示しているのは，スミス，リカード，マルサスの古典派経済学のカテゴリーから生ずる，虚偽意識とイデオロギーに対してであり，そして，作業場の構造に対してである。だが，彼の後期の作品になってくると，資本の論理や構成や歴史が分析の対象となってくる。アリストテレスの『自然学』や『形而上学』の，また，ヘーゲルの『精神現象学』や『論理学』の，各方法と論理を借用しながら，マルクスは，批判理論を媒介にしながら資本主義を精査するのである。この批判理論は，資本概念（Begriff）の中心にある内的矛盾と弁証法を概観しているが，マルクスのそうした考察は，近代の社会システムが抱えている歪められた内的論理，目的論的合理性，本質などを暴露しているのである。近代の社会システムは，致命的な欠陥を有し，修繕のきかない経済システムで

あって，それは，機械的に行われる無意識的な競争，不断に続くテクノロジーのイノベーション，過剰生産・社会的経済的な浪費・利潤率の低下への構造的傾向，などによって常に追い立てられている経済システムである。

　これに対して，ヴェーバーの方は，解釈的，歴史的な方法論を用いた，別のアプローチを採用している。社会学とは，歴史上の人物や出来事の意図，信念，行為などを探究する学問であると，このように彼は捉えている。人間の行為とは，歴史の中で様々な個人によって織りなされた意識的な決断の所産であると，このように理解することが，社会学の向かうべき目標である。しかし，それとともに，『経済と社会』や『一般社会経済史要論』の著作には，ヴェーバーの別の要素が顔を出している。そこでは，西欧社会が成立するに際して，それを支えてきた歴史的な諸構造や諸制度の重要性が力説されているのだ。これが，変容を加えられたカント的な問い，すなわち，資本主義を可能にさせるための，普遍的で絶対に必要な諸条件とは何かという問い，を伴ったヴェーバーの合理化に関する理論なのである。この彼の理論は，社会学に対するこれまでのアプローチとは異なるアプローチを示しており，また，理解という方法のアプローチとは異なる，カントの専有化を示している。歴史的理解と構造主義の諸方法を一つに融け合わせることによって，ヴェーバーは，社会的行為の大部分が，諸個人が〔直接現れずに〕その背後に隠される形で，無意識で意図せざる行動のなかで生起することを，認めているのだ。デュルケムの初期の作品集では，社会的事実の精査に基づく，機能主義の方法や諸システムの均衡などが強調されている。彼のより後期に書かれた諸作品は，だが，よりカント的なものになってくる。というのも，それらの作品にあっては，集合意識であるとか，一般の人々に共有される社会的表象や信念といったものが強調されるからである。デュルケムにとって科学とは，あくまでも，道徳に関わる一つの学問なのである。法・教育・宗教・政治・倫理などを研究するにあたって，彼は，歴史的な比較方法や解釈社会学を活用している。社会科学が，隷従からの解放や人間の自由に対する実践的な関心というものに依拠している以上，社会学という学問は，価値自由でも，中立的でもないと，このようにデュルケムは社会学を捉えているのだ。

　近代の社会科学の性質について，マルクス，ヴェーバー，デュルケムは，そ

れぞれ異なった解釈を与えているが、しかし、当の科学が、アリストテレス流の社会正義という倫理や価値と密接に結びついていることについては、彼らは、いずれも意見の一致を見ているのである。マルクスは、経済的民主制の中で、階級社会からの解放を期待しているし、歴史学派に所属するその一構成員としてのヴェーバーは、国民国家の共通善と人間類型（Menschentum）に仕えるための政治的知識という古代ギリシア的な理想を追求しており、これに対して、デュルケムは、平等・人間の尊厳・社会正義などのカント的な諸価値に基づく、多様性にあふれた民主的な社会を創造しようとして、国家や産業組織・同業組合を転換させる際に役立つ、教育や教授学や道徳的多元主義の役割を究明しているのである[6]。一時的ではあれ、3人のいずれも実証主義に関与してきたではないかという、そうした事例を幾つも探し出してくることも可能ではあるが、彼らの学問的関心が、それぞれ、批判的、解釈的、歴史的な諸方法に向けられていたことと照らし合わせれば、そうした事例など、所詮は周辺的で瑣末な問題にすぎないのである。

　古典古代の政治科学のもとで学問的訓練をうけた、これら3人の社会学者たちは、それぞれ、古代ギリシア、古代ローマの様々な側面に視点をあてて学位論文を書き上げるが、その際に、彼らが立脚した科学観は、あくまでも実践理性に基づくものであって、自然科学の方法に基づくものではない。彼らは決して、知識や認識を倫理から切り離さず、しかも、社会学とは、近代性が内蔵している疎外や合理化やアノミーなどから救い出す、人間を解放するための一科学であると、このように彼らは確信しているのである。社会的現実を、進んでそれ自身の歴史的な過去と対峙させ、さらに、倫理的・政治的な諸可能性をもつ未来と対峙させる、そのような科学によってのみ、搾取、鉄の檻〔殻〕、自殺という社会病理や異常な分業といった諸課題が克服されうるのである。昨今散見される社会学のアメリカナイゼイションでは、現代社会と対決させぬように批判的学問を仕向けること、このことに政治的・功利主義的な関心が置かれてきたのだと、このようにこれまで宣告されてきた。この目的を実現しようとして、理論家諸兄は、古典古代、ドイツ哲学、西欧史、歴史学派経済学におけるそれぞれの土台を排除すべく、社会学の起源を〔自分らに都合の良いように〕書き直さねばならなかった。〔現代の〕社会学が、今日においても、それ自身を哲学、歴史学、経済学などから切

り離し続けていることは，決して偶然なことではないのである。それ自身自律的で，孤立した学問になることによって，また，社会的現実に，批判的な内省を行わせたり，不安を掻き立てる倫理的な問題提起を行わせる，そうしたことを一切免除させる様々なやり方を駆使しながら，社会学の方法やその認識論を再定義することによって，また，社会学の社会的なアムニージャ（記憶喪失）や，社会学の哲学的な遺産からの切り離しを強化することによって，社会学は，もはや，それ自らの古典な伝統に似通うこともなければ，そうした伝統が引き継がれて〔今日に至って〕いることさえ，理解できなくなるのである。

　今日では，方法論上の諸問題は，実証主義の妥当性と，その実証主義に特有な科学哲学を前提とする，様々なテクニックや調査方法を扱うことである，とされている。19世紀において疑問視され，広く問題視されたのは，まさに，科学と真理に関するこうした偏狭で制約された定義なのであった。

　古代のギリシア人の世界では，知るということにかんして，3つの形態に区分されていた。それらは，アテナイ型都市国家における，社会的存在にかんする3つの類型に対応したものだった。第1に，テオーリア（*theoria*）とは，普遍的で超越的な真理を追求していた，哲学者の理論的な観想を表していた。第2に，プロネーシス（*phronesis* 思慮）とは，古代ポリスの公的な生活や政治的活動（*praxis* プラークシス）に参加していた，公民層の実践的な知識であった。アリストテレスの『政治学』や『ニコマコス倫理学』に代表される，古典的な政治科学とは，それ故，政治的・倫理的な知識に関わる実践的な一形式であって，その目標は，共同体の内部で個人を教育し，〔徳を備えた人へと〕成熟させることであった。それは，道徳的な知恵の一形式であった。その知恵は，よく生きること〔エウ・ゼーン〕と政治的な幸福に関わる，制度的な諸可能性を理解させること，を追い求めていた。公的な教育と政治への参加を通じて，公民たちは，自らの徳と理性的な性格〔エートス〕を育み・身につけることによって，社会的存在として，自らの潜在力を実現することが可能となった。勇気・中庸・節制・名誉・叡智などの諸徳を発達させ，社会正義という課題に対する各人の理性と気づかいを拡大させることによって，公民たちは，友愛と公民精神に基づいて，善き生を送ることができた。人間の潜在力・理性・自由，これらは何れも，共同関係的なカテゴリーであった。古典社会学は，これらのカテゴリーを，余すところな

く古代の先人たちから借用することによって，人間がよりよく生きることを期待しつつ，古代と近代の両世界をひとつに結びつけようとしているのである。このようにして，アリストテレスの政治的理想は，目に見えぬ形で，19世紀における歴史科学の合理性と方法論に連結されているのである[7]。その際に，社会正義が，社会科学の切り離しがたい重要な要素となっている。それというのも，古代の古典的作品が，社会学における古典的ものと統合化されているからである。経済的・政治的な正義にかんするアリストテレスの包括的な定義。貨殖術や市場経済に対する彼の大胆で魅力的な批判。友人間における優美・互酬関係・相互の応酬，の上に築かれた社会的経済なるものについての彼の見方。徳や平等に基づく，また，立法や裁判における意思決定過程への参加による，民主的政体や政治的自由に寄せた彼の期待。これらはすべて，社会学者たちに，資本主義とリベラリズムの双方に対する批判の拠り所を与えると同時に，人権，デモクラシー，政治への参加といったものへの，より包括的な認識をも提供しているのである。

　現代マーケットにおける所有に偏重した個人主義や，功利主義的経済学の理想は，作業場における疎外，社会組織の合理化，個人の意思というアノミー的な病理などをひたすら増産させていく。現代社会は，公的な領域から人間らしい自己実現を分離し，人間的な潜在力をという人々の声を封じ込め，理性から共同体としてもっている人間の夢を奪い去ることによって，一種の政治的な空白をつくり出すのである。そうした空白は，エゴイズムやナルシズムの理想や期待の見地から，それ自身を規定していくのである。公的な領域が消滅してくるに伴って，また，私的なものが矮小化されてくるに伴って，われわれは，鉄の檻〔殻〕の中に封じ込められるようになり，そこにおいて，恐怖や不安や孤独などを体験するのである。〔マルクス，ヴェーバー，デュルケムのような〕草創期の社会理論家たちは，存在論と社会学の間に，切り離しがたい結びつきが存していることを，よく弁えていたのである。

　ギリシア人の知識の第3の形態は，テクネー（*techne*）であった。テクネーとは，職人や労働する者の技術的な知識であり，彼らの活動（*poiesis*）には，彼らの世界を，身体を使って計画することや建築することが，含まれていた。『理論と実践』と題されたその著書において，ハーバーマスは，次のような認識を示して

いる。すなわち，マキアヴェッリやホッブスに代表される近代の政治学は，徳を備えた市民とか善き社会といった，実践的知識にかかわるギリシア人の古きよき理想に代えて，正しい社会的秩序をエンジニアリングするといった関心をそこに持ち込んでしまった，と。政治科学は，その古典的な土台を失い，その後，社会的エンジニアリングや技術的知識や管理によるコントロールなどで構成される，一つの学問へと変換されていったのである。政治的叡智，倫理的知識，徳や社会正義といった理想などは，一つの技術学によって置き換えられてしまった。その技術学の目標は，計算と秩序と道具的知識であった。

近代の政治科学は，道徳性から政治学を切り離し，倫理性から科学を切り離しているために，その科学は，ギリシア人の観念であるエピステーメー（*episteme* 学問的知識）とテクネー（*techne* 技術）を統合しようとしているのだ。この点に触れて，ハーバーマスは次のように論じている。「政治学をこのように道徳性から切り離すことは，善き生活・正しい生活の中で得る教訓よりも，一点の隙もないほど完璧に制度化された秩序の中で，幸福と福祉に充ちた生活を実現することを優先させているのである」[8]，と。科学へのこのようなアプローチは，総じて社会諸科学のモデルとなり，個別的には，社会学のモデルともなっている。社会科学は，客観的で価値自由であると信じられている技術的な応用を用いながら，普遍的な真理を追究している。これとは異なる観点に立つドイツやフランスの古典社会学は，科学のこうした合理化を拒否し，人間の尊厳と政治的自由という実践的で道徳的な目標をもっている，知識にかんする古典的ギリシア人の見方を，再発見しようと試みているのである。マルクス，ヴェーバー，デュルケムたちは，科学とは，あくまでも知識の倫理的な一形態であると捉えており，その目指すべき目的は，自己実現と徳性の発育・発展に導くことである，と。すなわち，マルクスの場合には，階級を啓蒙することや解放された社会という形で，ヴェーバーの場合には，国民国家における個人の人格や本性〔人間の質〕を陶冶するという形で，また，デュルケムの場合には，公民としての責任と民主的な公民精神を教育するという形で，それぞれの倫理的な形態が表出されているのである。

19世紀における社会諸科学の中でも，古典社会学は，とりわけユニークなものである。この古典社会学は，批判とプロネーシスを内に秘めた科学であり，

そこには，カントとアリストテレス双方の，鍵となる諸要素が結びつけられているのだ。この古典社会学は，その方法や理論においても，また，近代性の社会的な諸制度が形成される仕方についてのその研究においても，社会学的な探究や認識の土台として自然諸科学をモデルとすることを，拒否しているのである。社会諸科学の中でも，ただ一つ古典社会学だけが，古代の人々から数々の社会的・認識論的な理想を引き出しているのである。それだけでなく，社会諸科学の中でも，この古典社会学だけが，啓蒙主義，功利主義，古典派経済学や新古典派経済学に対抗しながら発展してきているのである。近代性の諸価値と，近代性の政治的・経済的な諸理想に果敢にチャレンジすることを通じて，この古典社会学は，アカデミーの世界に，批判的なものの見方をもたらしているのである。こうした見方は，人間の自己実現と自己決定の諸可能性に対して，これまでとは異なる多様な洞察の仕方を提供するのである。社会正義をひたむきに追い求める中で，社会学は，科学と倫理との，そして知識と政治学との結びつきをもう一度定着させるのである。古典社会学が近代社会と対決したことによって，われわれには，自らの歴史を理解し，自らの未来を築くための，多様な可能性が与えられるのである。啓蒙主義の諸原理や論理や合理性などにもはや縛られることなしに，われわれは，古典的な正義とソーシャル・デモクラシー（社会民主主義）の希望を基礎として，理性と科学を自由に発展させることができるのである。われわれの古典的地平が内包していた，隠された財宝と忘れられてきた夢をこじ開けることによって，われわれは，社会的存在としてわれわれ１人ひとりの奥深くに埋め込まれている，人間の諸可能性を，ふたたび発見するのである。

注

序言 啓蒙主義批判と古典古代への回帰

1) アリストテレスの『ニコマコス倫理学』や『政治学』の中で，特に見うけられる，社会正義という理想にかんするギリシア人の議論には，以下のように，広範囲にわたる諸論点が含まれている。すなわち，公共善，幸福，人間の理性，道徳心，性格の育成，道徳的・知的な徳，経済学，富の創造と配分，政治的統治と民主政といった論点である。アリストテレスの科学哲学では，知識にかんして3つに区分される形態が存在している。すなわち，プロネーシス（思慮），テクネー（技術），エピステーメー（学問的知識）がそれであって，それらは，それぞれ，次の3つの社会的活動に対応している。プロネーシスとは，思慮ある市民や経験に富んだ政治家の倫理的知識であるとか，実践的な学である。彼らは，政治的活動（プラークシス）を通じて，すなわち，アテナイの集会，五百人評議会（boule），陪審法廷で行われる政治的審議や公的な論議を通じて，英知を培っていくのである。テクネーとは，芸術家，細工職人，労働者らの技術的知識であるとか功利主義的な学である。彼らは，製造や制作（ポイエーシス）を通して，事前に頭で描いたモデルや着想に基づいて，自然を物へと変形していく。そしてエピステーメーとは，哲学者の普遍的な知識とか，理論的な学である。哲学者は，観想（テオーリア）を通して，形而上学，自然学，数学の各領域における，普遍的で不変の真理を追い求める。自然科学とは，理論的知識と技術的知識の2つを一体化している，自然に対する支配や征服の一形式であるとするこうした見方が，19世紀の啓蒙主義的な著者たちの見方であった。こうした見方は，実証主義の認識論的な核になってしまった。こうして，プロネーシスというギリシア人の理想は失われてしまった。だが，19世紀後半および20世紀初頭に活動した古典的な社会学者たちは，科学や合理性にかんする啓蒙主義的な見方のその多くを拒否しつつ，それに代えて，社会学を基礎づけるものとしてのプロネーシスへと，立ち戻ったのである。この社会学は，近代性(モダニティー)の文化的諸価値，社会的諸制度，深層に潜む諸構造を研究するための，解釈的・道徳的な一科学であった。その過程で，彼らは，古典的なギリシアの政治科学の一般諸原則に基づいた，「プロネーシスを組み込んだ新しい社会科学」——プロネーシスの社会学——を生み出したのだった。より詳しくは，以下参照のこと。Aristotle, *Nicomachean Ethics*, trans. W. D. Ross, in *Introduction to Aristotle*, ed. Richard McKeon (New York: Modern Library, 1947), book 6, chapters 3-13, 1139b15-1145a10, pp. 426-442. プロネーシスというテーマに関する最も重要で，示唆に富んだ二次的文献としては，以下の著書がある。Hans-Georg Gadamer, *Truth and Method*, trans. Joel Weinsheimer and Donald Marshall (New York: Continuum, 1994), pp. 307-24; Ronald Beiner, *Political Judgment* (Chicago: University of Chicago Press, 1983), pp. 72-97 and 138-43; and Martha Nussbaum, *The Fragility of Goodness: Luck and Ethics in Greek Tragedy and Philosophy* (Cambridge: Cambridge University Press, 1989), pp. 290-372.

2) Alvin Gouldner, *The Coming Crisis of Western Sociology* (New York: Equinox Books, 1971),

pp. 61-87. これより初期のグールドナーによる刺激的な著書, *Enter Plato: Classical Greece and the Origins of Social Theory* (New York: Basic, 1965) は, プラトン的対話およびギリシア世界の中で, 社会理論を考察している。それよりずっと後年になるが, アーヴィング・ゼイトリンは, 社会理論や政治理論のギリシア的起源を論じたもう一つ別の興味ある著書, *Plato's Vision: The Classical Origins of Social and Political Thought* (Englewood Cliffs, NJ: Prentice-Hall, 1993) で, この研究を引き継いでいる。古典的な地平と忘却された夢を扱う, これから行おうとしている研究プロジェクトは, 先達のこれら2つのモノグラフとは全く異なるものを行おうとしている。本書の目的は, 古典的ギリシアの中で, とりわけ, アリストテレスの倫理学的著作, 政治学的著作の中で, 近代社会学という個別分野——その方法, 理論, 批判——を基礎づけることである。グールドナーとゼイトリンは, 自らの社会的な考え方を研究しようと, プラトンや古代の人々へと立ち返っていった。新たな本書では, 近代の人々と古代の人々を, カール・マルクス, マックス・ヴェーバー, エミール・デュルケムの古典的社会学の中で, もう一度統合化しようとしている。このような手順を踏むことによって, 近代の歴史的・文化的な科学の徹底した独自性が, 啓蒙主義および実証主義とのそのロマンティックな訣別ととともに, より一層明らかになるであろう。

3) George E. McCarthy, "*Karl Marx* and Classical Antiquity: A Bibliographic Introduction," *Helios* 26, 2 (Fall 1999): 165-73.

4) Marianne Weber, *Max Weber: A Biography*, trans. and ed. Harry Zohn (New Brunswick, NJ: Transaction Books, 1988), p. 50.

5) Harry Albert, *Emile Durkheim and His Sociology* (New York: Russell & Russell, 1966). アルバートはこう書いている。「さらに, デュルケムが, 実証主義者と称されることに異議を唱え, そしてまた, コント的な形而上学やコント的な社会学観をきっぱりと拒否したことは, 決して忘れるべきではない」と。

6) Durkheim, "Sociology in France in the Nineteenth Century," in *Emile Durkheim on Morality and Society*, ed. Robert Bellah (Chicago: University of Chicago Press, 1973), p. 3.

7) Dominick LaCapra, *Emile Durkheim: Sociologist and Philosopher* (Ithaca, NY: Cornell University Press, 1972), pp. 4 and 6. and, Douglas Challenger, *Durkheim through the Lens of Aristotle: Durkheimian, Postmodernist, and Communitarian Responses to the Enlightenment* (Lanham, MD: Rowman & Littlefield Publishers, 1994), p. 13.

8) Steven Lukes, *Emile Durkheim: His Life and Work, A Historical and Critical Study* (Stanford, CA: Stanford University Press, 1985), pp. 264-65.

9) 実証主義と社会学との関連性にかんするもう一つ別の考察については, Anthony Giddens, *Positivism and Sociology* (London: Heinemann, 1974). and, Jonathan Turner, *Classical Sociological Theory: A Positivist's Perspective* (Chicago: Nelson-Hall Publishers, 1993) を, それぞれ参照のこと。

10) Gadamer, *Truth and Method, supra* note 1), pp. 303 and 305.

第 1 章　カール・マルクス―アテナイ型民主政と経済学批判

1） *Karl Marx, The Ethnological Notebooks*, in *The Ethnological Notebooks* of *Karl Marx*, trans. Lawrence Krader（Assen, The Netherlands: Van Gorcum & Company, 1974）, pp. 196-241. 古代社会を対象とするその分析に際して，マルクスは，以下の人類学的著書に主たる焦点を充てながら，原始共同体や古代的生産様式にかんする，広い範囲に渡る歴史学的・人類学的な文献を摘要している。Henry Sumner Maine, *Ancient Law*（1861）, *Village Communities in the East and West*（1871）, and *Lectures on the Early History of Institutions*（1875）; Lewis Henry Morgan, *Ancient Society*（1877）; John Budd Phear, *The Aryan Village in India and Ceylon*（1880）; and John Lubbock, *The Origins of Civilization*（1870）．それ以外に，以下の文献のような，古代ギリシア，古代ローマにかんする作品も含まれている。Rudolph Sohm, *Fränkisches Recht und Römisches Recht: Prolegomena zur Deutschen Rechtsgeschichte*（1880）; J. J. Bachofen, *Das Mutterrecht*（1861）; August Böckh, *Die Staats-haushaltung der Athener*（1817）; Fustel de Coulanges, *La cité antique*（1864）; Otto Gierke, *Das Deutsche Genossenschaftsrecht*（1868-1913）; George Grote, *A History of Greece*（1846-56）; Carl Hermann, *A Manual of the Political Antiquities of Greece Historically Considered*（1836）; Georg Maurer, *Einleitung zur Geschichte der Mark-, Hof-, Dorf-, und Stadtverfassung*（1854）, *Geschichte der Markenverfassung in Deutschland*（1856）, *Geschichte der Fronhöfe*（1862-63）, and *Geschichte der Dorfverfassung in Deutschland*（1865-66）; Theodor Mommsen, *Römische Geschichte*（1854-56）; Barthold Georg Niebuhr, *Römische Geschichte*（1811-12）; Georg Schömann and J. H. Lipsius, *Griechische Alterthümer*（1855）; and E. B. Tylor, *Researches into the Early History of Mankind*（1865）, *Primitive Culture*（1871）, and *Anthropology*（1881）．マルクス後期の著作については，以下参照のこと。Padelis Lekas, *Marx on Classical Antiquity: Problems of Historical Methodology*（Brighton, England: Wheatsheaf Books, 1988）, pp. 55-104; E. J. Hobsbawm, "Introduction," in *Pre-Capitalist Economic Formations*, by Karl Marx, ed. E. J. Hobsbawm, trans. Jack Cohen（London: Lawrence & Wishart, 1964）, pp. 9-65; and Barry Hindess and Paul Hirst, *Pre-Capitalist Modes of Production*（London: Routledge and Kegan Paul, 1975）.

2） Patricia Springborg, "Marx, Democracy and the Ancient Polis," *Critical Philosophy* 1, 1（1984）: 48-50.

3） Heinz Lubasz, "The Aristotelian Dimension in Marx," in *The Times Higher Education Supplement*（April 1, 1977）: 17; Scott Meikle, *Essentialism in the Thought of Karl Marx*（La Salle, IL: Open Court Publishing Company, 1985）, p. 58; and Tony Burns, "Materialism in Ancient Greek Philosophy and in the Writings of the Young Marx," *Historical Materialism*（Summer 2001）: 4. 以下のアリストテレスの作品を含めて，マルクスの博士論文の全体には，アリストテレスに言及した多くの痕跡がみられる。すなわち，霊魂論，形而上学，動物発生論，自然学，生成消滅論，天体論など。

4） Marx, *Difference between the Democritean and Epicurean Philosophy of Nature*, in *Karl Marx/Friedrich Engels Collected Works*, vol. 1（New York: International Publishers, 1976）, p. 38.

5) Ibid., p. 50.
6) エピクロスとニーチェのこの2人が、ギリシアの科学について、それは合理的だが虚構の構成であると見なしていたことは、きわめて興味深い。科学の目的は、エピクロスの立場からすると、個人の平安とか幸福であり、ニーチェの立場からすると、形而上学的な慰みや功利主義的な生存であった。
7) Marx, *Difference between Democritean and Epicurean Philosophy of Nature, supra* note 4), p. 65.
8) Laurence Baronovitch, "Marx, Hegel and Greek Philosophy: A New Approach to the Subject of Karl Marx's Early Intellectual Development," *Undergraduate Journal of Philosophy*, Oberlin College 7, 2 (May 1976): 66 and "German Idealism, Greek Materialism and the Young Karl Marx," *International Philosophical Quarterly* (September 1984): 253-54; Peter Fenves, "Marx's Doctoral Thesis on Two Greek Atomists and the Post-Kantian Interpretations," *Journal of the History of Ideas* 47, 3 (July/September 1986): 445; Oded Balaban, "The Hermeneutics of the Young Marx: According to Marx's Approach to the Philosophy of Democritus and Epicurus," *Diogenes* 48 (Winter 1989): 28-41; G. Teeple, "The Doctoral Dissertation of Karl Marx," *History of Political Thought* 11, 1 (Spring 1990): 81-118; and John Stanley, "The Marxism of Marx's Doctoral Dissertation," *Journal of the History of Philosophy* 33, 1 (January 1995): 133-58.
9) Marx, *Notebooks on Epicurean Philosophy*, in *Karl Marx/Friedrich Engels Collected Works*, vol. 1 (New York: International Publishers, 1976), p. 424.
10) Marx, *Difference between the Democritean and Epicurean Philosophy of Nature, supra* note 4), p. 72.
11) Ibid. これらの着想のいくつかは、急進的カント主義や、ニーチェの批判的理論の先駆をなしている。
12) Ibid., p. 41.
13) Ibid., p. 30.
14) Marx, *Notebooks on Epicurean Philosophy, supra* note 9), p. 425.
15) Ibid., p. 437.
16) Marx, "Alienated Labor," in *Karl Marx: Early Writings*, trans. and ed. T. B. Bottomore (New York: McGraw-Hill, 1964), p. 127.
17) Ibid., p. 123.
18) Marx, "Private Property and Communism," in *Karl Marx, supra* note 16), p. 156.
19) Ibid., p. 164.
20) マルクスは、実際には自然と科学にかんする疎外というこの問題を、全く掘り下げていない。彼が考察を怠っている三たる問題は、社会主義の下で新たな科学が創造されるであろうとか、あるいは、民主的な制度の下で自然科学はコントロールされるのであろうとか、という問題である。これらの論点は、以下に掲げた20世紀の著者たちによって考察されてきた。Herbert Marcuse, "Industrialization and Capitalism in the Work of Max Weber," in *Negations: Essays in Critical Theory*, trans. Jeremy Shapiro (Boston: Beacon, 1969), pp. 201-26;

and Jürgen Habermas, "Technology and Science as 'Ideology,'" in *Toward a Rational Society: Student Protest, Science, and Politics*, trans. Shapiro (Boston: Beacon, 1971), pp. 81-122.

21) Aristotle, *The Politics*, trans. T. A. Sinclair (London: Penguin Books, 1981), book 1, chapter 9, 1257a10-1257a40, pp. 82-83 and *Nicomachean Ethics*, trans. W. D. Ross, in *Introduction to Aristotle*, ed. Richard McKeon (New York: Modern Library, 1947), book 5, chapter 5, 1133a5-1134a10, pp. 408-11.

22) Friedrich Schiller, *On the Aesthetic Education of Man in a Series of Letters*, trans. Reginald Snell (New York: Ungar Publishers, 1965), p. 40. シラーに及ぼしたギリシアの影響を跡づけている、多くの興味ある論考が存在している。Philip Kain, *Schiller, Hegel, and Marx: State, Society, and the Aesthetic Ideal of Ancient Greece* (Kingston and Montreal: McGill-Queen's University Press, 1982), pp. 13-33; Josef Chytry, *The Aesthetic State: A Quest in Modern German Thought* (Berkeley: University of California Press, 1989), pp. 70-105; and Bernard Yack, *The Longing for Total Revolution: Philosophic Sources of Social Discontent from Rousseau to Marx and Nietzsche* (Berkeley: University of California Press, 1992), pp. 133-84.

23) Schiller, *On the Aesthetic Education of Man*, *supra* note 22), p. 69.

24) Ibid., p. 38.

25) Johann Joachim Winckelmann, *Reflections on the Imitation of Greek Works in Painting and Sculpture*, trans. Elfriede Heyer and Roger Norton (La Salle, IL: Open Court, 1987), p. 33.

26) Kain, *Schiller, Hegel, and Marx*, *supra* note 22), p. 89.

27) Marx, "Alienated Labor," *supra* note 16), p. 128.

28) Richard Miller, "Marx and Aristotle: A Kind of Consequentialism," in *Marx and Aristotle: Nineteenth-Century German Social Theory and Classical Antiquity*, ed. George E. McCarthy (Savage, MD: Rowman & Littlefield Publishers, 1992), p. 277.

29) Aristotle, *Politics*, book 1, chapter 9, 1257a20, *supra* note 21), p. 82.

30) Aristotle, *Nicomachean Ethics*, book 1, chapter 7, 1098a15, *supra* note 21), p. 319.

31) 2人の論者がとりわけ、アリストテレス的な幸福論の重要性を強調してきた。Miller, "Marx and Aristotle," pp. 275-302; and Alan Gilbert, "Marx's Moral Realism: Eudaimonism and Moral Progress," pp. 303-28, in *Marx and Aristotle*. 理性的な思慮や市民精神にかんするアリストテレスの議論については、以下参照のこと。Aristotle, *Politics*, book 3, chapter 11, 1281a39-1282a41, pp. 202-06 and *Nicomachean Ethics*, book 6, chapters 3-13, 1139b15-1145a10, *supra* note 21), pp. 426-42.

32) Marx, "Private Property and Communism," *supra* note 18), pp. 164-65. 欲求にかんするアリストテレスの理論とマルクスの理論との関連については、多くの二次的注釈者たちによって注目されてきた。著書、*Tragic Deception: Marx Contra Engels* (Oxford: Clio Books, 1975) の中で、ノーマン・レヴィンは、1844年の草稿に見出される、人間の生産能力を発展させるための、社会的幸福論であるとか、自由や幸福などは、モーゼス・ヘスやヴィルヘルム・ヴァイトリングを対象としたマルクスの読みに由来すると述べている (pp. 21-27)。自由な個人の社会的諸活動にかんする刺激的な分析については、Marx and Engels, *German*

Ideology, ed. R. Pasca (New York: International Publishers, 1965), p. 22 のマルクスと, *Nicomachean Ethics*, book 9 chapter 11, 1172a1-1172a9, *supra* note 21), p. 518. のアリストテレスとを比較されたい。人間の実体や本質にかんするアリストテレスの無歴史的な理論を, マルクスとエンゲルスが拒否しているのは, この同じ著書(p. 29)の中に窺われる。

33) Patricia Springborg, "Aristotle and the Problem of Needs," *History of Political Thought* 5 (Winter 1984): 419. 次も参照のこと。Agnes Heller, *The Theory of Need in Marx* (New York: St. Martin's, 1976).

34) Marx, "Needs, Production, and Division of Labor," in *Karl Marx, supra* note 16), p. 174.

35) Aristotle, *Politics*, book 1, chapter 9, 1257a5-1258a14, *supra* note 21), pp. 81-85.

36) Albrecht Wellmer, *Critical Theory of Society*, trans. John Cumming (New York: Herder and Herder, 1971), p. 82; and Drucilla Cornell, "Should a Marxist Believe in Rights?" *Praxis International* 4 (April 1984): 52.

37) Marx, "Critique of the Gotha Program," in *Basic Writings on Politics and Philosophy*, by Marx and Engels, ed. Lewis Feuer (Garden City, NY: Anchor Books, 1959), p. 119.

38) Ibid., p. 120.

39) Aristotle, *Nicomachean Ethics*, book 5, chapters 1-11, 1129a1-1138b14, *supra* note 21), pp. 397-423.

40) George E. McCarthy, *Marx and the Ancients: Classical Ethics, Social Justice, and Nineteenth-Century Political Economy* (Savage, MD: Rowman & Littlefield Publishers, 1990), pp. 60-83 and *Dialectics and Decadence. Echoes of Antiquity in Marx and Nietzsche* (Lanham, MD: Rowman & Littlefield Publishers, 1994), pp. 14-20.

41) Marx, *Grundrisse: Foundations of the Critique of Political Economy*, trans. Martin Nicolaus (New York: Vintage Books, 1973), pp. 240-49 and *Capital: A Critique of Political Economy*, vol 1: *The Process of Capitalist Production*, trans. Samuel Moore and Edward Aveling, ed. Engels (New York: International Publishers, 1968), p. 176.

42) Norman Geras, "The Controversy about Marx and Justice," *Philosophica* 33 (1984): 49 and 78.

43) Marx, "Letters from the Deutsch-Französische Jahrbücher," in *Karl Marx/Friedrich Engels Collected Works*, vol 3 (New York: International Publishers, 1975), p. 137.

44) Marx, *Grundrisse, supra* note 41), p. 84. 類的存在というマルクスの概念とゾーオン・ポリティコン (ポリス的動物, 政治的動物) というアリストテレスの考えとの関連についての興味ぶかい分析については, 以下参照のこと。Nancy Schwartz, "Distinction between Public and Private Life: Marx on the *zōon politikon*," *Political Theory* 7, 2 (May 1979): 254-56; and Horst Mewes, "On the Concept of Politics in the Early Work of Karl Marx," *Social Research* 43, 2 (Summer 1976): 278-83.

45) Marx, *Contribution to the Critique of Hegel's Philosophy of Law*, in *Karl Marx/ Friedrich Engels Collected Works*, vol. 1 (New York: International Publishers, 1975), p. 29. 〔マッカーシーによるこの引用文献は間違いだと指摘されている—訳者〕。民主政体における参加と審議にかん

する分析については，以下参照のこと。Aristotle, *Politics*, book 3, chapter 1, 1275a22-1275b21, *supra* note 21), pp. 169-70.
46) Marx, *Contribution to the Critique of Hegel's Philosophy of Law*, *supra* note 45), pp. 31-32.
47) Ibid., p. 19.
48) Ibid., p. 98.
49) Ibid., p. 100.
50) Ibid., p. 121.
51) Ibid., p. 32.
52) Marx, "On the Jewish Question," in *Karl Marx*, *supra* note 16), p. 13.
53) Ibid., p. 26.
54) Alan Gilbert, *Democratic Individuality* (Cambridge: Cambridge University Press, 1990), pp. 267-68.
55) Aristotle, *Politics*, book 6, chapter 2, 1317a40-1318a3, *supra* note 21), pp. 362-64. 次も参照のこと。Aristotle, *The Athenian Constitution*, trans. P. J. Rhodes (London: Penguin Books, 1984). 民主政体がアリストテレスの最善の政治体制を意味していた，とする最近の文献を摘要したものとしては，以下参照のこと。McCarthy, *Dialectics and Decadence*, *supra* note 40), pp. 329-30, n. 8.
56) Marx, *The Civil War in France: The Paris Commune* (New York: International Publishers, 1972), pp. 60-61. アテナイ型民主政にかんする詳細な入門としては，以下参照のこと。Mogens Hansen, *The Athenian Assembly: In the Age of Demosthenes* (Oxford: Basil Blackwell, 1987) and *The Athenian Democracy in the Age of Demosthenes: Structure, Principles and Ideology*, trans. J. A. Crook (Oxford: Basil Blackwell, 1991); R. K. Sinclair, *Democracy and Participation in Athens* (Cambridge: Cambridge University Press, 1988); M. I. Finley, *Democracy Ancient and Modern* (New Brunswick, NJ: Rutgers University Press, 1988); Josiah Ober, *Mass and Elite in Democratic Athens: Rhetoric, Ideology, and the Power of the People* (Princeton: Princeton University Press, 1989); and David Stockton, *The Classical Athenian Democracy* (Oxford: Oxford University Press, 1990).
57) Marx, "Theses on Feuerbach," in *Basic Writings on Politics and Philosophy*, *supra* note 37), p. 243.
58) Marx, *Capital*, vol 1, chapter 1, pp. 59-60; chapter 1, p. 82; chapter 2, p. 85; chapter 4, p. 152; chapter 5, p. 164; chapter 13, p. 326; and chapter 15, p. 408.
59) Aristotle, *Politics*, book 1, chapter 9, 1257b40-1258a18, *supra* note 21), p. 85.
60) Marx, *Capital*, vol. 1, pp. 714-15. 抽象的労働は，生産の資本家的な社会的組織，すなわち，労働の特殊化と細分化，生産手段からの労働者の所有剥奪，労働の脱熟練化〔単純化〕，私有財産および階級支配に基づく生産，などによって特徴づけられる，歴史的に見てきわめて特殊な人間労働の形態なのである。
61) Ibid., pp. 58-59.
62) Robert Tucker, *The Marxian Revolutionary Idea* (New York: W. W. Norton, 1969), p. 37;

and Allen Wood, *Karl Marx* (London: Routledge and Kegan Paul, 1981), pp. 125-56.

63) Norman Geras, "Marx and the Critique of Political Economy," in *Ideology in Social Science: Readings in Critical Social Theory*, ed. Robin Blackburn (Glasgow, Scotland: William Collins Sons, 1978), p. 300.

64) G. A. Cohen, *Karl Marx's Theory of History: A Defense* (Princeton: Princeton University Press, 1978), pp. 134-74.

65) Marx, *Capital*, vol. 1, p. 72.

66) Ibid., p. 76.

67) Ibid., p. 114.

68) Marx, *Capital: A Critique of Political Economy*, vol. 3: *The Process of Capitalist Production as a Whole*, ed. Engels (New York: International Publishers, 1968), p. 244.

69) マルクスは，人間的欲求の充足のための使用価値の生産にその根拠をおく共同社会，といっこうした社会に洞察を加えようとして，ギリシアに立ち返るのである。『要綱』の中で彼は，次のように述べている。「これが，子供じみた古代社会がなぜ一面においてより高雅に見えるか，の理由である」と。マルクスと古代のギリシア社会にかんする興味深い分析については，以下参照のこと。William James Booth, *Households: On the Moral Architecture of the Economy* (Ithaca: Cornell University Press, 1993).

70) Marx, *A Contribution to the Critique of Political Economy* (New York: International Publishers, 1970), p. 21.

71) Engels, "Ludwig Feuerbach and the End of Classical German Philosophy," in *Basic Writings on Politics and Philosophy*, p. 230.

72) Marx, *Capital*, vol. 3, p. 245.

73) 認識と確実性にたいする無条件的要求という興味深い批判については，概念の弁証法的運動にかんするヘーゲルの見方の徹底した分析と同様に，以下参照のこと。Herbert Marcuse, *Reason and Revolution: Hegel and the Rise of Social Theory* (Boston: Beacon, 1960), pp. 91-168; and Kenley Dove, "Hegel's Phenomenological Method," *Review of Metaphysics* 23, 4 (June 1970): 615-41.

74) J. Glenn Gray, *Hegel and Greek Thought* (New York: Harper Torchbooks, 1968), pp. 53-91; Rebecca Cooper, *The Logical Influence of Hegel on Marx* (New York: Gordon Press, 1976); and Robert Solomon, *In the Spirit of Hegel: A Study of G. W. F. Hegel's 'Phenomenology of Spirit'* (New York: Oxford University Press, 1983), pp. 480-505. また，以下も参照のこと。K. H. Ilting, "Hegels Auseinandersetzung mit der aristotelischen Politik," *Philosophisches Jahrbuch* 71 (1963-64): 38-58; and Joachim Ritter, *Metaphysik und Politik: Studien zu Aristoteles und Hegel* (Frankfurt am Main, Germany: Suhrkamp Verlag, 1977), pp. 9-179.

75) 自然学および形而上学にかんするアリストテレスの著作，そして『要綱』や『資本論』におけるマルクスの社会理論とアリストテレスのそれら著作との関係を，それぞれ精査したものとしては，以下参照のこと。Carol Gould, *Marx's Social Ontology: Individuality and Community in Marx's Theory of Social Reality* (Cambridge: Massachusetts Institute of Technology Press,

1980), pp. 44-46 and 78-80; and Jonathan Pike, *From Aristotle to Marx: Aristotelianism in Marxist Social Ontology* (Aldershot, England: Ashgate Publishing Company, 1999), pp. 112-35.

76) Meikle, *Essentialism in the Thought of Karl Marx*, supra note 3), pp. 70-93.

77) Marx, *Grundrisse*, supra note 41), p. 300.

78) Aristotle, *Metaphysics*, trans. Richard Hope (Ann Arbor: University of Michigan Press, 1966), book Delta, chapter 2, p. 89 and *Physics*, in *The Complete Works of Aristotle*, ed. Jonathan Barnes (Princeton: Princeton University Press, 1984), book 2, chapters 1-9, pp. 329-42. 作用因や変化にかんする資料〔マテリアル〕は,『自然学』第2巻第5章および第9章〔?―訳者〕に見られる。以下も参照のこと。G. W. F. Hegel, *The History of Philosophy*, vol. 2, trans. E. S. Haldane and Frances Simson (New York: Humanities Press, 1974), pp. 137-79; R. G. Collingwood, *The Idea of Nature* (New York: Galaxy Books, 1960), pp. 3-4 and 80-92; and Frederick Copleston, *A History of Philosophy*, vol. 1: *Greece and Rome*, part 2 (Garden City, NY: Image Books, 1962), pp. 30-61.

79) Aristotle, *Metaphysics*, book Theta, chapter 8, Ibid., p. 192.

80) Marx, *Capital*, vol. 1, supra note 41), p. 19 and *Grundrisse*, supra note 41), pp. 100-08. Helmut Seidel, "Das Verhältnis von Karl Marx zu Aristoteles," *Deutsche Zeitschrift für Philosophie* 27 (1979): 666. 商品,貨幣,資本(私有財産)などの様々な価値形態は,価値の具体的な顕現とかその本質であるということが,ここでは強調されるべきである。このことは,単に貨幣を廃棄すること(時のさえずり)や資本を社会化することに基づいて,社会主義のヴィジョンを定式化しようとして,プルードンや,その後のリカードの左派追従者たちによる様々な試みがなされたがゆえに,重要である。こうした立場にたつ人々は,貨幣や資本が,疎外,賃労働,財産などに基づいた基礎的な社会的生産関係の外的な諸現象であるにすぎないことを,認識することができないのである。すなわち,空想的社会主義者たちは,諸現象をあれこれといじくり回すだけで,資本主義的生産様式の内的働きや諸法則を決して発見することはなかったし,それ故,現実的な社会革命の諸可能性にかんする洞察も,全く提供することができなかったのである。以下参照のこと。Patrick Murray, "The Necessity of Money: How Hegel Helped Marx Surpass Ricardo's Theory of Value," in *Marx's Method in Capital: A Reexamination*, ed. Fred Moseley (Atlantic Highlands, NJ: Humanities Press International, 1993), p. 56 and "Redoubled Empiricism: The Place of Social Form and Formal Causality in Marxian Theory," in *New Investigations of Marx's Method*, eds. Fred Moseley and Martha Campbell (Atlantic Highlands, NJ: Humanities Press International, 1997), p. 54.

81) Tony Smith, *The Logic of Marx's Capital: Replies to Hegelian Criticisms* (Albany: State University of New York Press, 1990), p. 39. スミスは,商業や金融における,貨幣への単純な商品交換から,資本主義的生産へと変容してゆくその説明を試みる中で,資本を解釈するために使われる,様々なモデルを概観している。これらのモデルは,歴史的,目的論的,弁証法的,あるいは経験的だと見なされている。それらモデルの役割は,以下のことを跡づけようとしている。すなわち,①エンゲルスの歴史哲学に基づいて,商品から資本へと変化す

る価値形態のこれら各段階の，現実的な歴史の運動，②アリストテレスの生物学的・有機体論的パラダイムに基づいて，社会的有機体が目的論的に変化していくこと，③ヘーゲルの論理と現象学に基づいて，資本の論理を弁証法的に展開すること，あるいは，④ヒュームの経験論に従いながら，資本主義の本質を経験的に探究していくこと，以上である。

82) Murray, *Marx's Theory of Scientific Knowledge* (Atlantic Highlands, NJ: Humanities Press International, 1988), p. 226.
83) Marx, *Grundrisse*, supra note 41), p. 147.
84) Ibid., p. 415.
85) Ibid., p. 652.
86) Murray, *Marx's Theory of Scientific Knowledge*, supra note 82), pp. 182 and 226.
87) Marx, *Grundrisse*, supra note 41), p. 331.
88) Ibid., pp. 310-11.
89) Marx, *Capital*, vol. 3, pp. 232-40.
90) Marx, *Grundrisse*, supra note 41), p. 151.
91) Marx, *Capital*, vol. 1, p. 82.
92) Marx, *The Poverty of Philosophy* (New York: International Publishers, 1969), p. 105.
93) Richard Bernstein, *Praxis and Action: Contemporary Philosophies of Human Activity* (Philadelphia: University of Pennsylvania Press, 1971), pp. 72-73.
94) Ibid., p. 70.
95) Robert Padgug, "Classes and Society in Classical Greece," *Arethusa* 8, 1 (Spring 1975): 85; Hindess and Hirst, *Pre-Capitalist Modes of Production*, supra note 1), pp. 79-108; and Lekas, *Marx on Classical Antiquity*, supra note 1), pp. 77-79.
96) Marx, *Grundrisse*, supra note 41), pp. 471-514 and *Ethnological Notebooks*, pp. 97-421.
97) Marx, *Grundrisse*, supra note 41), p. 475.
98) Lekas, *Marx on Classical Antiquity*, supra note 1), p. 83; and Hindess and Hirst, *Pre-Capitalist Modes of Production*, supra note 1), pp. 86-88.
99) Marx, *Grundrisse*, supra note 41), p. 487.
100) Marx, *Capital*, vol. 1, p. 555.
101) Marx, *Capital*, vol. 3, pp. 598-99.
102) Marx, *Ethnological Notebooks*, supra note 1), p. 150.
103) Lawrence Krader, "Introduction," in *Ethnological Notebooks*, supra note 1), p. 14.
104) Marx, *Ethnological Notebooks*, supra note 1), pp. 196-241.

第2章　マックス・ヴェーバー―ギリシア悲劇と社会の合理化

1) Marianne Weber, *Max Weber: A Biography*, trans. and ed. Harry Zohn (New Bruns-wick, NJ: Transaction Books, 1988), pp. 64-104.

2）マックス・ヴェーバー 2番目の学位論文は，古代ローマを専門とする，当時最も権威を有し，最も著名なドイツの3人の歴史家，テオドール・モムゼン，アウグスト・マイツェン，カール・ロートベルトゥスの影響の下で執筆された。以下参照のこと。Karl Rodbertus, *Investigation into the National Economy of Classical Antiquity*; and Mommsen, *History of Rome* and *Provinces of the Roman Empire*. あわせて以下も参照のこと。Antoine Guilland, *Modern Germany and Her Historians*（New York: McBride, Nast and Company, 1915）.

3）Weber, *Die römische Agrargeschichte in ihrer Bedeutung für das Staats- und Privatrecht* (Stuttgart, Germany: Enke Verlag, 1891), p. 129.

4）Paul Honigsheim, "Max Weber as Historian of Agriculture and Rural Life," *Agricultural History* 23（1949）: 179-213; Harry Pearson, "The Secular Debate on Economic Primitivism," in *Trade and Market in the Early Empires: Economics in History and Theory*, eds. Karl Polanyi, Conrad Arensberg, and Pearson（Glencoe, IL: Free Press, 1957）, pp. 3-11; Martin Riesebrodt, "From Patriarchalism to Capitalism: The Theoretical Context of Max Weber's Agrarian Studies," in *Reading Weber*, trans. Leena Tanner, ed. Keith Tribe（London: Routledge, 1989）, pp. 131-57; Lawrence Scaff, "Weber before Weberian Sociology," in *Reading Weber*, pp. 15-41; Dirk Käsler, *Max Weber: An Introduction to His Life and Work*, trans. Philippa Hurd（Chicago: University of Chicago Press, 1988）, pp. 24-50; Moses I. Finley, *The Bücher-Meyer Controversy*（New York: Arno Press, 1979）and *Economy and Society in Ancient Greece*（New York: Viking, 1982）, pp. 3-23; Arnaldo Momigliano, "New Paths of Classicism in the Nineteenth Century," *History and Theory: Studies in the Philosophy of History* 21, 4（1982）: 1-64; Christian Meier, "Max Weber und die Antike," in *Max Weber: Ein Symposium*, eds. Christian Gneuss and Jürgen Kocka（Munich: Deutscher Taschenbuch Verlag, 1988）, pp. 11-24; and Alfred Heuss, "Max Webers Bedeutung für die Geschichte des griechisch-römischen Altertums," *Historische Zeitschrift* 201, 3（December 1965）: 529-56. また，次の著書の巻末に所収されている，文献一覧にある包括的な二次的文献も参照のこと。John Love, *Antiquity and Capitalism: Max Weber and the Sociological Foundations of Roman Civilization*（London: Routledge, 1991）, pp. 316-31.

　古代ギリシアと古代ローマの政治史と経済史にかんするトピックについて，ヴェーバーが幅広く読んだリストについては，1898年に公刊にされた，*Grundriss zu den Vorlesungen über Allgemeine ["theoretische"] Nationalökonomie*（Tübingen, Germany: J. C. B. Mohr Verlag [Paul Siebeck], 1990）, p. 13. に窺うことができる。履修者のための文献案内には，「古代沿岸文化の経済発展」という一般的タイトルがつけられていて，そこには以下のものが含まれている。Eduard Meyer, *Geschichte des Altertums* and *Die wirtschaftliche Entwicklung im Altertum*; Carl Beloch, *Griechische Geschichte*; August Boeckh, *Der Staatshaushalt der Athener*; Mommsen, *Römische Geschichte*; Robert Pöhlmann, *Geschichte des antiken Kommunismus und Sozialismus*; F. Friedländer, *Sittengeschichte Roms*; Karl Bücher, *Die Aufstände der unfreien Arbeiter*; Johann Rodbertus, *Zur Geschichte der agrarischen Entwicklung Roms*; A. B. Büchsenschütz, *Besitz und Erwerb im griechischen Altertum*; Paul Guiraud, *Histoire de la proprieté foncière en Grèce*; Fustel de

Coulanges, *La cité antique;* Joachim Marquardt, *Das Privatleben der Römer;* Blümmer, *Gewerbe und Künste bei Griechen und Römern;* W. Lecky, *Sittengeschichte Europas von Augustus bis auf Karl den Grossen;* Ludo Hartmann, *Die Gründe des Untergangs des römischen Reichs;* and Adolf Schulten, *Die römischen Grundherrschaften.* 最後に，ヴェーバーとマルクスとの，魅力的で有益な比較については，*Grundriss zu den Vorlesungen über Allgemeine ["theoretische"] Nationalökonomie,* pp. 7-9 and *The Ethnological Notebooks,* in *The Ethnological Notebooks of Karl Marx,* trans. Lawrence Krader (Assen, The Netherlands: Van Gorcum & Company, 1974), pp. 196-241. において，この2人の社会学者により参照されている原資料を精査されたい。両者は，たしかにその多くを同じ歴史学的・人類学的な資料に基づいていたが，そこから導き出した結論は，異なっていた。本書第1章の注1)を参照。

5) ギリシア・ローマの古典古代に対するヴェーバーの関心が，学位論文から始まって『都市〔の類型学〕〕』という論考を含む『経済と社会』に至るまで，生涯を通じて彼の関心を占め続けたということは，注目しておかねばならない。『都市〔の諸類型〕』は，1911年から1913年の間に執筆され，1921年，*Archiv für Sozialwissenschaft und Sozialpolitik.* で初めて公表された。『経済と社会』(*Economy and Society: An Outline of Interpretive Sociology,* eds. Guenther Roth and Claus Wittich (Berkeley: University of California Press, 1978)) は，1913-1920年までの一連の講義をもとに編纂されており，そこには，古代ローマ人の海上交易やコンメンダ（中世商事会社）の重要性にかんする分析が，国家請負事業やローマの国家官僚制にかんする研究と一緒に，含まれている。この題材にかんする優れた二次的ソースにかんしては，以下参照のこと。Love, *Antiquity and Capitalism,* chapters 4 and 5, *supra* note 4), pp. 154-208. 『古代農業事情』(*The Agrarian Sociology of Ancient Civilizations*) と『プロテスタンティズムの倫理と資本主義の精神』の各第2版が，1909年に刊行されたことは，注目に値する〔このマッカーシーによる指摘は正しくない。前著の第3版が1909年に，後著の初版は1904-1905年にかけて公にされ，他界する直前の1919-1920年に，いわゆる『プロ倫』は改訂されて今日に至っている。因みに，この改定時に，ヴェーバーは，ニーチェ〔的〕概念のひとつ，「脱呪術化」概念を他と一緒に加筆しながら挿入。「『あとがき』に代えて」を参照―訳者〕。

6) これは，ヴォルフガング・モムゼンが述べている見解である (Wolfgang Mommsen, *Max Weber and German Politics 1890-1920,* trans. Michael Steinberg (Chicago: University of Chicago Press, 1984), pp. 103-4)。モムゼンはさらに，実質的合理性と形式的合理性にかんするヴェーバーの区別は，資本主義社会に対するヘルベルト・マルクーゼによる後年の批判を先取りするものであった，とも主張している。以下も参照のこと。Mommsen, *The Age of Bureaucracy: Perspectives on the Political Sociology of Max Weber* (Oxford: Basil Blackwell, 1974), pp. 67-68.

7) Love, "Max Weber and the Theory of Ancient Capitalism," *History and Theory* 25 (1986): 156.

8) Weber, "The Social Causes of the Decline of Ancient Civilization," in *The Agrarian Sociology of Ancient Civilizations,* trans. R. I. Frank (London: New Left Books, 1976), p. 394.

9) Weber, *Agrarian Sociology of Ancient Civilizations,* p. 48.

10) Ibid., pp. 50-51.
11) Ibid., p. 210.
12) Love, *Antiquity and Capitalism, supra* note 4), pp. 224-76. 政治的資本主義のこれらの形態が市場を中心とする資本主義の発展を阻害してしまった。これが、ヴェーバーのテーゼである。
13) Weber, *The City*, trans. and eds. Don Martindale and Gertrud Neuwirth (New York: Free Press, 1966), p. 169.
14) Aristotle, *The Athenian Constitution*, trans. P. J. Rhodes (London: Penguin Books, 1984), p. 50.
15) Weber, *Agrarian Sociology of Ancient Civilizations*, pp. 208-9.
16) Weber, *City, supra* note 13), p. 181.
17) 古代ローマの農村状況にかんする分析については、以下参照のこと。Weber, *Die römische Agrargeschichte in ihrer Bedeutung für das Staats- und Privatrecht*, pp. 1-281 and "Roman Republic," in *Agrarian Sociology of Ancient Civilizations*, pp. 260-335.
18) Weber, "Social Causes of the Decline of Ancient Civilization," p. 399.
19) Ibid., p. 403.
20) Ibid., pp. 407-8.
21) Weber, *The Religion of China*, trans. and ed. Hans Gerth (New York: Free Press, 1968), pp. 13-21. 中国や中東地域における巨大な家産制的・官僚制的国家諸システムが、中世ヨーロッパ社会の特徴とされている、自律した政治的・軍事的・経済的な諸都市の発展を、いかに抑圧してしまったのか、というこの点を論証しているのが、ヴェーバーの歴史社会学なのである。
22) Weber, *Agrarian Sociology of Ancient Civilizations*, p. 356.
23) Ibid., p. 341.
24) Weber, *City, supra* note 13), pp. 91-120 and 180-95. 近代的な産業資本主義の発展に様々な礎を与えた、古代ローマや中世のイタリア・ドイツなどの、独自な法律的・商業的な諸制度や商事会社にかんする分析については、以下参照のこと。Weber, *Zur Geschichte der Handelsgesellschaften im Mittelalter*, in *Sozial- und Wirtschaftsgeschichte* (Tübingen, Germany: J. C. B. Mohr Verlag [Paul Siebeck], 1924), pp. 312-443 and *General Economic History* (New Brunswick, NJ: Transaction Publishers, 1981), pp. 195-271.
25) Friedrich Nietzsche, *Philosophy* in *the Tragic Age of the Greeks*, trans. Marianne Cowan (Chicago: Henry Regnery, 1962), p. 41.
26) Nietzsche, "On Truth and Lies in a Nonmoral Sense," in *Philosophy and Truth: Selections from Nietzsche's Notebooks of the Early 1870's*, trans. and ed. Daniel Breazeale (Atlantic Highlands, NJ: Humanities Press, 1979), p. 86.
27) Arthur Schopenhauer, *The World as Will and Representation*, trans. E. F. J. Payne (New York: Dover Publications, 1969), p. 12.
28) Ibid., p. 196.
29) Ibid., p. 364.

30) Nietzsche, *The Birth of Tragedy*, in *The Birth of Tragedy and the Genealogy of Morals*, trans. Francis Golffing (Garden City, NY: Anchor Books, 1956), pp. 29-30.
31) Ibid., p. 30.
32) Nietzsche, *The Genealogy of Morals*, in *The Birth of Tragedy and the Genealogy of Morals*, supra note 30), p. 251.
33) Nietzsche, *Birth of Tragedy*, supra note 30), p. 34.
34) Ibid., p. 102.
35) Karl-Otto Apel, "The Common Presuppositions of Hermeneutics and Ethics: Types of Rationality beyond Science and Technology," *Research in Phenomenology* 9 (1979): 42.
36) Nietzsche, *Birth of Tragedy*, supra note 30), p. 95.
37) Ibid., p. 111.
38) Nietzsche, "The Philosopher," in *Philosophy and Truth*, supra note 26), p. 32.
39) Nietzsche, *The Will to Power*, ed. Walter Kaufmann, trans. Kaufmann and R. J. Hollingdale (New York: Vintage Books, 1968), p. 267.
40) この点は、クワイン (Willard Van Quine〔論理学者〕, "Two Dogmas of Empiricism," in *From a Logical Point of View* (New York: Harper Torchbooks, 1961), p. 44.) にいくら言っても通じない重要なポイントである。
41) Nietzsche, *Genealogy of Morals*, supra note 32), p. 299.
42) Nietzsche, *Will to Power*, supra note 39), p. 214.
43) Nietzsche, *The Antichrist*, in *The Portable Nietzsche*, trans. Kaufmann (New York: Viking, 1969), p. 577.
44) Ralph Schroeder, "Nietzsche and Weber: Two 'Prophets' of the Modern World," in *Max Weber, Rationality and Modernity*, eds. Scott Lash and Sam Whimster (London: Allen & Unwin, 1987), p. 219.
45) Wilhelm Hennis, "The Traces of Nietzsche in the Work of Max Weber," in *Max Weber: Essays in Reconstruction*, trans. Keith Tribe (London: Allen & Unwin, 1988), p. 158. 客観性や価値関係といった諸概念を含めて、ヴェーバーの「科学論集」(科学理論) の鍵となっている諸原則は、ニーチェ哲学というコンテキストのなかで捉えられなければならないと、このようにヘニスは主張している。
46) Weber, "Science as a Vocation," in *From Max Weber: Essays in Sociology*, trans. and eds. Hans Gerth and C. Wright Mills (New York: Oxford University Press, 1968), p. 141.
47) Ibid., p. 143.
48) Nietzsche, *Thus Spoke Zarathustra*, in *Portable Nietzsche*, supra note 43), p. 130.
49) Weber, *The Protestant Ethic and the Spirit of Capitalism*, trans. Talcott Parsons (New York: Scribner, 1958), p. 181.
50) Weber, " 'Objectivity' in Social Science and Social Policy," in *The Methodology of the Social Sciences*, trans. Edward Shils and Henry Finch (New York: Free Press, 1949), p. 52.
51) Weber, "Science as a Vocation," p. 144.

52) ヴェーバーの新カント派的認識論について分析したものについては,以下参照のこと。Thomas Burger, *Max Weber's Theory of Concept Formation: History, Laws, and Ideal Types* (Durham, NC: Duke University Press, 1976), pp. 57-93; Guy Oakes, *Weber and Rickert: Concept Formation in the Cultural Sciences* (Cambridge: Massachusetts Institute of Technology Press, 1988), pp. 18-40; Ken Morrison, *Marx, Weber, Durkheim: Formations of Modern Social Thought* (London: Sage Publications, 1995), pp. 257-70; and George E. McCarthy, *Objectivity and the Silence of Reason: Weber, Habermas, and the Methodological Disputes in German Sociology* (New Brunswick, NJ: Transaction Publishers, 2001), pp. 127-212. 有名なヴェーバーの『科学論集』には,以下の諸論考が収録されている。"Roscher's Historical Method" (1903), "'Objectivity' in Social Science and Social Policy" (1904), "Knies and the Problem of Irrationality" (1905), "Knies and the Problem of Irrationality" (1906), "Critical Studies in the Logic of the Cultural Sciences" (1906), "Some Categories of Interpretive Sociology" (1913), "The Meaning of 'Ethical Neutrality' in Sociology and Economics" (1917), "Science as a Vocation" (1919), and "Basic Sociological Terms" in *Economy and Society* (1922).
53) Weber, "Science as a Vocation," pp. 145 and 146.
54) Joseph Schumpeter, *History of Economic Analysis*, ed. Elizabeth Boody Schumpeter (New York: Oxford University Press, 1959), p. 802.
55) Hennis, "Max Weber's 'Central Question,'" in *Max Weber*, supra note 45), pp. 37-38.
56) Mark Blaug, *Economic Theory in Retrospect* (Cambridge: Cambridge University Press, 1978), p. 697.
57) Weber, "Science as a Vocation," p. 149.
58) 近代科学のうわべだけの価値中立性と,実際におけるその規範的な基礎づけとの関係については,以下の論者により展開されている。Siegfried Landshut, "Max Weber's Significance for Intellectual History," pp. 99-111; Karl Löwith, "Max Weber's Position on Science," pp. 138-56; and Peter Lassman and Irving Velody, "Max Weber on Science, Disenchantment and the Search for Meaning," pp. 159-204, in *Max Weber's 'Science as a Vocation,'* eds. Peter Lassman and Irving Velody with Herminio Martins (London: Unwin Hyman, 1989). 合理化,脱呪術化〔呪術からの解放,呪力剝奪〕,価値自由な科学などにかんするヴェーバーの理論は,皮肉的かつ意図的に,近代の科学と実証主義に向けてなされてきた,と,このようには彼らは主張している。ラスマンとヴェロディーは,ヴェーバーの社会学は,近代性の悲劇的な運命に対する倫理的な批判を象徴しており,それ故にまた,その社会学は,古典的ギリシア人が有していた政治学の見方への回帰をも象徴している,とするヘニスの立場(その分析は,本章の後半で考察を予定)を,再確認している (pp. 173-74, 178, and 188-89)。以下も参照のこと。H. H. Bruun, *Science, Values and Politics in Max Weber's Methodology* (Copenhagen: Munksgaard, 1972), pp. 102 and 135-38; and Fritz Ringer, *Max Weber's Methodology: The Unification of the Cultural and Social Sciences* (Cambridge: Harvard University Press, 1997), p. 141. ヴェーバーの批判が放たれたその矛先は,ドイツの教室で教え込まれていたような,科学主義,自然主義,現実主義からなる,権威主義的な性質をもった実証主義的な諸価値で

あったと，このようにブルーンならびにリンジャーも主張している。ヴェーバーが念頭に置いていた実証主義に対して，これに加えられたユルゲン・ハーバーマスやカール・オットー・アーペルによる最近の批判を摘要したものとしては，以下参照のこと。Jay Ciaffa, *Max Weber and the Problem of Value-Free Social Science: A Critical Examination of the Werturteilsstreit* (Lewisburg, PA: Bucknell University Press, 1998), pp. 105-14.

59) Löwith, "Max Weber's Position on Science," ibid., p. 146.
60) Weber, "'Objectivity' in Social Science and Social Policy," p. 72.
61) Ibid., p. 81.
62) Ibid., p. 76.
63) Weber, "Science as a Vocation," p. 150.
64) Rogers Brubaker, *The Limits of Rationality: An Essay on the Social and Moral Thought of Max Weber* (London: George Allen & Unwin, 1984), p. 2.
65) Weber, "Science as a Vocation," p. 155.
66) Käsler, *Max Weber*, *supra* note 4), pp. 184-96.
67) Lassman and Velody, "Max Weber on Science, Disenchantment and the Search for Meaning," *supra* note 58), p. 176.
68) McCarthy, *Objectivity and the Silence of Reason*, *supra* note 52), pp. 127-55. ヴェーバー社会学の真理要求に対する，評価基準としての客観性という論点は，彼の認識論的・方法論的諸問題につきまとう最も難しい問題の一つであり，これまで十分取り組まれてこなかった問題である。社会科学をめぐる近代の哲学史において，以下の諸項目について，社会学的客観性や科学的妥当性を基礎づけるために，様々な議論が今日まで行われてきた。すなわち，経験的諸事実（ヒューム），社会の集合的諸価値（リッケルト），他者の心理的感情移入であるとか主観的な理解（ディルタイ），価値相対主義であるとかニヒリズム的遠近法主義（ニーチェ），法則定立的・普遍主義的な因果諸法則（マルクス，メンガー），そして，現代的場面では，真理の神話詩的な見方をめぐって形成される合意（ローティー）において。ヴェーバーは，以上の立場をすべて拒否している。すなわち，彼は，ヒュームのナイーブな経験主義や認識論的リアリズム，リッケルトの集合的普遍主義や歴史哲学，ディルタイの主観主義や心理学主義，新古典派的経済学やマルクス経済学の自然主義や科学主義，そのどれをも拒否しているのである。彼は，ヨハンネス・クリース，グスターフ・ラートブルフ，エドゥアルド・マイヤーらの著作に窺われる「客観的可能性」や「適合的因果関係」の理論に基づいて，これまでとは異なる科学や客観性に対する見方を発展させようとしているのである。そうした見方を，彼は，文化科学に関する自らの新カント派的哲学，歴史と自然科学を区分するヴィンデルバントやディルタイの二分法，価値関係にかんするリッケルトの理論，相対主義にかんするニーチェの哲学の中に，〔それぞれ組み込み〕統合を図っているのである。以下参照のこと。Gerhard Wagner and Heinz Zipprian, "The Problem of Reference in Max Weber's Theory of Causal Explanation," *Human Studies* 9 (1986): 21-42; Oakes, *Weber and Rickert*, *supra* note 52), pp. 155-56 n. 19; and Ringer, *Max Weber's Methodology*, *supra* note 58), pp. 63-75.
69) Hans-Georg Gadamer, in *Truth and Method*, trans. Joel Weinsheimer and Donald Marshall

(New York: Continuum Publishing Company, 1994) は，ガダマーが，その見方とアリストテレスの『ニコマコス倫理学』や，実践的知識や政治的叡智（プロネーシス）にかんする理論とのつながりを証明することで，解釈学，批判的理解，歴史意識にかんする自らの理論にその基礎づけを与えようとするとき，解釈的［理解的］科学についてのヴェーバーの見方をさらに発展させているのである。次もあわせて参照のこと。Gadamer, "Practical Philosophy as a Model of the Human Sciences," *Research in Phenomenology* 9 (1979): 74-85; and George E. McCarthy, *Romancing Antiquity: German Critique of the Enlightenment from Weber to Habermas* (Lanham, MD: Rowman & Littlefield Publishers, 1997), pp. 227-40.

70) Hennis, "'A Science of Man': Max Weber and the Political Economy of the German Historical School," in *Max Weber*, supra note 45), pp. 116-17. 博士過程修了後の論文である，*Politik und praktische Philosophie: Schriften zur politischen Theorie* (Stuttgart, Germany: Ernst Klett Verlag, 1977), pp. 184-91，さらには，彼の著書，*Max Webers Wissenschaft vom Menschen: Neue Studien zur Biographie des Werks* (Tübingen, Germany: J. C. B. Mohr Verlag [Paul Siebeck], 1996), pp. 99-110. に見られる，政治科学の3つの形態，すなわち，実証的科学，批判的科学，実践的科学（古典的ギリシアの政治学）にかんするヘニスによる区分も参照されたい。さらに以下も参照のこと。Jem Thomas, "Max Weber's Estate: Reflections on Wilhelm Hennis's *Max Webers Wissenschaft vom Menschen*," *History of the Human Sciences* 11, 2 (1998): 121-28; and Gerhard Krüger, *Grundfragen der Philosophie: Geschichte, Wahrheit, Wissenschaft* (Frankfurt am Main, Germany: Vittorio Klostermann Verlag, 1965), pp. 177-86.

71) Aristotle, *The Politics*, trans. T. A. Sinclair (London: Penguin Books, 1981), book 3, chapter 4, 1276b16-1277b32, pp. 179-83.

72) Weber, "The National State and Economic Policy," *Economy and Society* 9 (1980): 438. 19世紀初期および後期におけるドイツの政治経済学に見られるアリストテレス的・倫理的な基礎づけについての興味深い分析については，以下参照のこと。M. Riedel, "Der Staatsbegriff der deutschen Geschichtsschreibung des 19. Jahrhunderts in seinem Verhältnis zur klassisch- politischen Philosophie," in *Der Staat* 2 (1963): 41-63; Peter Koslowski, "Haus und Geld: Zur aristotelischen Unterscheidung von Politik, Ökonomik und Chrematistik," *Philosophisches Jahrbuch* 86 (1979): 60-83 and *Politik und Ökonomie bei Aristoteles* (Tübingen, Germany: J. C. B. Mohr Verlag [Paul Siebeck], 1993); Birger Priddat and Eberhard Seifert, "Gerechtigkeit und Klugheit: Spuren Aristotelischen Denkens in der modernen Ökonomie," in *Ökonomische Theorie und Ethik*, eds. Bernd Biervert and Martin Held (Frankfurt am Main, Germany: Campus Verlag, 1987), pp. 51-77; and Birger Priddat, "Die Politische Wissenschaft von Reichtum und Menschen," *Archiv für Rechts- und Sozialphilosophie* 75 (1989): 171-95, *Der ethische Ton der Allokation: Elemente der Aristotelischen Ethik und Politik in der deutschen Nationalökonomie des 19. Jahrhunderts* (Baden-Baden, Germany: Nomos Verlagsgesellschaft, 1991), and "Intention and Failure of W. Roscher's Historical Method of National Economics," in *The Theory of Ethical Economy in the Historical School*, ed. Peter Koslowski (Berlin: Springer Verlag, 1995), pp. 15-34. 論文「富と人間にかんする政治科学」の

中で，プリダートは，ドイツ歴史学派とヴェーバーの双方に強い影響を及ぼしていたと思われる，19世紀における，社会倫理［学］とアリストテレスを論じた重要な諸作品に触れたそのエッセイを通じて，貴重なる摘要を与えている。

73) Wilhelm Roscher, *Grundriss zu Vorlesungen über die Staatswirthschaft* (1843) は，プリダートの論文「W. ロッシャーの歴史的方法による国家経済学の意図と失敗」の 17 頁に引用されている。ロッシャーは同時に，古代ギリシアやツキディデスにかんする著書も著している。以下も参照のこと。Edward Portis, *Max Weber and Political Commitment: Science, Politics, and Personality* (Philadelphia: Temple University Press, 1986), p. 27.

74) Mommsen, *Max Weber and German Politics 1890–1920, supra* note 6), pp. 21-34.

75) Manfred Schön, "Gustav Schmoller and Max Weber," pp. 59-70; and Dieter Krüger, "Max Weber and the 'Younger' Generation in the Verein für Sozialpolitik," pp. 71-87, in *Max Weber and his Contemporaries*, eds. Mommsen and Jürgen Osterhammel (London: Unwin Hyman, 1987); and Horst Betz, "The Role of Ethics as Part of the Historical Methods of Schmoller and the Older Historical School," in *The Theory of Ethical Economy in the Historical School*, pp. 81-103.

76) Schmoller, *Über einige Grundfragen der Socialpolitik und der Volkswirtschaftslehre* (1898). 同著は，以下に引用されている。Hennis, "'A Science of Man,'" in *Max Weber*, p. 127.

77) Karl Knies, *Die politische Oekonomie vom geschichtlichen Standpunkte* (1883). 同著は，以下に引用されている。Hennis, "'A Science of Man,'" in *Max Weber*, p. 120.

78) Weber, "National State and Economic Policy," p. 447.

79) Hennis, "Voluntarism and Judgment: Max Weber's Political Views in the Context of his Work," in *Max Weber, supra* note 45), p. 196. ここでは，いったいだれが政治科学という古典的伝統の中に包含されるべきかについて，若干議論すべき余地があるかもしれない。以下参照のこと。Habermas, "The Classical Doctrine of Politics in Relation to Social Philosophy," in *Theory and Practice*, trans. John Viertel (Boston: Beacon, 1973), pp. 41-81.

80) Lassman and Velody, "Max Weber on Science, Disenchantment and the Search for Meaning," *supra* note 58), p. 188.

81) Weber, *Protestant Ethic and the Spirit of Capital*ism, p. 181.

82) Weber, "National State and Economic Policy," p. 437. 人間の科学［人文科学］としての政治経済学という観念について，ヘニスは次のように述べている。「経済学とは人間の科学だというとき，われわれは，（偽りの）自然科学という地層の上に置かれているのではなく，政治科学という最も由緒ある基盤，つまり「生存諸条件」（より古い文脈の中では政治的な，近代の文脈では，社会的な）と人間の質（「有徳」）との相互的関係の上に置かれているのである」(Hennis, "'Science of Man,'" in *Max Weber, supra* note 45), p. 125).

83) Hennis, "Max Weber's 'Central Question,'" in *Max Weber, supra* note 45), p. 52. に引用されているヴェーバー。これらの論点については，以下も参照のこと。Scaff, "Weber before Weberian Sociology," in *Reading Weber, supra* note 4), pp. 15-41; Mommsen, *Max Weber and German Politics 1890–1920, supra* note 6), p. 71; and Bryan Turner, *Max Weber: From History to*

Modernity (London: Routledge, 1993), pp. 228-41.
84) Hennis, "Voluntarism and Judgment," in *Max Weber*, supra note 45), p. 192.
85) 客観性を扱った方法にかんするヴェーパーの初期の論文は，主観的な意味や目的合理的な社会的行為に力点を置く，人間性についてのこのような人間学的観点に充満していたと，ヘニスはそのようにも主張している。以下参照のこと。Hennis, *Max Weber*, supra note 45), pp. 58, 74, 91-92, 157, and 210 n. 110.
86) Keith Tribe, "Introduction," in *Reading Weber*, supra note 4), p. 1.
87) Weber, "The Pitiless 'Sobriety of Judgment': Max Weber between Carl Menger and Gustav von Schmoller—The Academic Politics of Value Freedom," *History of the Human Sciences* 4, 1 (1991): 52.
88) Peter Roche de Coppens, *Ideal Man in Classical Sociology: The Views of Comte, Durkheim, Pareto, and Weber* (University Park: Pennsylvania State University Press, 1976), pp. 127-41; Marianne Weber, *Max Weber*, pp. 88-90; Hennis, "Max Weber's Theme," in *Max Weber*, supra note 45), p. 82; and David Rasmussen, "Between Autonomy and Sociality," *Cultural Hermeneutics* 1, 1 (April 1973): 7-10 and 29-38.
89) Weber, "National State and Economic Policy," p. 437.
90) Weber, "Meaning of 'Ethical Neutrality' in Sociology and Economics," p. 18.

第3章 エミール・デュルケム
—ギリシア・ポリスと集合意識による連帯

1) デュルケムに及ぼしたギリシアの影響に関しては，以下のものを含め，数多くの作品の中で研究されてきた。Sheldon Wolin, *Politics and Vision: Continuity and Innovation in Western Political Thought* (Boston: Little, Brown, 1960), pp. 368-76; Ernest Wallwork, *Durkheim: Morality and Milieu* (Cambridge: Harvard University Press, 1972), pp. 32, 135, 154, and 163; Dominick LaCapra, *Emile Durkheim: Sociologist and Philosopher* (Ithaca, NY: Cornell University Press, 1972), pp. 158 and 162; Robert Bellah, "Introduction," in *Emile Durkheim on Morality and Society*, ed. Bellah (Chicago: University of Chicago Press, 1973), p. xviii; Douglas Challenger, *Durkheim through the Lens of Aristotle: Durkheimian, Postmodernist and Communitarian Responses to the Enlightenment* (Lanham, MD: Rowman & Littlefield Publishers, 1994); Stjepan Mestrovic, *In the Shadow of Plato: Durkheim and Freud on Suicide and Society*, doctoral dissertation, Syracuse University (Ann Arbor: University of Michigan Microfilms, 1982), "Durkheim's Criticism of Montesquieu, Rousseau, and Saint-Simon in the Context of the Dualism of Human Nature," paper presented at the American Sociological Association (San Francisco: 1982), and *Emile Durkheim and the Reformation of Sociology* (Totowa, NJ: Rowman & Littlefield Publishers, 1988); W. S. F. Pickering, *Durkheim's Sociology of Religion: Themes and Theories* (London: Routledge and Kegan Paul, 1984), p. 23; H. Karabatzaki-Perdiki, *Individual and Society in Plato and Durkheim: A Comparative and Critical*

Analysis, doctoral dissertation, University of East Anglia (1988) and "E. Durkheim's Classical Background: Some Views on Ancient Philosophy and Society," *Philosophical Inquiry* 14, 1-2 (1992): 39-54; and Donald Nielsen, *Three Faces of God: Society, Religion, and the Categories of Totality in the Philosophy of Emile Durkheim* (Albany: State University of New York Press, 1999), pp. 20-32, 38-40, and 126-27. デュルケムのコミュニタリアン的社会理論は, 中世の同業組合, アリストテレスや J. J. ルソーの政治哲学・社会哲学にその起源を有している。ギリシア哲学におけるコミュニタリアニズムの哲学的基礎づけを分析したものとしては, 以下参照のこと。Alasdair MacIntyre, *After Virtue* (Notre Dame, IN: University of Notre Dame Press, 1984).

2) LaCapra, *Emile Durkheim*, ibid., p. 6.

3) Anthony Giddens, "Durkheim as a Review Critic," *Sociological Review* 18 (1970): 172-74 and *Capitalism and Modern Social Theory: An Analysis of the Writings of Marx, Durkheim and Max Weber* (Cambridge: Cambridge University Press, 1971), pp. 66-69; and Jeffrey Alexander, *Theoretical Logic in Sociology*, vol. 2: *The Antinomies of Classical Thought: Marx and Durkheim* (Berkeley: University of California Press, 1982), pp. 84-91. 以下の2つの著書に対するデュルケムの[シェッフレとテンニースの]書評も参照のこと。Albert Schäffle, *Bau und Leben des Sozialen Körpers* (1885) and Ferdinand Tönnies, *Gemeinschaft und Gesellschaft* (1889), in Durkheim, *On Institutional Analysis*, ed. and trans. Mark Traugott (Chicago: University of Chicago Press, 1978), pp. 93-122.

4) Durkheim, *Ethics and the Sociology of Morals*, trans. Robert Hall (Buffalo: Prometheus Books, 1993), pp. 58-77. デュルケムとヴェーバーの2人が, ドイツ歴史学派, カント的な認識論・道徳哲学, ドイツの実存主義から影響をうけたということは, 興味をそそられる点である。以下も参照のこと。Gustav Schmoller, "The Idea of Justice in Political Economy (1881)," *Annals of the American Academy of Political and Social Science* 4 (July 1893/June 1894): 697-737.

5) Durkheim, "Sociology in France in the Nineteenth Century," in *Emile Durkheim on Morality and Society*, ed. Robert Bellah (Chicago: University of Chicago Press, 1973), p. 3.

6) ラテン語で書かれたデュルケムの論文『社会科学の興隆に対するモンテスキューの貢献』の翻訳と, ルソーの『社会契約論, または政治的権利の諸原理』に関する彼の講義や草稿類は, *Montesquieu and Rousseau: Forerunners of Sociology*, trans. Ralph Manheim (Ann Arbor, MI: Ann Arbor Paperback, 1975). に収録されている。以下のデュルケムの論説も参照のこと。"La Pédagogie de Rousseau," *Revue de métaphysique et de morale* 26 (1919): 153-80, ここには, ルソーや教授学に関する円熟した彼の思想が含まれており, "Rousseau on Educational Theory," という論説は *Durkheim: Essays on Morals and Education*, ed. W. S. F. Pickering, trans. H. L. Sutcliffe (London: Routledge and Kegan Paul, 1979), pp. 162-94. の中に収録されている。モンテスキューとルソーに与えたギリシアの影響にかんする一般的入門は, Bernard Yack, *The Longing for Total Revolution: Philosophic Sources of Social Discontent from Rousseau to Marx and Nietzsche* (Berkeley: University of California Press, 1992), pp. 35-85. の中に見ることができる。デュルケムとモンテスキューの2人の関係を分析したものとしては,

以下参照のこと。W. Watts Miller, "Durkheim's Montesquieu," *British Journal of Sociology* 44, 4 (December 1993): 693-712 and *Durkheim, Morals, and Modernity* (London: UCL Press, 1996), pp. 47-71; and Robert Alun Jones, "Ambivalent Cartesians: Durkheim, Montesquieu, and Method," *American Journal of Sociology* 100, 1 (July 1994): 1-39.
7) Durkheim, *Montesquieu's Contribution to the Rise of Social Science*, in *Montesquieu and Rousseau*, p. 1.
8) La Capra, *Emile Durkheim, supra* note 1), p. 4; Steven Lukes, *Emile Durkheim: His Life and Work, A Historical and Critical Study* (Stanford, CA: Stanford University Press, 1985), pp. 264-65; Michel Verdon, "Durkheim and Aristotle: Of Some Incongruous Congruences," *Study in History and Philosophy of Science* 13 (1982): 333-52; and Challenger, *Durkheim through the Lens of Aristotle, supra* note 1), p. 12. カラバツャキ・パーディキは、その論説「E・デュルケムの古典的背景」(pp. 40-42)の中で、次のように述べている。すなわち、デュルケムがアリストテレスに引き付けられたのは、彼の弁証法的な論理、経験的な思考、自己実現としての人間の本性という捉え方であり、プラトンに対しては、道徳的統一性や秩序などの問題に対して彼が関心を有していたがためだ、と。
9) Durkheim, *Montesquieu's Contribution to the Rise of Social Science, supra* note 6), pp. 27-28.
10) Ernest Barker, *The Political Thought of Plato and Aristotle* (New York: Putnam, 1906), p. 243.
11) Aristotle, *Nicomachean Ethics*, trans. W. D. Ross, in *Introduction to Aristotle*, ed. Richard McKeon (New York: Modern Library, 1947), books 5 and 6, 1129a1-1145a12, pp. 397-442.
12) Aristotle, *The Politics*, trans. T. A. Sinclair (London: Penguin Books, 1981), book 3, chapter 1, 1275a22, p. 169.
13) Durkheim, *Montesquieu's Contribution to the Rise of Social Science, supra* note 6), p. 47.
14) Ibid., p. 146.
15) Ibid., p. 50.
16) Ibid., p. 12.
17) Ibid., p. 57.
18) Challenger, *Durkheim through the Lens of Aristotle, supra* note 1), p. 108.
19) Mark Cladis, "Rousseau and Durkheim: The Relationship between the Public and the Private," *Journal of Religious Ethics* 21, 1 (Spring 1993): 1-25 and "What Can We Hope For? Rousseau and Durkheim on Human Nature," *Journal of the History of the Behavioral Sciences* 32, 4 (October 1996): 456-72; and Robert Alun Jones, "Durkheim, Realism, and Rousseau," *Journal of the History of the Behavioral Sciences* 32, 4 (October 1996): 330-53.
20) Durkheim, *Rousseau's Social Contract*, in *Montesquieu and Rousseau: Forerunners of Sociology* (Ann Arbor, MI: Ann Arbor Paperback, 1975), p. 74.
21) Ibid., p. 89.
22) Ibid., p. 91.
23) デュルケムとアルトゥール・ショーペンハウアーとのこうした関係については、S. メスト

ロヴィッチが，以下に掲げたものを含む多くの論文の中で強調してきた。"Durkheim, Schopenhauer and the Relationship between Goals and Means: Reversing the Assumptions in the Parsonian Theory of Rational Action," *Sociological Inquiry* 58, 2 (Spring 1988): 163-81; "The Social World as Will and Idea: Schopenhauer's Influence upon Durkheim's Thought," *Sociological Review* 36 (1988): 674-75; *Emile Durkheim and the Reformation of Sociology*, pp. 8-15, 44-48, 57-61, and 86-93; "Search for the Starting Points of Scientific Inquiry: Durkheim's Rules of Sociological Method and Schopenhauer's Philosophy," *Sociological Inquiry* 59, 3 (Summer 1989): 267-86; and "Rethinking the Will and Idea of Sociology in the Light of Schopenhauer's Philosophy," *British Journal of Sociology* 40, 2 (June 1989): 271-93. メストロヴィッチの革新的論文に対する批判的な反応については，以下参照のこと。Ken Morrison, "Durkheim and Schopenhauer: New Textual Evidence on the Conceptual History of Durkheim's Formulation of the Egoistic-Altruistic Types of Suicide," *Durkheimian Studies* 4 (1998): 115-123.

24) Durkheim, "The Determination of Moral Facts (1906)," in *Sociology and Philosophy*, trans. D. F. Pocock (New York: Free Press, 1974), pp. 56-57.

25) Mestrovic, "Social World as Will and Idea," *supra* note 23), pp. 680-83.

26) Arthur Schopenhauer, *The World as Will and Representation*, trans. E. F. J. Payne (New York: Dover Publications, 1969), p. 3.

27) Schopenhauer, *On the Fourfold Root of the Principle of Sufficient Reason*, trans. E. F. J. Payne (La Salle, IL: Open Court, 1994), p. 51.

28) Schopenhauer, *World as Will and Representation*, *supra* note 26), p. 12.

29) Ibid., p. 18.

30) Ibid., p. 196.

31) Durkheim, *Pragmatism and Sociology*, ed. John Allcock, trans. J. C. Whitehouse (Cambridge: Cambridge University Press, 1983), p. 11.

32) Ibid., p. 12.

33) Ibid., p. 89.

34) Talcott Parsons, *The Structure of Social Action*, vol. 1: *Marshall, Pareto, Durkheim* (New York: Free Press, 1968), p. 442.

35) Durkheim, *Pragmatism and Sociology*, p. 72.

36) Ibid., p. 38.

37) Ibid., p. 44.

38) Ibid., p. 53.

39) Ibid., p. 71. デュルケムにより見落とされてきた社会学的・道徳的・民主的な諸要素を含む，知識に関するより一般化した理論を，プラグマティズムがもっていると主張するプラグマティズムの新たな解釈が存在していることに，注意しておかねばならない。1917年に死を迎えたがゆえに，彼は，J. デューイやG. H. ミードによる1920年代の作品成果を取り入れることができなかった。W. パースやW. ジェームズの意識論や，初期のプラグマティズムを論じ

ているときは，デュルケムの見方はそれなりに適切である。だがそうした見方も，新たな局面で示される社会的プラグマティズムの発展を考慮にいれながら，再評価と修正が同時になされねばならない。こうした立場からプラグマティズムを扱っていることを分析したものとしては，以下参照のこと。Dewey, "The Reflex Arc Concept in Psychology," in *The Early Works 1882–1898*, vol. 5 (Carbondale, IL: Southern Illinois University Press, 1972), pp. 96-109; Tom Goff, *Marx and Mead: Contributions to a Sociology of Knowledge* (Boston: Routledge & Kegan Paul, 1980); Mary Ellen Batiuk and Howard Sacks, "George Herbert Mead and Karl Marx: Exploring Consciousness and Community," *Symbolic Interaction* 4, 2 (1981): 207-23; Hans Joas, *G. H. Mead: A Contemporary Re-examination of his Thought*, trans. Raymond Meyer (Cambridge: Massachusetts Institute of Technology Press, 1985) and *Pragmatism and Social Theory* (Chicago: University of Chicago Press, 1993); Mitchell Aboulafia, *The Mediating Self: Mead, Sartre, and Self-Determination* (New Haven, CT: Yale University Press, 1986) and Aboulafia, ed., *Philosophy, Social Theory, and the Thought of George Herbert Mead* (Albany: State University of New York Press, 1991); and Cornell West, *The American Evasion of Philosophy: A Genealogy of Pragmatism* (Madison: University of Wisconsin Press, 1989).

40) Mestrovic, *Emile Durkheim and the Reformation of Sociology, supra* note 23), p. 92. 両著書の核心にあるカント的認識論に着目すれば，ヴェーバーとデュルケムは方法論的に近似してくるのである。実証主義と実在論を拒否しながら，彼らは，T. クーンがその著書 *The Structure of Scientific Revolutions* (Chicago: University of Chicago Press, 1996) の中で打ち出している新しい見方を適切に予期しているのである。

41) *Emile Durkheim and the Reformation of Sociology* の中で，メストロヴィッチは，デュルケムのプラグマティズム批判と社会的事実の客観性に関する彼の考えとの密接な結びつきを引き出している。デュルケムの「革新化された合理主義」を擁護する立場から，メストロヴィッチはプラグマティズムに対し，手厳しい批判を加えている。彼から見れば，プラグマティズムはアノミーと絶望を象徴しているからである。彼は次のように述べている。「プラグマティズムは哲学的誤謬以上のものである。デュルケムにとり，プラグマティズムは，神聖なものへの一種の冒瀆であり「真理を礼賛すること」への攻撃である。それは，理性と真理に対する哲学的な崇敬を転倒させることであり，精神の錯乱である」(p. 83)。

42) Durkheim, *Pragmatism and Sociology*, p. 83.

43) Durkheim, *The Elementary Forms of the Religious Life*, trans. Joseph Ward Swain (New York: Free Press, 1965), p. 388.

44) Ibid., pp. 483 and 484.

45) Ibid., p. 475.

46) デュルケムの認識論と方法に関する文献を概観したものとしては，以下参照のこと。Paul Hirst, *Durkheim, Bernard, and Epistemology* (London: Routledge and Kegan Paul, 1975); Jonathan Turner, *The Search for a Methodology of Social Science: Durkheim, Weber, and the Nineteenth-Century Problem of Cause, Probability, and Action* (Dordrecht, Holland: Reidel Publishing Company, 1986); Robert Alun Jones, *Emile Durkheim: An Introduction to Four Major*

Works (Beverly Hills: Sage Publications, 1986); Mike Gane, *On Durkheim's Rules of Sociological Method* (London: Routledge, 1988); and Warren Schmaus, *Durkheim's Philosophy of Science and the Sociology of Knowledge* (Chicago: University of Chicago Press, 1994).

47) 文献研究者の内の何人かは，デュルケムの研究には2つにはっきりと区別される時期と研究主題があると，すなわち，初期の作品集における機能主義と実証主義と，後期のそれにおける理念主義と社会的構造主義があると，主張してきた。デュルケムの主題を二分する考え方については，以下参照のこと。Anne Warfield Rawls, "Durkheim's Epistemology: The Neglected Argument," *American Journal of Sociology* 102 (1996): 468-79. 初期におけるデュルケムは実証主義者とはいえないのだから，デュルケムの作品集には全く断絶など存在していない，これがロールズとメストロヴィッチの立場である。初期の作品における社会的事実は表象であり社会的に構成されたものである。これらの社会的事実はもっぱら，個人の行為に外側から道徳的拘束として作用するがゆえに，それらの事実は事実という現れ・外観を有するのである。その著書 *A Communitarian Defense of Liberalism: Emile Durkheim and Contemporary Social Theory* (Stanford, CA: Stanford University Press, 1992) の中で，M. クレイディスは，次のように述べている。『社会分業論』や『社会学的方法の規準』からなる彼の初期の著述では，社会的事実という用語が用いられているが，それから数年後の『自殺論』になると，この用語は姿を消し，集合意識という用語に置き換えられた，と。外からの様々な強制・拘束が内面化された集合的な信念や感情となるために，初期の実証主義的で形態学的な（人口密度）術語は，やや微妙な感じのカント的な視点に置き換えられてゆく。社会的事実を客観的で外的なものだと特徴づけるこうした初期のやり方は，実証主義や社会的決定論への移動というより，アダム・スミスやハーバード・スペンサーの主観主義や主意主義に向けた政治的・方法論的な応答を帯びたものであった。これがクレイディスの確信であった。その知識社会学においてデュルケムが，理性主義[合理主義]と経験主義との間をジクザグするように，デュルケムは，実在論と唯名論との中間で（ジクザグする）似たような立場に立つのである。

48) Durkheim, *The Rules of Sociological Method*, ed. George Catlin, trans. Sarah Solovay and John Mueller (New York: Free Press, 1966), p. 17 and "Individual and Collective Representations" (1898), in *Sociology and Philosophy*, pp. 24-25.

49) Durkheim, *Pragmatism and Sociology*, p. 67.

50) デュルケム機能主義に明らかに見受けられる科学的実証主義を分析したものとして，以下参照のこと。Parsons, *Structure of Social Action*, vol. 1, pp. 305-6, 343-75, 441-50, and 463-64; Russell Keat and John Urry, *Social Theory as Science* (London: Routledge & Kegan Paul, 1975), pp. 80-95; Alexander, *Theoretical Logic in Sociology*, vol. 2, supra note 3), pp. 76, 81-82, 104-6, 302-3, 400-401, and 403 n. 24; Steve Taylor, *Durkheim and the Study of Suicide* (New York: St. Martin's, 1982), pp. 203-4; Lukes, *Emile Durkheim*, supra note 8), pp. 67, 79-85, and 316-18; Jonathan Turner, *Classical Sociological Theory: A Positivist's Perspective* (Chicago: Nelson-Hall Publishers, 1993), pp. 47-85; and Ken Morrison, *Marx, Weber, Durkheim: Formations of Modern Social Thought* (London: Sage Publications, 1995), pp. 121-23.

51) Durkheim, *Pragmatism and Sociology*, p. 68.

52) Durkheim, *Rules of Sociological Method*, p. xliii.
53) Ibid., pp. xliii and xiv.
54) Durkheim, "Individual and Collective Representations," in *Sociology and Philosophy*, p. 31.
55) Durkheim, *Rules of Sociological Method*, p. 15.
56) Ibid., p. 63.
57) Durkheim and Marcel Mauss, *Primitive Classification*, ed. and trans. Rodney Needham (Chicago: Phoenix Books, 1967), p. 5.
58) David Hume, *An Enquiry Concerning Human Understanding*, in *The Empiricists* (Garden City, NY: Dolphin Books, 1961), p. 336.
59) Peter Hamilton, *Knowledge and Social Structure: An Introduction to the Classical Argument in the Sociology of Knowledge* (London: Routledge & Kegan Paul, 1974), pp. 105 and 113.
60) Durkheim and Mauss, *Primitive Classification*, supra note 57), p. 82.
61) Durkheim, *Elementary Forms of the Religious Life*, supra note 43), p. 28.
62) Ibid., pp. 169-73.
63) Lukes, *Emile Durkheim*, supra note 8), p. 78; and Wallwork, *Durkheim*, chapter 6, supra note 1), pp. 151-81. A. ギデンズは，論説，"Weber and Durkheim: Coincidence and Divergence," in *Max Weber and his Contemporaries*, eds. Wolfgang Mommsen and Jürgen Osterhammel (London: Unwin Hyman, 1987) の中で，次のように主張している。『分業論』におけるデュルケムの主眼は，道徳的に自律した個人の発展をはぐくむか，妨げるかする社会制度にむけられている (p. 183) と。これによってギデンズは，デュルケムの初期の機能主義と後期の理念主義との間には亀裂が見えるとする，これまで受容されてきた見解に疑問を投げかけている。メストロヴィッチ (*Emile Durkheim and the Reformation of Sociology*, supra note 23), p. 7) と C. シリアンニ ("Justice and the Division of Labour," *Sociological Review* 32, 1984: 449-70) は，社会正義とは，デュルケムの初期の作品と後期の作品に一貫して流れている主要なテーマである，と主張している。デュルケムの初期の機能主義は，社会的秩序やシステムの安定を確立することに関心があるのではなく，むしろ有機的連帯や社会正義を確立することに置かれているのである。以下参照のこと。Durkheim, *The Division of Labor in Society*, trans. George Simpson (New York: Free Press, 1969), pp. 387-88 and 407. デュルケムの著述には，唯物主義と理念主義との断絶というこれとは別の面もあると指摘する論者らも存在している。以下参照のこと。LaCapra, *Emile Durkheim*, supra note 1), p. 75; Wallwork, *Durkheim*, supra note 1), pp. 82-83; and Challenger, *Durkheim through the Lens of Aristotle*, supra note 1), pp. 173-74. その一方で，*Capitalism and Modern Social Theory* において，ギデンズは，唯物主義と理念主義との断絶という見方は誇張すぎない (pp. 105-6)，と批判している。
64) Parsons, *Structure of Social Action*, vol. 1, supra note 34), p. 315. また以下も参照のこと。Robert Nisbet, *The Sociology of Emile Durkheim* (New York: Oxford University Press, 1974), p. 67.
65) 『社会分業論』における，古代のギリシア，ローマ，ドイツの各社会を対象とする歴史学的・人類学的文献についてのデュルケムの考証は，広範囲にわたり，以下の作品に言及した

ものを含んでいる。Hermann, *Lehrbuch der griechischen Antiquitäten*; Francotte, *L'Industrie dans la Grèce antique*; Gilbert, *Handbuch der Griechischen Staatsalterthümer*; A. B. Büchsenschütz, *Besitz und Erwerb im griechischen Altertum*; Thonissen, *Droit pénal de la République athénienne* and *Procédure de la loi salique*; Meier and Schömann, *Der attische Process*; Morgan, *Ancient Society*; Waltzing, *Étude historique sur les corporations professionnelles chez les Romains*; Walter, *Histoire de la procédure civile et du droit criminel chez les Romains*; Rein, *Criminalrecht der Römer*; Mainz, "Esquisse historique du droit criminel de l'ancienne Rome"; Bouvy, *De l'infamie en droit romain*; Fustel de Coulanges, *Histoire des Institutions politiques de l'ancienne France* and *La cité antique*; Marquardt, *Römische Staatsverfassung, Privat Leben der Römer, Römische Alterthümer*, and *Römische Staatsverwaltung*; Voigt, *Die XII Tafeln*; Boissier, *La Religion romaine*; Accarias, *Précis de droit romain*; Wyss, *Die Sprichwörter bei den Römischen Komikern*; Schmoller, *La division du travail étudiée au point de vue historique*; Bücher, *Die Entstehung der W[V?]olkswirtschaft*; Sohm, *Über die Entstehung der Städte*; Dargun, *Mutterrecht und Raubehe in Germanischen Rechte*; Waitz, *Anthropologie der Naturvölker, Deutsche Verfassungsgeschichte*, and *Das Alte Recht der Salischen Franken*; Schäffle, *Bau und Leben des Sozialen Körpers*; Kulischer, *Der Handel auf den primitiven Kulturstufen*; Post, *Bausteine für eine allegemeine Rechtswissenschaft* and *Die Grundlage des Rechts*; Zoepfl, *Deutsche Rechtsgeschichte*; Gierke, *Das Deutsche Genossenschaftswesen*; Rietschel, *Markt und Stadt in ihrem rechtlichen Verhältniss*; Bouglé, "Remarques sur le régime des castes"; Schrader, *Linguistisch–historische Forschungen zur Handelsgeschichte*; Wagner, "Die Kulturzüchtung des Menschen"; Ihering, *Der Zweck im Recht*; Munck, *Palestine*; and Selden, *De Synedriis*. デュルケムが特に言及したのは，ホメロスの『イーリアス』，プラトンの『エウテュプロン』，『アルキビアデス』，『国家』，『プロタゴラス』，アリストテレスの『ニコマコス倫理学』，『政治学』，ヘシオドスの『仕事と日』，プルタルコスの『ヌマ伝』，プリニウスの『博物誌』，タキトゥスの『ゲルマニア』，そしてアウルス・ゲッリウスの『アッティカの夜』である。ギリシア，ローマから得た資料とともに，デュルケムは，出エジプト記，申命記，レビ記，民数記，ヨシュア記などを含む，聖書内の各書にも触れていた。

　最後に，古典古代の研究に寄与したデュルケムの貢献は，古代のギリシアやローマについて書いているフランス人やドイツ人の著者らに対するその書評の中で，目立たない形でなされている，と2, 3の研究者によって指摘されている。それについては以下参照のこと。Giddens, "Durkheim as a Review Critic," *supra* note 3), pp. 171-96; and Karabatzaki-Perdiki, "E. Durkheim's Classical Background," *supra* note 1), pp. 47-51 and 52-53 n. 31. 書評が，ギリシア・ローマの文化，道徳性，法，家族，国家，階級などの問題を強調するとき，それら書評は『フランスにおける教育思想の発展』に見出される幾つかの論議を完全なものにしていると，カラバツャキ・パーディキはこのように述べている。ギリシアの都市国家の形成をデュルケムが分析する際に，歴史的・理論的な手本として，プラトンの『法律』とアリストテレスの『政治学』のこの2つに立ち戻るのである。

66) Durkheim, *Division of Labor in Society*, p. 79. この『分業論』の中で彼は，近代的な労働の専

門化や有機的連帯を支持して機械的連帯を斥けているが，後期の著述や，とりわけ『自殺論』出版後約十年を経過した，『専門的倫理と公民道徳』と題されて行われた講義では，この概念 ［機械的連帯］を集合表象や共通感情という形で再度使用している。著書 *A Communitarian Defense of Liberalism* において，クレイディスは，有機的連帯という理想・理念は道徳的な個人主義というデュルケムの成熟した理論・理想では特に重要となる要素であり，そこには，道徳的連帯感，人間の尊厳や自律性，多元主義に関する彼の思想が含まれている。それによって，アリストテレスの連帯理論と人間的尊厳や道徳的自律性に関するカントの理論の2つが効果的に結び合されていると，このように述べている（pp. 44-45）。民主的な政治社会の重要性がデュルケムに認められ・評価されるのは，この一連の講義においてである（p. 62）。

67) Durkheim, *Division of Labor in Society*, pp. 80-81.
68) Ibid., p. 100.
69) Aristotle, *Politics*, book 2, chapter 2, 1261a24, p. 104 が Durkheim, *De la division du travail social*（Paris: Librairie Felix Alcan, 1932），sixth edition のタイトル頁に引用されている。
70) Durkheim, *Division of Labor in Society*, pp. 119 and 120.
71) Ibid., p. 361.
72) 社会的連帯に関するデュルケム理論を保守的に論じたものとしては，以下参照のこと。Robert Nisbet, *The Sociological Tradition*（New York: Basic, 1966），pp. 82-88. これに対する批判的反応は，Steve Fenton, *Durkheim and Modern Sociology*（Cambridge: Cambridge University Press, 1984），pp. 32-36 and 43-47.
73) Durkheim, *supra* note 70), p. 33. これと似た所感が，"The Determination of Moral Facts," in *Sociology and Philosophy*, p. 61. で述べられている。道徳性の科学としての社会学がわれわれに教えることができるものは，社会的理想が衰退しているのか，またどのような理想がしっかりと培われるべきか，ということである。これがデュルケムの信じる立場である。以下も参照のこと。Giddens, *Capitalism and Modern Social Theory*, *supra* note 3), p. 93.
74) Durkheim, *Division of Labor in Society*, p. 403.
75) Durkheim, *Ethics and the Sociology of Morals*, p. 61.
76) Ibid., p. 69.
77) Ibid., p. 134.
78) 著書 *Emile Durkheim and the Reformation of Sociology*, *supra* note 23)の中で，メストロヴィッチは，デュルケムのアノミーという観念について，じつに興味深い分析を行っている。彼は，アノミーとは「規範喪失」とか「規制解除」といった状態を言う英語で受容されてきた伝統に疑念を投じている。彼によれば，それは，「錯乱」を意味する *dérèglement* というフランス語を誤訳してしまったものなのである。錯乱とは，狂気，苦痛，罪，背徳といった神学的含意を強く帯びたものであるとともに，明らかにフロイト的要素に特有な始原的・無意識的なイド (id) をもっており，そして，このイドとは，アノミーが人間本性のより深い層によって社会的・道徳的な価値が侵害されていることと関連していること，こうした事実を意味しているのだと，このようにメストロヴィッチは暗示を与えている(pp. 34-34 and 64-65)。ヘレーネ・ブラウンとの共同論説，"Durkheim's Concept of Anomie as Dérèglement," *Social Problems*

33, 2 (December 1985): 81-99. の中で，メストロヴィッチは，アノミーとは「集合表象が錯乱すること，ないし攪乱すること」だと言っている。メストロヴィッチによれば，デュルケムのアノミー理論の源流は，クレイディスの説ではルソーからなのであるが，実際はショーペンハウアーに由来するという。

79) Wolin, *Politics and Vision*, *supra* note 1), p. 404; and Lukes, *Emile Durkheim*, *supra* note 8), p. 174.

80) 前掲書 *Emile Durkheim* の中で，ラカプラは，アノミー社会における社会的拘束なる着想が，節制についてのギリシア人の観念やヒュブリス（傲慢）をコントロールする必要ということに呼応しているとする議論を行っている。

81) Durkheim, *Suicide: A Study in Sociology*, trans. John Spaulding and George Simpson (New York: Free Press, 1966), p. 247.

82) Ibid., pp. 253-56.

83) Durkheim, *Professional Ethics and Civic Morals*, trans. Cornelia Brookfield (London: Routledge and Kegan Paul, 1957), pp. 10-11.

84) Durkheim, *Education and Sociology*, trans. Sherwood Fox (Glencoe, IL: Free Press, 1956), p. 125.

85) Durkheim, *Professional Ethics and Civic Morals*, p. 69.

86) Durkheim, *Education and Sociology*, p. 48.

87) Ibid., p. 71. このような論文集は，1903年から1911年にかけて執筆され，出版された。

88) Alvin Gouldner, "Introduction," in *Socialism and Saint-Simon*, by Emile Durkheim, trans. Charlotte Sattler, ed. Gouldner (London: Routledge & Kegan Paul, 1959), pp. xxiii- xxvii; Raymond Aron, *Main Currents in Sociological Thought*, vol. 2: *Durkheim, Pareto, Weber* (Garden City, NY: Anchor Books, 1970), pp. 81-94; Lukes, *Emile Durkheim*, *supra* note 8), pp. 245-54 and 320-30; and Frank Pearce, *The Radical Durkheim* (London: Unwin Hyman, 1989), pp. 159-206.

89) Thomas Willey, *Back to Kant: The Revival of Kantianism in German Social and Historical Thought 1860-1914* (Detroit MI: Wayne State University Press, 1978), pp. 102-30.

90) Durkheim, *Socialism and Saint-Simon*, pp. 5-17, 90-108, and 193-240.

91) Durkheim, *The Evolution of Educational Thought in France*, trans. Peter Collins (London: Routledge & Kegan Paul, 1977), pp. 320-48 and *Moral Education: A Study in the Theory and Application of the Sociology of Education*, trans. Everett Wilson and Herman Schnurer (New York: Free Press, 1973), pp 95-126.

92) Durkheim, *Education and Sociology*, pp. 116 and 122.

93) Ibid., p. 89-90.

94) 道徳的個人主義という概念は，デュルケムの次の作品中で展開されている。"Individualism and the Intellectuals" (1898), in *Emile Durkheim on Morality and Society*, pp. 43-57 and "The Determination of Moral Facts" (1906), in *Sociology and Philosophy*, pp. 35-62.

95) *Communitarian Defense of Liberalism*, *supra* note 47), p. 63. の中で，クレイディスは，古典

的な自由主義に対し執拗に反対してデュルケムが強調している「共有する信念」がこれだ，と言っている。以下も参照のこと。Challenger, *Durkheim through the Lens of Aristotle*, supra note 1), p. 165; and Wallwork, *Durkheim*, supra note 1), pp. 82-83.

96) Durkheim, *Professional Ethics and Civic Morals*, pp. 20-27.

97) 民主制と対話が結びついていることが，ルソーの政治哲学の中軸となっている。以下参照のこと。James Miller, *Rousseau: Dreamer of Democracy* (New Haven, CT: Yale University Press, 1984), p. 108; and Judith Shklar, *Men and Citizens: A Study of Rousseau's Social Theory* (Cambridge: Cambridge University Press, 1985), pp. 19-20 and 182-84.

98) Durkheim, *Professional Ethics and Civic Morals*, p. 37.

99) 民主制に関するルソーの見方を分析したものとしては，以下参照のこと。Stephen Ellenburg, *Rousseau's Political Philosophy: An Interpretation from Within* (Ithaca, NY: Cornell University Press, 1976), pp. 159-64; Ramon Lemos, *Rousseau's Political Philosophy: An Exposition and Interpretation* (Atlanta: University of Georgia Press, 1977), pp. 164-91, 212-26, and 240-42; and Andrew Levine, *The General Will: Rousseau, Marx, and Communism* (Cambridge: Cambridge University Press, 1993), pp. 75-100.

100) Durkheim, *Professional Ethics and Civic Morals*, p. 89.

101) Ibid., p. 83.

102) Ibid., p. 60.

103) Ibid., p. 91.

104) Ibid., p. 89.

105) Jean-Jacques Rousseau, *The Social Contract or Principles of Political Right*, in *The Social Contract and Discourses*, trans. C. D. H. Cole (New York: Dutton, 1950), p. 94.

106) Durkheim, *Professional Ethics and Civic Morals*, p. 60.

107) Ibid., p. 90.

108) Ibid., p. 211.

109) Ibid., p. 213.

110) このような見解は，"Critique of the Gotha Program," in *Basic Writings on Politics and Philosophy*, by Marx and Friedrich Engels, ed. Lewis Feuer (Garden City, NY: Anchor Books, 1959), pp. 118-19. において，カール・マルクスが辿り着いた権利と正義に関する結論に類似するものである。

第4章 覚醒させる古典的な夢
――古代の正義と近代の社会科学とのジンテーゼ

1) Karl Marx, *Capital: A Critique of Political Economy*, vol. 1: *The Process of Capitalist Production*, trans. Samuel Moore and Edward Aveling, ed. Friedrich Engels (New York: International Publishers, 1968), p. 72.

2) Emile Durkheim, *The Elementary Forms of the Religious Life*, trans. Joseph Swain (New York:

Free Press, 1965), pp. 26-28.
3) Jürgen Habermas, *Knowledge and Human Interests*, trans. Jeremy Shapiro (Boston: Beacon, 1971), pp. 223-23.
4) David Hume, *An Enquiry Concerning Human Understanding, in The Empiricists* (Garden City, NY: Dolphin Books, 1961), p. 312.
5) Patrick Murray, *Marx's Theory of Scientific Knowledge* (Atlantic Highlands, NJ: Humanities Press International, 1988), p. 41.
6) マックス・ヴェーバーの研究を動機づけている諸価値にかんする異なった観点については，ドイツ国家の重要性を強調する，モムゼンの以下の著書を参照のこと。Wolfgang Mommsen, *Max Weber and German Politics 1890-1920*, trans. Michael Steinberg (Chicago: University of Chicago Press, 1984), p. 38.
7) 20世紀の社会理論や社会科学の哲学に対して有するアリストテレスの重要性を，包括的に検討したものとしては，以下参照のこと。Joseph Dunne, *Back to the Rough Ground: 'Phronesis' and 'Techne' in Modern Philosophy and in Aristotle* (Notre Dame, IN: University of Notre Dame Press, 1993); George E. McCarthy, *Romancing Antiquity: German Critique of the Enlightenment from Weber to Habermas* (Lanham, MD: Rowman & Littlefield Publishers, 1997); and Bent Flyvbjerg, *Making Social Science Matter: Why Social Inquiry Fails and How It Can Succeed Again* (Cambridge: Cambridge University Press, 2001).
8) Habermas, *Theory and Practice*, trans. John Viertel (Boston: Beacon, 1973), p. 43. 近代の社会思想と政治思想をアリストテレスから出立して，より踏み込んで分析したものとしては，以下参照のこと。Donald Levine, *Visions of the Sociological Tradition* (Chicago: University of Chicago Press, 1995), pp. 272-73.

「訳者あとがき」に代えて─『儒教と道教』とニーチェ

樋口辰雄

　マッカーシーの本書は，「善き生とはいかなることか」という古代ギリシア最大のテーマを，近代社会において受け継いだのがマルクス，ヴェーバー，デュルケムの3者である，と捉え，彼らの思想を再考したものである。アメリカの政治哲学者J.ロールズが1971年に『正義論』を公刊したことを契機に，政治学において，あるべき理想の社会をめぐって，精力的に議論が展開されるようになると，単なる現状把握や未来予測に終始する既存の社会学の有り方に対して，疑問が呈されるようになった。近年では，実現すべき理想の社会を構想することが，社会学の課題として一般社会から求められるようになった。

　マッカーシーの本書は，こうした社会学の新たな課題を探究する際に，社会学の始祖たちがどのような思想の歩みを辿ったのかを，われわれに想起させることで，その解決の糸口を指し示したものである。マッカーシーは既に『古代ギリシアと社会学』（原題：『古典の地平』）の序言や各章で，それらへの糸口を論じているので，詳細はそれらに譲ることにし，ここでは，特に第2章と関連するヴェーバーとニーチェの親縁性・連関性に的を絞り，1980年代に始まった日本におけるヴェーバー研究の，ある独自な特徴を振り返ることによって，マッカーシーによる本研究の意義を補足することとしたい。

山之内靖のヴェーバー研究

　ヴェーバーとニーチェとの親縁性が初めて徹底的に注目されたのは，何よりも，山之内靖（1933-2014）のヴェーバー研究によるところが大きい。山之内は，単にヴェーバー研究という狭い枠内からだけでなく，日本の社会科学一般に対する批判の一翼として，「ヴェーバー像」の脱構築を試みたのであった。彼がそうした批判的な試みを行ったのは，戦後日本の社会科学が，日本社会の遅れた前近代的諸要素を克服するために，西欧社会を模範としてきた結果，1970年代

頃を境に，次第に顕在化してきた近代社会に内在する諸問題に適切に対応しきれず，むしろ，行き詰まりを見せていると判断したためであった。山之内によれば，この行き詰まりを招来させた原因は，戦後の社会科学が，近代西欧において生み出された「近代的主体」を暗黙的前提として，これをひたすら妄信してきたためであった。山之内は，1984年に論考「ウェーバーとニーチェ」を発表し（『歴史と社会』），ヴェーバーの「倫理」論文の執筆目的は，禁欲的プロテスタントの宗教倫理がその源泉となり形成された「近代主体」によって，人々を，いかに自然と他者から疎外された抽象的な主体意識の世界へと導いたか，さらには，そうした「近代主体」が，いかにでき上がった合理的機能主義的な秩序に奉仕する性格を持つに至ったか，これを告発するためであった，とこう主張している。山之内は，そうした問題意識に基づいて，ヴェーバーとニーチェとの親縁性に着目し，改めてヴェーバーの『宗教社会学』を再解釈することによって，そこに貫徹する「祭司対騎士」という対抗図式を抽出し，ヴェーバーが，預言者を含む宗教的勢力に抗して，運命の不確かさに立ち向かおうとする騎士的戦士層の中に，「近代的主体」に代わる対抗軸を求めていること，これを析出しようとした。

　しかしここでは，訳者のひとりが，どのようにしてこの問題に関わるようになり，山之内（とインド研究者・前川輝光）とタッグを組みながら，しかもかれらとはある一定の距離を保ちながら，山之内が見落としてきた諸点を補完（特に『職業としての学問』その他）してきたのか等を記述しておきたい。まずは山之内靖との出会いである。山之内は早熟な学者で，早くから教職に就き，著作を発表していった。論者が，東京大学経済学部出身で大塚久雄門下の１人，山之内靖と初めて出逢ったのは，山之内がこれまでの研究分野（西欧経済史やマルクス研究）から舵を切って，『現代社会の歴史的位相』（1982年）が出版され，この意欲的な著作についての合評会（=「ヴェーバー研究会」）が行われた場であった。その後，山之内は例の論文「ウェーバーとニーチェ」を発表し，当方に宛てた葉書において，この論文について論評して欲しいとの勧誘がなされた。山之内からのこの突然の要請には，大いに戸惑った（新カント派ならぬ，ニーチェ哲学に踏み出すことは，正直言って重荷であったのだ）。だが，突きつけられた「果し状」から逃げ廻ることは，男として如何なものかと自覚していたから，結局，数年かけて，異分野にあたるニーチェの著作（翻訳）を読み始めた。そして出来上がったのが，

論文「ヴェーバーと『権力への意志』」（1988年）であった。この論文の末尾にある「補遺」には、アメリカの政治学研究者、ロバート・イーデンに触れながら、「脱呪術化、呪力剥奪」（Entzauberung）について、今後なすべき課題が幾つか示唆されている。偶然なことに山之内も、この時期（1988年、1990年）に、ニーチェの「主著」だとして「捏造」されてきた同書を取り上げて、「歴史学的形象の呪力剥奪——『権力への意志』と『支配の社会学』(1)」と「大衆民主主義時代の比較社会学——『権力への意志』と『支配の社会学』(2)」の2つの論考を上梓している。

論者が、山之内から提起された「ヴェーバーとニーチェ」問題に対して、辻馬車に乗り込むように、安易に同乗したのかといえば、そうではない。前史があったのだ。それは、マルクス研究者であり、かつマルクス思想の批判者でもある、山之内からの論評依頼よりずっと前に、安藤英治による『倫理』論文の研究（「M. ウェーバーの宗教社会学改訂について〔第1部〕」1968年、「M. ウェーバーの宗教社会学改訂について(2)」1971年）から影響をうけて、ヴェーバーの宗教社会学論集に安藤の成果を書き込んで、想念を巡らしていたからである。安藤は、その後、前者の成果に基づいて、『ウェーバー歴史社会学の出立』（1992年）を世に送り出した。『出立』で安藤が論じている論点は多岐に渡っている。その中でも、論者の関心を引きつけたのは、①エートス（Ethos）概念と②「魔法からの解放」（Entzauberung〔der Welt〕）に言及した部分であった（ちなみに、梶山力が、1938年に刊行された『倫理』論文の「訳者序文」の中で、このエートス概念のギリシア由来説を指摘していることは、今日極めて重要である。アリストテレスの『ニコマコス倫理学』や『政治学』を念頭に置いていたのであろう）。安藤は「改訂」作業の具体的肉付けを『出立』中の「第2部　『倫理』論文におけるウェーバーの問題意識」で詳論しているので、参考までにこの「第2部」の各論文タイトルのみを紹介しておく。数字は論文の発表年度である（1. ウェーバーの問題提起——資本主義の精神［1983年］、2. 禁欲の宗教的基盤をめぐるウェーバーの問題意識(1)——カルヴィニズム［1985年］、3. 禁欲の宗教的基盤をめぐるウェーバーの問題意識(2)——予定説正統論再考［1988年］、4. 禁欲と資本主義をめぐるウェーバーの問題意識(1)——ピュウリタン的労働価値論［1989年］、5. 禁欲と資本主義をめぐるウェーバーの問題意識(2)——資本蓄積と市民的職業倫理（→エートス）のデュナーミク［1992年］、6. 総括——本書作成の根本動機——黄昏の市民社会［1992年］）。安藤は、6の「総括」の中で、80年代に開始された「ニーチェと

ウェーバー」問題の解明に対し，人生最後の関心を寄せながら，内田芳明と同様に，どちらかと言えば後ろ向きであった。とはいえ期待も同時に寄せていた。「若い世代の間でニーチェ問題が開拓されつつある（代表的に山之内靖）。私はその成果を期待している」と。

　論述がやや元に戻るような形になるが，安藤英治が手掛けた2つの「改訂」研究論文の発表後，いくら待ってもヴェーバー『宗教社会学論集・第1巻』に関する後続研究（「序論」と「中間考察」）が発表されないので，1983，4年頃，安藤宛に直接手紙を認め，その事情を問い質した。これに対して，安藤は，いま自分は別の仕事〔おそらく『出立』の各論文〕をやっていて手が離せないから，やり残した部分はやって構わない，との回答を寄こしたのである。このようにして，「ヴェーバーと『権力への意志』」（1988年）に次いで公にされたのが，「M. ヴェーバー『宗教社会学論集』の改訂──「序論」・「中間考察」（付論：哄笑する「末人たち」とヴェーバー）」（1990年）であった。この論考の前半部では，安藤英治の業績を尊重して，「序論」と「中間考察」のそれぞれについて，原論文と改訂論文とが比較され，改訂の痕跡が分かるように表が付けられており，また，後半部では，ヴェーバーの『倫理』論文末尾の込み入った一節を取り上げ，ゲーテと並んで，ニーチェ色の色濃い文脈が出てくるのはなぜか，これを，「ヴェーバーとニーチェ」というパースペクティヴから解釈・説明したものが添付されている（歯車装置，檻〔殻〕──ニーチェのアフォリズムでは「堅固な容器〔殻〕」＝『遺された断想』第Ⅱ期第5巻，哄笑する相続者〔＝『ツァラトゥストラ』の「哄笑」〕，石化，末人たち，等々）。

　この拙稿「改訂」論文に対して，2人の先達から反応が見られた。永らく「ヴェーバーの会」を大塚久雄と一緒に支えてきた，①内田芳明と②丸山眞男の両氏からである。①の内田は，20世紀最終年に，『ヴェーバー　歴史の意味をめぐる闘争』（岩波書店）を刊行する。この中で，拙論の後半部に叙述された論者の観点や内容を深く受けとめ，同書の諸方において活用してくれたと理解している（113頁以下．124-126頁，263頁その他．『古代ユダヤ教』の訳者でもある内田は，大塚と同様に，最後まで，「魔術からの解放」Entzauberung概念の思想的系譜，淵源について疑問を感じなかったように思われる。同じことは，「ヴェーバーとニーチェ」研究に先鞭をつけた山之内についてもいえるが，その点は後述する）。反応のもう一つは，寄贈した拙論への礼状として，②の丸山眞男から受理した葉書である。「1990

（平成2）年12月1日　御無沙汰しております。間抜けと承知の上で今旬五月に御恵与を賜りました抜刷「M. ウェーバー『宗教社会学論集』の改訂」の御礼を申し上げます。前半は失礼ですがたいへん便利なものであり，後半は興味ある論考です。小生は相変わらず呼吸不全に悩まされていますが，十月末から全く思いがけず，ドイツの"Spiegel"誌のきわめて歪曲されたインタヴュー（十月二十三日号）問題（実は東京特派員とのフリー・トーキングが恣意的につぎ合わせられ，小生の同意も校閲も経ないで公表されるという驚くべき手続の非倫理性！）に巻き込まれて，一向ほかの仕事ができず閉口しています。貴兄への御礼が遅れたのも一つはそのためです。暖かくなったら，又楽しい会〔この葉書を受理する以前の，1988年5月にもたれた「丸山眞男先生を囲む会」を指す。これについてはすぐ後で説明する〕を持ちたいものです。草々。丸山眞男」

丸山眞男 versus 山之内靖

　この時期とほぼ重複するが，山之内から挑発された，「ヴェーバーにおけるニーチェ問題」を思想史としてどう考えたらよいのか，全く手掛かりめいたものが見出せなかったことから，折々「ヴェーバーの会」に出席してくる丸山眞男に手紙を書いて，教えを求めた（当時論者は他の友人らと一緒に「会」の連絡係をしていた）。回答にはこう書かれていた。「1988年2月1日　前略　鄭重なお便り有り難くまた興味深く拝見いたしました。あなたの提起された問題——ウェーバーにおけるニーチェ像——はまことに重大で，もし機会があれば直接お目にかかって御所見を具体的に伺いたい衝動にかられます（謙遜でなく，私はこの問題で貴兄にサジェスチョンができるほどニーチェを勉強しておりません）。それにしてもこんなハガキでなくお手紙を差し上げるべきなのですが，暮から引いた風邪が鼻炎に転化し，一日おきに耳鼻科に通っておりますので，目下は到底その余裕もありません。私の一般的健康状態からいえば，あなたやあなた方のグループとダベることはもう少し気候が良くなれば十分可能で，むしろ私の望むところです。三月以降にもう一度御連絡頂ければ幸いです。重ねて失礼をお詫びします。草々。丸山眞男」

　1988年5月14日，山之内が本格的に提起した「ヴェーバーにおけるニーチェ

問題」をめぐる討論会が、「丸山眞男先生を囲む会」としてもたれた（参加者10名。この「囲む会」は1988年5月に実施されたのであって、1987（昭和62）年は「年譜」の間違いである。『丸山眞男集　別巻』岩波書店、1997年、81頁参照）。当日の報告者として、まず山之内靖が「私家版丸山政治学解題——リッターリッヒカイトの問題をめぐって」を報告し、これをたたき台としながら有意義なやり取りが行われた。山之内の報告、丸山との対談、そしてこの会合を実現するまでの経緯などについては、『丸山眞男手帖38』（2006年7月）、『丸山眞男手帖39』（2006年10月）にそれぞれ掲載されているので、興味があれば是非お読みいただきたい（以下に対談の小見出しだけでも列記しておく。日常用語と学問用語の断絶、封建制——LehnswesenとFeudalismus、価値分散社会としての江戸時代、リッターリッヒカイトの問題、1930年代の農村体験と講座派理論、丸山の精神史——大塚久雄「体験」、1930年代の青春——ニーチェの読まれ方、同時代人としてのニーチェ・ヴェーバー・ジンメル、ガヴァメント・バイ・ディスカッション、丸山の精神史——マンハイム、学問上の「人民戦線」ほか）。体調に不安を抱えながらも約束通り、「囲む会」に出向いてくれた丸山に礼状を書いたところ、次のような葉書を届けてくれた。「1988年5月18日　拝復　過日は私にとっては大変愉快な会でした。きっと気分的に酔っぱらったせいでしょう。ステッキを車中に忘れ、学兄に夜おそく御足労を煩わせる結果になったことは誠に申訳なく、しかし御好意を有難く存じます。始めから覚悟していたことですが、時間切れで、貴兄をはじめ、他の諸兄にも欲求不満を起こしたことと想像されますが、また機会をもちましょう。特に山之内さんの丸山論は予期しなかっただけに（もっぱらニーチェの話を承るつもりでした）お答えの余裕がなかったことが残念です。おついでの折に同氏にお詫びをお伝え願います。草々。丸山眞男」。（数十年経て改めてこの葉書を読み返すと、そこには、「欲求不満」という意味深長な言葉が書かれていることに気づく。要するに、この日の討論会の趣旨を丸山は十全に理解した上で、この会合では激烈に「ヴェーバー・ニーチェ問題」が論議されると覚悟し、それに対して入念な下準備（これまでに書いた山之内の諸著書に眼を通すなど）を重ねて出席してきた、と思われる。しかし、山之内が「私家版丸山政治学解題」を語るだけで、自ら率先して開拓したこの「ヴェーバーにおけるニーチェ問題」を、丸山本人の「前」で問わなかったために、結局この会合は中途半端だったと、丸山その人が自覚していたのである。なぜなら、約1か月後に開かれた別のある

会合で，丸山は，「ヴェーバーとニーチェ」の本題よりも，「ヴェーバーと丸山政治学」が中心的に報告されてしまったと，やや「欲求不満」めいた言葉が吐露されているからだ（丸山眞男手帖の会編『丸山眞男話文集　続2』みすず書房，2014年，8-12頁）。この『話文集』の中で，丸山はゲロントクラティー（老人支配 Gerontokratie）をヴェーバー研究会と関連づけて語っているが，ヴェーバー『支配の諸類型』に出てくるこの概念を論者は，「囲む会」会場へ送迎する車の中で，当時イッシューとなっていた大企業経営者による老人支配・長老支配にかこつけて，もち出したものである。丸山が指摘するような「ヴェーバーの会」への不満に起因するのではなく，全くのアカデミックな立場からの話題提供であった。誤解されると困るので，一言申し添えておきたい。一方の山之内は，後年まとめられた『ニーチェとヴェーバー』（の「まえがき」）において，「敗戦時において日本軍国主義の精神形態をあれほどに鋭く批判した丸山が，1960年というあの問題の年（安保闘争）に「忠誠と反逆」を発表して民主主義と市民精神において武士の精神的系譜がしめる位置をあのように強調したということは，我々に，忘却してはならぬものの存在を反省させるものであった。私は，丸山氏を囲んでおこなわれたある研究会（1988年5月14日）においてヴェーバーの〈祭司と騎士〉の対抗図式を援用し，丸山氏の「忠誠と反逆」をこの筋道に即して解釈する機会をもった」と，相互にズレたままの印象を語り合っている。）

　ところで，この研究会を挟んで，論者は，この問題領域を煮詰めるべく，以下のような論考を公表していった。すなわち，「ヴェーバーと『人間的，あまりに人間的』——「中間考察」の再考察から(1)」（1988年），「ヴェーバーと『人間的，あまりに人間的』——「中間考察」の再考察から(2)」（1991年），「「職業としての学問」考——Nietzsche in Weber (1), (2)」（1992年，1993年），そして「『職業としての政治』——隠れたる対話」（1996年）。（ヴォルフガング・シュヴェントカー（野口雅弘他訳）『マックス・ウェーバーの日本　受容史の研究 1905-1995』みすず書房，2013年，274頁以下参照）これらは，何れも，ヴェーバーが所有し利用していた「資料・文献」などが，現在あるようにドイツ国内に集中せずに分散化したままで，インターネットも利用できない，いわば徒弟的な状況下で形成した「像」である（昔は皆そうであった）。そうした制約の下で，書き上げた「ヴェーバーと『あまりに人間的』(2)」に対して，丸山から受け取った葉書は，極めて含蓄に富んだ内容であった。「1991年4月　御無沙汰しております。この度は「ヴェーバー

と『人間的，あまりに人間的』——「中間考察」の再考察から (2)」の抜刷を御恵与賜り，厚く御礼申し上げます。貴兄の論考によってウェーバーにおけるニーチェの重みが，かくも小生が以前に考えていたよりは大きいことを改めて感じました。もっともウェーバーもニーチェも，十九世紀後半のドイツにおける啓蒙主義的合理主義への批判の思想潮流の中での共通性というモメントもあるとは思いますが（最近 G. ジンメル，もっともロマン主義から遠いジンメルにおける普遍主義的個人主義の批判について村上淳一君が論じております），それにしてもエントツァウベルングがニーチェの用語であることは，貴稿を通じてはじめて知ったことでした。一層の御研鑽の進展をお祈り致します。小生，今年は年中行事の冬期入院を免れたと思いきや，三月になってやはり例外とはならず，先週退院したばかりです。御自愛を。草々。丸山眞男（追伸「『文明論之概略』〔を読む〕」のなかの「引き下げデモクラシー」は正にニーチェを連想しながら用いました！）」。丸山が注目したエントツァウベルング（Entzauberung）は，既に指摘したように，安藤英治の「改訂」研究，論者自身の「改訂」研究，R. イーデンによる示唆，そして山之内からの「ニーチェ」への挑発など，様々な要因に基づくものであった。おそらく丸山は，拙稿論文『あまりに人間的』(2)に書き込まれた次の文章に注目したものと思われる。「ところで筆者は，脱呪術化（Entzauberung）なる概念はニーチェに由来し，これは，『倫理』原論文を作成する時点では，未だ十分な概念にまで纏め上げられなかったが，その後，呪術（Zauber）に関するニーチェの研究などとのより深い交感により，この概念を，その宗教社会学研究を支える重要な一つの柱として摂取したのではないか，と述べておいた」。この概念の由来の一つとして，以前，ニーチェ『善悪の彼岸』（第239節）中の「女の魅力の喪失」（die Entzauberung der Weibes）と訳されている一句を重視したのだった。さらにこの概念について，後述する最近の優れた研究（野﨑敏郎による）と照らし合わせると，既に克服済みの作品となってしまったが，「『職業としての学問』考」（1992年，1993年）において，「主知化」と「合理化」をもたらす「脱呪術化」を，ニーチェ像を重視しながら論じておいた（『逆説の歴史社会学』尚学社，1998年所収）。また丸山が葉書の末尾で付言している「引き下げデモクラシー」（福澤の「怨望」と関連）は，ニーチェ『人間的，あまりに人間的』のアフォリズム（「二種類の平等」Doppelte Art der Gleichheit）から着想を得て，こ

れを応用したと本人が告白しているのだ。その書『自己内対話』によれば，丸山は，戦後すぐ（1945年），ニーチェの一連の著作（『人間的，あまりに人間的』，『善悪の彼岸』等）を通読し，手帳に「抜萃」までしている。また丸山は，これ以外に『道徳の系譜学』についても，そのノートに要約を行っている（「丸山とニーチェ」との深い関連性については，「丸山眞男文庫」（東京女子大学図書館所蔵）における文献やノート類の整理やその進捗を待って，これから本格的に解明されことになろう）。

『職業としての学問』とニーチェ

その後，ヴェーバー『職業としての学問』に関する画期的な学術書が公表された。それは，また，「脱呪術化」（呪力剥奪）概念その他を含む徹底した批判的研究でもあった。野﨑敏郎『ヴェーバー『職業としての学問』の研究（完全版）』（晃洋書房，2016年）である。野﨑は，同書以外に，マックス・ヴェーバー『職業としての学問』の訳書をも公刊している。野﨑のこれらの両書が出る約四半世紀前，拙稿（『職業としての学問』考）の内容を練っている1990年頃に，その拠り所にしていた『職業としての学問』（尾高邦雄訳，岩波文庫，1980年改訳）が，余りにも杜撰で信用できないものであるかが察知された（折原浩は，これよりずっと前の1970年代〔1977年〕に，これらの誤訳に気付いていたらしい）。そこで，ヴェーバーの独文と尾高の日訳を隅々まで照らし合わせ，赤鉛筆と青鉛筆で塗り分ける作業を行った。訳が間違っているところ，ズレているところ，勝手な解釈をしている訳文に，青線を引いてみると，青線の目立つ訳書に変化してしまった。結局，尾高訳を参考にしては，『職業としての学問』に関するトータルな研究論文は，書けないことが分かったので，赤線が引かれたニーチェ色の濃い節・句だけをピックアップして，拙論として纏めることにした（尾高訳と格闘していた時期に残されたメモには，こう書かれてあった。「尾高は〔改訳までの〕44年間，なにをしていたのか」と。尾高誤訳を生じさせる原因は，単に語学力の不足といった問題や，「仕事〔ザッヘ〕への献身」といった間違いだけでなく，戦前，戦中，戦後に渡る尾高自身のイデオロギー・変節などと深く関連していることを，ある研究者（三苫利幸）から知ることになった）。

2016年3月，野﨑敏郎の上記労作について，「合評会」（＝ヴェーバー研究会

21）がもたれた。この会合は，長時間におよぶ刺激的かつ有意義な研究会でもあった。ヴェーバー『職業としての学問』についての研究，『職業としての学問』の訳書に関しては，以後，野﨑が上梓したこれら2冊がスタート・ラインとなることは間違いない。同書「あとがき」において，野﨑はこう指摘している。「初訳以来七十九年ものあいだ，訂正されないまま放置されてきた誤訳を指摘することは，誰かがやらなくてはならなかったはずである。……一般読書界では尾高の似非〔エセ〕訳の影響が非常に大きいので，これを全面的に払拭することもまた，誰かがやらなくてはならなかったはずである」。野﨑の言う通り，これは，戦前・戦後を含めた「ヴェーバー研究者」（日本だけでなく，海外［ドイツ，アメリカその他を含め］）の怠慢以外のなにものでもない。野﨑は，当翻訳以外に，ヴェーバーの作品を3つ程（＝『職業としての政治』，『社会主義』，『価値自由論』）を訳する予定だと語っていたので，そのエネルギッシュな活動に大いに期待したいところである。

　ところで，野﨑は，論者が何度も言及してきた Entzauberung（脱呪術化，呪力剥奪）について，荒川敏彦の研究を踏まえながら，これが，19世紀前半から終り頃に掛けて，「活動的」「否定的」含意を込めて使用されてきたことを論証している（ヘルダーリン，グリルパルツアー，ヘッペル，ニーチェ）。その1人として挙げられているニーチェの作品としては，『反時代的考察』『著作・草稿集』『ツァラトゥストラはこう語った』『善悪の彼岸』『この人を見よ』など（これらの作品ではその用例が否定的な意味で使用されている，と）が，その他には『力への意志』（ここには脱呪術化の言葉は見られないが，ヴェーバーの論旨に合っている，と）が，注目されている。そして，野﨑はこう締め括っている。「この用語自体はニーチェや他の文学者たちから借月し，意味内容はラートゲンの"entgöttern〔神性を剥奪する〕"を受け継いだと推断できる」（156頁）と。ラートゲンとは，ハイデルベルクでヴェーバーとは同僚で，『日本人の国家と文化』（1907年）の著者とのことである。ヴェーバーの「エントツァウベルング」の由来については，さらに煮詰められるべき課題領域であるが，野﨑によって簡単に処理されてしまっているニーチェの『善悪の彼岸』（第9章「高貴とは何か」なるアフォリズム）が，ヴェーバーの『儒教と道教』中の「儒教徒像」の中に生かされていることを思う時（後半参照），『善悪の彼岸』については，さらなる探究の鋤が加えられねばならない。

今後の研究は、『職業としての学問』（野崎敏郎訳）が重要な基本書となるであろうと述べておいたが、実は、この講演は、「日々の要求」、「デーモン〔デモーニッシュなもの〕」（野崎の場合は「内なる力」）が出てくる、ゲーテの言葉・思想で締め括られている（野崎では段落40）。この最終舞台は非常に重要な段落なので、少しく問題を孕むと考えられる訳節を抜き出し、それについて批判的コメントを付しておきたい。「というのは、〔彼（トルストイ）にあっては、〕こうした知性の犠牲は、信仰上の無条件の献身のためになされているのであって、それとはやはりなんといっても道義的に別物なのが、自分自身の究極の立場決定について自ら明晰化する勇気をもたず、率直な知的公正義務を、気弱な相対化によって自ら軽くする場合に生じるあの公正義務回避だからです。そしてまた私にとって、この公正義務は、講義室の空間内において、とにかく率直な知的公正に並ぶ美徳などないという点について明晰に認識していないあの教壇預言よりも高い位置にあります。しかも、この知的公正によってわれわれ〔＝現代人〕が要求されているのは、今日新しい預言者と新しい救世主を待ちこがれているあの大勢の人々全員にとって、〔結局〕事態は同じであることの確認です」（野崎訳43頁）。ヴェーバーは、この段落では、合理化と主知化、とりわけ「現世の呪力剥奪〔世界の脱呪術化〕を伴う時代の運命に耐えられずに、「知性の犠牲」を捧げて昔の教会、ロシア正教会に逃げ込む文豪・トルストイ（『懺悔』）を取り上げている。そうした知性の犠牲は「信仰」に生きる者にはやもう得ないものだ。しかし、大学の講義室で何より美徳とされるものは、「知的誠実さ・誠実性」（intellektuelle Rechtschaffenheit）、「知的誠実性の義務（Pflicht）」なのだとする趣旨の文脈である。

　この語句に対して、訳者は「知的公正義務」なる訳語を充てている。この rechtschaffen なる語彙を、独独辞典（Warig）や独英辞典（Duden）、独和辞典などで調べると、ehrlich, honestly, 誠実な、公正な、などの意味が挙げられている。しかし、文脈を素直に読むと、「公正」が必要だなどと、どう考えてもヴェーバーが言っているようには思えないのである。辛辣なことを敢えて言えば、講義室ではどんな教員であれ（力量の多少に拘らず）自らの講義は公正に展開されていると、主観的にはこう信じながら行っているはずなのである。むしろ、ここでは「公正」とするよりも、「中間考察」においても「世界観察」の唯一の形態としての「科学」と関連させて、「知的誠実性」に言及されていることから、「知

的公正義務」ではなくて，「知的誠実性の義務」の方が適切であると思われる（なお，念の為に，この訳語について，ドイツ語・ドイツ文化に詳しい森川元之氏（元昭和大学）に，野﨑訳，ヴェーバーの原文その他を添付して質問したところ，一応，論者の解釈の方を支持して下さった）。

　だが，問題を，単なる訳語上の問題だけに矮小化することはできない。そこには思想史上の問題が絡むのである。『逆説の歴史社会学』の立場からすると，ヴェーバーは，この最終ステージで，ニーチェ色の濃厚な言葉や概念を複数個織り込んで論述している，と思われるのだ。それは――Entzauberung の由来史を念頭に置くとすれば――「現世の呪力剝奪〔世界の脱呪術化〕」，erfinden（案出する，捻出する，デッチあげる，捏造する），「知性の犠牲」，「知的誠実性」，である。erfinden については，既知となったように，「われわれは幸福をつくりだした」とうそぶく「末人たち」の言葉だ（「幸福を案出〔捏造〕した末人たち」『ツァラトゥストラはこう言った』）。次いで，「知的誠実性」に関しては，先に野﨑が「呪力剝奪」に関する研究史を解説（155 頁）した際に注目していた，ニーチェ『力への意志』（第 171, 172, 399, 414, 423, 428, 440, 445, 460, 782 番の各アフォリズム）が重要である。特に，428 番，460 番（原佑訳では「知的正直性」と訳されている）では，「知的誠実性」（intellektuelle Rechtschaffenheit）が道徳と関わらせて論じられているのだ。さらに，『客観性』（折原補訳，94 頁）で「認識意欲」と訳出されてしまっている「認識衝動」（Erkenntnistrieb）に関する 423 番では，科学的〔学問的〕「誠実性」が注目されている（「いわゆる認識衝動は，専有・征服の衝動へと還元さるべきである。この衝動にしたがって，感官，記憶，本能などが発達したのである。……それゆえ道徳はまことに奇妙な科学〔Wissenschaft〕である，というのは，それは最高度に実践的であるからである。このため，道徳がその解答を要求するやいなや，純粋認識の立場は，科学的正直性〔学問的誠実性〕は，ただちに放棄されるのである。道徳は言う，私は多くの解答を，――根拠を，論拠を必要とすると」）。ヴェーバー『客観性』における「認識衝動」や「一元論的批判」や「プロクルーステースの寝床」（前補訳，122 頁）などは，『力への意志』372 番や，「認識衝動の生物学。遠近法主義」（493, 499 番をも含む）をも下地にした上で論じられているので，そうしたニーチェの視角を加味してこれから「総合的」に解釈せねばならないだろう。新カント派＝ヴェーバーなどという単純な解釈では，なまなましいヴェーバー像など捉えられないので

はなかろうか(この課題は何れも次代の研究者の肩に委ねられた宿題となろう)。

　以上のような考察結果からして、『職業としての学問』を締め括るに当たって、ヴェーバーは、ゲーテと並んで(いやむしろ、ゲーテ以上に)、野﨑があまり評価していないニーチェの認識を正当に評価し、それを終幕(段落40)の中に組み込んでいると思われる。『学問』に関する拙論(1992年、1993年)は、野﨑による包括的で緻密な研究(『ヴェーバー『職業としての学問』の研究(完全版)』)と照らし合わせると、今では各所でほころびを露呈し「克服」されてしまっているが、そうした克服も「進歩」する学問に付随するシクザール(運命)として歓迎するしかない。だが、「ヴェーバーにおけるニーチェ」インパクトという山之内靖から始まった批判的フォルシュング(探究)が無益であったかといえば、そうは思えない。前述した通り、論者は、大塚久雄(――ちなみに他界後、蔵書を含む大塚の他の資料等は、福島大学図書館内に設置された「大塚久雄文庫」に収蔵されている。大塚の「和洋書」はおよそ6千冊強にも上るが、専門書を除けば、キリスト教系のものが目立つ。ニーチェ関連では次の2冊、すなわち、『反時代的考察　上巻』と『悲劇の誕生』のみである。大学の図書館等から借用して通読した書籍もあろうが、これでは、思想研究としては、バランスある「ヴェーバー像」は形成できないであろう)のやや異端的な弟子である山之内から、ある時期、多大な影響を被って、この分野にコミットしたのであるが、だからと言って、ニーチェ研究から「総力戦」研究に移動して行った山之内の認識を、丸ごと肯定しているわけでもない。

　大塚久雄『社会科学の方法―ヴェーバーとマルクス』(1966年)の学問的系譜を批判的に継承した山之内は、1997年、自らの個別研究を集約した新書『マックス・ヴェーバー入門』を著している。一種の啓蒙書である。「丸太をナタで叩き割る」手法でヴェーバー研究を実践すること、これが自分流のやり方なのだとしばし豪語していたが、専門書ではないこの啓蒙的『入門』書には、刃こぼれしたナタ故に、そこには幾つかの微妙で、しかも大事な問題点を取りこぼしてきたように思われるので、その幾つか指摘しておく。それらは、『入門』の「第1章　神なき時代の社会科学」の中に集中されているように思われる。まず第1。「神なき時代の社会科学」の『職業としての学問』の中で、山之内は、ニーチェに事寄せながら頻りと「神の死」(レーヴィット『ヘーゲルからニーチェへ』(下))を強調するわけだが、むしろヴェーバーの時代認識は、「神とは疎遠で預言者なき

時代」、「神に疎遠で預言者も不在の時代」であって、これら両者には、それぞれの認識面で共通する部分もないとはいえないが、にも拘わらず、厳然たる相違、距離が存在するのである。ちなみに、こうした「神の死」は、C. G. ユング（『赤の書』）や内田芳明たちが着目している、ニーチェ『悦ばしき知識』第125番に象徴される。「狂気の人間──諸君はあの狂気の人間のことを耳にしなかったか、──白昼に提燈をつけながら、市場へ馳けてきて、ひっきりなしに「おれは神を探している！おれは神を探している！」と叫んだ人間のことを。(中略)「神がどこへ行ったかって？」と彼は叫んだ、「おれがお前たちに言ってやる！おれたちが神を殺したのだ──お前たちとおれがだ！(中略)たえず夜が、ますます深い夜がやってくるのでないか？　白昼に提燈をつけなければならないのではないか？　神を埋葬する墓掘人たちのざわめきがまだ何もきこえてこないか？　神の腐る臭いがまだ何もしてこないか？──神だって腐るのだ！　神は死んだ！　神は死んだままだ！　それも、おれたちが神を殺したのだ！」(信太正三訳)。レーヴィットによれば、こうした「キリスト教の消滅」(その頂点はニーチェの「神の死」)は、19世紀に始まる哲学的批判（ヘーゲル、フォイエルバッハ、バウアー、マルクス、キルケゴール、ニーチェ、オーファーベック）からもたらされた帰結であり、「プロテスタントに固有の事件」であった。マルクス研究から出立した山之内は、「神の死」という「辻馬車」に勇んで乗り込んだのである。第2。「ヴェーバーにおけるニーチェ問題」に革新的業績を残した山之内であったが、エントツァウベルングに関する大塚訳（「魔術からの解放」から「呪術からの解放」への修正）に批判を加えながらも、山之内本人は、エントツァウベルングというこの語句が──拙論(1991年)、野﨑の労作(2016年)などから明らかなように──ニーチェに由来する可能性が高いことに、不感症であったことである。その点で、1991年4月の葉紙の中で鋭く反応した丸山眞男は異色の存在だった（『学問とわれわれの時代の運命』の著者であり、『学問』講演にも参加したカール・レーヴィットもこれに気付かなかったと推測される）。第3番目は、『倫理』論文の最初の文脈と末尾の文脈の双方に、やや不気味な形で出現してくる「檻」、「鋼鉄のように堅い檻」についてである。この論点については、日・欧・米での受けとめ方など翻訳史を分析したこともあるので、重複は避けるが、論者の認識は、あくまでもニーチェ受容を重視する立場からして、T. パーソンズ的な「檻」(Cage) などを充てるので

はなく，むしろ，1882年から83年にかけて書かれたニーチェのアフォリズム（『遺された断想』）中にある「堅固な殻」(festes Gehäuse) に由来しているものだと信じている。初学者から見たら，「そんなことどうでも構わないじゃないか」と思えるこうした諸問題でも，『入門』だからと言って，看過してよいという訳ではなかろう。

『儒教と道教』と『善悪の彼岸』

　戦後のある時期まで，『倫理』論文（新訳）の訳者である大塚久雄が解釈してきた，プロテスタンティズム像は，大きな影響を及ぼしてきた。が，ヴェーバーのような多面的かつ複雑な学者の，その内面を解明するには，自らの信仰 (Glaube) を一旦脇に置くとか，或は，自己の信念や世界観・価値観に一定の距離，距離感情 (Distanzgefühl) を保って，ザッヘ（対象著書，論文）そのものを冷静に考察することができなくてはならない。その意味で，安藤英治のように，西洋のキリスト教を尊重しつつも，この偉大な一世界宗教に距離を保ちつつ，ヴェーバーの『倫理』論文に関する学問的分析（改訂研究）を残したことは――たとえ安藤自身の中に，視角上の制約が見られたとしても――，その後のヴェーバー研究の発展に，貴重な礎石を残していったのである。『倫理』論文に関する大塚とは異なるそうした分析視角は，まずもって安藤が「全面的」に，次いで山之内や論者らが「部分的」に，継承してきた。ヴェーバーの『倫理』論文をニーチェの概念，あるいは，デフォルメされたニーチェのコンセプションズを前提にして読み直した場合，その継承状況はどうなっているのか。また，そこで析出された概念やコンセプションズは，ヴェーバーの他の作品群にどう投影されているのだろうか。山之内は，「高貴さ」や「品位〔品格〕」を，ヴェーバーの作品を貫く一つの基軸として注目し，G. ジンメル『ショーペンハウアーとニーチェ』の中から，「高貴性の道徳」（第8講：ニーチェの道徳の客観的性格，高貴性の理想，責任性など）を詳細に分析している。

　ところで，神の「道具」として仕えるピュウリタン，ピュウリタニズムとは対極的な位置にある，「高貴さ」，「品位」と関連する人間類型は，ヴェーバーの作品中の何処かで，これを見かけなかったであろうか。まさしく，『儒教と道教』

においてヴェーバーが描き出した「儒教徒像」，がそれである。さらにいえば，『儒教と道教』の結論（Resultat）である「儒教とピュウリタニズム」に総括された，ピュウリタニズムのパラドクシー（意欲と結果のパラドクシー，意図に反する行為の結末，倒錯関係），これらの視点は，何れも，先達・ニーチェによる次の認識を前提にして書かれた節句だと思われる。すなわち，「或る行為の由来は，極めて明確な意味で或る意図（Absicht）から由来するものとして解釈された。或る行為の価値はその意図のうちに存している，という信仰において一致が見られるようになった。意図こそは或る行為の由来と前史との全体である，というこの先入見のもとに，殆ど最近の時代に至るまで地上において道徳的な賞讃と非難と裁き，更には哲学的思索が行われて来た。——しかし，われわれは今日，人間の自省と沈思とによって，もう一度，価値の逆転（Umkehrung der Werthe〔倒錯，転倒〕）と根本的変位を決意すべき必然性に到達しているのだとは言えまいか。——われわれは，否定的に，差し当たって道徳外とでも呼ぶべき時期の敷居に立っているのではなかろうか。今日では，少なくともわれわれ不道徳者たちの間では，行為における非意図的なもののうちにこそ行為の決定的な価値が存するのではないか，また行為における一切の意図的なもの，意図という点から見られ，知られ，「意識され」うる一切のものは，いまだ行為の表面（Oberfläche）や皮膚に属するのではないか，——それはすべての皮膚と同じく，何かを窺わせるが，しかしなおもっと多くを隠しているのではないか，という疑念が生じている」（木場深定訳『善悪の彼岸』第32節。このニーチェのOberflächeはヴェーバーの場合，oberflächlich〔表面的・皮相的な〕へとデフォルメされている。MWGI/19, S. 464. ここは，ヴェーバーがニーチェに夢中になった，生前最後の加筆箇所の一つでもある。なお，第32節の「価値の倒錯，転倒」という観点は，丸山眞男『日本の思想』1961年刊，「「である」ことと「する」こと」の末尾に活かされている。丸山はさらに，第257節，258節，260節にも着目している）。

また，同書『善悪の彼岸』の第9章「高貴とは何か」（Was ist vornehm?）に収められた次の第260節は，とりわけ本質的な意義をもつ。「これまで地上に支配して来た，或はいまもなお支配している多くの精粗様々の道徳を遍歴して，私は或る特色が規則正しく互いに回帰し，互いに連結しているのを見出した。その挙句，ついに私には2つの根本類型が窺われ，一つの根本的区別が際立って

見えた。すなわち，主人道徳と奴隷道徳とが存在する。(中略) 高貴な種類の人間〔Der vornehme Art Mensch〕は，自分を価値の決定者として感じる。この種の人間は自分を是認されることを必要としない。彼は「私にとって有害なものはそれ自体として有害である」と判断する。彼は総じて物事に始めて栄誉を与えるものであると自覚している。彼は価値創造的（wertheschaffend）なのである。(以下略)」（第287節も参照）。

　前段で少し指摘しておいたが，「高貴さ」に関するこのようなニーチェの視角は，『儒教と道教』の次の叙述の中に，反映されていると思われる。「それ自体において，また社会との関係において調和的に同調せしめられまた均衡せしめられた『高等な〔höhere〕（『君侯のような』，『高貴な〔vornehme〕』）人間』——（中略）——は，いかなる社会的状況においても，それが高級であろうと低級であろうと，それにはおかまいなく，この状況にふさわしく，また自らの品位〔Würde〕を害することなしにふるまうのだ。この高等な人間に固有なのは，自制ある沈着と非のうちどころのない態度，つまり，儀礼的に順序正しい宮廷的サロンの意味での典雅と威厳〔Würde 品位，品格〕なのである」（木全徳雄訳，第6章　儒教的生活方針　第6節）。「『高貴なる男子は道具ではない』という基礎的命題の意味するところは，かれ〔君子〕は自己目的であって，道具のように，特殊化された有用な使用のためのたんなる手段〔Mittel〕ではない，ということであった。多面的に教育された儒教的な『君子』》Gentleman《(中略) の身分的な高貴理想〔Vornehmheitsideal，——これはジンメルの用語〕は，社会的な傾向のあるプラトンの理想——ポリスを地盤としてつくられたために，人間はなにかあるひとつのことがらにおいて有為なことをやりとげることによってのみ，自分の目的に達することができるのだという信念から出発したところの——とは，まったく対照的であったし，また禁欲的なプロテスタンティズムの職業概念 Berufsbegriff とはいっそうはげしい緊張対立の関係に立ったのである（第6章第8節）。

　さらに，「高等な人間」，「高貴な人間」，「高貴さ」は，宿命（Verhängnis）予定説と関わらせて，次のように説明されている。「儒教的な『高等な』人間〔höhere Mensch〕は，宿命のことを知り，かつ宿命に耐えぬく精神力をもって誇り高い平静さにおいて自己の人格とその育成とに没頭することを学んできたのである。ここから分ることは，中国においては，（中略）この，宿命予定説の非合理性の

信仰が，高貴さ Vornehmheit の支柱として役立ったということである」（第7章　正統と異端　第11節。『ツァラトゥストラ』第4部13節に「高等な人間について」Vom höheren Menschen が論じられているが，それは，こことは直接的な関連はなさそうに見える。だが，講演『職業としての政治』において，ヴェーバーがこの『ツァラトゥストラ』からある一句（「わたしの志しているのは，わたしの事業を成就することだ！」）を引用している事実に注目すると，ヴェーバーは，この「高等な人間」イメージにデフォルメを加えながら，君子像を展開しているようにも考えられる。「高等な人間たちなんか存在しないのだ，われわれはみな平等だ，人間は人間だ，「神の前では──われわれはみな平等だ！」神の前では！──だが，この神はもう死んだのだ。だが，賤民の前では，われわれは平等であることを欲しない。そなたら，高等な人間たちよ，市場から立ち去れ！（中略）高等な人間たちよ！今初めて，人間の未来という山が陣痛に苦しんでいる。神は死んだ。今やわれわれは欲するのだ，──超人が生きんことを。」吉沢伝三郎訳，第4部）。

20世紀70年代までのヴェーバー研究者たちは，殆ど，こうしたヴェーバー内ニーチェファクターに目配りをして来なかった。特に，山之内靖の師である大塚久雄は，その典型といえるかもしれない。大塚は，張漢裕との共訳（「儒教とピュウリタニズム」，『マックス・ヴェーバー宗教社会学論選』みすず書房，1972年）の中で，上記の内容と関連する文節を訳出，いや，「誤訳」をしている。しかし，ここでは大塚の誤訳をネガティヴなものとして難詰しているのではない。むしろ，誤訳の中に潜むお宝を発見し，これを思想史的レヴェルへと昇華し，よりよいものへと転化すれば救われるのだ。「富の獲得自体を孔子は蔑視したわけではないようであるが，しかし，それは不安定なものとみられたため，品位ある精神の平衡〔vornehmen Gleichgewichts der Seele 魂の高貴ある平衡〕を乱すおそれがあると解され，こうして，およそ本来の経済的職業労働は，職人根性の〔小人がおこなう〕専門人の業 Fachmenschentum にすぎないとされた。ともかく，儒教徒にとっては専門人 Fachmensch なるものは，たとい社会的有益さという価値をもってしても，真に積極的に品位あるものと考えるわけにはいかなかった。けだし──これこそが決定的な点なのだが──「品位ある人間」〔der vornehme Mann →「高貴な人間」が正しい〕すなわち君子 Gentleman は決して「道具ではない」〔君子不器〕からであった。君子は現世順応的な方向での自己完成，そうした努力における究極の自己目的であり，どのような種類のものであれ，事象的

〔sachlich〕な目的のための手段〔Mittel〕なのではない。」→些細なことながら、この訳出で最も致命的な欠点は、「高貴な人間」(『善悪の彼岸』第9章)を「品位ある人間」としてしまったことである。ドイツ語に堪能でない一般の読者は、ここを見逃してしまうが(それは当然だ)、この日訳を、ヴェーバーの原文と照らし合わせてみると、ここには、ニーチェ『善悪の彼岸』の思想が投影されているのだ。

さらに、次に掲げる大塚の誤訳は、既に指摘したように、ニーチェ(『人間的、あまりに人間的』)とジンメル(『ショーペンハウアーとニーチェ』の「高貴性の理想」)とが深く連動している箇所のように思われる。長い引用となるが……。「儒教の合理主義は合理的な現世順応を意味し、ピュウリタンの合理主義は現世の合理的克服〔支配——ニーチェの『遺された断想』には「克服という人間支配 Beherrschung」なるアフォリズムが書き残されている〕を意味した。ピュウリタンも儒教徒も、「幻想なく生真面目」nüchtern〔冷静〕であった。が、ピュウリタンの合理的で「幻想のない生真面目さ」Nüchternheit〔「幻想のない」は大塚の付加的形容である〕は、掘り下げれば〔これも原文になし〕、強烈なパトスの上にうちたてられていたのであり、しかも、こうしたパトスは、西洋の修道院生活を内面から動かしつづけてきたそれと同一のものであり、儒教徒のばあいにはまったく見られないものであった。(中略)「職業」Beruf 観念ほど、儒教における君子の理想 Vornehmheitsideal〔「高貴性の理想」が正しい〕と相容れないものはなかった。「士大夫たる」fürstlich 人間は審美的な価値の体現者であり、したがってまた、およそ神の「道具」〔Werkzeug これはニーチェを意識した言葉〕などではなかったのである。全き禁欲者である真のキリスト教徒は——修道士のように世俗外的であるにせよ、あるいはピュウリタンのように世俗内的であるにせよ——ただ神の道具たること以外、何ものをも願わなかった。なぜなら、そうしたことのうちにのみ、自己の求むべき品位を見出そうとしたからである。そしてピュウリタンは、このことを願ったがゆえに、現世を合理的に変革し克服〔支配〕するための有用な道具となったのである」(大塚=生松訳、205-206頁)。ここでは、ジンメルの著作『ショーペンハウアーとニーチェ』における「高貴性の理想」(高貴性の道徳)が、ヴェーバーによって、それとなく示唆されている点である。また、原文の Nüchternheit に対して、大塚(と張)は「幻想のない生真面目さ」と訳し、他方の木全は、「節制」なる訳語を充てているが、はたして妥当なのだろうか。大塚には、ピュウリタンへの「過

度な思い入れ」がなされており，木全の場合は，誤訳である。この語を素直に解釈すれば，「冷静さ」,「醒めていること」が穏当な訳であろう。それ故，ここでは，ピュウリタンも儒教徒も等しく「冷静」な人間なのであるが，ピュウリタンの場合は，西洋「修道院生活」の伝統を引き継いだパトス（Pathos 情熱）と同一の線上にあるとしているのである。ちなみに，この「冷静さ」について，ニーチェは，『人間的，あまりに人間的』第 326 節のアフォリズム（Zwei Arten der Nüchternheit）で，こう述べている。「二種類の冷静さ。——精神が枯渇したために生ずる冷静さと節制することから生ずる冷静さをとり違えないためには，前者の冷静さは不機嫌で，後者の冷静さは快活である点に注意しなくてはならない」（中島義生訳。一部改訳）。言うまでもなく，はたしてヴェーバーがこのアフォリズムを参照したのか否かというその十全たる状況証拠はないけれども，近年の研究書（横田理博『ウェーバーの倫理思想』2011 年）によれば，ヴェーバーが残した蔵書の一部に，ニーチェ関係としては，これまで論じてきた『善悪の彼岸』以外に，『人間的な，あまりに人間的な』〔但し第 1 巻〕の本があること，『人間的な』第 2 巻第 323 節の「殻」や「石化」の視点が，『倫理』論文末尾の「殻（檻）」や「機械的化石化」と重なる面があること，等々を勘案すると，この二類型（＝ピュウリタンと儒教徒の人間類型）を相互に比較する際に，ヴェーバーはこの「二種類の冷静さ」を思い浮かべていたように推されるのだ。

＊　　　＊　　　＊

本稿を締め括るにあたり，過去から現在までの論者の学問的関心，価値観点，危惧などを思い出しながら，間接的に本訳書と繋がる部分について，若干のコメントを残しておきたい。

第 1 章に関わる部分。マルクスの理論やその思想と直接関連するわけではないにしても，ある時期まで，マルクスやマルクス主義の立場から，日本国内や世界の動向に目配りをしてきたという経緯がある。1960 年代，70 年代において，高度経済成長とその負の側面（「公害問題」），ヴェトナム戦争，内外における大学紛争などを具体的な課題として受けとめ，限られた主体，学生として，その解決や社会運動に関わってきた。今でいうグローバルな難題を受けとめ，理解

するには，マルクスの批判的認識は不可欠だった。マルクスの具体的で，豊かで，しかもある種の階級憎悪を内に孕んだ思惟様式から学ぶことは，ひとりの人間，市民として大切な良心であった。しかし，それと同時に，〔俗的〕マルクス思想の延長で発展した社会主義諸国が抱えていた深刻な諸問題（計画経済なるもの，強固な官僚制支配，宗教的・思想的な自由の抑圧）を目撃し，東欧諸国への軍事介入（ハンガリー，ポーランド，チェコ），「プロレタリアート独裁」・共産党一党支配による拷問・虐殺（カンボジア，北朝鮮，中国も含め）などを，マスコミ等を通じて知らされるとき，初めて，ひとは，自分の脚で立ち，自分の頭を使って考えるよう求められるのである。

　鋼鉄のように堅いと誰からも思われていた政治・経済体制が，1991年に崩壊した後（＝ソヴィエト連邦の崩壊），今度は，待っていたとばかりに，逆方向に振子は振れていき，そして亡霊のように徘徊しているのが，新自由主義，「帝国」化，経済のグローバル化等であった。グローバルな「資本」というパンドラの蓋が一気に解放されたのである。その状況は，ある意味で，マルクスが指弾した世界の拡大版でもあった。それは，アフリカもアジアも中東も南米をも，網目の中に引き摺りこむ一元的な強制作用であった。わが国では，金融取引テクニックを駆使した驚くべき資産格差（米国のそれには見劣るにしても），若者やシングルマザー（シングルファーザー）における就労・賃金・貧困の諸問題，福祉従事者の労働強化と低賃金，生活保護者の増大，逆差別，老後不安，老老介護，「中産階級」の相対的貧困化，オレオレ詐欺，ストーカーなど，こうした社会学的プロブレムズが噴出してきたのである。こうした時代背景を下にして，再び，マルクスの思想や『資本論』が再評価されるようになった（アントニオ・ネグリ『マルクスを超えるマルクス』，デヴィッド・ハーベイ『〈資本論〉入門』，佐藤優『いま生きる「資本論」』，柄谷行人『世界史の構造』など）。とはいえ，60年，70年・80年の世界史的激動を経験してきた者からすると，これらの観点は（一応，大塚や宇野を通じて）散々やってきたことではないのかと。マルキストではない論者はむしろ，認識論的には，本訳書第1章「エピクロスのメテオーレ論・自然哲学」に関するマルクスの分析（＝「マルクスとギリシア」）の方に，ある新鮮さと「知見の貢献」を感ずるのである。その点で言うと，第1章および第2章で論じているマルクス，ヴェーバー，ニーチェと古代ギリシアとの結びつきを，別の角度から論じてい

る，ハンナ・アーレント『活動的生』（森一郎訳，独語版訳，2015年）は，日本の社会科学や社会学にとって，未来性のある見方を提供しているように思われる。

　第2章の内容と関連する，日本のヴェーバー研究に触れて。敗戦後からのヴェーバー研究を仮に第Ⅰ期とすると，現在進行中のドイツにおける『マックス・ヴェーバー全集』がすべて刊行され，これらがすべて邦訳化されるとき，これが第Ⅱ期の始まりではないかと。ヴェーバーの著作はその主要なものは殆ど邦訳されているが，その訳の適正さ，妥当性などを問題視するとき（「完全版」はたとえ無理としても），『マルクス・エンゲルス全集』に比肩できるような，信頼できる訳書が近い内に揃うことが望ましい。そのとき，一部のヴェーバー専門家だけでなく，一般の人々もそれらに近づき・利用できるようになる。そのときから，ヴェーバー研究の第Ⅱ期が本格化するようになろう。そこから，マルクスを超える有益なパースペクティヴや問題解決型のプロネーシスなどが出てくることを期待したい。その場合には，ヴェーバー研究の「啓蒙期」とでも称すべき，戦前から戦後にかけて先達たちが遺していったすべての論文，著作は篩にかけられ，それによって，「残されるもの」と「残らざるもの」という淘汰，選別が行われるであろう（＝学問の運命としての「進歩」）。現在，そうした重責を意識し，重荷を背負ってこの坂を登り始めている若手研究者たちが，この地に現れつつあるのである。

　ヴェーバーも，抽象的な学問的方法論に積極的にコミットし，方法諸論文を数多く残していることは確かであるが，その学問の最大のメリットはあくまでも，具体的な対象に即して形成された豊穣な概念，理念型，概念枠組をわれわれに残したこと，この点に存するのであるから，「学のための学」に陥らず，自らたどる運命を自覚しながら，自分しかなせない独自な理論を築きたいものである。マルクスやニーチェやヴェーバーのような学問的巨匠を相手にするとき，間違っても，それぞれの思想を，狭い自分の頭蓋サイズに合わせて無理やり解釈したり，型入れしたりして，それらを超克したなどと思うことは，極めて危険な学問態度である。とはいえ，その一方で，学問的「進歩」のためには，チャレンジ精神，「破壊的創造」も絶対に欠かせぬ営みである。チャレンジの過程でミスをしてしまうとか，読み違い，誤解，誤読なども当然ありえる。人間は決して万能ではないのだ。自ら冒したそうしたミスに気づいたとき，ひとは，学

問的誠実性の原則に即して，それらを謙虚に受けとめ，修正すればそれでよいのだ。「わたしは愛する，自由な精神〔ガイスト〕と自由な心〔ヘルツ〕を持つ者を」。

　ここで，本書の著者であるマッカーシー（George E. McCarthy）教授の「姓」に関連した点を幾つか記しておきたい（ここにおいては厳密な学術的記述ではなしに，誤りを含む妄想めいたものや推測も許されると思う）。それは，同教授の出自先はもしかしたら，イギリス（英国国教会，アングリカン・チャーチ）の隣国，アイルランド（カトリック）ではなかろうかと思わされた所がいくつも存したからである。一般的に，姓にマック（Mc あるいは Mac）がつく人には，ケルト人が多く，そしてこの Mc や Mac の文字は，息子とか子孫を意味するケルト語（ゲール語）だそうである。教授が本書の巻頭において，あえて自らの子息たちに本書を贈った意図からは，ケルト人魂めいたものが彷彿されるからだ（但し，訳者はこれまで清教徒（ピュウリタン）の観点から英米史を見るだけで，裏歴史を，すなわち，アングリカン・チャーチやクロムウェルによる経済的搾取（地主支配）の対象となったアイルランドの過酷な歴史などを見過ごして来たことから，ケルト人魂とは何かを講釈する資格など全く有していない）。そうした特徴や本書のもつ「能弁」などから，英国による「アイルランドの奴隷化」という苦難を経たその末裔かもしれないと，このように妄想したのである。しかし，教授からは，いやいや私はアイルランド系でもスコットランド系でもありません，と簡単に否定されてしまうかもしれないが（司馬遼太郎『街道をゆく30 愛蘭土（アイルランド）紀行Ⅰ』朝日新聞出版，2009年，258頁。また同書Ⅱ，241頁以下の「神と女王陛下」も参照）。ニーチェは，珍しくも，前著の中で，北欧（プロテスタンティズム）と対比させながら，宗教的天分を持っているケルト人を高く評価している（『善悪の彼岸』第48節。また同書第7節によれば，エピクロスは300冊の著作を書いたという）。

　本訳書について一言。各章に関する分担は，「凡例」に記してある通りである。それ故，全体に対する翻訳上の責任は，樋口のそれが特に重いと言わねばならない。訳者のひとりは，ある時期から，歴史社会学者・ヴェーバーを，もっと古代ギリシアとの関連に引きつけて分析・考察した「社会学」理論はないものだろうか，と模索してきたことがあった。そうした中で偶々出会ったマッカーシーの本書は，この学問的欲求に沿うものの一つではないかと今も思っている。

しかし，第1章のマルクスにしても，マッカーシーが論じている範囲は，広大な分野に及んでいるために，そこには，思わざる訳上の誤解や不備なども当然のことながら予想される。それらについては，将来，機会があれば修正するなりして，対応していきたい。

　なお，翻訳に際しては，以下の方々から温かいご支援を頂きました。小林昌人氏（『ドイツ・イデオロギー』岩波書店，補訳者），横井敏秀氏（元富山国際大学），藤田不二夫君（都立北高クラスメイト，元東海大学）の方々に，心より感謝申し上げます。かつて富山県の新設大学で一緒に教職を担った横井氏には，第3章の訳全体に目を通して頂き，貴重なコメントを寄せて下さいました。また，不遇と戦ってこられた小林氏からは，第1章を隈なくチェックして頂いたばかりでなく，原著者によるミスまでも指摘して下さいました。社会科学系に進学した訳者とは異なり，理工系へ進まれた藤田君からは，初稿段階で完成していた原稿を音声入力するやり方など，エレクトロニクス方面でサポートして頂きました。

　この間，様々な人生の出来事がありました。やや思う所があって，遺憾ながら，再度原点に戻って，翻訳を始めからやり直すことにしました。時間と体力を要するそうした作業を続けるに際して，文献の閲覧・複写，辞典類の参照，キャレルの使用など，数々の便宜と自由な活動を長期に渡って認めて下さった慶應義塾図書館(三田)に，この場をお借りし厚くお礼申し上げます。

　最後になりましたが，この翻訳を提案して以来，罹患・大学の辞職・療養など様々な事由から，大幅に刊行が遅れることになってしまった本訳書を，辛抱づよく見守って下さり，翻訳権の再取得，編集・校正作業などでご尽力頂いた，尚学社・吉田俊吾氏に改めて感謝いたします。

　幕末の備中松山藩は，司馬遼太郎の歴史小説『峠』（全3巻，新潮文庫）の一つの舞台となった処でもあるが，そうした機縁を回顧しながら，拙いこの訳書を，高梁川を見下ろす「高梁キリスト教会墓地」に眠る両親に贈ることとしたい。

　2016年12月6日　東京にて

訳者略歴

樋口辰雄（ひぐち たつお）　HIGUCHI　tatsuo
1945年　岡山県高梁市生まれ
　東京都立北高等学校卒業
1970年　慶應義塾大学経済学部卒業
1974年　同大学院社会学研究科（修士課程）修了
　文教大学，富山国際大学，明星大学など幾多の大学で教育と研究に従事
専攻：社会学，西洋社会史
著書：『岩波講座社会科学の方法　第2巻』（共著，岩波書店，1993年），『逆説の歴史社会学』（尚学社，1998年），『近代への責任思考のパトス』（御茶の水書房，2003年），訳書：B. S. ターナー『イスラム社会学とマルキシズム』（第三書館，1983年），W. シュルフター『価値自由と責任倫理』（共訳，未来社，1984年），B. S. ターナー『ウェーバーとイスラーム』（共訳，第三書館，1986年）
論文：「経済社会学における支配と規律」（修士論文，1974年），「マックス・ヴェーバーの社会主義論にかんする一考察」（慶應義塾大学大学院社会学研究紀要第19号，1979年），「マックス・ヴェーバーの社会主義像」（同前紀要第20号，1980年），「ヴェーバーと『権力への意志』」（帝京大学社会学紀要第1号，1988年），「M・ヴェーバー『宗教社会学論集』の改訂——「序論」・「中間考察」」（帝京大学国際文化学科紀要第1号，1990年），「ヴェーバー・ニーチェを巡る一期一会——丸山眞男との自己内対話」（丸山眞男手帖第38号，2006年）など
小訳：W. トリッチュ「シュンペーターとヴェーバーの対話」（明星大学社会学研究紀要第26号，2006年）

田上大輔（たがみ だいすけ）　TAGAMI　daisuke
1979年　神奈川県相模原市生まれ
2012年　東洋大学大学院社会学研究科社会学専攻博士後期課程修了［博士（社会学）］
　東洋大学非常勤講師，獨協医科大学附属看護専門学校非常勤講師
論文：「M・ヴェーバーの西欧近代批判再考——機械的化石化と神々の闘争の対照性に着目して」（年報社会学論集第26号，(2013年)，「〈秩序〉と〈規範〉をめぐる一考察——エスノメソドロジーとヴェーバー社会学の視点から」（共著，年報社会学論集第28号，2015年）など

古代ギリシアと社会学——マルクス・ヴェーバー・デュルケム

2017年1月20日　初版第1刷発行

訳者　樋口辰雄
　　　田上大輔

発行者　吉田俊吾
発行所　尚学社

〒113-0033　東京都文京区本郷1-25-7　電話(03)3818-8784　振替 00100-8-69608
ISBN 978-4-86031-145-2　C3030

印刷・互恵印刷／製本・松島製本